LA DAME DU PUY-DU-FOU

DU MÊME AUTEUR

Le Métier de femme, Plon, 1964.
La Belle Arsène, (roman), Plon, 1965.
Femmes (2 vol.), Plon, 1967.
Passeport du couple, Seghers, 1967.
Les Cris de la vie, Tchou, 1972.
Telle que je suis, Laffont, 1976.
Les Contes de Menie Gregoire, Nathan, 1978.
Des Passions et des Rêves, Laffont, 1981.
Tournelune (roman), Flammarion, 1983.
Sagesse et Folies des Français, J.-C. Lattès, 1986.
Nous aurons le temps de vivre, Plon, 1987.
La France et ses immigrés, Carrère, 1988.

MENIE GREGOIRE

LA DAME DU PUY-DU-FOU

roman

Éditions de Fallois
PARIS

22, rue La Boétie, 75008 Paris.

ISBN 2-87706-092-6

CHAPITRE I

ANNE

La petite Marion pleurait sans bruit, accroupie sur ses talons, recroquevillée derrière la porte de la chambre où se mourait Anne de Langebaudière, Dame du Puy-du-Fou. Depuis la veille, les servantes descendaient et remontaient en courant par l'escalier à vis du donjon, heurtant les marches de granit avec leurs sabots. Il était six heures du soir et le soleil se couchait derrière les grands hêtres de l'étang, dans un ciel en folie. Anne était en gésine depuis la veille au soir. Elle avait vingt-cinq ans et c'était sa première grossesse. La matrone était arrivée la veille. Dès les douleurs, elle avait envoyé Thierry prévenir Mme du Puy-Greffier, grand-tante de l'accouchée, qui venait de chevaucher en hâte avec son écuyer, à travers haies et chemins creux, les cinq lieues qui séparaient les châteaux.

Anne se mourait et François, son époux, était parti depuis quatre mois guerroyer aux côtés du roi Louis XII pour reconquérir le royaume de Naples. Il s'en était allé fou de joie : il allait enfin avoir un fils !

Marion entendait la forte voix, grave et chaleureuse, de Mme du Puy-Greffier : « Courage, Anne ! Ne crie pas ! Pousse, ma fille, pousse, il va passer... Il passe ! » Mais Anne ne criait plus. C'était elle qui passait !

— Il faut aller le chercher, matrone, dit enfin la vieille femme. Courage, ma petite, j'ai connu cela onze fois ! Ce n'est qu'un mauvais moment, après c'est fini. Donne-moi la main, ma chérie, serre-moi fort.

Il n'y eut pas de réponse, seulement de longs cris d'égorgée, puis les halètements de la matrone, et puis plus rien. Marion derrière la porte tendait l'oreille. Le silence demeurait, lourd, incompréhensible. Soudain, un cri de petit animal, strident, répété, pressé. Un bébé ! Vivant !

Marion cessa de pleurer. Mme du Puy-du-Fou l'avait recueillie quatre ans plus tôt. La châtelaine désespérait déjà de n'avoir pas encore conçu. On lui avait amené Marion qu'on avait découverte au fond de la masure de la forge où ses parents venaient de périr de la peste. Elle en avait gardé l'habitude de se blottir dans les coins les plus sombres des pièces, le menton sur les genoux, le regard fixe et la tête baissée, comme renfermée dans l'étui de son malheur. La jeune femme avait été éblouie par cette sorte d'ange, cette enfant miraculeusement intacte, blanche et rose, au sortir de l'enfer. Marion était alors perdue dans des boucles d'or, menue, avec un visage d'une rare pureté, presque irréelle. Anne, esseulée, l'avait attachée à son service, jouant avec elle comme avec une poupée. L'enfant restait silencieuse et douce, mais elle se révéla très intelligente, apprenant à merveille les prières, les cantiques, la broderie... Les lettres même ! Elle suivait Anne comme son ombre, avec de grands yeux d'orante. « Mon page ! » disait Mme du Puy-du-Fou. Mais elle n'avait jamais pu empêcher Marion de se blottir accroupie, le visage sur les genoux, comme on l'avait trouvée un jour dans la forge du château.

Les Puy-du-Fou étaient la plus haute noblesse du Bocage : branche cadette des comtes de Mortagne, elle-même branche cadette des comtes de Poitiers, seigneurs d'Aquitaine ! Le château, construit au début du XVe siècle, s'élevait sur un faible mamelon, un « puy », couronné de hêtres, dans ce pays coupé de haies et de bois, dominant à peine les vallons qui descendaient vers la Sèvre.

Dans la chambre, à part les cris du bébé, les allées et venues silencieuses, la voix de Mme du Puy-du-Fou s'était tue pour toujours. Marion pleurait de nouveau : pour la deuxième fois, le monde s'écroulait sur sa tête ! La lourde porte grinça et la heurta : « Marion ! dit la grosse voix de Mme du Puy-Greffier, tu étais donc là, ma pauvre fille ? Ah ! C'est un grand malheur, mais c'est notre destin à nous les femmes. La pauvre petite était trop fragile. Enfin... elle a tout de même pu assurer la lignée. Tu as entendu, n'est-ce pas ? ajouta-t-elle fièrement, c'est un garçon ! Il s'appelle

François, comme son père, par ordre du chevalier : François II du Puy-du-Fou.

« Tiens », ajouta-t-elle gravement, sortant de son ample poitrine un petit paquet embobiné que Marion n'avait pas remarqué, « prends-le, je te le confie ! Tu as dix ans, tu es grande. Désormais, tu ne le quitteras ni jour ni nuit. Je fais prévenir la nourrice, celle des petits cousins de Mortagne. Elle sera là demain soir. Mais c'est à toi que je confie François, et je le ferai savoir. »

Marion n'avait pas bougé. Mme du Puy-Greffier s'était penchée plus lestement qu'on ne pouvait l'attendre de sa lourde personne et avait déposé sur les genoux de Marion, avec un geste très doux, le petit François dans ses langes. Ne sortait qu'un minuscule visage crispé, au crâne sombre. Deux fentes obstinément closes et une bouche ronde ; le reste était incroyablement mou et fragile. « Je vais pâmer, pensa Marion, c'est trop beau ! »

— François, murmurait-elle très bas, François...

— Bon, fit Mme du Puy-Greffier dont la voix s'enrouait. Il faut le mettre dans son berceau et puis tout préparer, le chapelain va venir l'ondoyer. Tu le fais installer dans la salle. En l'absence de son père, c'est lui le seigneur. Tu dormiras dans le cabinet.

Marion descendit solennellement portant son trésor sur son cœur, comme le curé le reliquaire de la vraie Croix. Au dernier détour de la vis de pierre, elle apparut, double miracle, devant les domestiques assemblés. Elle passa sans un mot devant eux et entra dans le Saint des Saints : « la salle » du seigneur, grande pièce tendue de tapisseries des Flandres, face à la cuisine où vivaient les gens, et où mangeaient aussi les maîtres.

Mme du Puy-Greffier avait fait mettre un berceau devant la cheminée de granit. Marion déposa François, tandis que sa tante invitait la foule à saluer le nouveau-né. Ce fut Jacotte, la cuisinière, qui eut le mot de la situation : « Notre pauv' dame (Dieu ait son âme !), elle doit être bien fière au Paradis : c'est un beau petit luron ! »

Le Puy-du-Fou, en cette année 1501, était une des importantes forteresses de la région et son ancienneté remontait au-delà des Croisades. Mais le château était quasi neuf. Le vieux donjon qui datait du XIe siècle avait en effet été brûlé par les Anglais en 1421, lors de cette terrible guerre qui dura cent ans. Guy II du Puy-du-Fou avait alors levé des troupes sur ses terres pour venir au secours du dauphin Charles, et rejoindre la Pucelle. Mais les Anglais en son absence avaient assiégé l'austère forteresse, l'avaient démantelée et brûlée. Guy, ruiné, était alors entré au service de Louis, puis de René d'Anjou, rois de Sicile et, devenu le grand chambellan du bon roi René, il était allé conquérir pour lui-même le duché de Diximille près de Naples. A son retour, duc de Diximille, il avait enfin obtenu du roi, par lettre patente, l'autorisation de « reconstruire et fortifier son château, ci-devant démoli par l'Anglais, pour être une place importante sur la frontière de l'Anjou et du Poitou pour la sûreté du pays ».

Fort enrichi par sa campagne d'Italie, et ouvert par elle aux beaux-arts, Guy avait reconstruit de l'autre côté de l'étang une charmante demeure au goût du jour. Certes, bien fortifiée par des tours d'angle, des douves, des souterrains et un chemin de ronde, mais aimable, avec une grande cour intérieure, bruissante des écuries, chenils et volières. Le logis s'ouvrait entre deux tours octogonales engagées, moulurées du dedans comme du dehors. Il avait meublé avec goût : dressoirs, coffres au décor de serviettes pliées, immenses tables de chêne, cathèdres et tapisseries. Une étuve en sous-sol et un puits dans la cuisine permettaient un confort précieux à ces chevaliers en armure pendant les mois d'été, comme aux chasseurs en grand hiver.

L'entrée était surveillée de jour et de nuit depuis une échauguette rectangulaire qui n'avait nullement le côté menaçant de l'ancien château, dont les ruines avaient d'ailleurs disparu dans l'épaisse forêt de chênes et de châtaigniers. Le manoir d'Anne et François pouvait rivaliser avec les demeures les plus célèbres des seigneuries voisines : l'orgueilleuse forteresse d'Ardelay ou la charmante Blandinière. Les lieux étaient respectacles et leurs seigneurs hautement respectés.

Guy, Jacques, puis François, tous les Puy-du-Fou étaient de preux guerriers et de bons maîtres. Certes, leur éducation, comme celle des grands seigneurs, ne couvrait pas encore beaucoup plus que la lecture, l'écriture et un peu de latin. Mais un vassal n'avait qu'une raison d'être : la chevalerie. Or les Puy-du-Fou étaient, depuis des siècles, le modèle même des chevaliers : incomparables à cheval, à la chasse, à la guerre, aux joutes et aux jeux. Le premier

François avait été confié à cinq ans à un ancien écuyer, compagnon d'armes de son père, pour en faire un homme accompli. Il était fort, plein de courage et de passion. A dix ans, il croisait le fer avec son père ; à quinze, il eut sa première armure et se fit un nom dans tous les tournois de la sénéchaussée du Bas-Poitou. Il avait déjà sa taille adulte : six pieds, sept pouces, une taille rare pour l'époque, le teint presque mauresque des Poitevins, la barbe noire et drue. Son visage, comme tous ceux des Puy-du-Fou, ramassé, carré, le nez court mais fort, les traits bien dessinés — on les disait beaux.

Leur seigneurie était peuplée de braves gens et bien défrichée, à l'exception des Bois de la Folie où l'on chassait à courre et au faucon. Un pays paisible à l'abri des guerres et des passages de troupes, qu'animaient d'importantes foires. La peste s'était pratiquement éteinte et les grandes famines étaient loin. Le règne du roi Louis XII semait la prospérité jusque dans les villages les plus reculés. Il faisait bon vivre en Haut-Poitou, et François pouvait espérer s'enrichir à cette jolie guerre au milieu des palais.

François avait quitté le Puy-du-Fou début mai, pour rejoindre à Lyon la Monte générale de l'armée levée par Louis XII. Les seigneurs du Haut-Poitou, sous les ordres du vicomte de Thouars, avaient fait route à cheval avec tout le harnais de guerre, leurs valets et leurs chevaux. La petite troupe de quelque cent gentilshommes était, dès le départ, impressionnante. Les femmes et les enfants des villages couraient voir passer ces superbes cavaliers, dans un nuage de poussière, la lance sur la cuisse et la tête en l'armet emplumé, avec leurs cuirasses et les grands boucliers à leurs armes, dans un vacarme de trompettes et de tambours. François portait en couleur ses armoiries : de gueules aux trois macles d'argent. Ce mai fleurissait et Anne était enceinte de quatre mois, radieuse et brave. Elle lui avait fait ses adieux dans la cour du château, avec un sourire plein de dignité qui cachait son émotion : « Revenez vite, Messire, avait-elle dit, et rapportez-moi de ce pays béni, qui a tant ébloui mon père, quelque beau bijou que les Dames du Puy-du-Fou se légueront de siècle en siècle. Et que Dieu vous garde ! »

François avait sauté en selle et, suivi de deux valets, avait franchi le pont-levis, la tête haute sans se retourner. Il n'était plus jeune :

il avait trente-cinq ans ! Il laissait, et il le savait, tout ce qu'il avait de plus cher au monde : son château, sa seigneurie, mais surtout son premier grand amour et l'enfant qu'elle portait. Anne était sa seconde épouse. La première, Marguerite de Montaigu, il l'avait épousée trop jeune : elle était malade, triste, et mourut de langueur après avoir accouché de deux garçons, l'un mort-né, l'autre qui périt du croup à deux ans. Il était resté veuf plusieurs années, se croyant vaguement maudit du ciel. Puis un jour...

Il revenait de la première expédition du Milanais. De l'autre côté de la Sèvre, les Mauléon menaient grand train et réunissaient pour des joutes célèbres tous les seigneurs du voisinage. Leur terrible forteresse à la double enceinte couronnait un roc escarpé dont les murailles avaient, depuis le XIIe siècle, protégé outre le château fort, une riche abbaye. Seigneur et abbé, imprenables, avaient pendant un siècle tenu tête aux Anglais, tandis que brûlait le Puy-du-Fou.

François vint donc, auréolé de ses gloires italiennes, se mesurer à ses pairs dans les lices du château. A la tribune aux riches tentures, se pressaient les dames. François, dernier vainqueur, avait démonté de sa lance le gros Mauléon dans un long cri de victoire. Il saluait les assistants, lorsqu'il reçut sur son cœur un voile azuré : c'était celui d'une jeune fille de seize ans qui avait l'air d'une fleur, dont les yeux noirs et brûlants lançaient des flammes et qui, avec son voile, lui jetait son cœur. Anne de Langebaudière, petite-nièce de Pétronille du Puy-Greffier, était amenée pour la première fois dans le monde et portait sa première robe de fête pastel et or. Dès cet instant, François sut que c'était enfin l'amour. Il avait épousé Anne dans le mois même. Elle apportait des terres importantes sur Sainte-Hermine.

Le temps avait passé, mais Anne ne concevait pas. Huit ans après son mariage (elle avait alors vingt-quatre ans), elle désespérait. Elle avait en vain multiplié les neuvaines et les pèlerinages, promis des dons au monastère de La Grainetière dont les moines de saint Benoît ne cessaient de prier pour elle... Sans succès ! Elle se croyait donc bréhaigne quand survint le miracle qu'on n'attendait plus : François pouvait partir la tête haute, la Dame du Puy-du-Fou allait enfin lui donner un héritier. Il partit donc...

Tout l'arrière-ban du Haut-Poitou s'était retrouvé d'abord à Mauléon, puis à Thouars, les vicomtes de Thouars étant leurs suzerains. Le seigneur de Mauléon, Sire de Beaurepaire, possédait aussi les seigneuries de Pouzauges et de Mortagne par sa mère, veuve de Gilles de Rais. Vassal également du vicomte de Thouars, il accueillit dans sa forteresse les gentilshommes venus avec leurs écuyers et leurs valets. La plupart avaient déjà fait la campagne de Charles VIII, certains même les guerres de Bretagne. Rude guerrier que ce Mauléon, qui les dominait par sa brutalité ! François emmenait avec lui un valet : Guillaume l'Archer, homme courageux qu'il avait formé aux armes et à la chasse, et que son dévouement sans bornes rendait plus utile et plus sûr que les troupes bruyantes et douteuses d'un Thouars ou d'un Mauléon. Guillaume avait pris avec lui son neveu, Colin, fils de son frère aîné, meunier de Poupet sur la Sèvre, un gamin de quatorze ans fort déluré qui brûlait de voir du pays, et plus futé que son âge ne le laissait prévoir. Ainsi les deux valets défendaient-ils farouchement leur maître, prenant grand soin des chevaux, astiquant les armes, razziant de-ci de-là des provisions, colportant la moindre nouvelle glanée sur les routes et dans les bivouacs. Ils avaient de surcroît tous deux une tignasse rousse qui les faisait reconnaître de loin, de longues jambes et de longs bras dont ils tiraient grande fierté.

On chevaucha quinze jours par les bords de la Loire. Lyon était en folie quand on y arriva. Le roi, le cardinal d'Amboise, la Cour, les lances, l'artillerie, les hommes, tout ce beau monde se pressait aux portes, entrait dans un grand tintamarre de cris et de clairons. Le long des berges, sur les ponts, et jusque dans les plus petites rues, on ne voyait plus le sol.

Le 21 juin, les troupes encombraient la place et les ruelles qui environnaient Saint-Jean : le roi, qui entendait la messe à la cathédrale, interrompit ses dévotions pour aller féliciter ses guerriers, avant de festoyer avec eux. François, en armes sur son cheval, se trouvait au deuxième rang devant le parvis, juste derrière César Borgia, duc de Valentinois, si empanaché, si aveuglant de dorures au soleil, qu'il gênait la vue de ses compagnons. Par la visière de son casque, François découvrit enfin ce roi qu'il venait servir : Louis XII lui sembla petit, maladif, certes magnifiquement vêtu, mais maigre et de pauvre visage. En revanche, tout son être souriant était comme empreint d'une sorte d'innocence ou de bonté qui faisait fondre le cœur. Derrière lui, le cardinal d'Amboise paraissait énorme, avec son triple menton dans sa cape rouge sang. Superbe aussi La Trémoille, à qui on venait de confier l'armée et que François connaissait, puisqu'on avait fait don à ce prince laïque de l'abbaye de La Grainetière, à deux lieues du Puy-du-Fou.

La cérémonie du comptage des hommes dura cinq heures. Il faisait déjà très chaud. Les gentilshommes, en plein soleil dans leurs armures, ruisselaient, impavides, immobiles. Ils étaient neuf cents cavaliers, plus sept mille fantassins.

Le lendemain, l'armée s'ébranlait en ordre de bataille : les piétons, puis l'artillerie, enfin les gens d'armes montés. Après vingt-cinq jours de marche où l'on pilla et massacra les paysans qui n'avaient pu s'enfuir à l'approche des troupes, on arriva à Parme, puis on prit quelques villes. François ne faisait pas là ses premières armes, il retrouvait avec joie la campagne de 1498, ces superbes villages, leur richesse et les grands horizons qui lui avaient manqué dans son Bocage.

La prise de Garigliano, qui n'avait pas voulu se rendre sans résistance, devait le marquer pour longtemps, car Mauléon, son capitaine, ordonna que toute la garnison fût pendue aux créneaux du donjon. Ses hommes pendaient donc à qui mieux-mieux, quand une femme, belle comme le jour et somptueusement parée, surgit du donjon et se jeta aux pieds du capitaine, l'implorant de faire grâce au commandant de la place, son mari ! Et cette brute de Mauléon, qui avait tant pillé et violé, tombant sous le charme, fit incontinent délier le prisonnier, et emmena la belle sous les yeux du mari !

François, spectateur muet, resta longtemps saisi : la belle avait les yeux d'Anne et ce teint chaud qui tant l'émouvait. La jolie guerre dorée, c'était donc ça aussi ? Ah ! certes, il fallait faire la guerre, mais plutôt perdre la vie que de l'avoir chez soi ! Ce soir-là, François s'enivra si bien qu'il s'écroula endormi dans l'estaminet, encore cuirassé, et manqua le butin.

Il connut sa première bataille à Capoue. Un siège en règle qui dura cinq jours sous une canonnade impressionnante. Le cinquième jour, une brèche s'étant ouverte, Mauléon commanda l'assaut et François entra parmi les premiers, hachant littéralement les défenseurs alentour. Toute la troupe pénétra derrière lui dans de grands hurlements et un vacarme d'artillerie assourdissant. Ce fut un carnage total. Cette première victoire rendait fous et les hommes et leurs chefs. On défonçait les portes à coups de hache : palais, maisons, églises, rien ne résistait. On glissait dans le sang qui coulait dans les ruisseaux.

Capoue était une ville admirable, d'une incroyable richesse. François se retrouva poussé dans un palais vide dont on avait cassé la porte : seul, brusquement seul, sur un dallage de marbre, encadré de statues et de tableaux d'une splendeur inconnue. Seul et conquérant de cette Italie des princes, qui traitaient les Français de « Barbares du Nord » ! Il resta quelques instants saisi, ébloui, intimidé. Devant lui, de larges baies s'ouvraient sur un jardin en terrasses parsemé de bassins, et une longue enfilade de marbre décorée de stucs et de crédences sculptées portant des vaisselles d'or. Au fond, un escalier droit tendu de tapisseries. Et personne ! Comme dans un conte de fées...

François montait dans un bruit de ferraille, car il était encore armé et casqué. En haut, devant lui : une double porte de bois précieux, qui s'ouvrit en grinçant. La pièce était d'une beauté qui lui coupa le souffle. Mais à sa gauche, sur le lit de parade aux courtines brodées, une femme gisait, morte, percée d'une flèche sous le sein gauche. Elle tenait encore à la main un lourd collier d'or et de pierres, duquel pendait une escarboucle énorme, sertie de diamants.

« Revenez vite, mon cher seigneur, et rapportez-moi quelque bijou que les Dames du Puy-du-Fou... » Anne ! Les seins d'Anne scintillant de pierreries ! François n'eut pas à prendre, le bijou tomba dans sa main gantée de fer comme il touchait la morte. Tandis que les autres s'enrichissaient pour la vie, fouillant, arrachant, chargeant des sacs entiers de pièces d'orfèvrerie et d'objets d'art, lui, ce soir, se contenterait du collier. Ce serait le souvenir de son premier palais d'Italie, dont le raffinement ne cesserait de l'humilier.

Ce collier était une pièce d'une beauté incroyable, comme il n'en n'avait jamais vu : d'un triple rang de chaînes d'or, toutes trois différentes, pendait une escarboucle de la taille d'un œuf de caille. La pierre rayonnait dans un berceau d'or festonné de filigrane dont le dessin figurait les pétales d'une fleur magique. Le premier rang de chaîne était formé de boutons de petites perles rondes, blotties autour d'un diamant, alternés avec des camées ou des intailles sur lapis-lazuli. Le deuxième rang, plus simple, se composait de petites sphères d'émaux cloisonnés, rebrodés de filigranes à la vénitienne, reliés par des anneaux d'or qui l'animaient au moindre mouvement. Le troisième rang s'apparentait au premier et y alternaient des médaillons d'or niellés, enchâssant de grosses perles baroques auréolées de petits diamants. Cette chaîne rétablissait ainsi l'équilibre général. Jamais, à la Cour de France, on n'avait vu un bijou d'un tel prix, mais surtout d'un art si consommé.

En août, on arriva devant Naples. Le sort des Capouans était connu, les portes s'ouvrirent sans résistance. Le royaume était pris. Naples enfin ! François rêvait à l'éphémère duché de Diximille de Guy II, et s'était de suite informé. La région n'était pas encore conquise par les armées de Nemours. Un certain Lorenzo di Forino, duc de Diximille, qui avait choisi l'alliance espagnole, résistait tranquillement dans un petit palais au sein de sa ville fortifiée. Les terres, dont on n'avait jamais beaucoup parlé (et pour cause), se révélèrent fort perdues au centre de la botte italienne, pauvres et montagneuses. François néanmoins caressait une vision, douce comme le paysage napolitain : Anne au milieu de ses écuyers, avec une longue robe cramoisie sur une haquenée grise, son collier étincelant sur sa gorge, au grand soleil napolitain. Anne, duchesse de Diximille, entrant dans son palais ! Il imaginait le palais comme celui de Capoue, avec ses bustes romains de marbre noir, juchés sur des colonnes torses tout au long d'une galerie sans fin, tandis que des monstres de pierre crachaient l'eau dans des bassins. Bien entendu, le Palazzo devait être une grande bâtisse sévère à la mode du Sud, à peine plus aimable que le Puy-du-Fou, mais qui pourrait empêcher un soldat de rêver !

Dans un an, tout au plus, il rentrerait à Milan au milieu des vainqueurs au son des trompettes et rappellerait au roi les anciens droits de sa famille : « Sire, mon grand-père reçut ce duché des mains du roi René d'Anjou, dont il fut connétable, et qu'il conquit lui-même à la tête des troupes. » Oui, il y avait en effet de quoi rêver en ce beau mois de mai sur les pentes du Vésuve. Mais le temps passait, l'occupation de la ville s'éternisait. On s'installa. On s'ennuya.

La France célébrait la victoire par des messes solennelles et des processions d'actions de grâce. Anne devait enfin le savoir, et l'enfant devait déjà grandir. Devant cette mer inaltérablement bleue, sous le panache du Vésuve, François songeait au retour dont le vice-roi, le duc de Nemours, ne parlait nullement. Le temps passait, l'automne s'annonçait. On se distrayait comme on pouvait, par des jeux pour les hommes, et des joutes pour les seigneurs. On ferraillait entre soi, on courait les filles malgré le mal de Naples, et on buvait beaucoup... Une banale vie de garnison.

François cantonnait assez gaiement en ville avec Guillaume et Colin, chez une veuve sur laquelle il se sentit droit de cuissage. Luciana était une belle brune aux reflets roux, plantureuse et généreuse. Sa maison, tout en haut de Naples, avait une vue superbe. On découvrait la ville grouillante, le Vésuve au loin, la mer et cette admirable baie, éternellement noyée de soleil. François s'alanguissait et, nourri de pâtes, engraissait. Il apprenait le napolitain... Luciana était un agréable butin de guerre : elle était charmante, ne cessait de rire et de chanter.

Guillaume, lui, courait les filles dans le quartier, mais il se morfondait : la nourriture était mauvaise... Les gens ne savaient pas manger. Il évoquait sans cesse les mogettes, la fressure, les fricassées d'escargots du Poitou, et se battait souvent contre les autres valets. Il décrivait surtout le Puy-du-Fou avec de tels excès de grandeurs, que la rumeur des gardes ne tarda pas à le confondre avec le château de Tiffauges du sinistre Gilles de Rais, arrière-grand-oncle de son maître ! On reconnaissait François dans la ville à son panache noir, à son cheval noir, à sa barbe et ses yeux noirs. Il avait près de quarante ans, et derrière lui toutes les campagnes d'Italie ! C'était déjà un vieux chevalier. Quant à Colin, qui n'avait que quinze ans, il baguenaudait, jouait avec les gamins napolitains, apprenant à nager, à pêcher, et parlait un patois surprenant mais très compréhensible.

François, en chemin, s'était fait de solides amitiés que la vie des camps resserrait. Parmi ses compagnons, un certain seigneur de Bayard commençait à faire beaucoup parler de lui. C'était un petit homme court mais puissant, dont le courage et les exploits éblouissaient ces rudes cavaliers. « Sans peur et sans reproche », le chevalier Bayard supportait mal l'arrogance des Aragonais, que l'on disait nos alliés, mais dont les bandes s'opposaient sans cesse aux nôtres dans la campagne napolitaine. François avait toujours aimé les armes. Son éducation ne l'avait ouvert à rien d'autre. La valeur d'un homme, à commencer par la sienne, se mesurait au courage et à l'adresse aux armes. Il racontera cent fois, à son retour, le fameux duel singulier auquel Bayard convia l'Aragonais Sotomayor pour le laisser mort, lui criant encore : « Rends-toi ! »

Il raconterait aussi le « Combat des Onze » et celui des « Treize », dont il avait fait partie victorieusement : treize Français contre treize Espagnols, pour s'entretenir et se désennuyer. On y avait fait deux morts...

L'hiver commença, doux, ensoleillé, dans les chants et les odeurs de cette ville somptueuse. Ce fut un matin de décembre que parvinrent les premières nouvelles du Puy-du-Fou, sous la forme d'un coursier, porteur de plis pour le Sire de Mauléon, qui était son capitaine. Mauléon fit appeler François, le 23 décembre au soir, et lui remit un pli cacheté aux armes des Puy-Greffier : « d'or aux dix croissants de gué, soutenant dix fers de piques du mesme », pli dont la vue lui fit battre le cœur.

François tremblait de bonheur en brisant le cachet. Le pli lui tomba des mains : la haute écriture de Pétronille du Puy-Greffier lui annonçait à la fois la naissance de son fils et la mort d'Anne. Pour la première fois de sa vie d'homme, François pleura sur la grève du château de l'Œuf. Mutilé, éperdu, stupide : Anne n'aurait pas son collier ! Il irait un jour à une inconnue qui épouserait ce fils inconnu. François avait envie de tuer l'énorme Mauléon, porteur de mort, ses compagnons du Bas-Poitou qui allaient savoir son malheur. Il avait envie de se perdre dans la foule des héros : Bayard, Ars, La Palice, Urfé, et de mourir avec eux.

Anne, Anne de Langebaudière, Dame du Puy-du-Fou ! Il la revoyait comme si c'était hier : seize ans, belle à ravir dans ses atours de fête, le jour où il l'avait découverte à Mauléon, brûlant de passion, d'admiration pour son héros.

Que faisait-il sur cette grève, lui, l'homme des bocages, des frais vallons ruisselants d'eau sous de grands nuages pressés, au galop depuis la mer ? Lui, l'homme des manoirs de granit, modestes et dignes ? Cette terre brûlée, cette mer immense, indifférente, cette ville monstrueuse qui bruissait derrière lui d'une rumeur insolente, tout lui sembla brutalement si étranger qu'il en eut la nausée.

Oui, que faisait-il là, loin de son cher Puy-du-Fou, petit royaume à sa mesure ? Loin de ses villages, de ses récoltes, de ses longues veillées dans la cuisine au sol de pierre, où il faisait si bon boire et rêver au milieu de ses gens, de ses bêtes, dans l'odeur des feux de chêne et de sarments, et dans les bras de sa bien-aimée. Un pays à l'échelle humaine : champs fermés, chemins creux, horizons étroits, haies parsemées de chênes-têtards ; de jolis vallons très verts dans ces terres humides de l'Ouest aux pluies fines ; de petites hauteurs, aux douces rondeurs, descendant vers la vallée de la Sèvre qui traversait la seigneurie entre des collines abruptes et les éboulis étranges d'énormes blocs de granit. Des parfums lui remontaient aux narines : celui de l'herbe fraîchement fauchée, dans les petites noues toujours vertes, celui des eaux dormantes de l'étang, des troènes et des chèvrefeuilles qu'Anne cueillait au printemps. Il se sentait devenir fou : il allait se battre jusqu'à l'ivresse, jusqu'à l'oubli ; se battre, tuer, détruire, massacrer comme l'affreux Mauléon... « Adieu, Anne, ma belle, toute la douceur du monde avec toi m'a quitté. »

La nuit était enfin tombée dans un embrasement d'incendie. Un dernier sanglot resta dans sa gorge quand il se leva. Il monta lentement dans la ville par des ruelles malodorantes, l'œil fixe, la nuque raide, d'un pas brutal, la lettre chiffonnée encore dans sa main.

Guillaume qui guettait sur la terrasse de Luciana, vaguement inquiet, crut ne pas reconnaître son pas, ni même son maître et déboula en trombe le petit escalier de bois :

— Qu'avez-vous, Messire, êtes-vous souffrant ?

François lui tendit le pli sans un mot. Guillaume restait stupide, sans le prendre :

— Mais je ne sais pas lire, mon maître ! Qu'est-ce qu'il y a sur ce grimoire ? C'est-y de chez nous ? Y a-t-y un malheur au Puy-du-Fou ?

— Madame est morte, dit une voix méconnaissable.

— Seigneur Dieu ! Et le petiot ?

— Non, il est vivant. Il s'appelle François. Habille-moi, Guillaume, et fais un paquet de toutes mes affaires, je vais habiter désormais au camp des Français, dans les tentes du chevalier Bayard.

— Et la signora...

— Tu lui régleras ses écus. Je ne veux pas la voir. Et prends bien soin du collier. Plus que jamais ! Appelle Colin. Il lui faut rentrer au Puy-du-Fou porter de mes nouvelles. Il est assez grand et assez déluré pour rentrer seul. Je lui compte des écus et lui fais un long parchemin à remettre avec mes ordres à Mme du Puy-Greffier.

François n'eut pas le temps de s'appesantir sur son malheur. Il voulait se battre, il en eut l'occasion : vers le mois de mars, les Espagnols, jetant le masque, attaquèrent les villages alentour. On les prenait, les perdait, les reprenait. François fut envoyé avec une centaine de gentilshommes dans la forteresse de Gaète. A peine étaient-ils installés qu'ils s'y trouvèrent assiégés sous un feu constant de boulets. Pendant neuf jours, on fut sur les créneaux, mangeant et dormant à peine. L'eau manquait déjà quand, guettant du haut des murailles aux premières lueurs du soleil, on aperçut sur la mer une flotte entière, portant pavillon bleu et fleur de lys. L'Espagnol plia bagages en quelques heures. François voulait faire une sortie, poursuivre et massacrer. Il était devenu cruel. La guerre n'était plus pour lui que vengeance contre l'injuste destin. Ars qui commandait la troupe refusa de risquer encore des hommes, l'artillerie espagnole avait fait trop de blessés.

En mai, Naples était perdue. Adieu, duché de Diximille ! Il fallait attendre une armée de renforts qui déjà approchait de Rome. Mais les mois passaient et rien ne venait. A l'ennui s'ajoutait l'angoisse, et l'inaction tuait les âmes. Les hommes grondaient et certains désertaient. Le printemps explosait pourtant dans les campagnes, mais l'armée française sombrait, et des bruits de retraite commençaient à courir. François, sombre, silencieux, plus dur que jamais et debout tout le jour, imposait une discipline implacable. On le craignait, on l'appelait tout bas « le fou du Puy », ce qui désolait Guillaume.

Les deux armées campaient donc depuis deux mois face à face, se surveillant nuit et jour. Les fièvres décimaient les troupes. La tempête qui soufflait de la mer depuis juillet charriait des orages incessants, noyait les tentes dans une boue si profonde que les chevaux s'enfonçaient parfois jusqu'au poitrail.

Il fallut se replier, talonnés par les Espagnols et rentrer dans Gaète en ferraillant, pour protéger les convois des blessés et des malades. De nouveau, la famine, les boulets, les guets... François avait tant maigri, son visage tragique s'était si bien creusé que ses yeux noirs semblaient s'être enfoncés dans ses os. Il avait l'air d'un diable.

Le premier janvier 1504, il fallut se rendre, Dieu merci sans rançon ! Mais tout le duché était perdu. Tandis qu'une partie des vaincus campaient sur la côte en attendant la venue incertaine de galères royales, François se joignit à ceux qui faisaient retraite par terre. Le retour fut horrible. La plupart des gentilshommes avaient eu leur cheval tué sous eux dans les dernières batailles : démontés, souvent sans valets, épuisés et réduits à mendier dans les villes. En arrivant à Milan, François, spectre ambulant, reçut la seule grave blessure que lui laisserait cette longue campagne : Louis XII mandait au vice-roi du Milanais « un blâme pour tous ses capitaines et chevaliers » qui « l'avaient mal servi » ! Il employait même le mot de « lascheté ». De ces trois années d'héroïsme, c'était tout ce qui restait ! Une insulte, plus qu'injuste, indigne d'un roi. François n'avait plus un sol. Il vendit ses derniers trésors, mais garda le collier des Dames du Puy-du-Fou.

A Milan, les chevaliers se séparèrent, amers, graves, le cœur doublement brisé. Il fallait rompre trois années de fraternité, d'amitié. Mauléon était mort à Gaète. Bayard remontait vers Grenoble. Le vice-roi, Chaumont d'Amboise, chargé de démonter les troupes, distribuait heureusement quelques soldes et des montures.

Mais François se retrouvait seul : Guillaume, malgré ses longues jambes, plus grêles que jamais, n'avait pu atteindre Milan. Il avait pris les fièvres dans les marais de Gaète. Ils étaient à pied tous deux, et le valet portait à dos le reste des bagages : quelques armes, quelques frusques et, précieusement emballé, le collier. Or, un soir, comme la triste bande approchait des murailles de Sienne, Guillaume s'assoupit, épuisé, au pied d'un pin-parasol, à quelque distance des maîtres. Trois soudards en loques, qui retraitaient depuis Rome, se jetèrent sur le bagage qui lui servait d'oreiller. Guillaume sortit son épée, seul contre trois, appelant à l'aide, adossé à son arbre. Il eut le temps de blesser l'un des assaillants et d'épouvanter les autres avant de s'écrouler, percé au flanc, sur son précieux bagage. Quand les secours arrivèrent, Guillaume était à l'agonie, le foie éclaté, et noyé dans son sang.

« Mon maître, hoquetait-il, mon maître... le collier, Dieu soit loué ! Je l'ai sauvé. Sous ma tête. Pour les Dames du Puy-du-Fou... » Il bredouilla encore quelques mots incompréhensibles : « ... j'ai froid... la forge... Jacotte... » et mourut. On fit une fosse et on y planta une croix, faite de deux branches de pin.

François continua seul, ne gardant que ses armes et, sous son armure, cilice d'or et de pierres, le collier qui lui déchirait la poitrine. C'était tout ce qui lui restait d'Anne, le seul lien avec son souvenir. Il avait eu deux Dames du Puy-du-Fou. Pour lui c'était fini, il n'y en aurait pas une troisième. Puisqu'il avait un fils, ce serait lui, un jour, qui attacherait l'incomparable joyau sur une douce poitrine, pour affirmer la gloire de la plus ancienne et la plus noble maison du Bas-Poitou.

De Milan, avec La Brosse d'Ardelay, son voisin, François chevaucha près de quarante jours. Les chevaliers du Bas-Poitou laissaient derrière eux le mirage de Naples, leurs rêves de fortune et de gloire. Silencieux et songeurs, dans une France embrumée, ils grelottaient déjà dans leurs armures, sous les premières morsures de l'hiver.

CHAPITRE II

LE CHEVALIER

La mort d'Anne du Puy-du-Fou fut annoncée dans tous les châteaux des environs par les coursiers de Mme du Puy-Greffier. Anne était aimée. Tous les villages de la seigneurie vinrent contempler la défunte, amenant les enfants et les vieillards. Dom Pierre de Beaupréau célébra l'office funèbre dans l'église des Epesses, envahie des gentilshommes et des Dames en beaux atours, de serviteurs et de manants qui s'entassaient jusque sur le parvis. On avait fait en hâte graver une dalle de granit et le corps fut enseveli dans la crypte, aux pieds du gisant de Guy II.

L'ondoiement du nouveau-né se fit dans la grande salle seigneuriale. On avait fait quérir Pierre de Beaupréau, simple moine de La Grainetière, que le monastère avait en vain élu pour abbé, et qu'un acte royal avait déchu, pour donner le prieuré en prébende à Jean de La Trémoille, créant ainsi pour la première fois un « abbé commanditaire », non-clerc, étranger à la région comme à la vie du couvent. Pierre de Beaupréau, grand érudit, rentra dans le rang. On le disait un saint, et beaucoup dans le pays en attendaient, de son vivant, des miracles.

Mme du Puy-Greffier avait aussi fait quérir la marraine qu'Anne avait choisie pour l'enfant : la charmante Philippe de Surgères, Dame de La Flocellière, sa plus proche voisine, mais surtout sa plus chère amie. Déjà mère de quatre enfants à dix-huit ans, Philippe s'était éprise de poésie et liée avec les poètes poitevins. Elle donnait des soirées dans son superbe donjon où Jean d'Authon et Jean Bouchet venaient lire leurs rondeaux et enseigner les nouvelles théories des rhétoriqueurs, parfois même relater les plaisanteries osées de leur ami Rabelais. La Flocellière était, grâce à sa Dame, un des hauts lieux de la culture poitevine. Aussi à peine enceinte, Anne qui était instruite avait choisi cette marraine entre mille. Philippe arriva en larmes.

« Mais il faut un parrain », s'écria brusquement Mme du Puy-Greffier qui, pour la première fois depuis le drame, semblait éperdue. Mais qui ? Le chevalier avait sûrement laissé un vœu et choisi parmi ses hauts compagnons !

Pierre de Beaupréau réfléchissait : « M. de Surgères qui est ici présent peut l'être par procuration. Je propose comme parrain notre très haut seigneur, M. de La Trémoille, notre abbé commanditaire. Il est aux armées avec le chevalier. Je me chargerai de les avertir tous les deux. »

Pierre baptisa François après avoir béni l'eau claire et glacée du puits, creusé dans la niche décorée de la cuisine : « François, au nom du Père, du Fils et du Saint-Esprit. » L'acte fut dressé de sa haute écriture sur un parchemin. Pétronille du Puy-Greffier signa la première et, se tournant vers Marion, lui tendit la plume :

— Tu sais tes lettres, mon enfant, signe !

Marion tremblait, rouge de fierté, de peur et d'angoisse. La plume grattait, et le plein de son « M » éclaboussa le paraphe de Pétronille. « Marion, écrivit-elle, de la Forge du Puy-du-Fou. »

— Il faut mettre la date, dit-elle avec le sérieux d'une adulte. Voulez-vous que je l'écrive, Dame Pétronille ? Je sais.

— Oui, dit Pierre, tu l'écris là, en bas, sous les noms, puisque tu sais...

Marion écrivit lentement : « Le 2 novembre 1501, jour des Morts, faict au château du Puy-du-Fou en Haut-Poitou. » Son écriture était parfaite : fine et penchée. Ses boucles blondes balayaient les bords du parchemin. A la lueur des chandelles, son visage était irréel. « Un ange ! » pensa Pierre.

Puis la vie reprit au château, Mme du Puy-Greffier avait tenu conseil dans la salle avec les seigneurs de Mortagne, les alliés des deux familles et Dom Pierre de Beaupréau. Il fallait une tête à ce grand corps vide qu'était la seigneurie, privée de son maître pour longtemps. Après un long conciliabule, l'accord se fit sur la proposition de Dom Pierre : La Grainetière, qui accueillait des hommes de toutes provenances, avait un hôte exceptionnel, ancien notaire qu'un incendie avait ruiné et aurait réduit à la mendicité sans la charité des moines. Il avait tout perdu et les siens avaient été brûlés. Recueilli au couvent bien que non-clerc, il rendait des services appréciés car il savait le latin, les écritures, les comptes. Il était surtout fort savant en droit coutumier. C'était un homme sans âge, ferme et discret, au parler sourd et au visage sévère, qui bégayait un peu depuis son grand malheur. Il s'appelait Maubuisson. Tout le monde ignorait (et ignora longtemps) son prénom : Séraphin. On lui offrit, au Puy-du-Fou, le logis de l'entrée, celui qui commandait l'échauguette. Il y fit porter les livres, les comptes, tous les parchemins du château, et s'y plongea dès le soir de son arrivée.

François, second du nom, dès l'arrivée de la nourrice, avait témoigné d'une belle vitalité. Emmailloté jusqu'au cou par Marion qui le veillait jalousement et déjà s'imposait à la nourrice, François gigotait et braillait avec une vigueur prometteuse. Il était décidément très brun de peau, de cheveux et d'yeux, dès qu'il les ouvrit.

A neuf mois, il marchait. A dix-huit, il gazouillait d'un ton d'autorité. A deux ans, il parlait. Marion ne l'avait quitté ni jour ni nuit, lui susurrant, puis lui chantant d'une voix douce ce que cette petite âme blessée recelait de rêves, de piété et de tendresse. Ses premiers mots furent une prière : « Vierge Marie, ramenez mon père », prière qu'il disait en zozotant, ses petites mains jointes et si serrées qu'elles en pâlissaient.

Colin, lorsqu'il arriva, après une longue marche, trouva l'enfant déjà trottant. Peu s'en fallut qu'il s'impose comme un ambassadeur, chargé de mille ordres et recommandations. Il n'aurait pas demandé mieux, ne tarissant pas sur ses malheurs. Se traînant sur les cailloux, racontait-il, les yeux exorbités, il s'assit un jour sur les pierres qui bordaient un torrent, dans une montagne inconnue et sinistre ; perdu, trempé, si triste qu'il en pleurait ! Quand un berger, n'écoutant que sa parole, le prit par la main, le mena dans sa pauvre maison et, avec cinq bûchettes, le sécha du mieux qu'il put et lui indiqua la maison d'une bonne dame près d'une abbaye, qui n'osa lui refuser le logis. Chez la bonne dame, Colin resta certes plus longtemps qu'il n'était nécessaire. Reposé, nourri et le cœur réchauffé, un matin que la veuve était dans sa chambre à ses oraisons et se préparait dévotement à la messe, il s'en fut sans prévenir et marcha sept jours dans la montagne avant de trouver une âme et un pays humains. Tout cela l'auréolait d'une partie de la gloire seigneuriale. Mais Maubuisson veillait et l'embaucha incontinent sans lui laisser de répit. Il lui fallait en effet, pour l'intendance, un aide jeune et mobile qui lui permettait de surveiller les villages et de faire rentrer l'argent.

La nourrice de François partit quand il eut dix-huit mois. Il mangeait déjà de tout, chapardait aux cuisines, coursait les poulets dans la cour, et se bagarrait avec les gamins de la maisonnée. Il réclamait d'être en selle à tout cavalier de passage. Les gens du Puy-du-Fou l'adoraient et le gâtaient, sauf Marion qui certes le couvait, mais se montrait une ferme éducatrice. François était un petit seigneur… « Comment Anne l'aurait-elle élevé ? » se demandait Marion chaque matin. Elle-même se souvenait des grands airs de Mme du Puy-du-Fou, des coups sur les doigts lorsqu'elle écrivait mal ou se trompait dans ses prières, de ses airs dédaigneux lorsque son « petit page » s'essuyait le nez sur sa robe ou mangeait sans s'être lavé les mains, ou bien tachait son col avec les sauces. Oui, Anne aurait été sévère, intraitable sur les belles manières, le langage et le savoir ! Marion avait vécu quatre ans dans l'ombre d'une grande dame, il lui fallait se souvenir de tout et tout apprendre à l'enfant. Aussi François pouvait-il salir et trouer sa robe dans les jeux, mais il devait se tenir droit dans sa grande chaise, et présider le repas des gens dans la cuisine.

Colin lui parlait sans cesse de son père. Marion lui montrait chaque jour des images de guerriers dans le livre d'heures, et devant tous, il disait « Papa » ! Ce fut d'ailleurs le premier mot qu'il dit, avec « dada ».

A trois ans, il jouait à la guerre et exigeait qu'on l'appelle lui-même « Papa ». A califourchon sur son chien, armé d'une trompe de chasse et d'un bâton, il commandait la petite bande du village dans la cour du château. « Un vrai seigneur, disait Colin, son père sera content quand il reviendra. »

Les bruits couraient en effet que l'armée d'Italie, dissoute, s'en revenait à pied, qu'on revoyait ici un capitaine, là des hommes. Nul au château ne doutait que le maître ne revînt.

Ce fut un jour de décembre comme on en voyait peu dans l'Ouest : ciel pur et glorieux. On jasait depuis le matin au village des Epesses : des seigneurs du comté auraient débarqué à Nantes, le sieur d'Ardelay serait rentré dans la nuit… Dès les premières rumeurs, Maubuisson sortit de sa tanière, le soleil se levait à peine. Il mit toute la maisonnée sur pied dès l'aube et commanda la remise en état des écuries, un grand lessivage, déblayage de la cour qu'il fit sabler. On briqua les chevaux, on vernit leurs sabots et tressa leurs crinières, on baigna les chiens. Marion, brusquement maîtresse du logis, fit balayer, laver, briller le manoir du haut en bas. Puis elle monta religieusement une énorme brassée des derniers chrysanthèmes du jardin dans la chambre seigneuriale où Anne était morte, trois ans plus tôt. Elle y mit elle-même des draps blancs, parfumés de lavande, et ferma la porte à double tour, comme celle d'un sanctuaire. Ce matin-là, François fut habillé de frais et étrillé de pied en cap : « Ton père revient, répétait Marion, il faut être beau et sage, et surtout ne pas te salir... »

Ce vendredi donc, à dix-sept heures, on entendit le pas très las d'un cheval. Un seul. « Seul... Est-ce possible que ce soit le maître ? » Au bout de la longue allée de chênes, Marion, postée à la fenêtre du second étage, aperçut un cavalier dont l'armure brillait aux derniers feux du couchant. La monture semblait épuisée, au pas, croulant sous des sacs accrochés à la selle. Un homme très grand penché sur l'encolure comme un blessé, comme un mourant. C'était lui, à n'en pas douter ! Le bouclier aux armes du Puy-du-Fou pendait sur la croupe : de gueules aux trois macles d'argent ! Oui, c'était lui ! Marion poussa un cri, dévala l'escalier, sa jupe ramassée sur les genoux, saisit le petit François qui mangeait pain et poire, assis sur les marches de l'entrée :

— C'est ton père ! Le voilà ! Jacotte, Colin, Maître Maubuisson, cria-t-elle, voici notre Sire, il arrive !

Toute la maisonnée sortait, qui du manoir, qui de l'écurie, qui des communs. En quelques secondes, les douze serviteurs étaient là avec leurs enfants, massés derrière Marion qui serrait sur son cœur le petit François, saisi par l'émotion. Colin avait levé la herse du pont-levis qui grinçait. Le pas du cheval s'approchait, on ne le voyait pas parce que la route du Puy-du-Fou venait de la droite et longeait d'abord les murailles. Puis brusquement, on entendit le cheval se mettre au trot, un trot vif et fier. Apparut alors le cavalier redressé sur sa selle, hautain, luisant dans son armure et son casque à plume ; noir, barbu, maigre, et farouche. Il y eut un grand silence. François du Puy-du-Fou entra, arrêta son cheval et contempla la petite troupe bouleversée quand un cri retentit :

— Père, père !

C'était François qui se débattait comme un diable pour échapper à Marion et qui tendait ses petits bras en criant, en hurlant : « Père, père ! »

Marion s'approcha et tendit l'enfant à bout de bras au cavalier. Pour la première fois depuis la mort d'Anne, François Ier du Puy-du-Fou sentit que des larmes coulaient sur ses joues. L'enfant s'accrochait, se serrait contre sa cotte de mailles et criait de joie. C'est avec son fils dans les bras que François franchit le pont-levis, mit pied à terre devant l'entrée du manoir, tandis que Colin se précipitait pour tenir les rênes avec respect, le bonnet à la main. Lui aussi pleurait.

— Tu es donc là, Colin, mon enfant ! Tu es revenu, j'en suis bien aise. Et toi Marion, que tu as grandi ! Jacotte ! Ah ! mon Dieu... et les deux petits que voici que je ne connaissais pas... Mais quel est donc cet homme ? ajouta-t-il sévère en découvrant Maubuisson dans sa cotte noire de notaire.

— Votre intendant, Messire, pour vous servir, sur l'ordre de Dom Pierre de Beaupréau.

— Nous verrons cela demain, dit François.

Et tenant son fils accroché à son col, le chevalier se dirigea d'un pas ferme, non pas vers le donjon, mais tout droit vers le village et l'église des Epesses par le raidillon. Il y entra et referma la porte. Son pas résonna sur les dalles comme des coups sourds d'outre-tombe. Tous ses gens l'avaient suivi en silence dans le crépuscule. Ils étaient là, sur la place, le cœur serré. Le pas s'arrêta et le temps dura, sans un bruit, sans un souffle. L'enfant lui-même dans les bras de son père se taisait. François, debout, encore armé, noir et barbu, contemplait la pierre gravée : « Ici repose Anne de Langebaudière, Dame du Puy-du-Fou, qui a rendu son âme à Dieu à l'âge de vingt-cinq ans, le 2 novembre de l'an de grâce 1501. Dieu ait son âme ! »

« Non, pensait-il, je garde une part de ton âme, Anne, et ne la rendrai à Dieu qu'avec la mienne. »

Derrière le grand portail Jacotte pleurait en silence, serrant ses enfants dans ses bras. Guillaume n'était pas revenu ! Le maître avait dit : « Ah ! mon Dieu » en la voyant... Elle avait compris. Marion l'avait prise dans ses bras, puis avait appelé les enfants et le petit groupe chuchotait en pleurant. Le temps passait. Deuil, silence, adieux, tout un monde s'était écroulé. Il fallait revivre.

La porte s'ouvrit enfin et François parut portant toujours son fils dans ses bras, grave mais paisible, entraînant enfin sa troupe respectueuse vers le château.

Il s'approcha de Jacotte, prit ses deux mains et l'embrassa : « Il est mort en héros. Il nous attend auprès de Dieu. Nous ne l'oublierons jamais et je ferai dire des messes pour le repos de son âme. Mais je peux te dire, moi, son maître, qu'il repose en paix. »

Jacotte sanglotait à fendre l'âme. Ses enfants se serraient dans ses jupes :

— Tu peux compter sur moi, Jacotte. Toi et les enfants. Rien ne changera pour vous et la Maison du Puy-du-Fou sera toujours en dette envers vous. Mais il faut vivre, ma fille ! Pour toi, pour les tiens, pour nous tous. Dieu t'aidera.

Devant les trois marches du donjon, il s'arrêta, regarda son fils, lui sourit et s'écria de sa voix de jadis, claire et profonde : « Colin, une étuve, des vêtements, la cotte de velours noir de mon père le chevalier, car je le suis aussi. Et toi, Jacotte, sèche un instant ces larmes, et sers-nous un de ces soupers d'ogres comme tu savais les faire, et comme Guillaume les aimait. En souvenir, ma fille ! »

La vie venait d'entrer dans la maison. Tout bruissait de pas, de courses, d'appels, de feux qui crépitaient dans les cheminées, de la chaîne du puits qui ne cessait de monter, de descendre, et de pots entrechoqués au cellier.

Trois heures plus tard, le seigneur du Puy-du-Fou, lavé, étrillé, parfumé et vêtu de velours noir, comme il sied aux chevaliers, trônait au bout de l'immense table de chêne de la cuisine, dans la cathèdre du maître. Sur son pourpoint étincelait l'incroyable collier, la triple chaîne d'or couverte de diamants et de perles, avec son pendentif à l'escarboucle, qui laissa saisie la maisonnée.

La cuisine embaumait, le pot fumait, et Jacotte pleurait toujours dans le respect général. Depuis dix ans au service des Puy-du-Fou, fille de la cuisinière du château d'Ardelay, elle tenait de sa mère tous les secrets des herbes et des épices. Penchée sur ses pots de vanille, d'aneth, de safran, de gingembre, de cumin ou de menthe, on aurait dit une sorcière, et parfois on l'appelait « Mélusine », ce qui la flattait. Mais sa sorcellerie n'était rien d'autre que la passion des bonnes choses dont témoignaient ses rondeurs. Jacotte était déjà, à quarante ans, une femme lourde, que ses nombreuses maternités avaient déformée. Ronde, gourmande, aimable et bonne, elle était, comme on disait dans le Poitou, encore « bien agrâlante », et la cuisine résonnait sans cesse de sa voix sonore. Elle avait déjà mis au monde six enfants, dont quatre survivaient et égayaient la seigneurie de leurs cris et de leurs rires. De beaux marmots solides et frisés comme Guillaume, leur père, dont on savait bien que la grand-mère (décédée depuis longtemps) était une bâtarde de Guy II. Depuis le départ de Guillaume, son cousin, Thibault s'occupait un peu de tout dans la maison : le bois, les feux, le jardin, le potager, le cellier, les faucons et les gerfauts, les salaisons, le vin et le cidre, tandis que Colin, sous les ordres de Thierry, ancien soldat de la précédente campagne, était plus spécialement attaché aux écuries et à l'entretien des armes.

Les Puy-du-Fou aimaient les chevaux et y mettaient le prix. Le père de François avait acheté des reproducteurs allemands, de grands et magnifiques palefrois pouvant porter sans peine un chevalier et sa lourde armure. Leurs produits étaient un modèle dans la région. Tout ce qui fait montre de sa noblesse (et Dieu sait si les chevaux sont importants !) passait dans cette famille au premier plan. Il y avait aussi mules et mulets pour les serviteurs. Quant aux écuries, on disait volontiers qu'elles étaient plus propres et moins odorantes que bien des maisons du village, et que même des bourgeois y vivraient mieux que chez eux, ce qui ne déplaisait pas aux maîtres.

Outre la famille de Guillaume, de Thierry et de Thibault, la cour bruissait du matin au soir des cris des enfants des gardes, qui logeaient eux aussi dans l'enceinte, de ceux des laboureurs, du vigneron, du forgeron qui habitaient contre les murailles et n'avaient accès ni aux cuisines ni au repas en commun. Les Fonteneau (Guillaume), les Manceau (Thierry) et Marion, gens du château, constituaient une sorte de « famille », comme jadis les clients des villas romaines. Ce soir, tous étaient là, alléchés par les parfums de la cuisine, car Jacotte, mue par une sorte de pressentiment, avait fait le matin du pain blanc et égorgé trois poulets, saisis au pot puis mijotés avec des poignées d'herbes mystérieuses, du moût de raisin, du verjus, de la cannelle, de la cardamome, le tout sur un lit de chou. Une « soumachia », dont la recette venait des Croisades, et dont on se souviendrait longtemps.

Jean, son fils aîné, remplaçant son père, souriant dans ses larmes comme sa mère, était descendu au cellier, avait sorti du bouglerastre de la meilleure année, dont le petit François tint à boire, tant et si bien qu'il s'endormit contre le pourpoint de velours paternel, et que Marion le coucha sans même qu'il s'éveille. On but beaucoup, on parla peu. Il faisait si bon tandis que le vent du nord soufflait dans les cheminées, où les laurriers du feu embaumaient.

François titubait en montant à la chambre où l'attendait le grand lit vide. Il détacha le collier, le posa sur la gauche du lit à la place d'Anne et s'étendit tout habillé à sa droite sous la couverture de loup. Il dormit dix heures.

La vie reprit donc au château. Maubuisson, dès le lendemain, vint présenter trois années de comptes et un tableau fort honorable de sa gestion. Les récoltes avaient été bonnes, la taille était rentrée sans faille, le bétail était sain, les gens aussi. La peste même semblait oubliée. L'écurie et les chenils avaient été soigneusement entretenus ainsi que l'oisellerie par Colin. François reprit contact avec les familles alliées, ses pairs, ses gens. La plupart de ses compagnons rentraient. On les fêta dans tous les châteaux et dans toutes les chaumières. Les chasses reprirent ainsi que les joutes, les foires et les jeux des villages.

Le petit François grandissait, témoignant d'une rare vitalité. Il refusait désormais de porter un bourrelet et exigea de quitter la robe pour la chemise de toile et la veste lâche sur les chausses liées de courroies. Il arpentait ainsi la cour à califourchon sur un bâton, armé d'un fouet à chien, jouant avec les gamins des Epesses de Saint-Malo-du-Bois et du Bourg-Bérard à des joutes imaginaires, grimpant aux arbres comme un chat pour attraper les oiseaux. Il n'arrêtait jamais. Seul, il jouait aux osselets, au cerceau ; à cinq ans il lançait des couteaux dans les lignes de sable et menait de petites troupes de gamins à l'assaut des barrières, défendues à coups de bâton.

Depuis qu'il avait un père, il s'imposait partout comme un chef. Il mimait les attitudes, les gestes, les manières, les paroles du chevalier. C'était une miniature de guerrier. Son adoration pour son héros n'avait pas de bornes. Il ne le quittait pas d'une semelle. Aussi, à cinq ans, son père le mit-il à cheval, dirigeant lui-même les reprises. A six ans, il le fit tirer à l'arc comme un homme avec un arc à sa taille.

Tout cela dura jusqu'au matin de ses sept ans. François le père convoqua son fils, flanqué de Marion et de Maubuisson dans la salle du château, en grande pompe.

— Restez debout, dit-il du fond de sa cathèdre, l'heure est solennelle : vous avez sept ans ce jour, François ! Vous n'êtes plus un enfant que l'on confie aux femmes, et je te remercie, Marion, de l'avoir mené là avec tant de soin. Mais désormais son éducation m'incombe et son instruction vous incombe à vous, Maubuisson ! Il doit devenir un guerrier, un jour un chevalier au service de son roi. Mais il doit, comme tout seigneur, savoir lire, écrire et compter, et étudier le latin. Pour l'italien, Colin s'en chargera.

Maubuisson s'inclina et Marion regardait, sans un mot, ce petit homme qui avait été son enfant. François mit sa main dans celle de Maubuisson et Marion sortit après une révérence pour cacher ses larmes. Le silence durait. François songeait.

— Maubuisson, vous pouvez disposer, dit-il enfin. Vous, mon fils, asseyez-vous et écoutez-moi ! Ce jour est pour vous solennel, vous avez l'âge de raison et vous devez savoir pourquoi Dieu vous a mis sur cette terre, à cette place où vous me succéderez.

Le regard noir du petit François brûlait de curiosité et d'une attention passionnée. Enfin, il était un homme et serait un jour un seigneur !

— La noblesse, dont nous sommes, continuait son père, est la force active de notre pays, son armature, son âme pourrais-je dire. Si elle jouit de privilèges et d'exemptions qui en font un ordre supérieur, si elle touche les redevances de ses serfs, si elle a droit de justice sur ses gens, si les grands offices lui sont réservés, la noblesse doit au pays plus qu'elle ne reçoit. Un gentilhomme, mon fils, est d'abord un écuyer, puis un chevalier au service de son roi et à sa constante disposition. Il doit, à chaque instant de sa vie, être prêt à tout abandonner pour entrer en guerre. Il doit donc manier en maître toutes les armes, ne craindre ni la souffrance ni la mort et s'entraîner chaque jour pour y être prêt. N'oubliez jamais que nous sommes la main armée du souverain, et que la surveillance de nos terres, que vous apprendrez plus tard, n'est que secondaire. Des clercs avisés tels que Maubuisson nous y peuvent suppléer. Mais personne ne peut vous remplacer un jour, vous François, dans la bataille aux côtés de votre roi. Là, vous devrez être un homme et c'est là qu'on vous jugera, là surtout que vous vous jugerez. Nous commencerons dès demain votre éducation. Je serai votre maître et ne laisse à personne le soin de former un gentilhomme.

François n'avait pas bougé, la tête haute et le dos droit. Pas un cil n'avait battu sur ce petit visage brûlant :

— Je suis prêt, mon père, dit-il enfin. Je n'aurai jamais peur, vous pourrez être fier de moi.

— Nous commencerons de suite, mais il me reste à vous dire ceci : votre fortune dépendra des armes, comme celle de tous les gentilshommes qui n'ont pas de grand fief. Nos terres nous font certes vivre aisément, mais la seigneurie est petite au regard de notre noblesse ancienne et glorieuse. Bien gérée, elle ne dépérira pas mais ne vous enrichira pas, et nous méritons plus. Seuls la guerre et les faits d'armes vous feront remarquer des princes et vous vaudront des offices. J'étais trop jeune, trop seul, puis trop vieux, et j'ai porté le trop dur poids des échecs royaux dans la dernière campagne pour avoir accès à la Cour au retour de mes guerres. Mais vous êtes jeune ! Sachez bien que vos premiers exploits seront la clé de votre avenir et que la longue lignée de nos ancêtres vous permet de rêver très loin et très haut. Vous ferez plus et mieux que moi. Je le veux !

— Oh, certes, mon père, je le veux aussi !

— Dès que vous serez formé aux armes, vous serez page à la Cour. Il me reste, Dieu merci, assez d'amis en place pour vous y procurer l'appui d'une très grande maison. Je pense à Montmorency, à La Trémoille, votre parrain, que vous avez vu un jour à La Grainetière dont il est abbé commanditaire. Vous vous en souvenez, n'est-ce pas ?

Les yeux de François, à ce nom, brillaient, encore ébloui par le souvenir du cortège emplumé et cousu d'or dont il avait vu l'entrée à cheval dans le vieux cloître austère, répandant un parfum de luxe inouï, le seul qu'il ait eu l'occasion de rencontrer.

« Ton parrain », avait glissé son père dans son oreille. La Trémoille était là, très haut au-dessus de sa tête sur un cheval gris. Toutes ses armes éclataient sous un soleil de plomb : le roi David et Salomon dans sa splendeur, toutes les images de l'Histoire Sainte défilaient sous les yeux de l'enfant ! Il resta sans voix quand le prince tendit les bras vers lui :

— Voici donc mon filleul ? Montez là, jeune seigneur, que l'on vous donne l'accolade !

Il sentait encore les mains de fer de son père le hissant contre un pourpoint si bien brodé d'or qu'il lui labourait les côtes, tandis qu'une barbe rugueuse lui griffait les joues...

— On est page d'une Dame, continuait son père, dans une troupe de jeunes privilégiés qui plus tard empliront la Cour et recevront les divers offices. Les pages apprennent (et vous y apprendrez aussi) les belles manières, les modes. Vous entretiendrez entre vous vos entraînements guerriers dans une rude compétition. A quatorze, à quinze ans, selon la taille que vous atteindrez, et votre savoir-faire aux armes et aux jeux, vous aurez votre première armure et vous nous quitterez pour la Cour. Plus tard, quand devenu homme vous aurez fait preuve de vos talents, il vous faudra être très exigeant sur votre alliance. Le collier des Dames du Puy-du-Fou, qui attend ici votre future épouse, ne peut briller que sur le col d'une très belle et très noble Dame.

François n'avait pas bougé. A peine respirait-il de bonheur, d'émoi, d'impatience. Il se leva d'un bond quand son père lui tendit la main et se jeta dans ses bras. La vie s'ouvrait enfin devant lui. Son enfance était close. Il n'oublierait jamais les paroles de son père ni le soleil brutal qui inondait alors, sans coup férir, la grande salle claire de ce domaine qui serait plus tard le sien.

De ce jour, François Ier du Puy-du-Fou passa quotidiennement quatre heures à ferrailler avec son fils, à le dresser aux armes, à l'épée, à la lance, à l'arc et à l'arbalète, ainsi qu'aux finesses récentes de la monte. Il fit même construire un jeu de paume où l'enfant fut bientôt un redoutable partenaire. A huit ans, François le second était déjà de toutes les chasses et de toutes les joutes. Maubuisson eut bien du mal à lui inculquer quelques rudiments de latin et à l'intéresser à la lecture. Il ne lisait avec plaisir que les romans de chevalerie, dont les premières éditions remplissaient l'antre de Maubuisson. Il ne se tenait tranquille qu'avec Colin qui l'enseignait dans la paille de l'écurie, contant sans fin les batailles d'Italie, les palais féeriques, la chartreuse de Padoue, la mer chaude et scintillante, les hauts faits paternels, le chevalier Bayard et la prise de Mantoue, tout cela truffé de patois napolitain du plus bas étage.

Curieux homme que ce Maubuisson ! Comme son maître, il ne reprenait pas femme. Semi-moine, grand érudit, il étudiait les plantes, les herbes et les astres, dans de vieux grimoires qu'il apportait de l'abbaye et reportait avec soin. Il noircissait des kilos de parchemins avec des formules magiques, des dessins incompréhensibles. Il concoctait des bouillons d'herbes dans des cornues et portait des besicles sur son nez. Toujours seul, sauf lors des repas et des visites dans les terres qui faisaient partie de son office. Il avait dressé la généalogie complète de la famille du Puy-du-Fou depuis Renaud Ier, cadet de Poitiers, avec les hauts faits de chaque seigneur, leurs guerres et leurs alliances. Il ne s'absentait que pour chevaucher sa mule, soit vers les hameaux, soit vers La Grainetière. Il parlait peu, sinon d'affaires.

Colin s'était marié après avoir essuyé dix refus de la belle Marion, éclaboussante de jeunesse comme un éternel printemps :

— Tu ne veux donc pas te marier, ma belle ? demanda un jour François. Si tu le voulais, je te chercherais quelque bonne alliance : un marchand, un notaire... Tu le mérites, tu l'as surtout mérité en élevant si bien mon fils.

— Non, Maître, et jamais ! Je veux rester fille à votre service, et à celui de la Dame qui un jour viendra. Je ne veux pas quitter le Puy-du-Fou.

— Tu attendras longtemps, ma pauvre fille ! Je ne reprendrai jamais femme. Je l'ai juré devant Dieu qui fit la mer et le feu du volcan. Et mon fils n'a pas dix ans...

Marion secouait la tête : « Eh bien, Messire, j'attendrai ! »

François avait perdu ses airs sévères, il s'adoucissait dans la paix et la douceur de son pays natal. Son célibat ne semblait pas lui peser. Il était fort pieux et se rendait fréquemment à La Grainetière pour parler avec Dom Pierre de Beaupréau de cette « réformation » que tous souhaitaient dans cette abbaye modèle. L'abbé de Mauléon et ses moines faisaient comme tant d'autres scandale par leurs maîtresses, leurs truanderies, leurs fêtes, leurs richesses insensées, leurs ventes d'indulgences à un peuple austère et dur au travail. L'Eglise avait perdu sa pureté, disait Dom Pierre. Dieu la punirait si elle ne se reprenait pas, si elle ne se réformait pas. Certains déjà y pensaient. Il en parlait beaucoup car il correspondait avec Lefèvre d'Etaples, dont les écrits inquiétaient les docteurs de la Sorbonne, mais impressionnaient les gens de bien, et les troublaient.

François, en matière de justice, comme en matière de religion, se montrait donc ferme : toute faute sur ses terres était sanctionnée et le gibet des Epesses connut quelques pendus. Il abandonnait à Maubuisson les tâches administratives qui l'ennuyaient. Il préférait les chasses, toutes les chasses : au faucon ou à l'arc, à courre dans les bois et, l'hiver, les grandes chasses au loup.

Ce jour-là, le 14 janvier 1509 précisément, François et son fils avaient chassé le loup dès l'aube. On avait signalé depuis les Bois de La Barre un couple de loups, à la hauteur du gué de la Sèvre, entre les moulins de Plassard et de Chambon. Les loups dévastaient les troupeaux, hurlaient la nuit sous les murs des moulins, terrorisant les familles et menaçant les enfants. Fonteneau, le meunier de Poupet, frère de Guillaume, était venu demander la veille à son seigneur de les débarrasser de cette constante menace. Parti des hauteurs du Puy-du-Fou, accompagné de son fils, de Colin et de deux hommes, François était descendu à cheval vers la Sèvre à travers champs, sautant les haies et les barrières. Loin derrière, suivaient les valets avec les chiens. Au bas des coteaux où luisaient les bruyères couvertes de givre, coulait un large bief plein de nénuphars où attendait une barque. On laissa les chevaux en garde aux hommes. Colin aux rames, avec les deux François, la barque remonta lentement le courant vers le moulin de Chambon jusqu'à une gorge étroite appelée « le gué aux loups ». Là, François sonna cinq coups de pibole et les valets déboulèrent avec les chiens dans un tintamarre insensé de chaudrons, de broches, de rôtissoires, de lèchefrites, de mortiers et de poêlons, empruntés pour la circonstance à la cuisine, au grand désespoir de Jacotte. Affolé par le bruit, le loup sortit du bois qui bordait le gué et sauta dans l'eau. Colin toujours aux rames, le petit François au gouvernail et son père penché sur l'avant avec une massue le rattrapèrent, l'assommèrent et le noyèrent. La louve qui le suivait avait traversé le gué un peu plus haut, les chiens aux trousses. Dans les grands récris joyeux et furieux de la meute, on aperçut la louve en haut de la colline, aux abois, entourée par les chiens, puis servie par François. Les petits, restés au nid, furent égorgés. Une belle chasse qui promettait au retour de grandes flambées, un bon souper et une soirée de musique dont tous se réjouissaient, grâce à l'arrivée la veille de quatre baladins qui, tout en chantant, jouaient ensemble de l'épinette, de la guitare, du luth et de la musette.

Quand les chasseurs revinrent avec leur dépouille, le ciel était encore si pur qu'il semblait impitoyable. La meute courait avec fureur sur un sol glacé vers la curée prochaine. Un soleil rouge tombait sur l'horizon, derrière le château, quand ils franchirent la poterne dans les récris des chiens. Un cheval inconnu attendait dans la cour et un homme, poli, armé, se retournait devant le feu d'enfer de la salle. Il salua poliment, se disant porteur d'un ordre du roi : le 12 janvier, c'est-à-dire l'avant-veille, à Blois, Sa Majesté avait décrété la levée générale des gens de pied dans le royaume. François, encore botté, coiffé, les mains gelées, lut le parchemin que le courrier lui tendait : « Les capitaines ne prendront que de bons compagnons de guerre pour bien servir ledit seigneur. Après qu'ils seront levés, les capitaines les conduiront et les mèneront sans les abandonner, et ne souffriront qu'ils pillent. Ils en répondront sur leur vie. » Ce texte étrange, c'était la règle de la gendarmerie que Louis XII appliquait donc à tous, créant ainsi une nouvelle armée confiée, non plus à des mercenaires, mais à son ban et arrière-ban de vassaux et à leurs hommes. Ordre était joint aux baillis d'enrôler les volontaires.

Le sang de François se réveillait. Le roi n'avait donc pas accepté la défaite. On allait reconquérir duchés et royaumes d'outre-monts.

Dans la pénombre de la salle que la nuit glacée envahissait, François revoyait l'Italie, ses belles villes et ses éblouissants palais, sa chaleur, et puis la honte à venger et les trésors à prendre. Le roi voulait que « les capitaines renommés » (et François l'était, ô combien !), « connus surtout comme hommes de bien », conduisent leurs propres gens d'armes afin de relever les troupes dans l'estime publique. Le roi comptait sur Bayard et ses Dauphinois, sur Bonnivet et ses Poitevins, sur Montmorency et ses Manceaux...

Le gentilhomme, qui se nommait Maillard, parlait ferme et concis : il fallait enrôler, donc séduire, de jeunes et solides gaillards, déjà entraînés à la vie dure, que les terres ne suffisaient pas à nourrir dans les familles de paysans. Il fallait cinq cents hommes par capitaine, mille si l'on pouvait, car les Suisses venaient de refuser leurs mercenaires, persuadés que la Ligue était dirigée contre la Confédération.

François n'était pas sans savoir que la diplomatie royale préparait une revanche, mais les bruits n'arrivaient que tronqués au Puy-du-Fou. Il n'était pas vraiment surpris de voir repartir la guerre, mais surpris du rôle qu'on lui confiait. Ce n'était plus celui où il était rompu : chevalier, combattant solitaire dans des joutes mortelles, mais un rôle de capitaine.

— Pourquoi moi ? dit-il. Je ne suis que vassal de Thouars.

— A la Cour, votre nom, inoubliable depuis la prise de Gaète, a été prononcé devant le roi. Vous savez entraîner tous les gens de pied, le connétable l'a dit lui-même. Vous savez commander et peu de chevaliers, si valeureux soient-ils, sont aussi proches des troupes.

Le gentilhomme resta dîner et eut droit aux formidables potées de Jacotte, tellement fourrées d'épices en son honneur qu'elles emportaient la bouche et appelaient à boire sec. Il passa la nuit au château et, après un long entretien avec François, assisté de Maubuisson et de Colin, promu à la recrue des troupes, il repartit vers le nord, dans un blizzard à vous couper en quatre tout vif.

François, bien que rompu et repu, avait fort peu dormi. Certes, la guerre était sa vie, son devoir et son rôle le plus noble. Mais il y avait son fils, cet enfant de huit ans, livré aux femmes et à un vieil érudit. Qui le formerait, à cet instant crucial de sa vie ? Un malaise terrible le saisit : il revoyait le visage de certains de ses compagnons expirant aux pieds des remparts de Capoue et de Gaète. Le visage de ceux qui crachaient leurs poumons dans la boue du camp napolitain. Pour la première fois de sa vie, ce guerrier comprit que lui aussi pouvait ne pas revenir, laissant son enfant seul, sans père, sans mère, abandonnant sa terre, sa lignée, ses ancêtres. Il se retournait dans le grand lit glacé et solitaire. Pour la première fois, la guerre n'était plus un jeu.

La pleine lune éclairait vaguement la pièce où se mouraient les derniers braisons. Une chouette hurla. A gauche. Une autre lui répondit très loin dans la nuit. François ouvrit les yeux : derrière les vitres gondolées, l'astre qui s'encadrait en plein centre semblait lancer quatre rayons : une croix ! Un présage ?

François se signa tandis que la croix tremblait, et pria. Puis un nuage venant de l'ouest recouvrit l'astre des nuits et des songes. Dans l'obscurité miséricordieuse, François s'assoupit enfin et sombra visité par des rêves menaçants, peuplés de loups invisibles et rôdeurs, dont les crocs lançaient des flèches, tandis que sa lance se brisait.

Durant toute la semaine, les seigneurs du Haut-Poitou se

réunirent, qui à Mortagne, qui à Mauléon... François apprit que six mois plus tôt, un traité fort compliqué avait conclu une alliance avec l'empereur pour mettre Venise à merci. Que Marguerite d'Autriche, femme remarquable, et le cardinal d'Amboise au nom de la chrétienté, « avec l'aide de Notre-Seigneur », s'étaient même engagés à une expédition en Orient contre les Ottomans... une sorte de croisade en sorte ? On allait certes en Italie, mais peut-être beaucoup plus loin. On avait deux mois pour lever et réunir les troupes. Dans trois mois on devait passer les Alpes.

« Est-ce cela vieillir ? » se demandait François, calme et triste au milieu de l'excitation générale de tous ces jeunes et nouveaux chevaliers. « Aurais-je peur de mourir et de laisser mon fils sans maître ni appui ? » Il se souvenait de ses premiers départs, de ce feu qui le brûlait, de ce cœur qui battait plus fort devant l'aventure et l'inconnu. Il était là, grand capitaine, efficace, pratique, mais froid et comme sans âme. Il faisait lever les troupes sur ses propres terres, aidé par Colin, visitait lui-même tous ses villages et ses hameaux, promettant victoire et butin, vantant les gloires de la guerre, la découverte de ces pays fourrés d'or et de trésors. Mais lui-même était absent. Chevauchant certains soirs de pleine lune, il n'osait regarder en face l'astre magique, tremblant d'y revoir la croix de cette nuit terrible.

La levée des troupes s'acheva fin mars. François, armé, casqué, les chevaux tapant et hennissant dans la cour du château, convoqua dans la salle tous ses gens, respectueusement debout. Il remit solennellement le soin de la seigneurie à Maubuisson, dont il savait enfin la valeur et le dévouement. Il ordonna l'obéissance totale à ses ordres. Puis il garda François seul à seul :

— Mon fils, dit-il d'une voix grave, je vous ai prévu un maître d'armes qui arrivera dès demain. Je compte sur vous. Si dans trois ans je ne suis pas encore revenu, vous irez rejoindre la Maison de La Trémoille qui se chargera de vous trouver un office de page aux plus hauts parages de la Cour. Je pars. Je vous confie le collier des Dames du Puy-du-Fou. Vous êtes sous mon regard et mon autorité où que je sois et quoi qu'il m'arrive. Ne l'oubliez jamais !

Sa voix s'enroua subitement. Il prit l'enfant par les épaules et lui donna l'accolade comme lors d'un adoubement, sortit d'un pas ferme, sauta en selle, puis partit sans se retourner

Trente gentilshommes du Haut-Poitou et mille hommes d'armes

s'ébranlaient vers la Loire, cinq cents sous sa conduite, pour gagner Blois d'abord, puis Lyon après avoir rejoint les Normands. Le roi était déjà parti. Le 12 avril, on approchait des Alpes. Montjoie les avait précédés depuis une quinzaine pour aller déclarer officiellement la guerre à la République de Venise. Le 16 avril, on passait les Alpes où fondaient déjà les neiges. On suivait le corps de la gendarmerie qui entourait le roi et que commandaient La Trémoille, La Palice, Bourbon et Trivulce.

L'Italie apparut alors en pleines fleurs. François retrouvait son âme au son des clairons et des tambours, devant ces plaines ensoleillées, riches et fertiles à miracle ; puis ces villages, ces villes roses dont le luxe une fois de plus l'éblouissait. Il lui avait fallu plusieurs semaines fort tristes pour sortir de son mutisme et chasser la vision de l'enfant aux yeux désespérés, du petit visage figé qui retenait ses larmes par fierté d'homme.

Le 14 mai, enfin, l'odeur de la poudre, celle des grandes batailles, lui rendit ses vingt ans. On arrivait à Agnadel, première ville vénitienne dont les murailles dorées narguaient les Français, derrière l'Adda, qui coulait à une demi-lieue. Le roi lui-même et son armée franchirent la rivière en grande pompe et installèrent le camp à mi-chemin. Puis on attendit. Quatre jours se passèrent en escarmouches sans importance. Il faisait beau et déjà chaud. On se serait cru à quelque grande joute, à quelque fête, lorsque à l'improviste, le matin du 14 mai, une formidable cavalerie sortit de la ville et fondit sur le camp français, foudroyant l'avant-garde où se trouvait François. Le choc fut terrible et les hommes admirables. Dans l'heure, l'armée entière fut à leurs côtés, taillant en morceaux tout ennemi à sa portée.

Pendant trois jours (François, toujours en avant-garde), on poursuivit les Vénitiens, prenant au passage la ville superbe de Brescia qui se rendit sans coup férir. En six heures, on démantela la forteresse, pourtant imprenable, de Pescara. Sans une blessure, sans un instant de fatigue, François commandait, chevauchait. Il se trouvait dans la haie d'honneur du roi qui s'installa dans le château de Pescara. C'était encore une fois la jolie guerre des victoires, la gloire qui enivre. Il oubliait ce roi injuste et maussade qui avait insulté jadis les gentilshommes vaincus. Le Puy-du-Fou était loin, très loin avec ses petites collines, ses vallées creuses et ses champs fermés.

On fit une pause, l'armée se mit au repos autour du roi attendant les troupes impériales pour achever les victoires. « Non, je ne suis pas vieux, pensait François, et mon fils sera fier de moi. » Mais le temps passait. Les émissaires allaient et venaient au galop. Il fut vite clair que l'empereur se dérobait et que ses troupes ne viendraient pas. Louis XII, humilié, furieux, reprit la route du Milanais avec le cardinal d'Amboise, laissant son neveu Chaumont à la tête de l'armée, puis rentra en France où l'attendait la reine Anne.

Qu'importe la diplomatie ! On était victorieux. On s'installa, prenant de-ci de-là quelques villages pour s'occuper. François retrouvait Bayard et tous ses anciens compagnons. 1510-1511, deux hivers, deux printemps. Le temps passait comme toujours pendant les occupations, entre les joutes amicales, les jeux, le soin et l'entraînement des troupes, dans cette sorte d'ennui aimable que crée l'attente. Les nouvelles venaient régulièrement de France, avec de grandes lettres de Maubuisson : tout allait bien, François grandissait beaucoup, progressait en tout, et les comptes étaient bons.

François fut soulagé quand on apprit enfin que les troupes du pape se dirigeaient vers les camps français. Des ordres couraient, venant du roi, annonçant que les évêques, réunis en concile, autorisaient l'armée à se défendre contre le pape lui-même. Bravo ! L'armée frémit donc de joie quand apparurent les pontificaux. Sous le commandement de Bayard, la campagne ne fut qu'une formidable poursuite d'un ennemi fuyard en direction du sud-est. On prit Bologne sans peine, puis on se replia sur Milan, chez soi. Des journées et des journées de marche. Puis survint une nouvelle qui fut une douche froide : les Anglais attaquaient au nord et huit mille Espagnols se dirigeaient vers Milan avec huit cents lances papales.

C'est alors qu'apparut, dans la ville, saint Georges… tel du moins le crurent les Français éblouis ! Beau comme un archange, vingt ans, grand et incroyablement mince, sur un cheval couleur de neige, ses blonds cheveux bouclés ondulant dans la tempête et flottant sous la bannière éclatante de Navarre dont il était le roi, le visage brillant d'intelligence et de passion… C'était Gaston de Foix, le propre neveu de Louis XII, à qui son oncle confiait le sort de ses armées et de toute l'Italie.

Une onde de passion courut dans le cœur de tous les gentilshommes et jusqu'au plus misérable des gens de pied. Avec ce prince de légende, on ne craindrait ni Dieu ni Diable. La formidable armée de la Ligue espagnole assiégeait Bologne. On partit derrière saint Georges à vingt mille hommes, dans la fièvre et la confiance. Les Espagnols avaient déjà fait une brèche de trente brasses dans les murailles, quand François et ses hommes, en avant-garde, les culbutèrent. Les gentilshommes pressaient « saint Georges » de poursuivre les Espagnols, mais saint Georges était prudent, lucide, génial. Il décida de prendre les villes partout où l'ennemi lâchait, mais de ne pas répandre un sang inutile : « Nous sommes à la guerre et non aux joutes, disait-il. Vous autres chevaliers ne connaissez que vos lances et ignorez l'artillerie qui économise nos hommes. Il faut combattre, certes, mais d'abord surprendre. » Et tous, subjugués par cet homme qui pouvait être leur fils, obéissaient aveuglément.

C'est ainsi, par des attaques foudroyantes, imprévues, que l'on prit Valegio puis Brescia, des villes riches et superbes. Bayard y fut blessé, mais François passait indemne comme par miracle dans tous les engagements. Jamais il n'avait connu pareil chef, pareille précision dans les ordres, pareille intelligence, pareille confiance. Qu'il avait été fou de se croire vieilli ! Invulnérable, impavide, infatigable lors des longues chevauchées dans les boues des plaines, sous les pluies incessantes du printemps et l'aigre vent du mois de mars. Crotté jusqu'au visage, son cheval embourbé jusqu'au poitrail, poursuivant les ennemis en fuite, il connaissait enfin les joies totales de la guerre.

Ce fut la veille de Pâques que l'armée atteignit la mer : l'autre, celle de Venise, et sa ville sublime de Ravenne dont les murailles roses se détachaient sur un ciel pur. La pluie avait cessé, le soleil se levait. Ravenne, entre rivière et mer, les attendait. Les Espagnols étaient sous les remparts devant la ville. Les Français devant la rivière. C'était vraiment le bout d'un chemin sans retour, la victoire absolue, la fin de l'ennemi. Aussi quand Molard et ses hommes franchirent le gué de la rivière dans l'immense cri de toute l'armée, Gaston de Foix fit donner l'artillerie comme un tonnerre, tandis qu'une pluie de flèches lancée par ses archers contournait l'ennemi, et que piaffait l'infanterie. L'artillerie tira pendant deux heures. Le spectacle était admirable. Le soleil maintenant haut faisait étinceler les cuirasses, les casques, les lances. Un vent léger qui venait de la mer effeuillait les fleurs des pêchers dans la plaine où flottaient, innombrables, les étendards. Les chevaux tiraient au bruit des boulets et au cliquetis des armes. François, de loin, distinguait le prince sur une petite hauteur, son panache royal doré et sa haquenée neigeuse. Les capitaines avaient grand mal à retenir les hommes et les chevaux.

Enfin, à dix heures, Gaston de Foix d'un grand geste lança l'armée dans un fracas terrible. Le martèlement sourd des lourds chevaux en plein galop, les chevaliers botte à botte, pointant la lance, hurlant de joie sous la visière abaissée, les hommes courant en rangs serrés, la main sur l'épée... Ce fut un instant superbe, inoubliable.

Très vite, François fut cerné. Une fureur inconnue l'animait : il perçait, démontait. Sa lance renversait les hommes comme un éclair. Il crut même ne pouvoir la retirer d'un Espagnol qu'elle avait traversé de part en part. Sur sa droite, il distinguait parfaitement Gaston de Foix, dirigeant à grands gestes ses troupes, toujours sur sa petite colline. Et puis brusquement, il l'aperçut piquant des deux, et dévalant la butte à plein galop, tout seul ! Le panache d'or fonçait vers l'ennemi. François tout en ferraillant le contemplait, véritable apparition céleste : autour de l'archange, tout tombait, et puis d'un seul coup, sa lance se brisa et l'archange disparut. Son cheval pointa très haut, la crinière volant au vent, le poitrail étincelant de ses dorures, mais seul, sans cavalier.

François reçut au cœur un choc terrible. Il eut pendant un quart de seconde un véritable étourdissement. Il ne vit pas sur sa gauche une lance espagnole qui transperça le défaut de sa cuirasse, et lui ouvrit les entrailles. Il tomba dans le fracas terrible de son armure, vit le sang qui coulait sur sa main, sur son bras, et sur le sol tout autour de lui. Il comprit qu'il mourait car le soleil au-dessus de lui faisait une sorte de croix, comme la lune au Puy-du-Fou. Il eut le temps d'entendre le galop formidable de la cavalerie, comprit que l'ennemi fuyait. Il revit en un éclair le printemps du Haut-Poitou, les iris jaunes dans l'étang du château, les clochettes bleues de ses collines, les ombelles, les églantines de ses haies et les premières feuilles roses des grands hêtres de l'allée d'honneur. Il revit Anne, son grand amour, et l'enfant brun qu'il laissait tout seul. Puis tout se brouilla.

On retrouva son corps après la victoire sur un champ de bataille rouge du sang de tous les gentilshommes : Gaston mort, percé de dix-huit blessures, Yves d'Allègre, Molard, tous les héros des deux guerres d'Italie avaient trouvé la mort. Si le roi avait gagné la bataille, les pauvres gentilshommes l'avaient perdue avec leur vie. On était le 16 avril 1512. François II du Puy-du-Fou était orphelin, sans père ni mère, dans un château lointain. Il n'avait pas douze ans.

CHAPITRE III

FRANÇOIS

Colin, le lendemain de la bataille, sortit à l'aube de l'abbaye où s'étaient réfugiés serviteurs et valets des grands seigneurs. Le jour n'était pas encore levé mais le spectacle le prit aux entrailles. Ce n'étaient, devant la ville, que chevaux éventrés, corps épars et mares de sang sur l'herbe fraîche. D'autres hommes déjà fouillaient la plaine pour tenter de retrouver qui son maître, qui l'un des siens. Il fallait pour les chevaliers lever la visière de l'armet, afin de les reconnaître, les boucliers ayant roulé de tous côtés.

Colin enjambait les corps et soulevait les visières de tous ceux qui lui semblaient grands, poussant, tirant les corps. François lui apparut au bout d'une heure, les yeux ouverts, le visage tourné vers le ciel, plus paisible mort qu'il ne le fut jamais vivant. On enterrait par fournées. Le Sire du Puy-du-Fou reposerait donc en terre étrangère !

Colin reprit seulement l'armure, la cotte, l'épée et l'armet (François ne portait aucun bijou). Il repartit une seconde fois vers le Puy-du-Fou, en compagnie des valets du Haut-Poitou dont les maîtres avaient péri. Ils chevauchèrent à travers plaines et montagnes, les uns parlant sans cesse, d'autres, comme Colin, muets et le cœur fendu. Cette fois-ci, les écuyers reçurent montures et écrits de passage dans un étui officiel, signés du chef de corps, pour pouvoir demander des vivres et n'avoir pas à piller ou mendier. Cinq lignes précieuses : « Laissez passer et sortir sans difficulté ce porteur nommé Colin Fonteneau. »

Cette fois-ci, c'était le printemps, le voyage se passa donc sans encombre. Plus on approchait, plus Colin retournait dans sa tête les mots qu'il faudrait dire, et il n'en trouvait point qui conviennent. Tant et si bien que, quand il toqua deux mois plus tard à la poterne du château, il resta coi et les larmes aux yeux, planté là sur son cheval.

Ce fut l'enfant François qui parla le premier :

— Mon père est mort, n'est-ce pas, Colin ?

— Il a rendu son âme à Dieu à la bataille de Ravenne, Messire. Aussi noble chevalier, il n'en fut jamais !

Ni la foudre ni l'incendie sur le château n'auraient laissé plus saisie la maisonnée. Ils étaient tous là, accourus à l'entour derrière leur jeune maître, sans trouver de gestes ni de mots devant un tel malheur.

François avait encore sa cotte de jeux toute maculée de boue, ses boucles noires ébouriffées et pourtant, dans le maintien, tête levée, dos droit, quelque chose de neuf, de seigneurial. Long, mince, très grand pour son âge, à mi-chemin entre le petit prince et le jeune brigand lâché avec ses pareils dans les chemins creux du Poitou, il était là, l'œil fixe, le regard dur, la bouche sèche, planté sur les marches du donjon, raide et glacé, ne répondant pas. Il regardait la cour vide où picoraient les poules indifférentes, les écuries silencieuses, le pont-levis où n'apparaîtrait plus jamais le chevalier de ses trois ans, en son armure. Le maître de sa jeunesse, son héros, son Dieu, son père, ne serait plus jamais au Puy-du-Fou !

Celui qu'il avait toujours vu vainqueur aux armes, aux joutes, aux chasses, celui qui affrontait les loups pouvait donc mourir, et il ne le savait pas ? Les tours de sa seigneurie s'embrasaient au soleil couchant, rouge d'orage et menaçant. Mais sa terre était vide. Tous ses gens pétrifiés se taisaient. Jacotte pleurait sans bruit, Thibault serrait un enfant dans ses bras, Colin baissait la tête, comme honteux, coupable de la nouvelle et du deuil.

Maubuisson, dans sa cotte noire, enfin s'approcha et prit François par la main :

— Messire, dit-il avec respect, vous êtes maintenant notre seigneur à tous. Veuillez recevoir l'hommage de vos serviteurs. Le mien d'abord.

Il s'inclina très bas.

— Venez çà, Marion, Colin, Jacotte, Thibault, Thierry, Gauthier, vous aussi les enfants !

Tous défilèrent, les hommes inclinés bien bas et bonnet à la main, les femmes et les petites filles faisant la révérence. François, la tête haute, reçut les hommages sans mot dire et s'en fut s'enfermer dans la salle où personne n'osa le déranger.

Il commença par pleurer comme l'enfant qu'il était, puis s'assit dans la cathèdre de son père, et reprit mot pour mot dans sa tête les derniers messages du chevalier : « Quand vous en aurez l'âge et la taille, vous irez trouver mes amis, et vous serez page. » Combien de temps lui faudrait-il attendre seul, s'exercer avec Gauthier, son maître d'armes, pour être en état d'affronter le vaste monde ? Deux ans peut-être, trois ans ? Il repoussa Marion qui frappait à la porte pour le consoler, et Maubuisson qui s'inquiétait. Il soupa sans mot dire dans le lourd silence de la tablée, juché sur la cathèdre paternelle, au plus haut bout de la longue table de chêne, celui qui avait le dos au feu. Puis il prit le chandelier d'étain à trois branches et monta seul, sans mot dire, à la chambre de son père sous les yeux stupéfaits de toute la maisonnée.

François II du Puy-du-Fou s'étendit sur le grand lit aux courtines brodées où sa mère était morte et où son père avait reçu, à travers les croisillons des meneaux, le présage funeste de la lune.

Mais comme il était encore un enfant, il s'endormit sans le vouloir, laissant brûler les chandelles. Quand une heure plus tard Marion, sans bruit, entrouvrit la porte, elle ne vit qu'un petit garçon de douze ans dans la paix des songes, souffla les chandelles, et s'en fut.

Maubuisson, dès le retour de Colin, avait fait prévenir la parentèle, le cousinage, les voisins et les féaux. La première arrivée fut Pétronille du Puy-Greffier, flanquée de deux de ses petits-fils un peu plus âgés que François. Elle avait beaucoup vieilli, beaucoup grossi, elle soufflait à faire pitié. On la descendit de sa selle où elle ne montait plus qu'à l'aide d'un escabeau. Elle ouvrit tout grands ses bras pour serrer sur son cœur l'orphelin, mais celui-ci restait de marbre, raide comme une épée. Elle venait proposer de le prendre chez elle !

— Tu ne peux pas rester seul ici, mon petit, si attachés que soient tes gens. Tu partageras la vie de tes cousins chez moi jusqu'à ce que tu sois en âge de voler de tes propres ailes.

— Je vous remercie, ma tante, dit fermement François qui avait revêtu des vêtements de deuil, mais je ne veux pas quitter mes terres ni mon château. Dans deux ans, je serai page, mon père me l'avait promis. J'ai beaucoup à faire ici pour m'y préparer.

Pétronille, surprise, tentait de le raisonner, lorsque Dom Pierre de Beaupréau, qui venait d'arriver de La Grainetière, l'interrompit d'une main qui se faisait vieille aussi :

— Laissez, Dame Pétronille ! François n'est plus un enfant. Il connaît son chemin, il n'a besoin que de lui-même. Je suis à une heure de chez toi, mon fils ! J'aimais beaucoup ton père qui m'honorait de sa confiance. Chaque fois que ton cœur aura besoin d'aide, tu auras celle de Madame ta tante. Et si c'est ton esprit, tu auras la mienne à toute heure, autant que tu le souhaiteras.

Philippe de Surgères, sa marraine, accompagnée de ses trois filles déjà grandes, vint aussi offrir à son filleul une hospitalité pleine des richesses de l'esprit. Elle le trouva dans les mêmes dispositions, courtois, mais ferme :

— Je viendrai volontiers vous voir, répondit-il, et je vous aime tous, mais je reste chez moi avec mes gens qui prennent bien soin du domaine comme de ma personne.

En droit, la mort du premier François ne changeait guère la vie de la châtellenie. Maubuisson régissait, les domestiques entretenaient et leur jeune maître étudiait depuis le départ du seigneur pour la guerre. Pourtant, une profonde révolution éclatait ; François, adolescent, était devenu le maître. Il descendait chaque matin inspecter la bonne marche des tâches, s'instruisait des comptes, des travaux des champs, des rentrées, des événements survenus sur ses terres. Chaque jour avec Colin, il visitait ses gens et ses hameaux, parlant haut à des laboureurs qui auraient pu être son père ou son grand-père : le Puy-Moisson, le Bois Chabot, la Petite et la Grande Ivoie, Puy-Crotte, Peine-Perdue... Il encourageait chacun à ne rien gâcher, à ramasser les feuilles de hêtres pour les paillasses, à semer dans les gâtines meubles, gagnées sur la forêt. Il dirigeait les chasses et les grandes pêches, surveillait les cueillettes de champignons à faire sécher, de noisettes, de glands pour les cochons. Il veillait lui-même au ramassage des escargots.

Il avait cessé de jouer avec les gamins des Epesses ou du Bourg-Bérard qui n'osaient plus l'appeler par son prénom, le voussoyaient et lui donnaient du « Sire » comme à feu son père. A treize ans, il connut par cœur chaque pouce de son territoire, chaque chaumière, chaque famille, les barrages de ses moulins sur la Sèvre, les routes de charrois qu'il fallait entretenir grâce aux corvées. Il mettait Maubuisson sur les dents pour un chêne abattu par la foudre sur une route, pour une inondation, une épidémie chez les moutons ou une fièvre quarte chez les hommes. Il était infatigable. Son autorité, son assurance en imposaient, alors qu'il n'avait pas fini de grandir.

Marion laissait parfois rêver ses yeux bleus très doux dans un sourire complice, en voyant éclore, chez son nourrisson, l'homme dans ce qu'il a de meilleur et de pire.

Ce fut un soir de juin que le drame éclata : depuis quelques jours, on signalait, dans les Bois de la Folie, des malandrins qui pillaient sans vergogne les fermes isolées. « Une bande, disaient les victimes, de cinq ou six gaillards armés d'épées et d'arquebuses, dont le chef, un certain Ronan le Borgne, mesure plus de six pieds. » C'étaient des fuyards de l'armée d'Italie. Ils s'étaient présentés de plein jour à la poterne du château, pensant sans doute la surprendre, mais la herse achevait de se baisser, grâce à Marion qui filait à une fenêtre de l'étage et les avait vus venir au bout de la longue allée de hêtres. Elle leur avait trouvé fort mauvaise mine et avait de suite prévenu Colin.

Comme ils repartaient, fort dépités, Ronan aperçut Marion qui les regardait, en riant de leur dépit, depuis sa fenêtre. Accoudée à l'appui de granit, dans tout l'éclat de ses vingt ans, son ravissant visage enseveli sous une forêt de cheveux d'or, elle était si belle, malgré sa cotte de servante, que le grand Borgne s'arrêta. Son œil unique lançait des flammes et il marmonnait dans sa barbe ce que Marion crut être de vagues menaces. Elle haussa les épaules et ferma la fenêtre, gênée pourtant et mal à l'aise.

Le lendemain, elle avait décidé d'aller faire ses achats à la foire de Mortagne. Cette foire était d'une richesse extrême. On y trouvait d'un côté toutes les nourritures possibles : les épices les plus rares et toutes les viandes : oisons, chapons, lièvres, conils, perdrix, bécasses et gros gibier, sans parler des œufs, hortelage et légumes. A l'autre bout de la grand-rue de la ville, des étoffes de prix, des instruments de tout ordre et partout des jongleurs, diseurs, musiciens ou magiciens. Marion, depuis ses treize ans, était chargée du ravitaillement et des achats pour toute la maisonnée. Elle partait souvent avec deux mules, dans ce cas accompagnée. Mais ce jour-là, elle n'allait que pour de menus achats de tissus et de futilités. Pour le plaisir en somme !

Elle prit donc une mule et quelques corbillons, puis s'en fut de plein jour par les chemins habituels, fort fréquentés et fort sûrs. Elle fit ses achats : toile fine pour chemises et bonnets, velours pour une toque désirée par François, et s'en retourna prudemment dès le début de l'après-midi. Comme sa mule approchait de l'allée du château — il faisait encore jour —, un homme surgit du fossé où il s'était caché, se jeta au mors, puis d'un revers de bras la descendit de sa monture. C'était Ronan, immense, énorme et ricanant :

— Alors, la belle ! disait-il, on se moque du soldat ! Attends voir !

Il l'entraînait d'une poigne féroce vers le petit bois. Elle hurla, mais elle était trop loin du château pour être entendue. Il la jeta à terre et déchira sa cotte. Elle se débattait furieusement, hurlait, mordait, griffait. Mais il suffisait à cet homme d'une seule main pour la maîtriser. De l'autre, il se dégrafa, tomba sur elle de son poids énorme, comme une bête, et la força.

Les larmes jaillirent avec son cri ; violée, déchirée, ouverte par ce monstre ! « Ah, Dieu tout puissant, pourquoi m'avoir sauvée de la forge pour me livrer à un tel sort ? »

C'est à cet instant qu'elle entendit le trot rapide de deux chevaux. Déjà, l'homme se levait, remontait ses chausses, mais elle hurla : « A l'aide, au secours ! » Un cheval apparut entre les hêtres : c'était François, suivi de Colin, rentrant de leur chevauchée quotidienne sur les terres. Au premier regard, il avait compris : Marion, couchée, échevelée, sanglante, dégrafée, sanglotante. Avant que l'homme ait pu faire un pas, François plus prompt dégainait, fonçait sur lui et lui transperçait l'épaule.

L'homme eut un recul, le sang jaillit, mais son autre main sortait de sa ceinture un couteau. Colin était déjà sur lui, sautant de la selle, et sa longue lame sur la gorge le maintenait à merci.

— En voilà une affaire, grommela le brigand. Pour une fille de rien qui m'a nargué...

— Aucun de mes gens n'est rien, dit la petite voix de François qui commençait à muer, et tu l'apprendras bientôt, malandrin !

L'homme ricana, toisant de ses six pieds l'adolescent dont le visage ne cillait pas.

— Colin, désarme ce drôle et va chercher du renfort et des cordes. Je fais de sa garde mon affaire.

Et ce disant, il posa sa lame sur la gorge de Ronan, si grand qu'il avait la tête presque à la hauteur de la sienne, et il appuya d'un coup sec pour qu'elle s'engage et qu'au moindre mouvement de l'homme, elle l'embroche.

Colin hésitait. François, presque enfant, seul devant ce géant...

— Messire, de grâce, laissez-le-moi !

— C'est un ordre, dit François sèchement, et fais vite !

L'œil de l'enfant lançait des flammes peu rassurantes. Il ressemblait si furieusement à son père à l'assaut des murailles de Capoue, que Colin céda, sauta en selle, piqua des deux et fut en quelques secondes au bout de la longue allée de hêtres. Il entra au galop dans la cour où Thibault fendait des bûches et où son fils faisait l'écurie.

— Vite, Thibault, Pierre ! Des cordes, un cheval, notre seigneur est en danger.

Devant son visage révulsé, Thibault empoigna deux licols qui pendaient là, un fouet à chiens devant lui, et sauta en croupe. Le tout n'avait pas duré deux minutes. François était toujours là, impassible, et la gorge de l'homme saignait fort. Seule, Marion avait disparu.

— Liez-moi cet homme, les pieds d'abord, puis les mains dans le dos ! Et maintenant hissez-le sur ton cheval, Colin. Prends les rênes, je le suis l'épée dans les reins.

Ronan ne ricanait plus lorsque leur étrange équipage passa le pont-levis et que celui-ci, sur ordre de François, releva sa herse.

— Homme, dit François, tu as forcé une femme qui m'a servi de mère et qui est sous ma protection. Tu seras pendu ici même avant que le soleil se couche.

Les gens du Puy-du-Fou, qui étaient tous accourus, restaient pétrifiés. Il y eut un long silence. Maubuisson descendit de son antre d'où il contemplait la scène avec inquiétude.

— Messire, chuchota-t-il à l'oreille de François, vous n'avez pas seul droit de haute justice pour la peine de mort. Vous êtes vassal du comte de Mortagne, à moins que le viol ne puisse être déféré à la justice d'Eglise.

François bondit : « Quoi, Maubuisson, vous voulez livrer l'honneur de Marion à tout le fief assemblé ? Pas de procès, pas de bruit ! Cet homme sera pendu dans la cour du château, toutes portes closes, et nul ne saura jamais rien, sauf nous tous qui jurerons sur la croix de n'en pas ouvrir la bouche, fût-ce en confession. »

Maubuisson sentait dans tous les regards l'accord et le soutien. Personne ne parlerait.

— Jetez cet homme dans le souterrain, reprit François, et vous, Thibault, Colin, dressez une fourche face à l'entrée. Le soleil baisse, faites vite !

Ronan, qui n'avait pas bougé, se mit à hurler, se débattant furieusement :

— On ne pend pas un soldat, Messire ! J'ai fait les guerres d'Italie, la première sous les ordres de votre père. Je l'ai sauvé plus d'une fois étant arquebusier ; je ne suis tombé en flibusterie que pour n'avoir pas été payé...

— Où étais-tu donc et en quelle année ? dit Colin. A quelle bataille as-tu sauvé mon maître ?

— J'étais dans la troupe du seigneur d'ici, répondit vaguement Ronan, qui avait perdu pied.

— Si c'était vrai, tu m'aurais reconnu, car de toutes ses campagnes, je n'ai pas quitté mon maître d'une semelle.

Ronan vomit alors des injures et tenta de donner de la tête pour renverser les gardes. Mais trois hommes le maîtrisèrent solidement, l'entraînant vers l'entrée de la tour des Anglais. La porte du souterrain s'ouvrait dans le fond de la salle ronde, contre la cheminée des gardes. Elle grinça fort car on ne s'en était pas servi depuis Guy II : il n'y avait pas eu de guerres ni de sièges. Le souterrain conduisait à l'ancien château, puis s'enfonçait dans la campagne. Mais là, il risquait fort d'être écroulé, du moins en partie.

L'entrée s'enfonçait dans l'obscurité. De gros anneaux pendaient au mur, attendant d'éventuels prisonniers depuis la fondation de cette défense. Thibault y attacha solidement Ronan, ferma la lourde porte et tira le verrou.

François attendait ses hommes à côté de la tour. Il désigna le sol devant les hautes marches de l'entrée :

— Dressez ici la potence. Vous pourrez lui passer le nœud du haut d'un banc sur la dernière marche et le lancer ainsi dans le vide.

Les hommes, subjugués par ce glacial adolescent, ne répondirent pas et commencèrent le travail. Deux heures plus tard, une poutre était calée dans un trou fort profond, et on en avait clouté deux autres en triangle. La corde pendait. François n'avait pas bougé de ses marches, pas dit un mot. Sa présence immobile faisait penser aux juges dans les tableaux dorés des Martyrs à l'église des Epesses. Le soleil se couchait, le ciel était rouge comme il l'est dans l'Ouest quand il va pleuvoir le lendemain.

Enfin, il parla : « Réunissez mes gens et allez chercher le brigand. » Tandis que les hommes s'éloignaient, Maubuisson s'approcha de son pas lent, mais décidé :

— Avez-vous pensé, François, à ce que vous en ferez après ? Vous bravez toutes les lois féodales, et celles de l'Eglise. Si on sait, qu'adviendra-t-il de vous ? Et de nous ? Je vous adjure, une dernière fois, de réfléchir : ce que vous faites est grave. Non pas que ce criminel mérite la moindre pitié, mais vous n'avez pas droit de pendre sans jugement.

François l'écarta d'un geste, comme il aurait fait d'une mouche, sans même un regard. Les hommes sortaient suivis des femmes et des enfants, portant un large banc haût de deux pieds.

— Allez chercher le prisonnier, dit François, et vous autres, écartez-vous. Où est Marion ? ajouta-t-il en passant en revue sa petite troupe.

— Dans sa chambre, à pleurer, dit Jacotte. Je l'ai couchée avec une tisane, elle tremblait à faire pitié, si vous saviez dans quel état elle est rentrée. Elle ne voulait même pas que je l'aide. Ah ! la pauvre belle !

— Attendez-moi ! dit François, et il gagna en quelques enjambées le manoir, puis disparut à l'intérieur.

Marion était en effet dans sa chambre, l'ancien cabinet jouxte la salle, d'où elle l'avait veillé enfant et qu'elle n'avait jamais quitté. Elle était là, enfouie, rouge de fièvre :

— Marion, lève-toi, et viens au moins jusqu'à la fenêtre : justice sera faite dans quelques instants.

Marion ne bougeait ni ne répondait. L'apparition de François avait déclenché de nouveaux tremblements. Ses dents claquaient, elle secouait la tête obstinément, sans mot dire.

— Tu ne veux pas voir ? A ta guise, sache au moins que tu es vengée, ajouta-t-il en sortant.

L'exécution fut simple et nette. L'homme était ligoté. Il s'était à peine débattu, privé de ses bras et de ses jambes. Il mourut sur le coup. Personne ne bougeait ni ne disait mot. On contemplait ce corps et ce visage à la langue pendante. La nuit tombait.

— Qu'est-ce qu'on en fait maintenant, Messire ? demanda enfin Colin, d'une voix chevrotante.

François ne répondit pas. Il semblait redescendre d'un rêve ou d'une apparition. L'excitation des dernières heures était retombée d'un coup, comme à la fin d'un Mystère. Il avait maintenant l'air d'un enfant perdu, dépassé par les événements ; il se tourna vers Maubuisson, levant vers lui des yeux innocents :

— Oui, qu'est-ce qu'on en fait, Maître Maubuisson ?

Maubuisson n'avait pas bougé durant toute l'exécution, visiblement plongé dans de profondes réflexions :

— On attend la nuit, dit-il. On n'ouvre à aucun prix. Il n'y a pas de lune, Dieu merci, le ciel est couvert. A la nuit, vous dépendrez ce gaillard et débiterez la fourche. Colin et Thibault, avec trois chevaux, porteront le cadavre au pas et sans bruit, au premier barrage de la Sèvre au-delà de Saint-Laurent. Il suivra le courant et demain, à la levée du jour, il sera loin d'ici. Là où on le trouvera, avec sa corde et une pierre au cou, il aura l'air d'avoir été jeté à l'eau à la suite de quelque rixe avec ses hommes. Et là, si personne n'a rien su, si personne ne sait jamais rien...

Il grommela entre ses dents et disparut dans son antre.

Ce soir-là, on avala en silence la soupe au lard qui mijotait depuis cinq heures sur le feu dans le chaudron des landiers. François refusa même le lait caillé.

Le lendemain matin, il ne restait plus aucune trace du drame. Il pleuvait et il plut encore pendant trois jours, une pluie aigre et froide, avec un vent de tempête et de brusques bourrasques. Les laboureurs ne quittèrent pas leur cour ou leur maison, ni les bourgeois leur village. Quand on trouva le cadavre accroché à la roue du moulin de l'Etourneau, dont il arrêtait la marche, il était en si piteux état que personne n'y regarda de très près. A tout hasard, pensant que ce n'était peut-être pas un suicide, le curé de Saint-Laurent, un brave homme qui en avait vu d'autres, secoua le goupillon sur la fosse en récitant trois prières en latin.

Mieux valait une prière de trop qu'une de moins pour un défunt.

François, dans l'innocence de ses treize ans, restait déçu, surpris : Marion avait été fort malade, et quand elle se releva, au bout d'une semaine, maigre et exsangue, elle ne l'avait pas remercié de son geste. Pas un mot, pas un regard ! Il avait tué pour elle, il avait été pour la première fois un homme, un maître, et cela ne semblait nullement l'avoir touchée, encore moins consolée. Il s'en ouvrit à Maubuisson qui tentait de lui inculquer le recueil des Coutumes, fraîchement compilées par ordre du roi, et de lui apprendre les règles de conduite d'un adulte responsable. Maubuisson sourit de son innocence :

— Vous ignorez donc tout des femmes, mon pauvre enfant ! Rien ne peut les consoler de ce genre de choses. Vous apprendrez très vite, plus tard, que la vengeance pour cela ne change rien. Les femmes ne sont pas comme les hommes, elles sont la permanence du monde. Rien de ce qui les touche ne s'efface. Tout s'inscrit en elles et demeure. Marion n'oubliera jamais ce qui lui est arrivé. Qu'importe le violeur, son châtiment, sa mort, cela n'a rien à voir.

— Il fut puni, pourtant. La punition ne compte donc pas pour les femmes ?

— Elle a compté pour l'homme, pas pour elle !

— Mais que faire alors ?

François semblait désemparé, perdu. Ce monde-là n'était pas le sien. Maubuisson soupira : « Que faire ? Prier... Prier et attendre. Pour le moment, je ne vois rien d'autre. »

Six semaines plus tard, au petit matin, Marion plus pâle que jamais s'assit à sa place habituelle à la grande table de la cuisine pour la collation du matin. Jacotte était encore seule et la servit. Marion avala la moitié de son écuelle d'étain, puis se leva très vite et courut vomir dans le chaudron le plus proche. Elle se retourna, regarda Jacotte avec des yeux égarés, des yeux de folle et s'enfuit. Jacotte la rattrapa juste comme elle franchissait la porte de l'entrée ; d'une poigne ferme elle l'arrêta, la tira vers elle et referma la porte. Puis elle la prit dans ses bras :

— C'est-y pas Dieu possible, ma pauvre petite ! T'as pas vu ce mois-ci, n'est-ce pas ? Ça y est, tu es prise... Sainte Vierge ! Alors que la pauvre Madame s'est rongée sept ans ! Etre prise pour une seule fois, et la première !

Elle en pleurait, la bonne Jacotte ! Mais Marion, farouche, était muette. Jacotte lut la mort dans ses yeux. Elle pensa très vite : il faut l'empêcher de faire une folie, elle va se jeter dans l'étang, ou même du haut des courtines...

— Ecoute-moi bien, Marion, dit-elle avec décision, il y a des moyens de te délivrer : des herbes, des poisons. Moi, je le sais, et je vais trouver ça. Je te jure que je ne te laisserai pas comme ça, ma pauvre enfant. J'ai eu six grossesses, deux fausses couches, je sais de quoi il retourne. Même si on risque d'en crever, on ne peut pas laisser une innocente accoucher d'un monstre. Fais-moi confiance, petite, juste quelques jours ! Va dans ta chambre et espère. Je sais à qui m'adresser.

En fait, Jacotte ne savait pas. On parlait bien dans les veillées de prétendues sorcières, mais elle n'avait ni preuve de leur savoir ni grande foi dans les « on dit », et pas la moindre adresse. Elle monta donc sans coup férir chez Maubuisson qui se levait aux aurores, et elle frappa.

La voix de Maubuisson venait du fond de son antre dans la seconde pièce où personne n'entrait jamais : la pièce aux cornues et aux grimoires.

— Qu'est-ce que c'est ? Je suis occupé.

— C'est très urgent, Maître Maubuisson. C'est moi, Jacotte, ça ne peut pas attendre !

Maubuisson grommelait, mais Jacotte entendait son pas et la porte s'ouvrit :

— Marion est enceinte, lâcha Jacotte sans préambule, fermant la porte derrière elle. Ça n'est pas possible, Maître Maubuisson, n'est-ce pas ? Il faut lui faire passer.

Maubuisson regardait paisiblement la ronde et saine Jacotte derrière ses besicles :

— Je m'en doutais, dit-il. Je n'ai cessé de l'observer. Qui le sait aujourd'hui ?

— Elle a vomi ce matin, mais Dieu merci nous étions seules. Vous qui êtes si savant, vous savez sûrement comment faire. Je vous en prie, ajouta-t-elle avec un regard sur la pièce sombre d'où sortait une épaisse fumée rousse, je vous en prie, elle en mourrait, j'en suis sûre.

— Moi aussi, dit tranquillement Maubuisson. Tu as bien fait, Jacotte, de me prévenir de suite. Il me faut quelques jours et des herbes que je dois chercher. Rassure Marion et que personne ne sache rien !

Ayant dit, il chaussa ses bottes, enfila un bonnet pointu, descendit seller une mule, et s'en fut. Il revint deux jours plus tard sans dire mot de son absence et s'enferma chez lui. Marion, censée malade, n'avait pas reparu, et Jacotte allait seule lui porter du lait, des bouillons, des tisanes qu'elle la forçait à avaler, et que la pauvre enfant ne cessait de vomir.

Le liquide que Maubuisson apporta cette nuit-là avait une couleur brun foncé, et était fort amer. Marion luttait de toutes ses forces pour ne pas le rejeter et réussit à tout garder.

— Voilà ! dit Maître Maubuisson. Maintenant, tu vas être sûrement très malade, et cette fois pour de bon. Cramponne-toi, ma fille, il faut vivre. Ton maître a besoin de toi, et en bon état. Appelle-moi à toute heure si cela va trop mal.

Comme il s'en retournait, la petite voix de Marion retentit au fond du lit :

— Je suis déjà malade, très malade, à quoi cela servira-t-il, Maître Maubuisson : tout est fermé, mon corps, ma tête !

Et Marion éclata en sanglots :

— Rien ne peut me guérir ni me délivrer, je le sais bien, même si l'enfant... Ni votre élixir, ni vos plantes, ni votre alchimie. C'est aussi dans mon cœur que ce démon a enfourné ce qui me torture.

Marion, dans ses cheveux de lin, le visage noyé de larmes, semblait en effet perdue. Perdue de l'intérieur, rongée par une sorte de possession contre laquelle elle se débattait en vain.

— Faudrait peut-être l'exorciser, murmura Jacotte. L'homme était un vrai démon !

— Non ! dit enfin Maubuisson qui réfléchissait. Mais il faut que tu comprennes, Marion. Tu es intelligente. Même sans grand savoir, tu le peux. Ecoute-moi bien : les humains, hommes ou femmes, obéissent aux mêmes lois divines que toute la nature, terrestre ou sidérale. Toute créature de Dieu, même les ondines, les géants, les démons, les dragons, tous sont une parcelle de l'univers. La force vitale est unique. Le monde est un tout et, si l'on connaît ses lois, on peut guérir et être délivré. Les savants, les cabalistes, les philosophes ne cessent d'observer la nature pour lui arracher ses secrets. Nous ne savons pas tout, mais nous avançons sans cesse. L'antimoine et le mercure sur lesquels je travaille vont bientôt nous ouvrir des portes nouvelles. Il y en avait un peu dans la potion que tu as avalée.

— Si vous délivrez mon corps, Maître Maubuisson (et que Dieu vous bénisse !), je resterai malade toute ma vie au fond de moi.

Maubuisson s'assit sur le pied du lit. Ses yeux gris très vifs derrière ses besicles brillaient du feu du savoir. Jacotte demeurait silencieuse, les poings sur les hanches, tout à fait dépassée.

— Regarde-moi bien, Marion ! dit Maubuisson en lui prenant les mains. Ce que je tiens là, c'est ton corps physique, n'est-ce pas ? Mais des corps, tu en as trois. Le deuxième c'est ton corps astral, totalement lié à l'univers, qu'hélas tu ne connais pas, parce que tu n'as pas étudié. Quant au troisième, c'est ton corps pur, ton corps de lumière, celui que tu appelles ton esprit. Tu comprends cela ?

Marion écoutait avec passion, un espoir insensé naissait dans sa pauvre tête.

— Les deux premiers sont vulnérables, reprit Maubuisson, et on peut leur faire grand dommage, ce qui est le cas pour toi. Le troisième, que tu crois si différent, leur est lié mystérieusement. Il peut être obscurci par les grandes émotions, comme la peur, la haine, l'amour. Ce sont alors les deux autres qui lui font du mal. Mais ton corps charnel, qui est empoisonné, quand il élimine ses poisons peut aussi éliminer celui qu'il a répandu dans ton corps lumineux.

Il se redressa fièrement, l'index en l'air, comme les prophètes dans la fresque de l'église :

— Unité organique ! Unité planétaire ! Unité cosmique, tel est le secret du monde !

— Mais, Maître Maubuisson, dit la voix chevrotante de Jacotte, qui n'avait rien compris à tous ces corps, c'est-y pas des diableries ? Et toutes ces fumées, ces élixirs... On a brûlé pour ça Messire Gilles de Rais ? Si je mettais à cette pauvre enfant une relique de sainte Rita ?

Maubuisson ne répondit pas. Il observait Marion avec cette attention extrême qu'il portait aux êtres : Marion avait visiblement compris. Elle était intelligente, elle avait lu et réfléchi. Ses trois corps prenaient forme dans son esprit, se soudaient, tissaient des liens. Son beau visage torturé se détendait. Ses couleurs revenaient : « L'angoisse cède toujours devant la connaissance, pensa Maubuisson avec fierté. Quelle misère que l'ignorance ! »

Le silence durait. Une sorte de paix se répandait que la grosse voix de Jacotte trancha :

— Alors, si je fais une potée aux herbes de chez nous, je soigne aussi la tête, et les humeurs s'en vont de partout ?

— Voilà ! Tu as enfin compris, Jacotte ! C'est peut-être un peu plus compliqué, mais c'est bien ça. Et toi, Marion, si ton corps physique te torture demain, c'est que les trois corps essaient de cracher ton mal. Tu es née sous le signe de la Balance. Elle est dans ton ciel depuis hier, tout ira bien.

Marion ferma les yeux et brusquement s'endormit. Jacotte, impressionnée, se signa et sortit avec Maubuisson, sans bruit. Ce long discours qu'elle percevait confusément ne manquait pas de l'inquiéter. Que cherchait donc Maubuisson dans cet antre où personne ne pénétrait, même pour faire le ménage ? Elle hésitait devant la porte de la cour, dont sa grosse personne bouchait l'entrée :

— Qu'est-ce que c'est que cette potion que vous avez fait boire à Marion ?

— Ce ne sont que des produits de la nature. Tu en emploies même quelques-uns en tisanes : l'*Achillea millefolium*, l'*Agrimonia Eupatoria*, le *Stachys Officinalis* (que tu appelles bétoine), tu as tout cela dans ton potager...

Jacotte secouait la tête, méfiante, ces noms latins ne lui disaient rien.

— Bien sûr, continuait Maubuisson, les poudres et les mélanges te sont inconnus, mais il y a dans cette décoction des simples qui viennent du jardin d'herbes de La Grainetière. Seras-tu rassurée si je te dis qu'il y a de l'herbe-à-mille-trous dont tu te sers comme vermifuge, ou du bouillon-blanc qui expulse les gaz de tes enfants ? Evidemment, ce sont des extraits complexes, détrempés, broyés, bouillis, passés dans l'étamine. Certaines composantes viennent de l'infirmerie du père Anselme, d'autres...

Il désigna d'un doigt rongé son antre enfumé derrière son dos :

— De là ! La nature, te dis-je, toujours elle, créature de Dieu, comme toi et moi.

— Tout de même, Maître Maubuisson, qu'est-ce que vous cherchez avec vos fumées, vos cornues, vos grimoires ? Vous aussi, vous voulez fabriquer de l'or et de l'argent ?

— Non ! Ma bonne fille, rassure-toi. Les cabalistes font le plus grand tort à cette science divine qui s'appelle l'alchimie. Je tente, et tous les hommes sérieux tentent comme moi, d'observer les métaux et les plantes pour en extraire la quintessence et en tirer ce qui peut être utile à l'homme... A Marion en l'occurrence ! Oui, je tente d'arracher ses secrets à la nature et c'est pour cela que je vis. L'or ?

Il haussa les épaules et ricana :

— Je ne saurais qu'en faire. Je n'en ai pas besoin et il y a surtout plus important, cent et mille fois, que cette misère qu'est la fortune. Arrière, les faux disciples qui prétendent que cette science divine n'a d'autre but que de faire de l'or et de l'argent !

Sur ces fortes paroles, qui laissèrent Jacotte pantoise, il la repoussa et s'en fut en s'essuyant les mains sur son tablier de cuir, vers son antre plus enfumé que l'atelier d'un forgeron.

Durant les trois jours suivants, Marion subit d'horribles tranchées qui lui déchiraient les entrailles. Elle avait une fièvre de cheval et Jacotte commençait à douter du savoir de Maubuisson, quand un flot de sang inonda sa couche. Jacotte courut chez l'intendant. Il était près de minuit, tout le monde dormait.

— Mais, ça y est ! dit-il en accourant. C'est bien ça que j'attendais. Tu es délivrée, ma fille ! Mais il faut que tu le saches : si quiconque l'apprenait, tu serais jugée et sans doute pendue, moi aussi. Oublie donc ! Tu n'as jamais été violée, jamais été prise, jamais été délivrée. Et toi, Jacotte, tu serais prête à le jurer ?

— Oui da ! Et sur l'Evangile, Maître Maubuisson, parce que Dieu ne peut pas vouloir une chose pareille, n'est-ce pas ? Pas besoin d'être clerc pour le savoir !

Maubuisson soupira et émit quelques mots indécis qui ne semblaient pas à la gloire de Dieu. Puis il recommanda à Marion de ne pas se lever avant le lendemain, et disparut.

Tel était l'homme que François avait pour maître, un homme qui rêvait de savoir, méprisant les honneurs et la gloire. Mais François avait treize ans, il bâillait aux leçons, frémissait de joie devant un cheval et une épée, et ne rêvait que de son avenir. Tout le savoir de Maubuisson glissait sur son âme, corps de lumière, lequel galopait vers son destin comme un fougueux coursier. De toutes les leçons de Maubuisson, François ne s'intéressait qu'à ce qui concernait ses terres ou les astres : né sous le signe du

Scorpion, il interrogeait son maître sur son horoscope qui ne lui prédisait hélas de grandes conjonctures que deux ans plus tard. Toutes les planètes seraient alors, paraît-il, dans son ciel. « Encore deux ans..., soupirait-il, pourquoi pas l'éternité ? » Certes il aimait Marion, mais ni sa fougue ni son pouvoir n'avaient rien pu faire pour elle. Et cela demeurait comme une écharde dans son cœur.

De ses terres, François savait tout : Maubuisson lui avait apporté solennellement les dossiers poussiéreux et inextricables des propriétés et droits des Puy-du-Fou, depuis Renaud, cadet des comtes de Poitou et d'Aquitaine. Enrichis grâce aux innombrables alliances, ses descendants avaient des terres partout : sur Saint-Hilaire-de-Mortagne, Saint-Christophe, Saint-André, Le Longeron, Cholet, La Séguinière, Le May... L'enfant retenait sans peine les noms des quarante-sept métairies, des sept étangs et ceux des familles nobles qui lui devaient hommage ou rachat à mutation.

— Tout cela est bel et bon, Messire, concluait le vieil homme en ajustant ses besicles, mais souvenez-vous que ce n'est point par les terres ou la fortune que votre maison a pu jouir d'une telle importance dans cette province. C'est par la qualité de ses hommes. Et tous sans exception dans cette chaîne illustre ! Votre aïeul Renaud, premier du nom, fils de Guillaume Taillefer, fut chambrier de France près du roi Henri Ier. Hugues III sauva Poitiers des Anglais pour le roi Philippe-Auguste ; votre aïeul Jean fut nommé gouverneur du Bas-Poitou pour avoir tant servi Louis XI. Ne parlons pas de Guy II dont la gloire a rejailli sur toute sa descendance ! Votre grand-père a été conseiller et chambellan du roi pour ses hauts faits en Italie. Souvenez-vous, jeune seigneur : les terres ne sont rien près des hommes et surtout de leurs alliances !

Et François, qui bâillait au latin, retenait avec attention ces glorieuses leçons, fixant sur son intendant son noir regard brûlant qui devait, plus tard, en intimider bien d'autres.

CHAPITRE IV

LA COUR

La reine Anne mourut à Blois le 9 janvier 1514. Le roi était inconsolable. La nouvelle circula très vite. Malgré sa boiterie, la reine était une grande séductrice. Avec sa coquetterie, sa passion des robes et des bijoux, sa culture, son tempérament de feu et son obstination, Anne de Bretagne avait tenu deux rois sous son charme et son pouvoir. Bien entendu, étant reine de France, elle devait être inhumée à Saint-Denis.

Quand la nouvelle parvint au Puy-du-Fou, deux jours plus tard, par un coursier de Mortagne, François parut songeur et s'enferma dans la salle. Il avait maintenant quatorze ans et il avait beaucoup grandi, durant cette dernière année. Un léger duvet ornait sa lèvre supérieure et sa voix prenait des accents graves. Les sports l'avaient découplé : mince, mais large d'épaules, la tête fièrement portée sur un long cou, le visage carré au nez court des Langebaudière et la mâchoire forte des Puy-du-Fou, tout faisait deviner chez lui l'homme qu'il serait sous peu : puissant, sauvage et beau.

En arrivant à sa place pour le souper, François s'assit et demanda le silence : « La reine est morte, annonça-t-il non sans solennité. Toute la Cour est sur le chemin de Blois, d'où on emmènera sa dépouille à Saint-Denis après les premières cérémonies. Je pars demain avec Colin. »

Les enfants de Jacotte ouvraient de grands yeux. Colin détaillait savamment l'itinéraire vers Blois, décrivait son château, les bacs sur la Loire, tandis que François répétait ce mot magique : « Je serai *page*. Les *pages*... »

— Qu'est-ce que c'est qu'un page ? demanda finalement Bonaventure, le dernier des enfants de Jacotte. Qu'est-ce qu'on fait, quand on est page dans un château ?

François se rengorgea :

— Un page, c'est un garçon qui apprend les belles manières, la politesse, le beau langage et la galanterie auprès des Dames de haut lignage. C'est une école de jeunes seigneurs. On vous attache à quelque princesse avec six ou dix autres jeunes gentilshommes. On habite au château, on escorte la Dame partout où elle va, dans ses promenades, ses voyages. On l'accompagne à la chasse, on la défend contre les gueux, on porte ses messages, même secrets. On sert à table, on verse à boire, on lui présente l'eau rose dans des aiguières et des bassines d'argent. On porte sa queue aux cérémonies... On doit être très élégant, ajouta-t-il sur un autre ton, et il me faudra commander à Mortagne des pourpoints neufs, des chemises de soie, des chausses collantes et des chaperons pour être digne de mon nom.

Maubuisson souriait. Les recettes étaient bonnes et François pouvait en effet se permettre quelques folies. Son enthousiasme l'amusait :

— Vous oubliez, dans ce tableau, que la discipline la plus stricte est exigée des pages. La Dame a droit de punir et même de faire fouetter les désobéissants. Et puis un page doit aussi savoir se taire, car il entend beaucoup. Les Grands ne s'en méfient guère. Ils ont tort. Vous apprendrez en écoutant aussi bien les hommes et les femmes que les secrets d'Etat. Vos seuls maîtres, hélas, seront vos camarades. Il vous faudra donc une grande prudence.

Bonaventure, oublié dans ces grandeurs, ouvrait des yeux comme des portes cochères. Il tira la manche de François tout en croquant les échaudés que Jacotte distribuait à la ronde, sortis tout chauds du chaudron :

— Je voudrais bien y aller aussi ! Est-ce qu'un page a des valets ?

Un énorme éclat de rire salua cette sortie : « Beau valet tu serais ! disait Colin. Notre jeune seigneur n'a pas besoin d'un enfant à moucher. Qu'est-ce que tu sais faire ? A peine soigner les chevaux, et bien heureux si tu sais t'y prendre pour faire saillir ! »

Mais Bonaventure ne riait pas. Son petit visage buté se fermait sur un rêve secret qui transfigurait son innocence et lui donnait une étrange dignité. C'était un petit blond très pâle, couvert de taches de rousseur, avec d'étranges yeux gris qui semblaient toujours perdus dans un rêve. Il marmonna tout bas quelques mots qui laissèrent sa mère interdite :

— Quand je serai grand comme le grand chêne, et que je joindrai jusqu'à la lune...

— Qu'est-ce qu'il a dit ? demanda Colin qui riait encore.

— Rien, répondit Jacotte. Mange ta soupe et laisse c't' enfant tranquille.

Elle regardait son fils en coulisse depuis ses chaudrons. Oui, il deviendrait grand, son Bonaventure. Il ne voudrait pas rester ici soigner les chevaux, il irait beaucoup plus loin... Dieu seul sait où ! Ils vous arrivent, vos enfants, on ne sait pas ce qu'on fait, et les hommes encore moins que les femmes ! Son petit dernier, né après la mort de son père, ça se voyait qu'il ne serait pas comme les autres. A sa naissance déjà, il avait comme une petite caboche, avec des expressions d'adulte, une sorte de gravité, de présence dans son petit visage froncé, fripé, tout tourné vers l'intérieur. Elle s'était dit en le contemplant : « Il ne sera pas n'importe quoi. Pas ordinaire, mais quoi ? »

Ç'avait été en effet un enfant rêveur, souvent absent, que l'on perdait, qui se cachait dans les coins, et qui revenait. On le retrouvait paisible, la tête encore ailleurs. Un enfant facile avec des saillies inattendues, mais que rien n'intéressait vraiment. Il se suffisait à penser en contemplant le monde. Jacotte l'avait souvent vu couché sous ce fameux grand chêne, à l'entrée du chemin, le regard perdu vers ses immenses ramures. Elle l'appelait alors paresseux, et pourtant il revenait le regard plein d'on ne sait quelles visions. « Quand je serai grand comme ce grand chêne... » C'était un enfant étrange, absent. On l'oubliait facilement. On l'oublia dès le dernier éclat de rire.

— De toute façon, claironna Jacotte, on n'envoie pas un enfant dans ces villes de perdition, pleines de gueux, de larrons et de capons. Il faudra te méfier, François ! Il paraît que le soir, à Blois, on vous détrousse à tous les coins de rue.

— Vrai ! dit Colin qui en savait long sur le vaste monde avec ses voyages et ses guerres. Vous ne connaissez guère en campagne que les mercelots qui vous colportent des marchandises volées, les coquillards qui se prétendent pèlerins ou les narquois, licenciés de l'armée comme ceux...

Il s'arrêta avec un coup d'œil gêné à Marion et reprit fermement :

— En ville, c'est pire ! Il y a les piètres qui se disent estropiés et va-t'en voir ! Il y a les francs-mitoux qui singent le mal de la Saint-Jean. Tu te penches vers eux et ils te coupent ta bourse ! Il y a des bohémiens qui te font des tours de passe-passe et, bon badaud, tu te trouves sans ton manteau. Je viendrai souvent vous voir, Messire, ne serait-ce que pour vous apporter des écus et des nouvelles.

— Et des douceurs ! ajouta la bonne Jacotte. Des oublies que tu aimes tant, mon François, des darioles et des massepains... Pas sûr qu'en ville tu trouves aussi bon que chez nous.

François, malgré ses airs supérieurs, n'en perdait pas un mot. Il n'avait jamais vu d'autre rivière que la Sèvre et ne savait pas encore comment, à Blois, dans la cohue du cortège royal, il trouverait son protecteur, le haut seigneur de La Trémoille.

Ils partirent à l'aube. Le voyage demandait quatre jours de bonnes chevauchées dans le froid sec, sur des routes glacées ; les chevaux s'égayaient, heureux de se réchauffer. Une quinzaine de lieues par jour n'étaient pas pour faire peur à un jeune cavalier. On devait coucher le vendredi soir à Argenton-Château à l'hôtel du Pot d'Etain, le lendemain samedi à Chinon aux Trois Mariés. Dimanche, on atteindrait Loches, et de là, la Loire à Chaumont.

Dès le lendemain matin, les cavaliers passaient la Sèvre à Mallièvre, sur les terres de François, traversaient Mauléon qu'ils connaissaient fort bien, puis François entra dans des terres inconnues, peu différentes des siennes. Mêmes rivières creusant des roches brunes, mêmes champs fermés, arbres-têtards, douce lumière humide encore chargée des embruns de la mer.

C'était son premier voyage. Certes, il connaissait la carte de Ptolémée, parsemée de petites montagnes pointues, que Maubuisson lui avait apprise, avec ses côtes, ses fleuves. A vrai dire, il ne reconnaissait pas grand-chose de ses leçons en feuilletant le guide pour voyageurs que Maubuisson avait remis à Colin dans un long étui. On y trouvait les routes de grand routage avec des modèles de voyages, quelques tableaux, des listes de villes et de villages à traverser, les curiosités locales, les reliques, les lieux saints, etc. Mais Colin ne se fiait guère aux grimoires et préférait les petits chemins pour mulets et chevaux, qu'il savait plus courts, plus tranquilles, sans charrois ni troupes de pèlerins ou de soldats. Il empruntait les sentiers de vigne, les chemins verts bordés de haies, les layons de bûcherons dans les forêts, propices aux grands trots et aux galops. Il avait tant voyagé qu'il se repérait au soleil avec le flair d'un animal. Quand il hésitait, il s'arrêtait dans le village le plus proche, montait au clocher ou sur une tour, situait et fixait dans sa fabuleuse mémoire tout le paysage jusqu'à l'horizon. Après quoi, il savait exactement où et par où il fallait aller.

On traversa la Vienne à Chinon que dominait sa terrible forteresse — où Jeanne d'Arc était venue sauver le roi —, avec ses tours étranges, ses toits d'ardoise et son village niché. Le vin y était bon et François dormait comme une souche quand Colin le réveilla à la pointe du jour.

On traversa l'Indre à Loches, sur un bac à roues. Là encore, l'ampleur du château et ses hautes murailles, les coupoles étranges de Sainte-Ours étonnèrent François, qui parlait de moins en moins et pensait de plus en plus. On passa enfin le Cher à Montrichard. Encore un château, mais surtout des paysages qui, depuis Chinon, changeaient. François le sentait bien sans savoir pourquoi : tout était plus doux, plus noble, plus ample. On atteignit ainsi la Loire à Chaumont et les deux cavaliers furent éblouis. Le château, énorme et presque terminé sur sa haute butte, dominait le fleuve royal dont l'étendue les stupéfia. Une armée de barques plates aux voiles carrées montaient et descendaient le courant par cinq ou six. Les brouettiers encombraient les berges.

A la grande surprise de François, l'eau était bleue comme l'air, comme les collines. Un fleuve bleu et rose, pur, sans joncs, sans nénuphars, sans rochers, semé de longues langues de sable... Une immense route de fête... La lumière sur la Loire, de toute évidence, était différente de celle du Poitou : plus pure, plus noble, plus riche. Il faisait un froid de gueux, mais le soleil brillait sans le moindre nuage et le vent soufflait du nord-ouest, que la falaise n'arrêtait pas. On l'avait annoncé d'ailleurs au Poitou : jamais les oignons n'avaient eu tant de peaux ! Depuis Noël, on caillait ! Mais François, ébloui, oubliait ses mains gourdes et ses pieds gelés dans ses bottes fourrées.

Depuis Chaumont, on traversait des forêts de chênes et de hêtres, des allées toutes droites où l'on pouvait galoper sans fin sous de fines ramures. De vastes plaines, sans haies, des champs ouverts. François n'avait jamais vu de tels arbres : les futaies étaient immenses et sans taillis. Le Poitou rétrécissait. La Loire coulait en somme dans un parc, un jardin bordé de-ci de-là de villages de pierres blanches, taillées et sculptées sous leurs toits bleus d'ardoise. Pas de masures, pas de chaumières, mais de riches pignons. Les pauvres habitaient dans des grottes creusées à même la roche.

Le petit Poitevin se sentait bien étranger et quasi misérable dans son pourpoint tout neuf, malgré son manteau fourré de renard. C'était un autre monde qui s'ouvrait à trois journées de route. Un monde d'une autre ampleur, d'une autre richesse. On parlait plus clair, plus joliment. Les femmes du village semblaient plus belles, plus fraîches, autres que celles de ses terres. Il n'ouvrait plus la bouche en approchant de Blois, dont les clochers brillaient déjà à l'horizon, de l'autre côté de l'eau.

On passa la Loire en bac et la grande salle de l'hôtel Saint-Christophe, qui les accueillit, bruissait d'une foule de gentils-hommes dont les tenues vestimentaires parurent à François d'une autre mode que la sienne. Il avait en effet endossé pour la circonstance un pourpoint de soie brochée cramoisie, qui était à son père, et que Marion avait fait recouper à sa taille par le tailleur des comtes de Mortagne. L'étoffe était en effet une splendeur, introuvable en France. Son père l'avait achetée en Italie ; les tissus florentins ou milanais étaient alors inimitables. Malheureusement la coupe était démodée : pas de crevés, pas de bouillonnés. Mais François ne le savait pas. Il se sentait même fort assuré dans l'ombre de la gloire paternelle. Ses fourrures lui donnaient du corps. On aurait presque dit un homme. Et sur son superbe cheval allemand, il était vraiment monté comme un saint Georges.

Flanqué de Colin, qui en avait vu d'autres, ils dînèrent avec des écuyers de bonne mine, intrigués par la jeunesse et la fière allure de François. Dès le rot et dans la chaleur des jolis vins de Loire, on savait tout des uns et des autres. L'un d'eux, un chevalier de Fronsac, faisait partie de la suite de La Trémoille et demain matin emmènerait volontiers le jeune Sire du Puy-du-Fou rencontrer au château l'ami de feu son père, dont il disait être le filleul.

Toute la noblesse et toute la Cour venaient d'arriver pour veiller la dépouille de la reine, exposée depuis le matin, sixième jour après sa mort, dans l'une des pièces du château, tendue de velours noir. Il fallait y arriver tôt. François dormit à peine. Il était prêt, tenant déjà la bride de son cheval, bien avant que les autres ne descendent. Déjà, les ruelles qui montaient au château étaient encombrées de badauds, de charrois, de gardes et de soldats. On mit pied à terre devant un immense escalier à la rampe sculptée d'étranges lacets qui, après deux tournants, vous jetait face à la dentelle du château, dans un brouhaha sans nom, et une forêt de bannières et de fanions.

François reçut en plein visage la statue équestre du roi, plus grande que nature, sculptée au-dessus de l'entrée, dans une débauche de rinceaux. C'était donc ça le monde de son père, celui où il devait faire sa place, conquérir un jour un office ?... Etourdi, bousculé, il suivait Fronsac, remarquant autour de lui les tenues de deuil parmi lesquelles jurait son pourpoint cramoisi. Les chevaux étaient également harnachés de noir. Seul un cheval l'était de rouge, sans doute celui qui précéderait la dépouille royale lors de son départ.

Fronsac se faufilait avec son sauf-conduit, lançant aux gardes le nom de La Trémoille, et tenant François par le bras. Ainsi franchirent-ils la première salle royale. Elle était pleine de seigneurs et de gardes, parmi lesquels Fronsac semblait à l'aise. Ils parvinrent devant la cheminée où brûlaient des chênes entiers. Un seigneur vêtu de velours noir, déjà grisonnant, se chauffait en devisant à voix basse avec ce qui parut à François être un cardinal.

— Messire, dit Fronsac en saluant jusqu'à terre, voici votre filleul, le fils de feu votre compagnon, le Sire du Puy-du-Fou, que son père vous adresse par-delà la tombe.

— Puy-du-Fou ! dit La Trémoille d'une voix émue. Puy-du-Fou qui mourut à Ravenne aux côtés de ce prince incomparable, le roi de Navarre ! Ainsi donc vous êtes son fils et mon filleul ? Vous lui ressemblez en effet... Qui vous envoie, mon enfant ?

— Mon père, Monseigneur ! Avant de nous quitter, et prévoyant sa mort par quelque présage, il m'a laissé le talisman de votre nom, me disant de vous aller trouver à quinze ans pour être nourri page dans quelque grande Maison. Je vais avoir quinze ans, ajouta-t-il en se redressant.

La Trémoille sourit. L'adolescent était déjà aussi grand que lui, beau et fier à ravir.

— Je ferai donc votre fortune, mon enfant. La reine est morte, le roi ne vaut guère mieux. Je vous ferai entrer chez la duchesse d'Alençon dont vous comprendrez plus tard l'importance. La duchesse est là. Je vous présenterai dès la sortie de la salle de deuil où il nous faut aller sans tarder, pour la troisième messe de requiem.

François se faufilait derrière La Trémoille à travers la pièce immense et pénétrait enfin, écrasé par la foule, dans la salle de deuil. Au milieu des cierges allumés par centaines, la reine, les yeux grands ouverts et souverainement parée de brocart et d'hermine, reposait sur un cercueil aux armes de France et de Bretagne sous un dais royal. Elle était placée si haut que tout le monde pouvait la voir, elle, son visage au nez court avec ses hautes pommettes, sa couronne, ses mains tenant le sceptre et les bijoux qu'elle aimait tant.

— Mais elle a l'air vivante, balbutiait François.

Son voisin, un jeune page, fort élégant, pouffa tout bas : « Ce n'est pas la reine, elle est embaumée dans le cercueil. Ça, c'est l'effigie. »

Sous le dais se tenait le porte-fanion de la reine, un homme immense, seul contre le cercueil, immobile depuis le matin :

— Qui est cet homme qui porte l'enseigne ?

— C'est Louis d'Aux, premier écuyer tranchant du roi. Il porte toujours son fanion durant les services aux églises et ne doit pas bouger de ce lieu, le plus près de la chapelle ardente, « en signe qu'il montre où est le corps, récita-t-il, tant à la vie qu'à la mort et jusqu'à ce qu'il soit enterré ».

« Le premier écuyer tranchant... Je m'en souviendrai, pensa François. Quel office ! Il voit le roi chaque jour. Que fait-on pour accéder à ces hauteurs ? »

Une dizaine d'évêques, en mitre et chape dorées, psalmodiaient assez fort pour que les jeunes gens puissent se parler à l'oreille.

— Mais alors, cette effigie, continuait François fasciné, en quoi est-elle faite ?

— En cire, voyons ! On a moulé la tête de la reine dès sa mort, puis on l'a donnée au peintre du roi. Il a fait deux paires de mains, l'une jointe, l'autre pour tenir le sceptre. Le corps est bourré de futaine pour remplir la robe et les chausses. On l'emmènera comme ça jusqu'à Saint-Denis et c'est le corps qu'on enterrera, mais avec la couronne, il paraît !

— Et les bijoux ?

— Je ne sais pas. C'est peut-être pour sa fille.

— Dans ma famille, glissa fièrement François, c'est comme ça qu'on fait. Le collier de ma mère, qui est plus beau que celui de la reine, sera le présent de noces de ma femme et ainsi de suite.

L'autre regarda enfin son interlocuteur avec un certain étonnement :

— Dis donc, d'où sors-tu, toi ?

— Je suis le nouveau page de Mme la duchesse d'Alençon.

L'autre haussa les épaules : « Moi, je suis page de Madame Claude de France, alors... » et il lui tourna le dos avec insolence, puis s'éloigna, laissant François furieux. « Ça, mon garçon, je te le revaudrai ! Et je te retrouverai. » Il tenta de suivre dans la foule et de bien se remémorer une tête châtain avec un épi blond au milieu du front, un nez déjà fortement aquilin dans un visage allongé. « Oui, je le reconnaîtrais où qu'il aille », pensa-t-il.

La Trémoille sortait de la chapelle. François suivit, mais le nom d'Alençon lui trottait dans la tête et ne lui disait rien de bon : de tous les compagnons dont son père parlait, Charles d'Alençon était le seul qu'il n'estimât point. Tous étaient des héros : Trivulce, Bayard, Ars, et tant d'autres dont l'enfant se répétait les noms. Alençon était un couard et son père l'accusait d'avoir abandonné l'armée d'Italie dans le désastre. C'était donc chez ce traître (ou presque) qu'il lui faudrait servir ?

Son visage encore innocent trahissait si bien sa déception que La Trémoille sourit et lui tapota la joue : « Fais-moi confiance, mon petit. Tu ne peux pas comprendre. La duchesse d'Alençon est la sœur de ce François d'Angoulême que le roi veut marier à sa fille. La reine est morte, elle ne peut plus s'y opposer. Le mariage se fera donc. Or le roi est veuf et n'a point de fils. Il va fort mal... Comprends-tu, petit, qui peut être son héritier demain ? La duchesse est arrivée hier au soir. Elle assiste aux deux premières messes et, comme chaque fois qu'elle est à Blois, elle fréquente la librairie de son grand-père, le duc d'Orléans. C'est une femme fort savante. Viens ! L'affaire doit être faite de suite, car la duchesse ne va pas à Saint-Denis. »

De son pas digne et imposant, La Trémoille se hâta vers la bibliothèque. François n'avait jamais vu tant de livres, du haut en bas des murs, tous avec des couvertures dorées. Une femme jeune, au teint très clair, presque laiteux, se tenait en effet à une table, plongée dans un gros manuscrit, en robe noire, avec une traîne longue de cinq pieds. Des cheveux blonds, frisés, très fins, aux reflets roux, s'échappaient de sa coiffe noire. Elle leva un visage délicat aux yeux verts, avec un long nez très mince, empreint d'une grande douceur. Elle souriait :

— Qui m'amenez-vous là, ami ? Dois-je connaître ce beau jeune homme ?

— Certes, Madame ! C'est, si vous le voulez, votre nouveau page qu'il faudra former et mener à bien. Il est le fils de feu mon ami le plus cher : le chevalier du Puy-du-Fou que nous avons perdu en brave sous les murs de Ravenne, et à qui j'ai juré avant sa mort de servir de père à son fils.

François, stupéfait, ouvrait la bouche pour protester. C'était son père qui en avait rêvé, et non La Trémoille qui l'avait juré ! Fronsac qui riait sous cape de cet innocent lui pinça fortement le bras pour le faire taire. Il resta la bouche ouverte. Un grand seigneur pouvait donc mentir ? Et mentir avec grâce, sans raison, pour la beauté des mots ou des gestes ?

— Vous êtes donc le bienvenu parmi mes pages, Monsieur du Puy-du-Fou, dit la duchesse avec grâce. Voyez à mon hôtel pour vous faire engager. Nous en reparlerons plus à l'aise qu'avec Aristote, lequel pour l'instant me tient une fort importante compagnie.

La Trémoille les quittait déjà, hâtant son retour. François eut à peine le temps de le remercier et se retrouva tout étourdi avec Fronsac dans la cour du château où l'attendait Colin, en grande conversation avec les autres valets.

Le premier pas dans la vie de François s'était fait, déroulé, achevé en moins d'une heure. Il était page, page d'une grande Dame qui serait peut-être un jour la sœur du roi.

« Je le retrouverai, alors, cet insolent, pensait-il. Page de la reine et moi de la sœur du roi… Nous verrons bien alors s'il me tourne le dos ! » Car c'était la première fois en quinze années de vie que François n'était pas traité comme un maître, le prince tout-puissant de son propre fief. Fief minuscule, certes, mais dont il était roi ! Le monde de son enfance, le sien, n'était plus le vrai. Tant pis pour celui qui avait eu le malheur de le lui apprendre !

— Allons, Colin, dit-il tout haut. Il me faut de suite commander des pourpoints, des chemises, des chausses, des toques, ici à Blois. Je suis page de la duchesse d'Alençon.

Dès le 15 février, François prit ses fonctions au château d'Alençon. La vie était sévère : Marguerite d'Angoulême, écartée de la Cour, vivait fort recluse et perdue dans les livres auprès de sa belle-mère. Sa mère, Louise de Savoie, l'emmena heureusement deux mois plus tard à Cognac. Les pages, les dames d'honneur et les chambrières s'y désennuyaient en jouant aux cartes ou au corbillon, mais François était déçu et passait le plus clair de son temps libre à ferrailler avec le maître d'armes. Du temps, il en avait peu, car des mentors fort savants et fort ennuyeux enseignaient aux pages les belles manières, les langues, le luth, la danse, le jeu, l'héraldisme, la généalogie des grandes familles, le latin et bien sûr l'histoire de la France. François suivait avec distraction et bâillait pendant l'heure de lecture obligatoire du *De bello judaico* de Flavius Josèphe.

En revanche, les nouvelles qui parvenaient chaque semaine de la Cour par des envoyés du duc François le passionnaient. Son mariage avec Claude de France, fille du roi, était décidé. Louise de Savoie jubilait. Marguerite souriait. On célébra cette union sans faste, le 8 mai, à cause du deuil royal. Louise de Savoie partit pour assister aux épousailles, puis revint bouleversée : le roi se remariait en septembre ! Une pouliche anglaise de seize ans, sœur de Henri VIII, belle comme le jour, et saine et fraîche… « Grand Dieu, si elle concevait !… »

« Vous entendrez beaucoup de secrets d'Etat, Messire, les Grands ne font pas attention aux pages… » La voix de Maubuisson résonnait encore dans les oreilles de François qui, silencieux, écoutait nuit et jour. Comme il avait raison ! Un messager arriva début octobre et tint conseil secret avec Louise de Savoie. Tandis qu'il servait à table, celle-ci épanchait son cœur dans celui de sa fille : « Vous connaissez votre frère, disait-elle, on dit qu'il fait la cour à cette jeune beauté, et je n'en doute pas, hélas ! Serait-il assez fou pour succomber à son charme ? Mais comment l'en empêcher ?

Le roi est vieux, malade et ne peut sans doute guère faire d'enfants. Mais si François l'a séduite !... Il me faut repartir au plus tôt, ma fille, et lui faire entendre raison. »

Le jeune page n'avait pas encore rencontré ce fils, ce frère bien-aimé, que les deux Dames appelaient « mon César ». Il en savait pourtant déjà fort long sur lui : ce jeune époux de la fille du roi, rival de son beau-père, prétendant au trône et pourtant imprudent, était un séducteur notoire.

— Oui, partez, ma mère, répondait Marguerite. Mais partez avant les froids, partez vite ! Vous savez comme il est fou. Vous seule pouvez le retenir. Je vous confierai une lettre de moi, mais dites-lui bien que je donnerais ma vie et mon âme pour qu'il soit sage... puis roi !

L'année s'achevait. On apprit en décembre que Louis XII était fort malade, et puis qu'il était mort. Ses funérailles à Saint-Denis se déroulaient en grande pompe quand la nouvelle arriva à Cognac. Il était mort le 31 décembre et enterré à Saint-Denis près de sa bien-aimée Anne de Bretagne, le 6 janvier.

« Le roi est mort, priez pour son âme », avait crié le hérault quand le cercueil de plomb avait disparu dans le caveau. Puis après un long silence, avait retenti un nouveau cri, repris par toute la foule : « Vive le roi François ! »

La Trémoille, qui mentait si bien, avait donc dit vrai : Madame Marguerite, sœur du roi, serait à la Cour au Louvre ! La fortune de François était faite, du moins était-elle entre ses mains. Car dès l'instant de la nouvelle, Marguerite avait décidé son départ et celui de toute sa Maison.

Il fallait être à Paris avant le 15 février, jour de l'entrée solennelle du roi dans sa capitale. Un événement sans pareil, auquel les Dames — reine, sœur et mère — devaient assister en grande pompe.

Ce fut un branle-bas terrible dans tout le château. On emballait, on chargeait, on ferrait, attelait, harnachait... Marguerite avait hâte d'embrasser son frère, ne cessait de rire et de chanter, de plaisanter avec ses gens. Ses manières étaient exquises. François comprenait enfin que cette princesse, mariée à seize ans à un homme qui ne la valait sur aucun plan, n'était pas seulement un grand cerveau, mais aussi une très grande Dame : douce, charitable, généreuse, toujours l'aumône à la main, et ne dédaignant personne. Depuis son arrivée à Cognac, elle avait pris soin de lui sans qu'il s'en aperçoive et lui avait déjà beaucoup appris. Sous ses apparences modestes et gracieuses, quelle puissance, quelle noblesse !

Malgré le froid qui augmentait à mesure qu'on approchait de Paris, le voyage fut un enchantement. Ce n'étaient que rires, étapes gourmandes, réceptions et banquets dans tous les châteaux. L'hiver écartant les épidémies, on prit le chemin le plus court. François comprit alors l'importance politique de la duchesse : partout, c'était à qui lui ferait fête. On se battait pour la recevoir, pour être invité. Mais la perle des Marguerite tenait aussi à s'arrêter dans les grandes abbayes, et François y découvrait une autre femme, très proche de celle de la bibliothèque de Blois : une personne austère, éprise de hautes pensées et de longues discussions théologiques auxquelles il ne comprenait rien, mais où de très nobles abbés visiblement la tenaient en grande estime.

Marguerite et sa suite furent accueillies princièrement à Paris, avec un grand déploiement de bannières, de musique, de piétinements de chevaux, de cliquetis d'armes, de troupes d'honneur, de valets ; appartements remis à neuf, tapis jonchant le sol dans un va-et-vient incessant d'inconnus respectueux, dont l'importance visible et le luxe vestimentaire laissèrent François pantelant. A leur entrée au Louvre, ils furent surtout accueillis par le roi, le roi que François vit jaillir en courant, dès leur entrée dans la cour, pour se précipiter les bras ouverts vers sa sœur et la presser tendrement sur son cœur, avec de grands cris et de grands rires d'enfants.

François se trouvait alors juste derrière les Dames, à deux pas de là, portant le manteau que Marguerite avait jeté à terre dans sa précipitation. Le roi lui sembla incroyablement jeune : à peine plus âgé que lui, bien qu'il eût cinq ans de plus. Son visage imberbe était aussi frais que celui d'une jeune fille, sa courte chevelure bouclée adoucissait un long nez viril, des épaules et un torse de lutteur étaient avantagés par le pourpoint rembourré. Seuls les yeux gris (ceux de Marguerite), pétillant de vie et de gaieté, plissaient déjà malicieusement sur le pourtour, confirmant ainsi son âge.

A peine entré, François comprit que la duchesse était et serait la vraie reine de cette Cour, malgré sa douce courtoisie et sa discrétion. Cette princesse déjà dominait et s'imposait à tout l'entourage respectueux. Officiellement, son mari était « second personnage de France », mais c'était elle et non lui, piètre capitaine, qui se révélait d'emblée la seconde.

François la découvrait, auréolée non seulement de la tendresse d'un frère, mais d'une complicité évidente. Près de François, Louise de Savoie couvait les retrouvailles d'un œil rassuré. Sa parfaite, sa perle, était dans la place, le roi ne ferait donc plus de folies ! Elle-même, « Madame », s'occuperait du reste.

Une femme pouvait donc avoir un réel pouvoir, sinon « le » pouvoir ? François ne l'avait jamais soupçonné. Une femme, dans une vie, c'était important. Les paroles de son père résonnaient dans sa tête : « Le jour venu de prendre femme, il vous faudra ne pas vous tromper. » François du Puy-du-Fou, droit et digne dans sa tenue aux armes des Alençon, se sentit pour la première fois fier d'être au service d'une Dame, et se jura d'être fidèle à son serment : il choisirait une femme belle et de grande alliance. Il attendrait s'il le fallait. Lui qui n'avait pas eu de mère, lui qui avait été élevé par une pauvre fille sans nom, découvrait gravement une autre face du monde. La Trémoille ne l'avait pas égaré comme il l'avait craint. Il était là où il devait être, et ne pouvait pas, pour le moment, prétendre à mieux.

Ce jour-là, François ne vit pas la reine qui était enceinte et couchée. Derrière la duchesse et sa mère, la porte de la chambre royale se referma sous son nez. L'intendant des Alençon l'entraînait déjà, s'affairant autour des bagages et de leur installation, à travers un dédale de couloirs et d'escaliers sombres, qui n'étaient pas tous aussi bien tenus que ceux du Puy-du-Fou, et dont l'odeur pestilentielle le choqua. Il revit en pensée les prairies du Haut-Poitou au printemps, parsemées d'or et d'azur comme les plus nobles armoiries, les collines hérissées d'asphodèles au doux parfum d'Orient, que l'on disait rapportés de Terre Sainte par les moines de La Grainetière. Paris et le Louvre sentaient mauvais et ce triste palais lui déplut. « Ce sera dur », pensa-t-il en déposant son bagage dans la chambre où dormaient les pages, sous le toit d'une énorme poivrière. « Il faudra serrer les dents, jouer des coudes et se battre. » Il se battrait donc !

« Debout, les pages ! » criait une voix mâle. François dormait comme un sonneur parmi ses nouveaux compagnons. Il eut du mal à reconnaître les lieux.

— Holà ! Messieurs ! Tous dans la cour d'honneur ! A midi le roi fait son entrée dans sa bonne ville, comme vous le savez. Que tout le monde soit prêt dans une heure à la porte de ses maîtres.

Ah oui ! C'était enfin arrivé. Il était dans la place, au Louvre, chez le roi lui-même, pour la plus grande fête du siècle ! Il fut debout le premier, le premier à descendre aussi, seul, impeccable et frais dans la tenue amarante des Alençon, c'est-à-dire de la sœur de Sa Majesté.

Les couloirs étaient encore vides. L'air très froid. Le jour n'était pas encore levé quand il déboucha dans la cour des écuries. Un jeune homme entrait en courant, qui faillit le renverser. Ils restèrent quelques secondes interdits : ce visage malin, parsemé de taches de rousseur, cette mèche claire dans les cheveux châtains, la hauteur insolente du port de tête… mais oui, c'était lui, son ennemi, cet orgueilleux page de la reine Claude qui l'avait provoqué à Blois, dans la foule ! Une fureur contenue étouffait François. Enfin ! L'injure serait vengée, il pouvait laver son honneur, l'honneur des Puy-du-Fou…

— Je vous cherchais, Monsieur, depuis l'enterrement de la reine Anne, dit-il d'un ton rogue. Vous m'avez manqué et je vous en demande raison.

L'autre le dévisagea en souriant, visiblement sans le reconnaître.

— Puy-du-Fou, page de Mme la duchesse d'Alençon, poursuivait froidement François. Dans la foule, vous m'avez ri au nez et méprisé parce que page de la reine.

L'autre le regardait, rassemblant visiblement ses souvenirs. Puis son visage s'éclaira d'un sourire malicieux :

— Ah ! Oui, l'homme au collier, j'y suis ! Montmorency-Laval, à votre disposition. Quand et où voulez-vous vous battre ?

Il était un peu plus petit que François, frêle, souple avec un charmant visage, et pas la moindre inquiétude. Il semblait même enchanté d'une si belle occasion. François eut du mal à rester de glace :

— Ici même, dans la cour, il n'y a encore personne, proposa-t-il.

— Je suis votre homme, répondit Montmorency-Laval, toujours ravi et souriant. A mort ou à la première blessure ? Ce sera comme il vous plaira, Monsieur...

Les deux jeunes gens, d'un rapide coup d'œil, avisèrent l'abri d'une porte cochère et se mirent en garde. François se savait de première force, mais dès les premières bottes, il comprit que ce gringalet le valait bien. Moins fort sans doute, mais terriblement malin. Il riait à chaque esquive et continuait la conversation :

— Qu'est devenu votre pourpoint cramoisi ? J'aurais aimé lui laisser la marque des Montmorency, premiers barons de France... Quel honneur !

— Vous aviez dit « Laval », répondait François tout en ferraillant.

— Les Laval sont cadets de Montmorency. D'ailleurs je suis l'aîné.

— Et les Puy-du-Fou sont cadets de Poitiers, mais je suis seul du nom.

— Alors premier et second baron, Monsieur, nous allons bien voir qui gagne. Au premier désarmé, voulez-vous ?

François se concentrait, comme son père le lui avait conseillé. Il tirait sur un mode classique, impeccable, qui eût enchanté un maître d'armes. Mais René de Laval tirait comme un fou, imprévu dans l'attaque et pourtant toujours en garde. Il s'amusait, débitant à chaque botte de prétendues insultes pour entretenir sa fougue et celle de son adversaire :

— Vous avez, mon cher, le visage froncé comme un parchemin brûlé, des yeux de bœuf, et le museau vous dégoûte comme la poche d'un pêcheur.

François avait du mal à répondre :

— Et vous, la tête comme un pot à beurre, et gras comme une potée aux choux...

— Et vous la gueule torve comme... je ne sais quoi.

A cet instant, l'énorme porte s'ouvrit en grinçant, découvrant toute une troupe à cheval entourant un seigneur de haute mine à cheveux blancs qui les contempla sévèrement :

— Que faites-vous là, garnements ? s'écria-t-il. Veuillez rengainer, Monsieur de Laval, et vous aussi, jeune page d'Alençon. N'avez-vous pas honte, un jour de gloire et de joie comme aujourd'hui ? Vous méritez d'être fouettés. Déguerpissez avant que je ne sévisse.

L'homme avait un bon visage et, malgré ses paroles, semblait amusé. François et Laval déguerpirent penauds vers les écuries.

— Qui est-ce ? souffla François tout bas.

— Pas grave ! dit l'autre toujours pimpant. C'est ce bon M. de Boisy, l'ancien précepteur du roi que celui-ci vient de nommer Grand-Maître et qui dirige aujourd'hui le château et toute sa Maison. Il ne dira rien, je le connais, c'est un Montmorency par sa mère. Mais vous me semblez aussi fou que moi et aussi brave, et vous avez une jolie fougue à l'épée. Je ne suis pas sûr que je vous aurais blessé et je m'en serais voulu de vous tuer. Soyons amis, voulez-vous ? Il n'y a pas tant de bons gentilshommes parmi les pages... Vous verrez : tous des ambitieux, à quatre pattes devant le premier pourpoint doré.

René de Laval était de toute évidence un gentil compagnon, plein de gaieté, fort au courant de la Cour. François était charmé :

— Vous êtes mon premier ami en cette Cour, dit-il en lui serrant la main. J'espère que vous resterez toujours le premier.

Le soleil pointait entre les tours et la cour s'emplissait. Pages, valets, écuyers, s'agitaient, portant de superbes harnais. Les chevaux tapaient, hennissaient, le château bruissait dans une bonne odeur de crottin et de cuir. Il était temps de se séparer et de rejoindre les Dames. René et François se donnèrent solennellement l'accolade entre deux stalles, se jurant amitié éternelle : « A la vie, à la mort, mais je préfère la vie ! » cria René qui s'enfuyait dans un éclat de rire. François n'eut que le temps de se glisser dans le grand escalier. Les Dames sortaient : la reine — du moins François le pensa-t-il — tenait familièrement le bras de la duchesse et lui parlait avec douceur. Malgré ses atours brodés d'argent et sa toque emperlée, elle lui parut bien laide : petite, nabote, enceinte, avec un visage lourd, de grosses lèvres et des yeux ronds à fleur de tête ; elle boitait comme sa mère. Marguerite, si fine, toute de velours noir et d'hermine était tellement plus belle qu'il en eut le souffle coupé. Quoi, c'était cela une reine ? La reine, c'était sa Dame à lui, pas cette gentille, innocente et navrante petite fille de son âge !

On était le 15 février 1515. François Ier entrait dans Paris depuis les remparts nord, venant du village de La Chapelle et son bon peuple l'attendait. Depuis la porte Saint-Denis, toutes les rues étaient sablées depuis la veille ainsi que le pont et le parvis de

Notre-Dame. De tous les pignons, pendaient des tapisseries, des tentures, des étoffes, des banderoles, des « linceuls blancs » pour ceux qui n'étaient pas riches. Pour la première fois, Paris éblouit François. Il était dix heures, les Dames étaient attendues dans la somptueuse tribune dressée à la porte Saint-Denis. On eut beaucoup de mal à s'y rendre. Archers, arbalétriers, échevins, bourgeois... les rues étaient emplies. Chacun se pressait, se bousculait, s'appelait, criait. Vers midi, les Dames étaient installées, Marguerite et sa mère encadrant la reine, et flanquées de la duchesse de Bourbon au luxe insolent. François, portant le manteau de Marguerite, était aux premières loges, et juste à temps, car le cortège approchait. En tête venaient les gens de la ville : échevins, prévôts en soie et velours rouge et bleu, représentants des dix-sept métiers autour de leurs maîtres. Puis des archers et arbalétriers, les orfèvres en cramoisi et or, les bourgeois en couleurs diverses. Puis les sergents à verge avec leur maître, le Prévôt de Paris, cramoisi lui aussi, précédé de deux pages vêtus de même. Ensuite venait la juridiction du Châtelet : lieutenants et greffiers vêtus d'écarlate, puis des conseillers, des avocats ; les procureurs, les notaires dans un vrai nuage de plumes. Déjà un autre cortège passait la porte : les gens du roi : sergents à cheval, quatre généraux vêtus de velours noir, des présidents et conseillers vêtus d'écarlate, les seigneurs de la Chambre des Comptes en cramoisi et noir. Puis les quatre présidents du Parlement, avec leurs chapes de velours et de fourrure, le mortier noir sur la tête et le visage sévère, les conseillers laïques et ecclésiastiques, les procureurs, tous à cheval. La rumeur était celle d'une mer !

Au loin François devinait l'approche du roi. Il était deux heures. Le défilé, lentement, s'écoulait depuis midi. Enfin on découvrait cinquante archers vêtus de drap blanc, avec une salamandre brodée devant et derrière, et une devise qu'on ne pouvait encore déchiffrer. René de Laval, blotti lui aussi derrière sa Dame, glissait les noms à l'oreille de son ami :

— Ça y est, il arrive ! Bleu, jaune, rouge, ce sont les couleurs du roi ! Blanc avec la salamandre, ce sont les couleurs des Angoulême.

Le bruit était tel, avec le piétinement des chevaux et les trompettes royales, que François entendait mal :

— Qu'est-ce que c'est que cet énorme cheval vêtu de velours cramoisi, et qu'est-ce qu'il porte ?

— C'est le sceau royal et l'homme derrière, sur sa mule, c'est Duprat, le chancelier. Derrière eux, ce sont les ambassadeurs et je crois les princes du sang. Voilà le duc Charles de Bourbon, le mari... (ici un clin d'œil sans amitié à la duchesse). Voilà les maréchaux. Le vieux, c'est Trivulce. Tiens, M. de Boisy !

— Et le roi, quand viendra-t-il ?

— Attends ! J'aperçois les treize pages de satin blanc, les chevaux harnachés de blanc. Là, derrière la porte, c'est lui !

En effet, tout le cortège était maintenant vêtu de satin blanc : les pages, les trois gentilshommes portant le chapeau du roi, son manteau et son épée sur des coussins bleu dur brodés de fleurs de lys en or. Puis un cheval blanc non monté qui piaffait : le cheval d'honneur. Puis un homme fort important, que René distinguait mal, portant un diamant énorme sur son pourpoint cramoisi. Derrière lui... Le cœur de François se mit à battre... derrière lui, c'était La Trémoille, son parrain, d'or vêtu de la tête aux pieds !

— C'est lui mon parrain, c'est La Trémoille, glissa-t-il enfin fièrement aux oreilles de René.

Au loin, on apercevait le roi, tout seul sur son cheval blanc, entièrement habillé d'argent, bonnet blanc emplumé de blanc, étincelant de pierreries. Il passa lentement sous la porte Saint-Denis, puis devant les tribunes, lança un baiser vers les Dames, et des sourires, avec des gestes de salut à la ronde.

Là, brusquement, la tribune fut agitée d'un grand branle-bas : les maîtres de cérémonie fendaient la foule pour chercher les Dames et les emmener par le Châtelet à Notre-Dame.

L'escorte de la reine eut beaucoup de mal à se frayer un chemin par les rues parallèles à la rue Saint-Denis. Paris était noir de monde : hommes, femmes, enfants, infirmes, mendiants et coupe-jarret... on ne voyait plus le sol ! Il fallut près d'une heure pour atteindre le Châtelet, près d'une demi-heure pour traverser le pont et rejoindre le parvis.

Enfin les Dames furent installées dans de grands fauteuils dorés, près du maître-autel. Et là, François, mal placé au bas des marches du chœur, ne vit ni ne comprit plus rien. Il y eut des chants, de la musique, des discours, d'immenses ovations. La cérémonie lui parut durer des heures. Il était affamé quand il parvint, en jouant des coudes, à rejoindre l'ancien palais du Châtelet, plus vieux et plus sale que le Louvre, mais si couvert de tentures et de feuillage, qu'on ne savait plus où l'on était. Là encore, un festin dura des heures. On dansa. Il faisait nuit depuis longtemps quand il regagna la poivrière des pages, épuisé, harassé, mais ébloui pour la vie. Il eut à peine le temps, en se jetant tout habillé sur sa paillasse, de se faire un serment solennel : à tout prix — Dieu seul saurait comment ! —, il traverserait un jour Paris aux côtés du roi sur un cheval blanc, lui aussi revêtu de satin blanc, dominant la foule en délire et les ovations du peuple.

François et René étaient devenus inséparables, et François comprenait enfin combien ce compagnon lui serait précieux : il connaissait à fond la Cour et la ville. Il était imbattable sur toutes les dignités et les charges, la fortune et l'ancienneté de chacun. Peu à peu, François apprenait, comprenait ce monde étrange qui s'agitait sous ses yeux. Mais plus que sa connaissance de la Cour, la gaieté et la malice de René, cette sorte d'inconscience avec laquelle il vivait, éblouissaient François et l'entraînaient à mille farces et mille folies qui lui firent rapidement une réputation parmi les pages. On les appelait « Castor et Pollux » : René était Castor à cause de son museau pointu, François, Pollux à cause de sa force peu commune.

Leur office était prenant certains jours, surtout quand on voyageait, quand on chassait dans ces immenses forêts royales dont les frondaisons avaient stupéfié François les premiers jours. Mais le plus souvent les pages se battaient les flancs et traînaient dans les châteaux pendant des jours et des jours. « Il faut bien s'occuper », soufflait Castor quand il méditait quelque farce.

Infatigable et inventif, il se faisait parfois surprendre et l'on entendait souvent : « Montmorency, vous serez fouetté. » Il n'était pas rare que François alors se dévoue et se dénonce avec lui. On les fouettait ensemble et ils continuaient à rire : « C'est excellent pour aguerrir ! » proclamait Castor. « Un guerrier doit se tanner le cuir », ajoutait gravement Pollux.

C'est ainsi qu'on trouva, un beau matin l'un des fous du roi, Caillette, cloué par l'oreille contre un poteau. Tous les pages, derrière la porte, se roulaient de rire. Ils avaient persuadé leur souffre-douleur que le roi l'ordonnait et qu'il devait surtout ne pas bouger, tant que son maître ne serait pas revenu de la guerre. Le roi était déjà parti pour l'Italie, et les pages enrageaient d'être trop jeunes pour combattre. L'innocent était si sot qu'il avait accepté et restait là bien sage, sans retirer le couteau, l'air niais, la bouche ouverte.

Survint un M. des Périers qui délivra Caillette et convoqua les pages, comprenant bien que c'était encore une de leurs farces.

— Vous allez défiler un par un, galopins ! Et toi, Caillette, tu vas me dire ceux qui t'ont fait ça.

Les pages défilèrent, François et René, hardis comme saint Pierre, la tête haute et ricanant. L'écuyer à chaque page demandait : « Est-ce vous ? — Nenni, Monsieur, je n'y étais pas », répétaient-ils tous. Et le pauvre Caillette, toujours innocent, répétait pour tous : « Nenni. » Et lorsque passa le dernier, il finit par dire : « Je n'y étais pas aussi ! »

A peine l'écuyer était-il parti en riant et Caillette délivré, que René souffla quelques mots à l'oreille de François et, deux minutes après, le malheureux fou se trouvait piqué sur un second pilier par l'autre oreille !

Mais Caillette n'était pas le seul souffre-douleur des pages. Ils surprirent un jour Triboulet, le plus malin des bouffons, couché dans sa soupente avec une belle garce toute nue, qu'ils lui avaient amenée de la rue Saint-Denis, grâce à de fallacieuses promesses. La fille épouvantée se cachait sous les courtines, mais quatre pieds dépassaient. René prit un pied s'écriant :

— A qui ce pied ?

— A moi, répondait Triboulet affolé.

— Et celui-ci ? demandait-il en prenant le second.

— A moi aussi, répondait Triboulet qui tirait les couvertures sur sa compagne.

— Et celui-ci ? et ceux-là ? demandait François qui tenait les deux autres.

— A moi, à moi ! criait toujours Triboulet.

— Ah ! s'écrièrent les deux compères dans un grand éclat de rire, il a quatre pieds comme un cheval, on le savait bien !

Ces trois mois qui suivirent l'entrée du roi dans Paris ne furent qu'une suite de fêtes et de tournois. Le roi y était de première force, comme il l'était au jeu de paume, ce qui ne surprit guère

François, amateur éclairé. En revanche, il resta coi devant l'incroyable cour que les hommes, le roi le premier, faisaient aux Dames. Les célibataires, et même les hommes mariés, leur livraient un assaut quasi guerrier, qui se révélait souvent victorieux. Sous le nez même de la reine, enceinte jusqu'aux yeux, le roi chassait les belles et ne trouvait guère de cruelles. La favorite était alors la belle Françoise de Foix, mariée à Jean de Laval, cousin de René, qui s'enorgueillissait sans honte de cette faveur de sa famille. Pire : le grand amiral de Bonnivet poursuivait Marguerite, dont il était follement amoureux, sous le nez même du duc et surtout de Mme de Bonnivet, dont François avait découvert qu'elle était sa lointaine cousine : Bonaventure du Puy-du-Fou ! Il se sentait si bien trahi lui-même dans ses alliances qu'il se dissimula un soir derrière les courtines et découvrit avec soulagement que sa Dame résistait vertueusement — bien qu'elle semblât y trouver grand plaisir !

Dès les premières belles journées, début avril, le bruit courut que la reine voulait aller passer l'été à Blois, le château de son père qu'elle adorait. Toute la Cour s'y rendrait : la famille et la maison royale, le Conseil et tous ses dignitaires. François fut empli de joie : il allait ainsi entrer de plein droit, vêtu aux couleurs ducales, dans ces lieux dont le souvenir l'éblouissait encore, mais où il s'était glissé par raccroc, mal fringué, perdu et humilié.

Le 20 avril, toute la Cour s'ébranlait dans un formidable embouteillage de charrois et chevaux, portant meubles, tapisseries, vaisselle d'argent, tentes et provisions.

C'était un véritable exode : laquais, cochers, maîtres queux, galopins, sommeliers, rôtisseurs, veneurs, piqueux, bref tous les corps de métiers suivaient ou préparaient les étapes. Les « utiles », disait-on, le « train du roi » ! La troupe était si lourde à remuer qu'on ne faisait que trois ou quatre lieues par étape. Le roi « cheminait » à son gré, au milieu des plaisirs. Il faisait assez beau, les bourgeons éclataient, les nuits étaient plus douces. Le 15, on atteignit Blois dans un grand concours de peuple qui campait partout depuis plusieurs jours, sous les averses, pour voir le roi. Ce n'étaient qu'ovations, cris et chants. A chaque arrêt, le roi, la reine surtout, distribuaient des oboles, jetant des piécettes, embrassant les enfants, laissant les infirmes et les mendiants se bousculer pour toucher leurs atours.

De Blois, la Cour se transporta à Amboise. De nouveau ce furent les fêtes, jeux, chasses, banquets et tournois. François et René étaient logés dans la basse cour du château, beaucoup mieux qu'au Louvre, mais surveillés de près par le gouverneur des pages. De leur fenêtre, ils dominaient une cavalcade serrée de toits d'ardoise, puis la Loire, tout cela si bleu, si clair aux premiers soleils qu'on y croyait à peine.

— Tu sais, disait René qui savait tout, le roi prépare la guerre. Ce matin, Madame est venue longuement voir la reine et lui a dit qu'on avait vendu la vaisselle d'or du Louvre pour engager des lansquenets allemands. Elle a parlé de dix mille cavaliers et de trente mille gens de pied.

— Quelle guerre ? demandait François.

— Au Milanais, bien sûr !... Le roi aurait dit que son honneur était en jeu et que le duché devait être repris sans coup férir. « C'est votre bien, ma chère, a dit Madame à la reine, et mon fils vous le rendra. » La reine voulait savoir combien il faudrait et si elle devait engager ses bijoux. Madame a répondu que non, que le roi comptait sur les villes et sur un emprunt. Mais sais-tu ce que c'est ?

— Je crois, disait François qui se souvenait vaguement des leçons de Maubuisson (si mal écoutées). Mon intendant allait parfois chercher de l'argent chez les juifs de Mortagne et de Mauléon. Il le leur rendait plus tard avec des cadeaux. Je pense que, pour le roi, il doit y avoir de grands usuriers capables de prêter des milliers de livres tournois.

René riait comme toujours, mais François soupirait :

— Quel dommage qu'on n'attende pas deux ou trois ans ! Comme je voudrais partir à la guerre moi aussi et conquérir l'Italie de mes ancêtres !

— Il s'agit de Milan, et je vous croyais ducs napolitains ?

— Certes, mais mon père disait toujours que Milan était la porte de Naples. Ah ! vite, vite demain !

Malgré tous ces projets et cette campagne qui se préparait, la Cour ne tenait pas en place. En mai, on partit pour Amboise, que François trouva superbe, château perché sur la falaise, avec son énorme tour dont la pente permettait aux cortèges de monter aux terrasses depuis la Loire et d'en descendre, à cheval et en voiture.

Il suivit avec joie les chasses dans cette superbe forêt de hêtres, si claire, qui va de la Loire au Cher. On y captura sous ses yeux un sanglier vivant de quatre ans, énorme, avec de terribles défenses. Le roi avait décidé de combattre corps à corps un grand animal et l'avait fait enfermer dans une caisse à barreaux de fer. On devait célébrer en grande pompe le mariage de la duchesse de Montpensier et pour cette fête, la cour intérieure du château fut barricadée de grands coffres, garnie de palissades et de tribunes. Dames et seigneurs se pressaient aux galeries et aux fenêtres. La reine, qui était près d'accoucher, s'était jetée en pleurant aux pieds du roi pour le supplier de ne pas affronter le monstre et de ne donner qu'une course, pas une lutte ! Le roi était donc en haut de la pente qui conduisait, du premier étage à la barricade, et avait ordonné qu'on commence par lancer l'animal contre un mannequin. Mais lorsqu'on ouvrit la caisse, le sanglier furieux jaillit comme un boulet et fonça droit vers la pente qui menait aux galeries. La barricade céda dans un craquement sinistre et le roi, en quelques secondes, se trouva face au monstre. Le temps de dégainer, d'interdire à tous de bouger, et de s'avancer d'un demi-pas, et puis... François et René haletaient derrière leurs Dames qui poussaient de grands cris d'horreur... Et d'un seul coup d'épée, ils virent le roi, impavide et souriant, passer sa lame à travers le corps du fauve, tant et si bien qu'entrant dans le poitrail, elle ressortit derrière la nuque.

Le sanglier tourna sur lui-même, redescendit la pente de quelques pas et vint tomber mort devant le puits. Un long cri de victoire et de soulagement, puis un immense vivat saluèrent cet exploit. Ainsi le roi avait cédé à la reine, mais il avait eu son corps à corps et sortait couvert de gloire.

Le mois de juin approchait. La campagne était prête. Les armées se massaient autour de Lyon. Le 26 juin, dans une débauche de fleurs et de verdure, le roi partit, en fanfare, retrouver ses généraux pour reconquérir son duché de Milan. Il partait entouré de toute la noblesse : La Palice, La Trémoille, Louis d'Ars, Trivulce, le duc d'Alençon, le duc de Bourbon, M. de Boisy, et le grand maître de l'artillerie, M. de Genouillac. Mais ce n'était pas tout : suivaient l'armée, les grands officiers, le chancelier, M. Bohier avec les finances, le trésorier Robertet, le grand aumônier, des évêques, des maîtres des requêtes... Que resterait-il près des Dames ?

A la grande joie de François, la reine, Madame et la duchesse décidèrent d'accompagner le roi sur le chemin de la guerre. Il allait enfin voir les pays que son père avait traversés par deux fois, ces villes dont il lui avait décrit les beautés, et bien d'autres car, même sur les routes de la guerre, le roi n'aimait pas se presser. On s'arrêta quatre jours à Romorantin, à Bourges puis à Moulins chez le duc de Bourbon et sa belle-mère Anne de Beaujeu. Des châteaux énormes, quasi royaux, un luxe presque choquant. Enfin François fut à Lyon. Arrivant en barque plate par la Saône, il crut tout reconnaître tant il avait vécu les récits de son père !

Lyon, accueillant le roi et sa famille, avait bien fait les choses : le roi et les Dames embarquèrent sur une nef immense traînée par un cerf blanc. Le long des berges, de belles filles debout sur des colonnes portaient en lettres immenses les initiales du nom royal : Foi — Raison — Atempérance — Noblesse — Charité — Obéissance — Innocence — Sapience (FRANÇOIS). Des feux d'artifice éclataient de toutes parts. Les rues étaient remplies d'arcs de triomphe à la romaine. Ah, c'était beau la guerre ! Qu'il eût voulu avoir vingt ans !

Enfin le roi partit et les Dames reprirent le chemin du retour... seules ! Avec le roi, toute la noblesse les avait quittées.

On apprit en décembre que l'armée piétinait encore à la frontière, puis en janvier enfin qu'elle passait les monts dans des conditions incroyables : le roi à pied, tirant son cheval dans un col dont on avait coupé le roc, à 2 000 mètres d'altitude. Le roi écrivait tous les jours à sa mère. L'armée le suivait, disait-il, franchissant les torrents et ne buvant que de l'eau. François et René écoutaient aux portes, ne perdaient pas un mot, haletaient d'émotion. François, qui déjà se sentait grand, enrageait.

En moins d'un mois, ce fut la victoire complète. On fit de grandes fêtes à Paris... La lettre du roi contant la bataille près de Marignan fit le tour de la France. Les quelques courtisans qui restaient tentèrent de faire oublier la défection du duc d'Alençon pour ménager Marguerite, lequel duc s'était laissé enfoncer et aurait entraîné la défaite si le renfort n'était arrivé au galop depuis Lodi pour délivrer le roi et le duc de Bourbon, en plein milieu d'une mêlée qui tournait mal.

Dès l'annonce de la victoire, la régente et sa fille repartirent pour Lyon, fêter et accueillir leur César. François était ravi mais à

Lyon, il tomba brusquement fort malade, couvert de petites ampoules rouges sur tout le corps avec une fièvre de cheval. Colin, qui venait d'arriver, porteur d'écus, fort angoissé, pensait au mal de Naples et aux filles des tavernes parisiennes qu'il avait récemment fait connaître à François. Il le soigna au bois de Gaillac, tandis que la Cour s'éloignait en Provence, pèlerinait à la Sainte-Baume et à Notre-Dame de la Garde. François guérit : ce n'était qu'une simple rougeole, Dieu merci. Mais il ne décolérait pas, René avait vu la mer et pas lui !

A Blois, la reine accouchait d'une seconde fille : Charlotte. Qu'importe, le dauphin serait sûrement pour l'an prochain ! La victoire était totale, le roi semblait plus beau, plus grand, plus noble et plus gai que jamais. Tous les seigneurs de la Cour revinrent aussi, car aucun d'eux n'avait péri. François surveillait avec impatience la légère toison qui ombrageait sa mâchoire carrée. Il avait encore grandi, avec de longues jambes, il ne désespérait pas d'être bientôt aussi grand que le roi.

Il y avait plus de deux ans que François avait quitté son Poitou et n'y était pas revenu. Maubuisson lui envoyait régulièrement de longues épîtres relatant l'état de la seigneurie, les rentrées d'argent, les travaux, les menus événements de la région, le résultat des moissons et des vendanges : 1515 et 1516 furent de bonnes années. Tous les trois mois, Colin faisait le voyage pour approvisionner son jeune maître, chargé d'argent mais aussi de provisions : des rillons que François aimait tant, les échaudés de Jacotte, des bonnets ou écharpes brodés à longueur d'hiver par Marion aux doigts de fée, des herbes médicinales dans de petits paquets pour ses rhumes ou ses maux de ventre — de l'herbe aux puces qu'on glisse bien sèche dans son pourpoint ou ses draps et qui les écarte, l'Aigremoine de sainte Hildegarde contre les fièvres, la Marrube blanche contre les rhumes, la Bétoine pour se purger, la Barbe de Jupiter contre les maux d'yeux et d'oreilles, tout cela annoté de la grande écriture de Maubuisson, avec le mode d'emploi. Un jour, François eut la surprise de trouver un sachet mystérieux : « Rue de Charlemagne, calme les ardeurs. »

Ardeurs ? François hésitait et Colin, qui l'avait emmené à son dernier voyage aux étuves passer sa première nuit chez les filles, le regardait d'un œil égrillard. Ils restèrent un moment hésitants, puis éclatèrent de rire ! Le bon Maubuisson craignant les affres de la puberté avait été cueillir dans le jardin d'herbes de La Grainetière cette fameuse « Rue » dont les moines vertueux s'abreuvaient pour lutter contre la concupiscence et préserver leur chasteté.

Or François n'était plus chaste : il s'offrait des filles depuis son dépucelage, lequel avait été fort glorieux, auprès d'une matrone qui eût pu être sa mère, et qui le débarrassa joyeusement de son enfance contre monnaie sonnante. François apportait dans cette activité une fureur simpliste, dénuée de tout sentiment comme de véritable intérêt pour sa partenaire. L'amour se présentait à ses seize ans comme un sport fort plaisant.

Il découvrait aussi Paris dont il commençait à apprécier les ressources un peu canailles : filles, jeux de cartes, de dés (où il perdait souvent ses derniers écus), beuveries, théâtres, bateleurs de rue ou combats d'animaux. Il comprenait enfin qu'au Puy-du-Fou, il avait joué à l'adulte sans risques et qu'il lui fallait le devenir vraiment, dans un monde dont il n'était pas le maître.

Le temps passait. François grandissait dangereusement : bientôt l'état de page lui serait interdit. Il se sentait d'ailleurs un homme et n'avait plus rien à apprendre : il savait manger avec élégance, parler avec recherche, se moucher en silence, tutoyer ou voussoyer qui de droit, se présenter, s'habiller. Il devinait au premier coup d'œil le puissant et le parvenu, il connaissait par cœur les généalogies et alliances des Grands. Il sentait bien que son apprentissage du monde était terminé. Ce fut un soir de jeu chez Marguerite que La Trémoille, devenu premier chambellan du roi, le toisa d'un air étonné :

— Madame, dit-il en riant à Marguerite, votre page vous dépasse d'une tête. Il va me falloir vous l'enlever pour d'autres missions. Venez çà, mon filleul ! Nous aurons besoin de bons gentilshommes en Haut-Poitou pour collecter des fonds, aux fins de la prochaine Croisade dont vous savez sans doute le projet. Seriez-vous prêt à surveiller la collecte sur vos terres et sur celles de votre suzerain ?

Bien qu'il s'y attendît un peu, François reçut cet élégant renvoi comme un coup de poignard. Ignorant encore l'importance de l'argent, comme il avait jadis ignoré celle de Marguerite, il regardait son parrain d'un air glacé :

— Vous savez, continuait La Trémoille, que le roi a besoin d'or pour ce grand dessein. Chaque paroisse doit apporter sa contribution que les baillis recueilleront ; mais l'argent ne rentre que bien surveillé. Cette mission vous permettra de mieux connaître l'Eglise, dont le Concordat nous rend enfin maîtres. J'aurai plus tard pour vous d'autres missions car, dès que le Parlement aura enregistré cet Acte capital, nous devrons reprendre nombre de nominations.

Marguerite avait froncé le sourcil en songeant à cette collecte que ses amis les Réformistes désapprouvaient, mais elle avait suivi avec sympathie l'ordre de mission que l'on confiait à ce page dont la fierté lui plaisait. Ce fut donc avec amitié qu'elle prit congé de François, lui faisant cadeau d'une de ses bagues. « Pour votre future épouse », dit-elle en souriant et en l'assurant de sa protection. Louise de Savoie, qui contemplait la scène sans mot dire, fixait dans sa terrible mémoire le visage ferme et dur de ce jeune homme qu'elle avait déjà distingué, et suivit son départ d'un regard songeur :

— Nous en ferons quelque chose, dit-elle. Rappelez-le-moi à l'occasion, La Trémoille ! Il n'est pas de ces jeunes fous dont la Cour est pleine. J'en aurai sûrement besoin...

François partit donc, dûment chargé d'une lettre de mission en Haut-Poitou, avec promesse de pension dès ses premiers succès. Il quittait René de Laval, le cœur serré, mais sans regret filles et jeux qui se trouvaient partout. La fortune ne se gagnait qu'au service du roi et des Grands !

René décida de faire le voyage avec lui : Mme de Laval, qui était toujours souffrante, avait été vraiment malade cet hiver. La fièvre quarte ne la quittait pas et René s'attristait. Il avait encore un an devant lui pour terminer son office, aussi avait-il demandé à la bonne reine Claude la permission d'aller passer quelques mois près de ses parents.

— Rentrons ensemble, avait-il dit à François, nous ferons le voyage à quatre jusqu'à Laval avec nos valets et tu connaîtras ainsi les miens qui seront heureux de te recevoir.

François avait accepté avec joie. Les Laval étaient, il le comprenait enfin, d'importants seigneurs. Il en eut confirmation dès l'approche de la ville que le château dominait de sa formidable forteresse, plus ancienne et bien plus redoutable que le Puy-du-Fou. Elle lui parut dater des premières Croisades. Sa base énorme et ses grosses tours à peine percées dominaient la Mayenne, qui coulait paisible sous un pont de bois. La cour intérieure était sévère ! Les salles immenses et très sombres ; sombres aussi le père et la mère de René. Les Laval vivaient entre eux, ici ou à Vitré, loin de leurs gens, et les repas étaient servis comme à la Cour dans de grandes salles à peine éclairées, ce qui impressionna beaucoup François.

Ils arrivèrent pour le souper. On était en juin et les jours étaient si longs qu'on n'allumait pas encore de chandelles. Après avoir salué les parents de René, François fut entraîné aux étages par un escalier en colimaçon :

— Viens voir mon frère et mes sœurs ! Ils brûlent de te connaître et n'ont pas osé descendre pour t'accueillir.

L'énorme porte grinça et dans la salle du premier étage, pleine de lits, trois enfants chuchotaient et riaient. Le premier à se retourner fut le garçon, fort grand pour ses douze ans et très gros, qui se jeta au cou de René avec des cris de joie. Une fillette d'environ neuf ou dix ans ne bougeait pas. Immobile comme une statue, environnée jusqu'aux genoux par une incroyable chevelure noir de jais, le teint très blanc, elle souriait et regardait François de ses yeux d'or avec une fixité presque intimidante. L'autre fille, Anne, plus petite, était encore une enfant. René sortait enfin des bras de son frère.

— Ma Catherine, ma petite sœur ! cria-t-il. C'est toi la première et non ce garnement ! Voici mon ami le plus cher dont je t'ai tant parlé : François !

La fillette ne bougeait pas. François ressentait comme une brûlure le regard de ces immenses yeux clairs pailletés de métal. Elle tendit enfin la main avec la lente noblesse d'une danseuse et prononça gentiment dans un sourire qui la transfigura :

— Je suis heureuse de vous connaître, Messire ! Soyez le bienvenu puisque René vous aime.

Et elle se jeta à son tour dans les bras de son frère.

Durant le repas, fort solennel, Mme de Laval très pâle parlait peu. M. de Laval interrogea les jeunes gens sur leur vie, sur leurs Dames. Il se montra particulièrement intéressé par Marguerite dont il répétait sentencieusement :

— Une femme remarquable, jeune homme ! Un grand esprit,

l'espoir de tous ceux qui pensent et qui croient encore en ce royaume et en son Dieu.

Catherine se taisait, mais son ravissant visage brûlait de passion en écoutant les jeunes pages et les hauts faits des Grands. Elle n'en perdait visiblement pas un mot. Sa petite sœur, Anne, bâillait.

Quand François prit congé, deux jours plus tard, Catherine l'accompagna avec son frère jusqu'à la cour d'honneur. François lui présenta sa main pour l'aider à descendre le rude perron. Sérieuse comme une dame, elle tendit le bras et posa sa main sur la sienne avec une telle douceur et une telle noblesse qu'il en ressentit une curieuse fierté, comme si cette enfant eût été une reine.

Quand il se retourna sur son cheval pour un dernier adieu, ce fut l'image d'une petite princesse de légende, presque irréelle dans ses cheveux noirs et sa robe bleue, qu'il emporta avec lui : Catherine de Montmorency-Laval, sur le berceau de qui les fées avaient sûrement chuchoté.

Le retour fut sans encombre. La moitié du chemin était faite. Il suffisait, en venant de Laval, de passer la Loire à Chalonnes près d'Angers pour entrer en Poitou.

En traversant la Loire, le cœur de François se mit à battre si violemment qu'il en fut stupéfait : les champs fermés du Poitou s'étendaient à l'infini.

On était en juin. L'herbe était folle, les coteaux dorés de genêts. On commençait à faucher partout sur les collines : ces collines à l'échelle humaine, avec ces gens si courageux, penchés sur leurs faucilles, ces femmes aux bras nus armées de grands râteaux, et l'odeur de l'herbe coupée où se mêlait le parfum entêtant de troènes et des chèvrefeuilles qui croissaient dans les haies.

Il retrouvait ses chariots attelés de bœufs qui, lentement depuis l'aube du monde, montaient la nourriture de tous les hommes, roi, seigneurs et manants. Après trois années de villes et de châteaux, de cortèges solennels, la pureté de son Poitou lui sautait à la gorge : c'était une leçon, certes, une remise au point des folies de la Cour et de tous ses mensonges, mais c'était aussi la découverte d'une tendresse qu'il ne savait pas si profonde. Une tendresse inconnue, si étrange, qu'une voix souffla au fond de lui : « Ma mère, voilà donc ma mère, voilà mon âme… C'est ici que je suis MOI. » Il piqua son cheval et partit dans un galop fou vers son manoir, ses terres, ses gens qui étaient peut-être l'essentiel de lui-même. Le page François avait bien servi. Mais il avait vécu : après lui venait de naître le seigneur du Puy-du-Fou.

A trois lieues de Mauléon, ils traversèrent Treize-Vents, chevauchant sur la crête du plateau qui dominait la Sèvre. Ils avaient longé sur leur droite la vallée du Loing, bleutée, et brusquement sur leur gauche, au tournant d'un gros chêne, toute la vallée de la Sèvre se découvrait à leurs pieds jusqu'à l'horizon : un océan de collines serrées comme de petites vagues, traversé par la rivière sur ses éboulis de granit. La Sèvre dessinait là une sorte de courbe respectueuse devant le village de Mallièvre et son pont de bois, le seul qui la traversât.

Il s'arrêta et contempla : tout un horizon de vallonnements aux champs et prairies bien serrés, bordés de haies sombres, hérissés de chênes-têtards, tout cela bien tenu, accessible. Et partout, dans les jachères ou les revers pierreux, les plaques blanches des pâquerettes, celles éclatantes des boutons d'or, ou dans le vert pâle du blé, les coquelicots.

De-ci de-là, des vaches tachetées paissaient dans un profond silence ; des fermes de pierre crue, nichées sous de grands chênes, avec leurs toits de tuiles rondes et leurs granges de chaume ; un quadrillé de vert jusqu'à l'horizon proche. Et puis le parfum des églantiers dans les haies.

Il restait saisi, la gorge nouée d'émotion, comme envoûté par ce pays dont il avait oublié l'étrange humanité.

« C'est chez moi, pensa-t-il, ce sont ma terre et mes gens, c'est moi ! Comment ai-je pu vivre si longtemps loin de mon âme ? » Son cœur était si serré que des larmes de joie jaillirent de ses yeux.

C'était un mouvement de la chair. Etait-ce une forme de l'amour ? Jamais une femme n'avait atteint chez lui cet accord profond, mystérieux. Jamais une femme ne l'avait touché ainsi. Mais en même temps que cette reconnaissance charnelle, François ressentait cette vision comme une sorte de chape qui l'étouffait : c'était lui, mais c'était petit, étriqué, borné. Cet espace tant aimé serait une prison pour l'homme qu'il était, qu'il voulait être.

Ah ! Oui, comme son père et ses ancêtres, il reviendrait ici, mais il lui faudrait se mesurer au vaste monde, vivre et galoper au loin, sur des terres immenses aux horizons pleins de conquêtes et du cliquetis des batailles ! Il se souvint du mot de son père : « Un homme conquiert sa gloire à la guerre. C'est par ses victoires qu'un seigneur est digne de son nom. »

« Je t'aime, nature, pensa-t-il, bouleversé, mais je te quitterai, retenu par un fil d'or au fond du cœur, et cela jusqu'à la mort. Ce n'est pas ici que je veux vivre, mais c'est ici qu'un jour je veux mourir. »

Il piqua des deux. Devant lui, la Sèvre couverte d'iris jaunes bondissait. Il remontait au galop des chemins de terre qu'il connaissait par cœur. Une lieue à peine et il serait en vue du château. Ses tours octogonales et son chemin de ronde allaient bientôt se détacher sur le ciel au bout de la longue allée qui menait au pont-levis. Il atteignait le sommet du puy quand des abois furieux retentirent. Au bout de l'allée, qui donc surgissait comme une folle, en trombe, galop rasant la terre ? Oui, c'était bien elle ! Bricole ! Le meilleur de ses chiens, un magnifique barbet. Bricole qu'il avait quittée trois ans plus tôt et qui, à une demi-lieue, avait senti son maître. Bricole dont la grosse voix se reconnaissait au milieu des taillis quand elle était sur la voie d'un animal de chasse. Cette voix grave qui faisait dire alors à Colin : « On peut y aller, Messire, c'est bien la voie, c'est Bricole ! »

François en eut le cœur fendu. Pour un peu, il serait descendu l'embrasser. Mais il était maintenant un homme, un seigneur. Il lui répondait d'une voix enrouée, modérant son trot pour que l'animal put le suivre en caracolant autour de lui, au risque de se faire botter, et en hurlant de joie.

C'est ainsi que le château fut prévenu de l'arrivée du maître. Marion, la première, entendit et comprit. Elle était déjà sur le pont-levis pour l'accueillir, suivie de Maubuisson alerté par ses cris, qui descendait son escalier de pierre en s'essuyant les mains tachées d'écarlate sur son tablier de cuir.

CHAPITRE V

RÉUSSIR

François reprit pied dans ses terres avec joie.

— Que tu es beau, et que tu as grandi ! s'était écriée Marion en lui ouvrant les bras, tandis qu'il sautait de son cheval et qu'une nuée d'enfants se précipitaient pour lui tenir la bride.

Tous, grands et petits, se pressaient, à qui l'embrasserait, lui baiserait les mains, tâterait ses bottes vernies et son pourpoint de brocart amarante.

François retrouvait d'un long regard circulaire la cour du château, avec son puits, ses dépendances, le corps de logis en gros appareil de granit, ses meneaux taillés, la tour des Anglais, dans l'odeur chaude des magnifiques écuries. Tout était en ordre, propre, bien tenu et entretenu. Il eut l'étrange impression de retrouver sa coquille, comme un animal qui en aurait été passagèrement arraché. Remué jusqu'aux entrailles, le très jeune seigneur du Puy-du-Fou entra, suivi de sa petite Cour, dans son manoir qui sentait bon la pierre et le salpêtre, et monta de suite à la chambre de sa mère, celle où il était né et où elle était morte.

Le retour du maître fut une fête. Tout le voisinage fut convié. Il retrouva ses pairs, fut invité et fêté dans tous les châteaux. Il était beau, et les demoiselles de Surgères, filles de sa marraine, ne cessaient de l'inviter. Seule, sa tante Pétronille du Puy-Greffier avait rendu l'âme en son absence.

François fut invité à toutes les fêtes de famille dans ses villages : aux noces, aux baptêmes. Il fit des cadeaux, visita les malades et les familles touchées par la mort. Il imposait le respect et son grand air impressionnait.

C'était la paix, la « grande paix », disait-on. Tous les gens d'armes rentraient dans leur pays. La fille aînée du roi, Louise, quoique au berceau et suçant encore son pouce, était promise à Charles d'Espagne et devait apporter en dot... le duché de Naples ! François, qui l'avait appris à son départ, en avait eu le cœur fendu : « Adieu, duché de Diximille ! » Pour réaliser ses rêves de grandeur et les promesses faites à son père, il lui faudrait une guerre... Aussi une Croisade lui convenait-elle fort bien. Faute d'Italie, la Terre Sainte ferait l'affaire ! On se souvenait encore aux veillées que Guy II avait accompagné René d'Anjou dans son royaume de Jérusalem et les mirages de l'Orient, embellis par le temps, avaient bercé son enfance. La Terre Sainte aussi était un peu la patrie des chevaliers.

Dès janvier 1517, toutes les paroisses avaient rendu publique, à grand renfort de prêches et de processions, la bulle « Salvator noster », par laquelle le pape offrait le pardon des péchés (véniels et mortels) à qui cotiserait pour cette sainte guerre.

Deux commissaires généraux, l'un pour le pape, l'autre pour le roi, devaient organiser, surveiller et centraliser les recettes dans chaque diocèse. C'est le poste royal qui avait été offert à François. L'autre commissaire était un vieux chanoine de Maillezais, poussif et soupçonneux, que François et Colin ne tardèrent pas à surnommer « Brouette », prenant plaisir à subtiliser pour le roi le maximum de recettes.

C'est donc avec fougue que François s'attela à la collecte des fonds. Dès le printemps, on publiait en trompe dans les rues des villages la bonne nouvelle du traité de Cambrai, qui garantissait mutuellement la paix à tous les Etats de la Chrétienté. On parlait d'une assemblée réunie au Parlement qui devait réformer les monnaies, unifier les poids, exiger l'affichage des prix, protéger marchands et colporteurs pour assurer au royaume sécurité et prospérité. On avait d'ailleurs envoyé à Paris deux députés du Haut-Poitou, dont le mari de sa marraine, Renaud de Surgères. Les campagnes étaient sûres, les récoltes bonnes et, dans toutes les paroisses, le royaume était heureux. Aussi les baillis rapportèrent-ils des fonds dont l'ampleur surprit si bien François qu'il eut un jour la curiosité d'aller voir sur place, à la paroisse de Mauléon, l'une des plus riches de la région. Il y fut donc, flanqué de Colin, à vêpres un dimanche. Le curé prêchait haut et fort, promettant l'indulgence plénière pour trente deniers, et pour quinze deniers sept ans et sept quarantaines ! Les solides descriptions de l'enfer accompagnant son prêche donnaient le frisson au plus modeste pécheur. Les fidèles affluaient donc à la sacristie et recevaient un parchemin signé, contre monnaie sonnante.

François n'était guère pieux et n'avait jamais réfléchi à toutes les discussions théologiques qui avaient alimenté la Cour de Marguerite. Il fut néanmoins choqué, surpris. Il savait bien que certains moines menaient grande vie, à Mauléon par exemple ; que bien des curés des environs buvaient, couraient les filles et semaient les bâtards. Mais pour lui, la religion c'était d'abord La Grainetière et le saint homme Pierre de Beaupréau, qui n'avait cessé de l'instruire, prêchant la charité, le courage, le dénuement du corps et l'élévation de l'âme. Il fut donc fort aise quand les quêtes s'arrêtèrent. De Croisade, il n'était d'ailleurs plus question. Il s'en fut verser l'argent à Poitiers, au Trésor royal. Le roi en profiterait.

Mais le roi ne pensait toujours pas à la guerre. Il arpentait son royaume avec toute la Cour et on l'attendait en septembre ou en octobre dans l'Ouest, après un long périple qui l'avait déjà mené en Picardie et en Normandie où il s'éternisait. François piaffait. Mais on apprit, fin septembre, qu'il se dirigeait avec sa Cour vers La Ferté-Bernard, à deux ou trois jours de route. Dès la nouvelle, François partit. Il lui fallait rendre compte à son protecteur de sa mission et en recevoir d'autres, si possible plus glorieuses.

La Trémoille, qui suivait le roi, reçut son filleul avec amitié. René de Laval, qui était encore page, prenait enfin congé de la reine. Les retrouvailles furent une grande joie : « A la vie, à la mort, mais je préfère la vie... » En attendant, René, toujours au courant des secrets de la Cour, comme des potins, lui conseilla de rester dans les affaires de l'Eglise :

— Le Concordat n'est toujours pas enregistré par le Parlement. C'est un gros souci pour le roi et pour ton protecteur, que Sa Majesté a justement chargé de convaincre le Parlement. Ils enragent tous les deux et ont décidé de pourvoir, sans attendre, aux évêchés et aux grandes abbayes. Mais il leur faut convaincre les Chapitres, acheter les accords des chanoines, c'est un travail de longue haleine, un travail de diplomate en somme, mais qui peut rapporter gros si le diplomate est habile.

François réfléchissait. Le conseil était bon : si, pour La Trémoille, l'affaire était importante, il recevrait facilement une mission et de l'or à distribuer, au lieu d'en quémander ! Un autre monde que celui des armes s'ouvrait devant lui. La guerre viendrait bien un jour. Il n'avait que dix-sept ans, il était libre et il lui fallait attendre. Alors, va pour la diplomatie !

René lui rendit un dernier service en lui demandant, devant La Trémoille, d'un air indifférent, si « l'affaire Luxembourg de l'évêché de Maillezais, si proche du Puy-du-Fou, était arrangée ». Le cardinal Pierre d'Accoli, vicaire du pape Jules II, avait en effet résilié son évêché au profit de l'évêque d'Arras, Pierre de Luxembourg, déjà pourvu de cinq évêchés ! Les chanoines n'avaient pas donné leur accord et l'affaire traînait. Par chance, François était au courant de ces démêlés. Les questions religieuses lui étaient devenues familières depuis sa collecte. Au nom de Luxembourg, La Trémoille parut subitement intéressé et fronça les sourcils : les Luxembourg avaient en effet promis à Charles d'Espagne de l'élire à l'Empire ! Il sembla fort préoccupé, fit parler les jeunes gens, puis regarda longuement le visage ferme de son protégé et le pria enfin de venir le voir le lendemain à l'aube.

Il le reçut encore couché avec une grande familiarité, seul à seul.

— Mon fils, dit-il, vous avez l'usage des armes et celui de la Cour. Il vous faut apprendre maintenant celui des hommes et leur maniement. Pour cet évêché de Maillezais, apprenez que Mme Louise de Savoie a son candidat, un de ses fidèles, Pierre d'Estissac, prêtre de Sarlat. Elle entend le faire nommer à la place du cardinal de Luxembourg. Vous irez donc à Maillezais pour Mme de Savoie, mère du roi. En son nom, il vous faut gagner le Chapitre à la nomination de Dom Pierre d'Estissac. Vous disposerez de mille livres tournois pour convaincre le Chapitre. C'est une somme importante que l'on vous remettra à Poitiers. Rien ne vous interdit dans cette opération de recevoir vous-même quelques dons du nouvel évêque que vous aurez ainsi servi, et Madame Louise saura vous apprécier et vous récompenser.

— Mais, Monseigneur, le Parlement n'a pas ratifié le Concordat. Comment ferai-je... ?

La Trémoille l'interrompit d'un geste :

— Vous avez encore beaucoup à apprendre, mon enfant ! Rassurez-vous, je fais mon affaire de ce Parlement ! Même sans son accord, ce que le roi ordonne a force de loi.

L'évêché de Maillezais, à quinze lieues au sud de son domaine, se signalait par une superbe abbaye. L'ampleur de ses nefs gothiques, si légères, si élancées, n'avait rien à voir avec les sévères voûtes romanes et le sobre cloître de La Grainetière. Maillezais était prodigieusement riche et l'évêché fort important.

François partit donc après son escale au Puy-du-Fou, où tout allait comme de coutume. Il prit avec Colin la route du sud, et se logea somptueusement dans la meilleure auberge de la ville. Il avait fière allure : pourpoint de satin à la dernière mode, rebrodé d'or, toque emplumée et monture princière. Sa force et sa gravité masquaient fort bien ses dix-sept ans. Il impressionna dès l'arrivée et suscita l'intérêt.

En revanche, son innocence fut rapidement corrigée : les chanoines, bien que souvent âgés et de pieuse allure, menaient grande vie, entretenant de jeunes maîtresses, pauvres filles éblouies par François, et dont l'une (une certaine Suzon) se jeta en larmes à ses pieds dès la seconde visite, le suppliant de l'emmener pour l'arracher à un repoussant vieillard : « Je ferai tout ce que vous voudrez, Messire ! Je vous servirai, vous et les vôtres. Sauvez-moi de ce sort infâme ! » Mais sa mission était à ce prix : il lui fallait se durcir le cœur pour poursuivre son but. François, qui avait reconnu dans l'horrible vieillard le fameux « Brouette », dut résister. Suzon était vraiment une belle fille blonde, qui rappelait un peu Marion, et dont l'histoire était proche de la sienne.

Geoffroy d'Estissac se révéla un homme digne et droit, tout dévoué à la cause du roi. Il reçut fort bien François et lui laissa carte blanche. Les transactions furent longues, difficiles, en particulier avec le maître de Suzon, lequel, étant un des plus anciens membres du Chapitre, jouissait d'une grande influence. A chaque visite, il semblait gagné au discours de François. Au début, celui-ci naïvement plaidait la piété de Geoffroy d'Estissac, sa réputation de science et de sainteté, son absence d'ambition, son indifférence aux Grands de ce monde. Très vite, il comprit que ses arguments ne faisaient pas le poids. Il ne récoltait que de molles approbations, des hochements de tête et des mines franchement distraites, sinon rapidement ennuyées.

Il changea donc de méthode et mit au point un éloquent éloge du roi et de sa mère, leur suzeraine, de son vif intérêt pour son domaine et pour la prospérité de ses gens. Il y ajoutait une description éblouissante du pouvoir royal, qu'il n'avait aucun mal à faire miroiter, étant ébloui lui-même. Il faisait prévoir une proche élection du roi à l'Empire, l'empereur Maximilien étant aux portes du tombeau. Il dressait enfin de la défaveur des princes allemands, et des Luxembourg, un tableau tragique. La ruine des partisans de Charles d'Espagne entraînerait bien entendu celle de leurs suppôts.

A ce nouveau discours, les chanoines semblèrent ouvrir un œil intéressé, mais ne se rendirent pas pour autant. Ils demandaient à réfléchir, coupaient les cheveux en quatre, et le temps passait. François, ne sachant plus à quel saint se vouer, commençait à désespérer de sa mission, quand il remarqua, dans l'auberge de second ordre où il allait parfois cacher ses angoisses, un homme de bonne mine, quoique fort laid, rond et solitaire, assez jeune, mais déjà à moitié chauve et sobrement vêtu de noir, qui le regardait en coulisse d'un œil qui lui sembla railleur. Ils étaient seuls tous deux devant un pichet, celui de François était déjà vide. Au troisième coup d'œil, le jeune seigneur prit la mouche, se leva, mit la main au pommeau et toisant l'homme à la table voisine :

— Vous me cherchez, me semble-t-il, Monsieur ! dit-il d'un ton rogue.

L'autre leva une main apaisante avec un bon sourire, se leva et salua :

— Ne vous fâchez pas, Monsieur du Puy-du-Fou ! Je brûle de vous connaître ouvertement, alors que je vous suis depuis votre arrivée, ma mission étant fort emmêlée avec la vôtre. Je m'appelle Philibert Manceau, clerc non tonsuré. Pendant deux ans, j'ai étudié en Sorbonne la grammaire, la rhétorique et la philosophie. Mais j'ai dû interrompre, faute de pécunes, à la mort de mes parents, survenue à Cognac de par la grande peste. Depuis lors, Messeigneurs les évêques ont bien voulu m'honorer de leurs missions secrètes ou honteuses, et le prince de Luxembourg m'a chargé de son élection, comme vous le fûtes par « Madame » de celle de son rival. A ceci près qu'étant radin, le cardinal ne m'en a pas donné les moyens financiers.

L'homme était sympathique, droit, intelligent et visiblement revenu de tout.

— C'est donc vous, dit François stupéfait, vous qui passez derrière moi, détruisant chaque jour mon travail ?

L'autre haussa les épaules :

— J'en suis navré, croyez bien, car ce Chapitre me dégoûte et cette mission ne me chante guère. Je n'ai pas d'autres moyens de convaincre que de vaines promesses, auxquelles je suis accoutumé depuis que je suis au service des princes de l'Eglise. Si vous n'avez rien de mieux à offrir à nos chanoines que de belles paroles, nous pouvons continuer longtemps ce petit jeu de cache-cache...

François s'assit, commanda du vin, et la soirée se prolongea fort tard dans la nuit.

— Tenez ! dit enfin Philibert. Je vais vous aider, car vous êtes trop jeune pour connaître ce monde pourri, ses vices et ses faiblesses. Je vous ai vu bouleversé par le malheur de Suzon (j'étais dans la maison quand elle s'est jetée à vos pieds). Vous avez donc du cœur. Oubliez ici tout ce qu'on vous a appris ! Ne vous fatiguez plus en vaines paroles ni en nobles pensées. Sortez l'argent qu'on vous a confié, agitez-le !... Oui oui, tout le monde sait que l'on est généreux à la Cour ! Faites sonner votre bourse, offrez, promettez surtout. Promettez beaucoup plus que vous n'avez...

— Mais comment paierai-je ?

— Vous ne paierez pas, voyons ! Des acomptes suffiront s'ils sont substantiels, et le vote aura eu lieu. Votre pourpoint doré les a déjà fait saliver. Combien avez-vous ?

— Mille ducats.

— Vous avez gagné ! Je n'en ai pas la moitié. Mais mille ducats, c'est bien trop pour ces vieux pourceaux. Gardez-en pour vous et promettez le double. Le cardinal ne pourra pas m'en vouloir d'avoir été battu par une lance deux fois plus longue que la mienne ! Mais pour Dieu, vous ne me connaissez pas ! Ni avant, ni après votre mission...

— Comment vous retrouverai-je, ami ? Je vous dois cette leçon et ne suis pas un ingrat.

Philibert eut un geste fataliste :

— Dieu y pourvoira. Je reste ici jusqu'au départ du cardinal. Mais je n'ai nulle envie de le suivre dans les provinces du Nord. Je voudrais pouvoir trouver quelque intendance dans une châtellenie où exercer mes talents et cette triste connaissance que j'ai acquise du monde, surtout des hommes. Soyez sans crainte, jeune seigneur, je saurai vous retrouver en votre Haut-Poitou, et si vous pouvez alors m'aider...

Cette rencontre fut capitale pour François. Leurs réunions secrètes se réitérèrent. Philibert cachait, dans sa piètre auberge, un texte d'un certain Luther, moine saxon, dont François avait déjà entendu le nom dans la bouche de Marguerite. Il en parlait avec des accents bouleversés. Ce moine publiait, paraît-il, quatre-vingt-quinze propositions contre le trafic des indulgences, au nom de la vraie Foi. François haussait les épaules : certes, ce Luther avait raison : « Brouette » et ses pairs lui inspiraient encore moins d'estime que certains curés du Haut-Poitou, mais les affaires de l'Eglise n'étaient pas les siennes. Il était, il serait un homme de guerre, diplomate faute de mieux, mais d'abord serviteur du roi, de sa race et de sa lignée. A Dieu de reconnaître les siens !

De ce jour tout changea dans le Chapitre : les yeux intéressés se firent brillants, les grognements se changèrent en bénédiction à l'adresse de Pierre d'Estissac. Et « Jeune homme » devint « Messire », ou même « Monseigneur ».

François, pendant deux semaines, lutta pied à pied pour les chiffres des dons, distribua les deux tiers de son pécule, et en promit autant après l'élection. En quatre mois, le Chapitre entier était gagné à sa cause. Il lui en avait coûté huit cents livres, le reste avait été dépensé pour son train personnel, sur lequel il n'avait pas, à juste titre, voulu lésiner. Mais il ne lui restait plus un ducat. Il s'en ouvrit discrètement au nouveau bénéficiaire en lui annonçant que sa nomination était acquise. Celui-ci, grand seigneur, le remercia civilement et comprit à demi-mot : il lui offrit en remerciement une pension annuelle de quinze cents livres sur les bénéfices de l'abbaye, qui étaient fort substantiels. Un acte fut dressé au nom du Sire du Puy-du-Fou, partie prenante de Maillezais.

En trois mois, François avait beaucoup appris : les hommes étaient donc vénaux ! Pas seulement ceux que le sort a condamnés à se vendre, mais plus encore ceux que la fortune a gâtés. Plus que l'amour, dont il avait vu le pouvoir à la Cour, plus que l'intelligence et le savoir que son père vénérait chez Dom Pierre de Beaupréau, plus que l'élévation de l'âme qui occupait tant

Marguerite et ses amis, plus que tout en somme, au premier plan de la vie et du pouvoir trônait l'or !

Personne ne l'aurait plus avec de belles paroles. Il savait leur inanité. Quant aux promesses, il en avait éprouvé la valeur ! Le maniement des hommes avait durci son âme, comme celui des armes avait durci son corps. « Non », pensait-il durant ces longues heures de route où il méditait sur le chemin de Blois, au rythme de son trot. « Non, pas durci, mais fortifié ! Et je dois être fort dans mon âme, dans mon cœur, comme je le suis aux joutes. »

Lui revenait en mémoire l'histoire, que son père aimait tant, des « soldats de Gédéon ». Ceux à qui Dieu, grâce à Gédéon, allait donner la victoire ne devaient jamais s'arrêter sur le chemin brûlant de Jéricho, pas même s'agenouiller un instant, morts de soif, pour boire aux sources ou aux ruisseaux. Debout, marchant sans cesse, sans manger, sans dormir, sous un soleil écrasant, c'étaient eux les modèles du chevalier. Celui du père incomparable qui avait assiégé pendant deux jours et deux nuits, puis conquis en mourant, ce Jéricho-Ravenne. « Pas de défaillance, François ! Ni celles du cœur, ni celles de l'âme. Il me faut acquérir du dedans comme du dehors une cuirasse dorée, sans faille. »

Il lui fallut six jours de route pour aller rendre compte de ce premier succès, et en recueillir les fruits sous forme d'un don que La Trémoille trouverait facilement sur ses innombrables bénéfices.

Son protecteur, déjà prévenu par les émissaires de Louise de Savoie, le reçut avec amitié et se montra généreux. Mais François restait de glace :

— Qu'y a-t-il donc, mon fils ? Vous devriez être heureux de ce succès et vous semblez chagrin !

— Je suis triste, Monseigneur, de ne plus avoir à vous servir. Il ne me tarde guère de rentrer sur mes terres, à moins que Votre Seigneurie n'ait d'autres missions à me confier plus tard...

Louise de Savoie, qui entrait à cet instant dans l'antichambre du roi, éclata de rire :

— Voici, mon cher, une jeune ambition dont vous auriez tort de ne pas profiter !

Elle s'assit dans une haute chaire et toisa François :

— Venez çà, jeune seigneur ! Un peu jeune, il me semble, pour le plonger dans les manigances de nos princes allemands, n'est-ce pas, La Trémoille ? Mais pourquoi ne pas envoyer un serviteur si fidèle et si sûr avec le duc d'Urbin, qui nous quitte pour Rome dans trois mois ?

Le cœur de François se mit à battre : l'Italie, enfin ! Naples et Milan... les hauts faits des Puy-du-Fou... le duché du grand ancêtre ! Enfin, c'était son tour de découvrir palais et merveilles, raffinements et trésors dont le roi lui-même rêvait !

Louise réfléchissait. Sur son beau visage un peu durci par l'approche de la cinquantaine, la réflexion mettait une note sévère :

— J'y songe ! Nous devons remplacer à Rome M. de Fronsac qui nous quitte, hélas. Son père vient de mourir à Cognac ! Qu'on nomme votre protégé dans la suite d'honneur du duc d'Urbin, puis qu'il s'installe à Rome en remplacement de ce pauvre Fronsac. Il nous a bien mieux renseignés sur ce qui se trame sans cesse au Vatican que notre ambassadeur, souvenez-vous, La Trémoille ! L'abbé de Pins nous représente à la fois près de la République de Venise et du Saint-Siège à Rome, c'est-à-dire qu'il ne réside vraiment nulle part depuis trois ans que Duprat l'a nommé. C'est d'ailleurs pourquoi j'ai dépêché Fronsac, qui ne voit l'ambassadeur que deux ou trois fois par an, lors des grands pèlerinages et des audiences papales, et qui nous est tout dévoué. Mais comme je vous l'ai dit, il nous quitte... Rome doit plaire à un jeune homme, ajouta Louise avec un clin d'œil qui la rendit sur-le-champ beaucoup moins vieille. La solde de Fronsac était de quatre mille ducats par an sur ma cassette. Tâchez de la mériter, jeune homme, et voyez cela avec qui de droit. Vous nous enverrez régulièrement des émissaires. Mais considérez-vous comme notre conseiller personnel et quasi secret. Soyez attentif et prudent ! Fronsac restera quelques semaines près de vous pour vous mettre le pied à l'étrier.

Louise de Savoie avait toujours impressionné François par son pouvoir, par l'influence énorme qu'elle avait sur son fils, mais aussi par son intelligence et son sens aigu de l'argent. Elle était, plus encore que Marguerite, la seconde personne du royaume, peut-être même la première !

Quand François sortit après avoir remercié avec effusion son protecteur, les souvenirs et les rêves tourbillonnaient dans sa tête. Il avait trois mois devant lui. Il lui fallait donc vite, très vite, mettre son domaine en état, peut-être pour plusieurs années car la mission risquait de durer. Il y avait plus de quatre ans qu'il avait abandonné son domaine à la gestion de Maubuisson, lequel se faisait vieux. Il l'avait trouvé, à son dernier passage, plus préoccupé d'alchimie que de taille et de corvées.

C'est donc à marches forcées qu'il rejoignit le Puy-du-Fou, toujours flanqué de Colin, fort bavard et fort réjoui à l'idée de revoir l'Italie. L'été rendait exquis les chemins creux et les forêts. Il faisait beau et chaud. François commençait à bien connaître la route de Blois au manoir, mais il ne l'avait jamais faite ainsi en pleine canicule, dans la gloire et le dénuement des moissons achevées.

Tout était en ordre au château et, de nouveau, l'annonce de son retour fit battre le cœur des demoiselles de Surgères, qui n'eurent pas droit à un regard ! François avait autre chose à faire, bien que les récoltes fussent bonnes et le pays paisible. Mais les fêtes se succédaient dans les châteaux et le bruit de sa fortune commençait à courir dans le Haut Bocage. Les innombrables Puy-Greffier, petits-enfants de Pétronille, rêvaient d'une nouvelle alliance avec les Puy-du-Fou et n'étaient pas les seuls. Tout le Haut-Poitou commençait à avoir l'œil sur ce jeune homme, si beau, si lointain, et déjà revêtu des gloires de la Cour.

Un matin, un valet de La Flocellière vint le prévenir que Mme de Surgères était malade et souhaitait sa visite. Il la trouva en effet alitée. Depuis la mort de son mari, qui avait succombé à une mauvaise grippe, l'hiver précédent, sa santé semblait touchée :

— Mon fils, dit-elle, il me semble que ma vie est comptée. Je suis votre marraine. Vous n'avez pas eu de mère, et je me sens pour vous les devoirs d'une grande tendresse. Le bruit de vos exploits et de votre fortune est une joie pour nous tous. Je peux vous dire que votre mère eût été fière de vous !...

Elle hésitait, le regard lointain :

— J'ai perdu, vous le savez, mon cher mari et mon chagrin est indicible. C'est ce chagrin même qui me pousse à vous parler : l'amour, François, l'amour parfait que le mariage apporte aux êtres d'exception, n'a pas pu abriter votre enfance. Vous n'avez pas vécu et grandi à son ombre. Il faut que vous sachiez pourtant son importance. Vous allez, je le sens bien, chercher la très grande alliance que vous méritez. Or le mariage n'est pas seulement une alliance ; c'est le don de deux êtres qui sont tout l'un pour l'autre et dont le seul regard, la seule présence, est bonheur. Une femme n'est pas seulement un être dont on est fier, qui vous apporte une influence ou des biens. La femme est le bonheur de l'homme s'il sait la rendre heureuse... J'ai tout partagé avec M. de Surgères, ajouta-t-elle, tandis que ses yeux s'embuaient. Je n'ai pas connu une minute de chagrin, de rancune ou d'ennui. Nous étions liés comme deux mains jointes. La mort seule peut détruire ce que l'amour construit. Mariez-vous donc, mon enfant, mais songez alors, et dès le premier regard, à ce que je vous dis ici... Me comprenez-vous ?

François se sentait fort gêné par ces mots de poète auxquels il n'était pas accoutumé. Il lui semblait que sa marraine parlait là d'un rêve, d'un de ces mirages entrevus dans la brume. Mme de Surgères sourit, comprenant sa gêne :

— Je veux dire que le mariage doit être d'amour, qu'il doit être la préférence d'un objet à tout autre, car le mariage, qui est une compagnie, doit être un constant plaisir. Et sans ce plaisir, il n'est que vide.

Mme de Surgères, bien que pâle et amaigrie, était encore belle et fort émouvante. Il découvrait une femme chez celle qu'il n'avait considérée que comme une sorte de mère. Il la regardait avec malaise, ne sachant pas bien ce qu'il devait dire. Mais la poétesse parlait aussi pour elle et ne s'en offusqua pas :

— Vous avez, continua-t-elle, connu la vie et les Cours. Vous n'avez donc pas besoin des conseils d'une mère, mais plutôt d'une femme qui a beaucoup aimé et beaucoup pensé. Les hommes sont souvent trop jeunes pour nous... Que vous dire, sinon ceci : pensez à elle et non à vous quand vous rencontrerez votre « Dame-du-Puy-du-Fou ».

Mme de Surgères, épuisée, lui tendit sa main et il prit congé. Il traîna au pas entre les deux châteaux. Cette alliance, à laquelle il pouvait enfin penser, n'était plus cette chose simple et carrée qu'il avait rêvée. Entre le plaisir, qui est si peu, et la passion qui est un piège, qu'y avait-il donc pour faire passer de tels accents dans la voix d'une femme ? Il aurait voulu chasser ces mots et cette image, mais ils le poursuivirent longtemps et l'assombrirent pendant quelques heures.

Il n'était pas revenu depuis un mois qu'un beau matin, Maubuisson, sans cesse caché dans son antre pour de mystérieux travaux, vint toquer à la porte de la salle :

— Messire, dit-il, m'accorderiez-vous un entretien qui, pour moi, est important et qui peut être long ou court selon votre désir ?

François, étonné d'une telle solennité, fit asseoir Maubuisson et considéra pour la première fois cet homme qu'il connaissait depuis toujours, mais qu'il n'avait jamais vraiment vu. Il était aujourd'hui tout blanc, avec une longue barbe, ses yeux gris rêveurs derrière ses besicles.

— Messire, je me fais vieux et la vie a un terme...

François eut un geste pour l'arrêter, mais Maubuisson continuait, regardant fixement ses bottes éculées :

— Je vous ai servi depuis votre enfance de tout mon dévouement, mais je crois qu'il me faut vous quitter. La nature est un livre, il faut apprendre à la déchiffrer et toute une vie n'y suffit pas. C'est parce qu'il me reste peu de temps que je dois partir et consacrer à cette tâche ce que Dieu me laisse à vivre, sans en distraire une minute. J'ai bien aimé vous servir, je crois l'avoir bien fait...

François l'arrêta :

— Oui, Maître Maubuisson, vous avez bien servi le Puy-du-Fou. Vous l'avez porté seul pendant mon enfance, et vaillamment défendu contre l'usure, le vol et le laisser-aller pendant mes absences. Vous m'avez été d'un grand secours quand je n'étais pas encore un homme, et je ne serai pas un ingrat. Voulez-vous garder votre logis au sein des remparts, le vivre et le couvert parmi nous ?

— Non, Messire, je vous en remercie, car ce qui m'a décidé, c'est que, dans votre hameau d'Encreviers, sur la Sèvre, une demeure se trouve libre qui me conviendrait fort. Le vieux Barthélemy, celui qu'on appelait le sorcier, et qui avait changé les moutons blancs de Plassard en moutons noirs, vous vous souvenez... Eh bien ! il est mort hier, sans enfants ni héritiers. Sa maison est donc à prendre. Le meunier est bien logé au moulin, le laboureur a les deux maisons de l'autre côté du chemin. Reste celle de Barthélemy, qui est aussi de bon granit et jamais inondée parce qu'un peu en retrait contre la colline. Elle a un appentis dans le jardinet sur le chemin de Plassard qui servira à mes expériences. J'installerai mon lit au rez-de-chaussée, près de la grande cheminée, mes livres et mon travail à l'étage...

Il y était déjà et ses yeux luisaient derrière ses besicles d'une sorte de gourmandise éthérée. Là, sous les étoiles, en pleine nature... « La nature est un livre ! » avait-il dit.

François souriait. Il connaissait bien Encreviers. C'était là que la Sèvre était la plus belle. Elle arrivait de Plassard, généreuse à travers les joncs et les nénuphars, par un large bief rapide, dans une boucle dont les collines semblaient s'écarter avec respect. Puis, au moulin d'Encreviers, la Sèvre butait contre une gorge serrée et cascadait furieuse sur un troupeau de rocs erratiques, tombés pêle-mêle des coteaux et polis par les eaux depuis des temps immémoriaux : des gros, des petits, des plats, des pointus, tous moussus.

François, enfant, dévalait les collines avec les gamins des Epesses aux beaux jours, pour aller sauter de roc en roc entre les iris jaunes qui embaumaient et, traversant sur l'autre rive, ils montaient en se hissant de roc en roc, jusqu'à une étrange grotte qui s'ouvrait sous un gros bloc de granit : un caveau rectangulaire, profond de sept pieds, totalement invisible, où les enfants pouvaient se glisser, mais dont ils ne sortaient que hissés ou en courte échelle. Un jour, ils y avaient trouvé le cadavre d'un pauvre chien, tombé là par inadvertance. Ils se faisaient peur par jeu, menaçant le dernier visiteur de l'abandonner sans main secourable, muré là comme un condamné. Mais leur plus grande peur, ce n'était pas de mourir dans ce caveau, mais de voir à la nuit se presser les fées que l'on apercevait au petit matin s'envoler de la rivière dans leurs déguisements de vapeur, avec leurs grandes écharpes blanchâtres, à demi transparentes, qui se défaisaient aux premiers rayons. Les fées d'Encreviers... on disait que cette grotte était leur antre, et qu'elles dansaient les nuits sans lune, sur l'énorme pierre plate qui masquait le caveau.

François ne croyait plus aux fées, et Maubuisson lui avait cent fois expliqué que ces formes vagues n'étaient que « vapeur ». Pour Maubuisson, ces lieux étaient en effet une page de choix dans le grand livre de la nature.

François maintenant n'écoutait plus que d'une oreille ce vieil homme dont les leçons et les passions ne l'avaient jamais atteint. Il réfléchissait déjà à son remplacement. Au fond de lui-même, il n'en était pas fâché. Maubuisson vieillissait en effet et sa gestion se relâchait. Depuis quelques années, les recettes de la châtellenie n'augmentaient plus, alors que les récoltes étaient bonnes et le temps clément. On pouvait sûrement faire mieux : depuis son enfance, François avait vu se multiplier les feux de ses laboureurs, brassiers, bordagers et manouvriers. « Les hommes, disait Pierre de Beaupréau, se multipliaient depuis la grande paix comme souris dans une grange. » Du temps du chevalier, on défrichait forêts et landes, on bâtissait de nouveaux hameaux, on traçait de nouveaux chemins avec de nouvelles corvées. François, qui avait, si jeune, assumé sa seigneurie, sentait depuis son retour un certain laisser-aller auquel, de loin, il n'avait pas pris garde. Gauthier, son ancien maître d'armes, était sergent de la seigneurie et la défendait fort bien. Maubuisson cumulait avec ses fonctions d'intendant celles de juge des conflits, mais il connaissait trop bien les vilains et leurs familles. Il se laissait avoir par leurs jérémiades. D'ailleurs il ne bougeait plus guère et ses inspections se faisaient rares. Un homme jeune se montrerait plus ferme et plus attentif.

Dès les premiers mots de son intendant, l'image de Philibert Manceau était venue à l'esprit de François. L'homme s'était montré loyal et d'un esprit élevé. Il était par ailleurs en telle difficulté que François avait l'impression de voir le doigt de Dieu se poser sur trois destins.

— Si tel est votre vœu, Maître Maubuisson, dit-il enfin, interrompant le vieil homme en pleine explication de l'unité cosmique, si votre décision est prise, je ne saurais m'y opposer. Je vous verserai la pension à laquelle vous avez droit…

— Il me faut peu de chose, Messire, l'interrompit Maubuisson avec un geste ferme. Juste de quoi me procurer les poudres et les métaux qui me sont nécessaires, et de-ci de-là, quelques livres nouveaux qui, en ces temps bénis de Dieu, renouvellent la science. Je mange de moins en moins avec l'âge. Je ne vous coûterai pas plus cher qu'ici, au contraire !

Le soir au souper, François annonça la nouvelle avec beaucoup de respect et de solennité et dépêcha vers Maillezais Colin, accompagné de Bonaventure, le dernier-né de Jacotte, qui avait déjà dix-sept ans et devait voir du pays, porter une longue épître au clerc non tonsuré, Philibert Manceau.

Cinq jours plus tard, ils revenaient, accompagnés du nouvel intendant, lequel sans hésiter avait remis à son maître et son rapport et son congé. Le cardinal, déçu, n'avait évidemment pas été généreux et Philibert arrivait les poches vides, mais le sourire aux lèvres, chantant à tue-tête avec son compagnon.

Seul Bonaventure restait rêveur et silencieux. Il avait découvert les splendeurs de Maillezais, mais surtout, sur le chemin, le palais construit à Oiron pour M. de Boisy. Bonaventure n'avait jamais rien vu d'autre au monde que le Puy-du-Fou et les châteaux des environs. Cet adolescent si étrange avait semblé alors frappé par la foudre. Il s'était assis devant l'admirable façade à l'italienne couverte de pilastres et de rinceaux et il était resté là, comme les saints des tableaux devant leurs célestes visions. Il avait fallu l'en arracher pour repartir et il avait marmonné pour lui-même durant tout le retour. Colin ne l'écoutait jamais, mais Philibert, intéressé par ce grand roux aux yeux pâles, avait entendu d'étranges choses : « Moi aussi je ferai des palais, des amours, des portraits dans des rosaces de pierre... Je ne soignerai pas les chevaux, non ! Un palais rose sur l'herbe verte, des lucarnes comme des chapeaux de princes, des portes en or... Quand je serai parti ! »

— C'est entendu, dit Colin qui était un être simple, tu seras grand comme le grand chêne. Tout le monde sait cela !

Il éclata d'un bon rire. Mais ni Bonaventure ni Philibert ne riaient. Le premier n'avait même pas entendu, le second devinait que la châtellenie possédait là d'autres trésors cachés qu'il lui faudrait sans doute faire fructifier.

L'installation de Maubuisson à Encreviers fut un incroyable branle-bas : mules et charrois transportèrent un attirail mystérieux de cornues, manuscrits, livres, colis empaquetés, autour desquels il courait affolé, comme s'il s'était agi du Saint Sacrement. Il ne laissait derrière lui que des livres de comptes, les relevés de travaux, le livre de justice de la seigneurie, des plans fort remarquables du domaine, dressés par lui, et sa fameuse « Descente et filiation de la famille du Puy-du-Fou », qu'il avait calligraphiée d'une admirable écriture, recommandant bien qu'on la tienne à jour après sa mort, quand le jeune seigneur aurait fait souche.

Tout cela était bel et bon, mais Jacotte découvrait avec épouvante l'état de l'antre où aucun balai n'avait pénétré depuis vingt ans ! Il fallut tout passer à la chaux et refaire le sol pour venir à bout des souris et des araignées, ainsi que de l'étrange odeur de soufre dont tout était imprégné. La maison du sorcier ne se révéla guère plus appétissante, mais Maubuisson refusait qu'on y fasse les moindres frais et la trouvait ainsi à son gré.

François avait deux mois devant lui. Il entama, avec son nouvel intendant, la tournée complète de ses terres, présentant Philibert dans les hameaux et chaumières. Ce dernier faisait le compte des feux, des adultes et enfants, des étables, des troupeaux, du rendement des moulins à blé ou à foulon. Il notait tout : l'état des javelles, des breuils et des essarts, l'humidité des noues, celle des champs de céréales, de lin ou de chanvre ; l'état des forêts et de leurs sentiers ainsi que la nature des arbres. A peine rentré au logis, il s'enfermait et dressait, pour son maître et pour lui-même, un tableau complet du domaine.

Certes, les terres pouvaient avoir un meilleur rendement, d'autant plus que les familles étaient saines et les enfants bien nourris ! Il fallait sûrement améliorer le défrichage, gagner des terres arables, en assécher d'autres, activer le ramassage des glands, champignons, noisettes, escargots et petit bois, que les enfants mal surveillés ne faisaient qu'à demi. « Si peste et sécheresse ne surviennent pas, se disait Philibert, mon maître doit être riche et à l'abri de toute inquiétude. »

L'homme avait de bonnes manières. Sa rondeur gourmande lui conférait une apparence de bienveillance rassurante. Il imposait le respect, étant « honnête personne » de souche bourgeoise, comme Maubuisson. Il avait visiblement trouvé sa voie chez son nouveau protecteur et, dès le premier soir, tomba follement amoureux de la belle Marion, dont il sentait pourtant qu'il n'aurait jamais un regard.

CHAPITRE VI

MIRAGES ITALIENS

— Ah ! Messire, je ne vous envie guère, soupira Philibert, d'approcher les puissances romaines et leurs savantes intrigues. La Cour de France ne vous a pas appris les mœurs féroces de ses cardinaux. Les splendeurs de nos rois ne sont que misère à côté de leur luxe. Ils nous appellent « les Barbares du Nord », à ce qu'il paraît ! Tout à Rome est pour l'œil, rien pour l'âme et fort peu pour l'esprit. Peintres, sculpteurs, bâtisseurs, palais, monuments, festins, artisans d'art, il n'y a que cela, et tous nous écrasent. Vous si fier, vous allez souffrir !

— Tu rêves, Philibert ! Je suis l'envoyé de la Cour de France et je voudrais bien voir qui oserait me traiter de haut...

— Je crains fort que vous ne voyiez, Messire ! Vous êtes homme de guerre et votre bravoure ne sera pas votre atout majeur, ni votre meilleure défense dans cet antre du diable. Je crains plus pour vous l'intrigue que la force.

François ne pouvait qu'approuver :

— Certes, les armes sont mon métier et je préférerais une bonne guerre ouverte, avec mon armure, ma lance et mon épée. Mais il n'y en a, à ce jour, aucune qui vaille la peine de se battre, et un gentilhomme est au service de son roi, quoi qu'il lui demande. Les temps ont changé depuis mes pères, mon cher ! Mais au fait, comment sais-tu tant de choses sur Rome ?

— Mon ancien maître, le cardinal de Luxembourg, ramenait toujours du Vatican un de mes amis, fils de son maître d'armes italien : Enzo Gioccardi. Celui-ci en savait fort long, du temps du pape Alexandre. Il a suivi de près l'élection de l'actuel pape Léon X, il y a trois ans, n'ignorant rien des secrets du Conclave. A chaque voyage, il me racontait les horreurs et les merveilles de cette moderne Babylone. J'y pense ! Cet Enzo peut vous être utile. Il est resté là-bas au service du cardinal Jules de Médicis, cousin du pape...

— Où loge-t-il ?

— Chez les Carmes, près du château Saint-Ange. Il est clerc mais je le sais homme sûr.

— Serait-il, comme toi, adepte de Lefèvre d'Etaples, ou de ce moine saxon dont on parle tant ?

Philibert sourit :

— Si vous voulez le perdre, Messire, et vous perdre avec lui, il vous suffira là-bas d'en répandre le bruit ! Une odeur de soufre vous suffoquera tous deux en quelques heures. Méfiez-vous de tout, mon maître ! Je regrette, oh oui que je regrette de ne pouvoir vous accompagner comme une ombre !

François partit néanmoins dans le ravissement. A Amboise, son protecteur le chargea de messages, de recommandations, de bénédictions et d'écus. Le duc d'Urbin méritait son nom. François n'avait pas encore eu l'occasion de fréquenter de près ces princes italiens pour qui nous étions « des Barbares » ! « L'urbanité », la culture, la grâce et le raffinement du duc l'enchantèrent. Tout le long du voyage, il accompagnait à cheval la litière de la duchesse par un chaud printemps sans nuages, et découvrit tout ce dont son enfance avait été nourrie : le passage de ces monts terrifiants qui le firent sourire quand il se remémora « le mont des Alouettes » et « le mont Mercure » de son domaine, minuscules bulles sur le visage de la planète.

Et ce fut l'Italie, ses premières villes, leurs dômes somptueux, leurs tours et leurs palais à l'antique, leurs rues et leurs places dallées, les allées de cyprès, les pins parasols épars dans les campagnes riantes, les longues soirées où le ciel devient rose et la nuit si douce !

Le duc remercia princièrement son escorte. A François, dont la hauteur et la discrétion l'avaient fort séduit, il fit cadeau d'une statuette d'époque romaine en bronze, représentant Vénus et Eros, avec quelques mots charmants :

— Que cette marraine vous soit favorable, mon jeune ami, durant votre séjour en Italie, et qu'elle inspire vos amours !

Ce n'était certes pas le collier des Dames du Puy-du-Fou, mais cet objet, venant des célèbres collections du duc d'Urbin, offrait à François de tout autres perspectives que celles des « Barbares du Nord » : plus de butin matériel, mais des cadeaux pour l'esprit.

La route de Rome était ouverte. Rome que son père n'avait jamais vue, Rome dont les murailles de pierres ocrées se dessinaient déjà sur fond de colline bleutée dans les premières ombres du soir. Les vers de Virgile, serinés par Maubuisson, chantaient dans sa tête : « *Jamque cadebant altis de montibus ombrae...* » La poussière de son trot semblait d'or aux derniers rayons du couchant. Le plus fort de la touffeur du jour s'apaisait. La vie reprenait place, sortant de la fournaise. François savourait ce soleil, ces couleurs brûlantes qui tirent leur brillance de la pourpre et de l'or et non, comme au Poitou, du ciel et des brumes.

La Vénus antique dans ses bagages, cahotée sur le troisième cheval, était comme présente, vivante à ses côtés : « Vos amours », avait dit le duc... Et lui, que connaissait-il de l'amour à dix-huit ans ? Le rêve d'une belle et noble épouse qui l'éblouirait, le glorifierait, les mots étranges de sa marraine si peu de jours avant sa mort, mais dans la réalité des rencontres de passage, des plaisirs vénaux, des filles à l'heure qu'on désire comme un pichet et qu'on oublie en quittant la table ou le lit. Et puis, curieusement, lui revint l'image d'une petite fille aux yeux d'or dans une robe bleue sur l'escalier d'un austère château.

L'amour, c'était sûrement quelque belle Romaine, lascive, avec tout un passé d'aventure, d'ancêtres, et un palais chargé de trésors. Le visage de Lucrèce Borgia, avec sa chevelure rousse, sa culture, sa grâce et sa folie, flottait dans la tête de François quand il passa la porte Portese, avec son sauf-conduit aux trois fleurs de lys royales.

Geoffroy de Fronsac habitait le beau quartier du Borgo, près de Santa-Maria in Porticu, non loin du Vatican. François déjà apercevait l'incroyable forum romain, hérissé de ronces et de colonnes où, paraît-il, les chevaux butaient à chaque pas contre quelque chapiteau écroulé. Ni François ni Colin ne parlaient en entrant dans la Ville Eternelle : ils n'étaient plus qu'yeux, surprise et curiosité. Ils trouvèrent facilement leur hôte qui, non seulement les attendait, mais se souvenait parfaitement de cet adolescent audacieux qu'il avait piloté à Blois. Hélas ! ce n'était plus le brillant gentilhomme de la Cour de Louis XII. Il avait visiblement reçu le ciel sur la tête. Il était triste, vieilli, et son discours s'en ressentait :

« Votre rôle, ici, ne sera pas grisant », expliquait-il, devant une fiasque de chianti et un plat qui enchanta François affamé : « la pasta », sorte de polenta de vermisseaux de farine, noyés dans une sauce rouge, et plaqués d'un fromage mou comme une crème... « Votre rôle est de tout savoir sur les réactions du pape, et surtout celles de son entourage. Non plus qu'on les craigne, comme au temps de Jules II, pour fomenter contre nous coalitions et guerres armées, mais parce que leurs rapports avec les électeurs de l'Empire sont fort étroits et terriblement envenimés par cette révolte des réformistes. De la pensée religieuse dépend, en ces temps, l'avenir du monde ! Qu'un pape réformiste remplace un jour cet aimable Médicis, peu importe en soi, mais les conséquences en retomberont sur nous. Vous savez que le roi veut être élu à l'Empire. Or l'argent n'est pas tout. Derrière l'argent, la vie est faite de passions et les passions ici sont religieuses. Veut-on réformer ? On fait plaisir aux électeurs et on pousse alors Charles d'Espagne. Le refuse-t-on (c'est aujourd'hui le cas du pape), on se range à nos côtés. Vous savez que Madame Marguerite entraîne son frère vers une réforme modérée dont le roi de France serait en quelque sorte le protecteur. Mais si les Médicis nous servent, les Colonna sont nos pires ennemis. Il vous faudra les voir tous : les Farnese, les Caetani, les Orsini, les Sforza, les Della Rovere et bien d'autres... »

François flottait un peu, à demi endormi par le voyage, la chaleur et le vin : tous ces noms inconnus tournaient dans sa tête. « Je reprendrai cela demain, avec l'ami de Philibert, pour n'avoir pas la honte de redemander les noms à Fronsac ou à l'ambassadeur. » Et il serrait les dents pour ne pas s'endormir.

Fronsac en revanche semblait infatigable, il était plus de minuit quand il cessa son monologue et conduisit François à sa chambre. Le logis qui allait être le sien comprenait deux étages de belles pierres ocre taillées, avec pilastres ioniques et corinthiens. Un escalier droit, qui surprit François, des pièces tendues de damas rouge que Fronsac avait meublées avec goût : cabinets sculptés, tables marquetées de marbre aux couleurs chaudes, et tableaux païens dans des cadres décorés. Il y avait aussi un jardin dont on apercevait les lauriers roses et un cyprès taillé. « Il faudra, songeait

François en s'écroulant tout botté sur son lit, que j'apprenne ce goût et ces modes. Hier " Barbare du Nord ", je dois être demain l'héritier de tous les arts antiques ! »

Dès le lendemain matin Fronsac commençait avec lui les visites protocolaires, d'abord aux ambassadeurs, puis à tout ce que la Curie et l'intelligentsia romaine comptaient d'important.

La première visite fut pour l'abbé de Pins qui se trouvait là par miracle. C'était un homme onctueux, rodé visiblement à toutes les Cours italiennes, qui déplut profondément à François. Il se montra pourtant fort courtois et proposa de l'emmener le surlendemain au Vatican pour accueillir un important pèlerinage français. Léon X recevait l'ambassadeur, tous deux l'accompagneraient jusqu'à la bénédiction solennelle.

Le surlendemain François, somptueux dans un pourpoint de brocart cramoisi, découvrit le formidable chantier du Vatican. Ils arrivèrent par le couloir qui reliait les nouveaux bâtiments au château Saint-Ange et débouchèrent dans un tintamarre de coups et de chants. Ils traversèrent en silence la chapelle Sixtine qu'une centaine d'hommes avait achevée, peinte, décorée, sculptée jusqu'au plafond. Puis de nouveau des ors partout, des stucs, des colonnes de marbre, des fresques, des tableaux, des statues... ! C'est tout juste si François s'aperçut que le pape était devant lui, tout de blanc vêtu, encore jeune, beau, raffiné et présentant sa main ornée d'un énorme anneau d'émeraude que François baisa. Puis, comme l'abbé, il dut s'agenouiller pour baiser les pieds chaussés de satin blanc.

Très vite on sortit dans un long cortège de dignitaires et de gardes pour la bénédiction solennelle. La place était noire de monde. L'ambassadeur à droite de Sa Sainteté, François à gauche, dominaient une mer de pèlerins pitoyables et poussiéreux, lorsqu'un cri partit du premier rang :

— Messire François, Messire François du Puy-du-Fou !

Un homme sombre et barbu agitait bien haut son chapelet et son bâton. C'était Pierre, meunier de Chambon qui avait de bonnes raisons de venir chercher des indulgences, ayant tué son voisin pour un mouton égaré !

François ne cilla pas, mais il se sentait fier : tout le monde saurait en Haut-Poitou que le jeune Sire du Puy-du-Fou, trônant à la gauche du pape, était devenu un très grand seigneur.

François pratiquait avec prudence l'italien rustique enseigné par Colin, dont il comprenait les lacunes. Sa belle mine et son accent le servaient. Il plut. Il reçut de nombreuses invitations pour des fêtes, des festins, et même pour une chasse pontificale. Il découvrait un monde étranger : des princes insolents dans leurs palais écrasants, la masse énorme du château Saint-Ange, les bâtiments du Vatican qui s'élevaient somptueux, encombrés de milliers de pèlerins, le Tibre rouge charriant sa terre entre ses berges poussiéreuses et ses quartiers de misère, à faire pâlir la rue Saint-Denis ou le cimetière des Innocents. La ville lui parut beaucoup plus petite que Paris. Elle ne comptait, paraît-il, que 40 000 âmes, sans parler bien entendu des quelque 200 000 pèlerins du monde entier qui l'encombraient chaque année. Rome était un mélange étrange, fait de tous les excès, ceux de la fortune et ceux de la misère, mélange bien connu, mais ici tellement extrême qu'il en devenait scandaleux.

Au passage, durant ses visites, face au château Saint-Ange, François nota soigneusement le couvent des Carmes. Il lui fallait de toute évidence un homme à lui, une âme damnée et secrète, ce que Fronsac, semblait-il, n'avait pas, à moins qu'il n'ait pas poussé l'amitié jusqu'à lui en faire cadeau.

Ce n'est qu'au bout d'une semaine que Fronsac, préparant plus activement son départ, laissa le champ libre à François. Le premier soin de ce dernier fut d'enfourcher son cheval, suivi par Colin, pour toquer à l'huis des Carmes. Le frère Enzo Gioccardi était à l'office et les deux hommes attendirent près d'une heure au parloir, dans une odeur d'encens qui les reposa de la puanteur des rues.

Le frère Enzo était un petit homme tout rond avec un visage d'enfant de chœur un peu trop malin, et des mains grassouillettes, vite enfouies dans ses manches, qui visiblement n'avaient jamais travaillé.

— Mon ami Philibert m'a fait parvenir un pli vous annonçant, Messire ! Je suis bien heureux pour lui qu'il soit enfin fixé. C'est un homme de grand mérite et de grand talent, à qui la vie n'avait pas encore offert la chance de faire ses preuves. Je suis sûr que vous en serez content. Il me demande de vous servir et, dans la mesure de mes faibles moyens (ici un fin sourire), je serai toujours à votre disposition.

Pour le moment, François n'avait besoin que de mettre au clair les relations qu'il venait de nouer. Il écrivit soigneusement les noms et adresses de ceux qu'il avait rencontrés, notant les liens familiaux ou relations secrètes : amitiés, inimitiés, appartenances à tel ou tel clan, ce sur quoi Enzo était en effet imbattable. La vie politique et amoureuse, le degré de fortune, le caractère des Grands n'avaient pour lui aucun secret. Les Carmes étaient fort respectés et confessaient à peu près tout ce qui comptait au Vatican.

— Vous n'avez pas vu le clan Colonna ? remarqua Enzo sur le pas de la porte. Je sais que Fronsac s'en méfiait et il avait raison : ce sont des créatures de l'Espagnol. Mais il est dangereux d'ignorer ses ennemis. Vous devrez rendre visite au cardinal Carafa qui n'est pas sur votre liste, ainsi qu'au cardinal Zeno. Ils sont trop bien nés pour vous mal recevoir et vous sauront peut-être gré de ce geste.

On n'avait pas encore parlé d'argent. François sortit sa bourse avec un air interrogateur. Frère Enzo sursauta : levant deux mains ouvertes et fermes :

— Vous vous méprenez, Messire ! N'oubliez pas que je suis un ami de Philibert. Il a dû vous parler de moi, et vous dire que je ne suis pas à vendre. Si je m'institue votre informateur, c'est parce que je crois à votre mission et que je suis prêt à donner ma vie pour la réforme que souhaitent tous les Français. Faites vos dons aux pauvres, ils ne manquent pas ici ! Je ne vends ni n'achète rien, et je souffre chaque jour de cette Eglise dans laquelle je suis entré.

L'automne passa vite, trop vite. Rome n'était que fêtes : mimes et jongleurs dans les rues, courses pour le moindre saint, pour les grands pèlerinages. François, très lancé, ne manquait ni un bal ni un festin. Il affronta même cinq taureaux à la lance dans l'arène, sur la place Saint-Pierre, lors des fêtes de la nouvelle année. Il s'exerçait le jour aux armes, se couchait tard, dormait le matin, visitait systématiquement les ateliers des peintres et des sculpteurs pour s'instruire. Par facilité, il avait noué une intrigue, comme son père, avec une belle veuve sans importance.

Ce fut au début de janvier qu'enfin l'amour le visita : la première invitation au palais Carafa, antre de nos ennemis, fut pour lui un grand soir car il s'en réjouissait depuis le matin et, pour se calmer, avait passé la journée à ferrailler avec son maître d'armes, lequel l'avait complimenté sur son style et sa force peu commune. Il était donc de parfaite humeur et la tête pleine de rêves lorsqu'il pénétra dans la cour du palais, étrennant un pourpoint de satin blanc brodé d'or, et le cœur prêt aux plus folles amours. Ce bal était annoncé depuis longtemps et le palais ne s'ouvrait pas à n'importe qui.

Les Romaines sont belles, du moins lorsqu'elles sont jeunes et que leurs rondeurs ne sont que charme. Parées comme des déesses et couvertes de bijoux (moins beaux pourtant que le collier des Dames du Puy-du-Fou), toutes méritaient l'attention. François dansait avec l'une ou l'autre, charmé mais le cœur intact, lorsqu'il aperçut, dans l'encoignure d'une porte décorée de bronze et de marbre, une admirable créature noyée dans des boucles rousses où brillait un diadème d'émeraudes. Elle était seule, négligemment appuyée au vantail, et ses yeux pâles le fixaient, à la fois impérieux et tendres. N'ayant personne à qui demander une introduction, il s'approcha bravement de la belle, repoussant la foule et s'inclina :

— Si Vénus était descendue sur terre, Madame, elle serait là devant moi !

La dame souriait, peu surprise de son audace. Il se présenta.

— Je suis, dit-elle, Pantasilea Carafa, la fille du cardinal. Une fille qu'il eut avant d'entrer dans les ordres, précisa-t-elle en souriant, d'une femme libre des liens du mariage. Nous ne sommes pas des Borgia !

Elle avait un rire de perles et ses yeux lançaient des flammes.

— Je vous ai reconnu comme Français à votre fierté et à votre arrogance, continuait-elle. Vous tranchez dans notre décadence où tous ne sont que sacs d'or à vendre ou à acheter. On parle tant ici de votre roi François, de sa gloire, de sa jeunesse, de sa beauté. Nous sommes à Rome tellement vieux, et si chargés de passé, que votre présence, de loin, me semblait rafraîchissante.

La belle et ses propos, son raffinement, sa science du monde, étaient exactement ce que François avait rêvé en passant la porte Portese. Pour la première fois, une femme aussi désirable n'était ni veuve, ni mariée, ni prude ! Son père, bien sûr, ne lui avait jamais parlé de la signora Luciana de Napoli, mais il avait eu, enfant, la prescience de telles amours dans la vie aventureuse d'un gentilhomme. Il avait souvent imaginé son père caracolant près de la litière de quelque princesse éblouie. C'était enfin son tour de découvrir les amours passionnées qu'il avait vu se nouer devant lui à la Cour de France. Il séduirait cette belle Pantasilea, à la chair dorée, moelleuse et parfumée. Mais il était déjà séduit, car telles sont les amours dans leur profond mystère : n'aime et n'est aimé que celui qui est attente !

François ne quitta la belle que fort tard dans la nuit et rentra chez lui le cœur brûlant, le corps en feu, la tête emplie d'une ravissante image, et répétant un nom qui lui paraissait le plus doux du monde. Les fers de son cheval faisaient sonner les pierres de la via Barberini, et les colonnes des palais qui bordaient sa route lui semblaient enchantées comme dans les romans de chevalerie. Il était amoureux, comme le roi de Françoise de Chateaubriand, prêt comme lui à toutes les folies.

Dès le lendemain, à l'aube, il était posté à la porte du palais Carafa, quêtant la sortie de sa belle. Il y passa la matinée, oubliant ses rendez-vous. Pantasilea ne sortit qu'à midi, à cheval elle aussi, mais accompagnée de son père et de toute une cohorte de dignitaires ecclésiastiques en grand apparat. Elle lança à François un sourire et un regard complices qui le brûlèrent jusqu'à l'âme. Il chantait en regagnant son logis et lança Colin à la recherche d'une alliée dans la place. Puis il lui fit porter un billet en vers, à la gloire de la nouvelle Vénus. Lui qui croyait avoir oublié les soirées poétiques de Mme de Surgères, auxquelles il avait si poliment bâillé, retrouvait comme par miracle les mots passionnés des rondeaux de sa marraine :

« Où fuis-tu malheureux pour chercher le repos ?
Ce sont vos cheveux d'or, ce sont ces liens, Madame,
Dont fut premier ma liberté surprise.
Ah ! Vénus, née en mer, c'est toi qui m'ensorcelles... »

Huit jours plus tard, il vint saluer le cardinal et fut reçu fort aimablement. Pantasilea l'attendait à la sortie du grand salon, dissimulée derrière le vantail de la porte d'entrée. Elle lui remit un billet qui valait bien le sien, lui donnant rendez-vous au pied du Capitole, à minuit. Il y était à dix heures. En janvier, la nuit était fraîche et claire. Il rêvait entre les ruines et les pins parfumés qui croissaient en liberté. Aucun lieu ne lui paraissait aussi beau que ces ruines éparses, chargées d'histoire. Le temps ne lui durait guère. Assis sur un socle de marbre, décoré d'inscriptions à la gloire d'Auguste, il goûtait le bonheur de n'être qu'attente. Un pas léger, plutôt deux... et une petite main dans l'ombre se posa sur ses yeux. Elle était là ! Son visage s'approchait, son corps basculait dans ses bras, une bouche ronde tombait sur la sienne et un corps généreux, déjà, épousait le sien.

La servante était discrète et les suivit jusque chez lui sans mot dire. Dès le premier soir, Pantasilea se donna, sans faire de manières, comme mue par une passion irrésistible. François goûta par trois fois cette chair dorée aux seins lourds et ses caresses savantes et passionnées. Le bonheur l'aveugla si bien qu'il ne remarqua pas que cette belle n'était ni vierge, ni débutante. Ses mots charmants l'affolaient : il était beau, fort, courageux ; elle l'aimait, ne pensait qu'à lui depuis le premier regard... Oui, c'était bien ça l'amour, et cela méritait enfin tout le cas que le monde en faisait !

Les amants s'enhardirent. Ils se virent au grand jour. Le cardinal semblait les protéger. François fut invité, Pantasilea le promena ouvertement dans Rome, lui faisant découvrir palais et jardins, l'emmenant visiter l'atelier de Raphaël, le plus lancé des peintres à la mode, les monuments antiques du Forum que les artistes venaient dessiner ou mouler en cire pour y trouver leur inspiration, mais surtout pour fouiner sur les collines en friche où les paysans lombards, venus travailler aux vignes, vendaient leurs trouvailles à vil prix. Car, en piochant la terre, il n'était pas rare qu'ils découvrent quelque médaille, piécette, camée ou cornaline. Pantasilea avait aussi acheté, l'an passé pour dix écus, une tête de dauphin grosse comme une fève qui, nettoyée, s'était révélée une émeraude ! Elle l'avait fait monter en anneau comme une pierre ordinaire et ne la quittait plus : elle était en effet de la couleur de ses yeux !

François chinait avec délices, offrait généreusement, mais il tint à garder pour lui un camée superbe où l'on avait gravé Hercule enchaînant Cerbère, avec un talent digne du crayon de Raphaël. Il le ferait monter en bague, disait-il, car ce Cerbère ressemblait à s'y méprendre à sa chère Bricole, qui était morte de vieillesse l'an passé.

Sous prétexte de mettre son amant au goût du jour, Pantasilea le traînait aussi chez des artistes plus dangereux pour ses finances. La boutique du célèbre orfèvre, le maestro Santi, par exemple, lui coûta quarante écus. Toutes les femmes rêvaient de certains anneaux d'oreilles copiés de l'antique, en acier fin, gravés et incrustés de petites coquilles en or. La folie du jour !

L'affaire durait depuis des semaines dans le plus parfait amour, quand François se souvint enfin de sa mission. Il n'avait envoyé que deux rapports ces trois derniers mois, et n'avait pas un instant songé au suivant. Ce matin-là, Pantasilea se disait souffrante et ne pouvait le recevoir. Il s'aperçut avec effroi qu'il avait failli à tous ses devoirs, ce qui le conduisit tout droit au couvent des Carmes. Il rêvait et sursauta quand le frère Enzo, qui s'était glissé sans bruit dans le parloir, se trouva devant lui, l'œil malin, un peu égrillard et les mains dans ses manches :

— Alors, Messire ! On ne vous a guère vu en nos murs ? Sans doute étiez-vous fort occupé... On n'entend parler que de vous en ville.

Le ton était presque insolent. François se raidit, surpris :

— Et que dit-on ?

Frère Enzo baissa les yeux et, changeant de voix, assena rudement :

— Que pour un grand diplomate, vous tombez bien facilement dans les pièges !

Il y eut un long silence.

— Pièges, que signifie ?

Enzo leva vers lui un visage sévère :

— Autant vous le dire, Messire ! Votre Pantasilea est enceinte de plus de cinq mois. Elle était la maîtresse du cardinal Bembo, ancien amant de la duchesse de Ferrare, qu'il a abandonnée comme il l'a fait successivement pour toutes ses maîtresses. C'est la fable de Rome. Il faut un mari à Mlle Carafa pour couvrir au plus tôt son honneur, et le cardinal a compté sur votre innocence. Je suis étonné qu'il ait tant attendu pour vous faire surprendre tous les deux et exiger réparation. Cela ne saurait tarder...

François était vert d'horreur. Une fureur sans nom l'envahit.

— Les Bembo sont du clan Colonna, continuait l'autre, vous auriez dû vous méfier ! Perdre un Français serait pour eux un régal particulièrement raffiné.

Mais François n'entendait plus le petit moine qui fournissait maints détails. Il sortit comme un boulet, sans mot dire. Il remarquait pour la première fois ce qu'il n'avait jamais vu ou voulu voir, bien qu'il eût passé cent fois devant elles : les terribles potences du Vatican où pendaient les condamnés dans le vent glacé des monts. Il lui sembla que ces pendus le regardaient, le suivaient de leurs yeux morts et demi-rongés, et que leurs doigts pourris le désignaient au ricanement de leurs mâchoires.

Des nuages d'orage avaient envahi un ciel sombre. La grosse cloche du Capitole sonnait l'angélus d'une voix qui lui sembla subitement tragique. Il enfourcha son cheval avec brutalité et fonça droit vers son logis. Qu'avait-elle dit le premier soir : « Fraîcheur, vous êtes rafraîchissant... » Innocent en somme, idiot !

Colin, qui jouait aux dés à l'ombre d'un pin devant la maison avec les valets du palais Orsini, fut au premier coup d'œil épouvanté : le visage de son maître était convulsé, ses yeux lançaient des flammes, et il sauta de la selle comme pour un assaut :

— Colin, cria-t-il à l'homme interdit, viens ici de suite ! Tu vas courir, sans attendre une seconde, et tu vas me trouver immédiatement (où tu voudras) un rat dans une cage minuscule. Tu glisseras le tout au milieu d'un énorme bouquet de fleurs enveloppé et paré de rubans. J'ai dit énorme, mais la cage doit être visible dès qu'on ouvre les gazes. Et tu porteras cela au palais Carafa pour la signorina. Tu demanderas qu'on lui porte de suite, en précisant bien que tu viens de ma part. Tu attendras quelques instants pour t'assurer que c'est bien reçu, et tu reviendras sans tarder.

Colin, dès les premiers mots, avait compris. Il n'avait jamais aimé cette rousse incendiaire qui prenait possession de son maître. Il partit en courant, la mine réjouie. Il revint trois heures plus tard, sarcastique et visiblement enchanté : il avait vu monter le bouquet jusqu'à la chambre de la belle, après une longue conversation amicale avec sa servante, ayant tous deux chanté les louanges des amoureux. Après quoi, il avait détalé sans bruit et couru aussi vite que possible.

François, lui, n'était pas rentré. Après avoir marché comme un fauve en cage dans sa chambre, il avait galopé jusque chez son maître d'armes pour une passe où ce dernier crut se faire embrocher par un fou furieux. Il était un peu calmé et le jour tombait quand il rentra au logis. Colin le guettait au portail :

— Je n'ai jamais vu la mer, dit François à brûle-pourpoint. J'ai vu les plaines et les montagnes, les villes, les fleuves... Demain nous partons à l'aube vers le port d'Ostie. Je veux voir la mer...

Il regardait au loin avec des yeux injectés de sang et Colin le crut fou. Il resta interdit, sans oser rien dire, laissant son maître monter se coucher sans souper.

Toute la nuit, François se retourna dans son lit en proie à une fureur sanguinaire qui eut l'avantage de masquer son chagrin. Le jour qui pointait lui porta une sorte de détente : « Après tout, pensa-t-il, je suis comme un homme qui serait tombé dans un profond et noir fossé. Son premier devoir serait de se relever. » Les mots simples et naïfs de Colin, si bavard pendant les longues chevauchées, lui revenaient à l'esprit : « Une vie est un voyage à la merci des pluies, vents et tempêtes, sans jamais autre secours, aide ou consolation que de soi-même. Rien, Messire, sinon les chiens qui vous lèchent au passage, et le rossignol qui ne chante qu'en mai ! Oui, la vie est un voyage. Le cavalier va de-ci de-là, tantôt émerveillé, tantôt consumé de tristesse, mais il va. Et les fautes qu'il fait en chemin lui apprennent plus que ses victoires. » François n'avait pas vingt ans, aussi finit-il par s'endormir.

Mais dès l'aube, les deux hommes étaient à cheval et galopaient sans mot dire. De Rome à Ostie, la route était plate et déserte. Ils y furent en deux heures :

— Tu ne me parles plus jamais de cette affaire, Colin ! dit François en découvrant brusquement devant lui l'immense et glauque horizon où, derrière la plage, un ciel gris se confondait avec un autre ciel qui descendait jusqu'à leurs pieds. La mer, c'est donc ça ? Enfin l'espace, enfin la froide indifférence ! Quelle douceur que l'eau, quelle paix que cette immensité ! Non, tu ne me parleras plus jamais d'aucune femme, jusqu'à ce que je fasse de l'une d'elles la Dame du Puy-du-Fou. Mais jusqu'à elle, tu m'entends bien, les autres, toutes les autres ne sont plus rien. Et elles paieront !

Il s'assit sur la plage déserte. Il y médita des heures, immobile. Il en sortit plus gai vers quatorze heures et ils dînèrent copieusement de poissons frits et de coquillages, accompagnés de délicieuses *paste*. Ils burent beaucoup de lacrima-christi, et François décida de ne rentrer qu'à la nuit, après avoir galopé sur le rivage dans la douceur d'un pâle soleil d'hiver.

Il était seize heures quand ils reprirent la route. La nuit tombait.

Ils approchaient des premières masures, annonçant la ville proche. On apercevait au loin l'amas des toits pâles que dominaient les sept collines boisées et la masse du château Saint-Ange. François, comme purgé, chantonnait une danse poitevine, lorsque trois hommes à mine patibulaire surgirent de derrière une masure, et se jetèrent sur leurs mors. Les chevaux effrayés se cabrèrent en hennissant, et les trois hommes arrachèrent François de la selle, avant qu'il ait pu dégainer. Colin n'eut que le temps de sauter pour courir à son secours. Mais ils étaient deux contre trois et ces hommes étaient de première force.

François se défendait sans mal, mais Colin se trouva très vite désarmé, il n'eut que le temps de sauter pour s'accrocher à la branche du pin qui l'abritait, envoyant bouler son adversaire d'un formidable coup de ses deux pieds dans la mâchoire. Ce qui lui permit de grimper à la plus haute fourche et là, dissimulé dans les aiguilles, de voir son maître, accoté au mur de la masure, se défendre seul contre deux hommes. Impuissant dans son arbre, Colin tremblait comme une feuille. François, impavide et précis, se débarrassa de l'un de ses adversaires et se trouva fort à l'aise face à un seul. C'est alors que Colin vit avec horreur surgir de la porte arrière de la masure un homme énorme, monstrueux, noir de barbe et de cheveux, la mine féroce, et armé d'une longue épée. François était perdu ! Colin eut un geste, rapide comme l'éclair : tandis que le géant passait sous son arbre, il lança son couteau sur la nuque de l'homme. La lame s'enfonça jusqu'à la garde entre une vertèbre et le crâne. La masse de l'homme était telle que le sol trembla quand il s'écroula. L'adversaire de François eut un sursaut, tourna un instant la tête et s'enfuit sans demander son reste.

— Merci, Colin ! criait gaiement François. Descends et reprends ton couteau, ce client n'en a plus besoin.

L'arme était engagée si profondément entre les os que, malgré leurs efforts, ils ne purent la retirer.

— Dommage, c'était un bon couteau !

L'homme était bien mort. Colin fouillant ses poches trouva un ordre écrit aux armes des Colonna où figurait le nom de François. C'était donc bien un guet-apens !

— Qu'allez-vous faire, mon maître ? gémit Colin. Ils ne vont pas en rester là. Une offense ici se paie de la vie, paraît-il. Il ne fera plus jamais bon pour nous dans cette ville.

François réfléchissait :

— Je vais en référer à notre ambassadeur dès ce soir. Il se trouve qu'il est là. En attendant, il faut chercher nos chevaux.

Ils suivirent les volcelets de leurs fers, fortement imprimés dans la poussière rose des chemins. Les chevaux broutaient paisiblement sous un pin parasol à une demi-lieue de là. François avait amené à Rome trois de ses meilleurs produits, ne voulant monter que ceux de sa célèbre écurie. Les deux hommes se remirent donc en selle et partirent au pas pour respirer un peu. Ils n'avaient pas fait une demi-lieue qu'un bruit de cavalcade se fit entendre : trois hommes les poursuivaient. De loin, à leur tenue, on les jugeait gens d'armes. Sans doute avait-on découvert les cadavres, à moins que le survivant n'ait été quérir assistance.

François piqua des deux et éclata de rire : « Qu'ils nous poursuivent ! On va s'amuser, Colin ! » La poussière vola sous les fers, et commença un galop de charge qui, très vite, les distança. Ils entraient dans un bois de pin que traversait un sentier quand, au premier détour, ils aperçurent quatre troncs demi-couchés qui barraient la route à près de cinq pieds de haut. François et Colin hurlaient de joie en enfonçant leurs éperons dans le flanc de leurs chevaux. Bien mis, bien nourris, impeccables, ces bêtes magnifiques passèrent sans qu'un fer touche l'obstacle. L'allée était longue et droite. Les chevaux écumaient mais fonçaient. Les deux cavaliers, debout sur leurs étriers, se retournèrent pour contempler la chute du premier assaillant, dont le cheval roula sur son cavalier, le refus du second qui se retrouva boulant à six pieds de là, et la quête misérable du troisième pour tourner l'obstacle dans les broussailles !

Dix minutes plus tard, les deux hommes atteignaient les portes de la ville et rentraient sagement comme passait le guet, au pas, sur des montures encore frémissantes et blanches d'écume.

— Mon jeune ami, dit l'ambassadeur avec ironie, les dieux sont avec vous ! Figurez-vous que Mme Lucrèce Borgia, duchesse de Ferrare, vient de mourir avant-hier, des suites de ses dernières couches. Dieu ait son âme ! Le duc est au désespoir. Les condoléances royales ne sauraient tarder et, bien que vous soyez à Mme Louise de Savoie, elles peuvent passer par votre canal.

François ne savait s'il devait rire ou se fâcher : l'ambassadeur était donc au courant. Tout Rome avait dû colporter la veille le piège tendu à son innocence, et peut-être sa vengeance. Il se demandait si les deux ou trois cadavres de la nuit étaient connus, et brûlait d'envie de les revendiquer. Mal à l'aise entre l'humiliation, l'insolence et la fierté, il hésitait.

— Il vous faut quitter Rome sans tarder, dit brusquement l'ambassadeur sur un autre ton. Il vous faut partir de suite, Monsieur du Puy-du-Fou, que je qualifierais volontiers de fou, quel que soit son puy ! Une mission officielle, des lettres au sceau royal et un départ immédiat ne sont pas de trop pour conserver sur notre planète un si fougueux gentilhomme. Vous resterez à Ferrare aussi longtemps que la décence le permettra, et je vous conseille de retourner ensuite voir M. de La Trémoille. Vous savez peut-être qu'il a pris le commandement de nos armées dans la guerre dont les Anglais nous menacent ? Rome ne l'intéresse plus, et vos talents militaires, incontestables, lui seraient sûrement précieux.

De nouveau, l'abbé de Pins souriait, d'un seul côté de son visage, tandis que ses yeux durs transperçaient François, et qu'un curieux ricanement ponctuait son discours.

François mourait d'envie de sortir son épée. Le petit seigneur de douze ans qui avait décidé de la mort d'un homme était incapable de supporter l'ironie savante de ce grand diplomate. La mâchoire serrée, la nuque raide, le visage figé, l'œil incendiaire, il n'attendait que de recevoir la lettre et de partir.

L'ambassadeur haussa les épaules.

— Les Poitevins sont trop farouches ! soupira-t-il. Vous ne savez pas rire, Monsieur du Puy-du-Fou. Pourtant votre affaire est une bien plaisante aventure. Enfin, vous êtes un homme de guerre, devenez-le donc ! Voici vos lettres patentes... Vous devriez me remercier, jeune Hercule, ajouta-t-il, avec un si bon regard que François en fut bouleversé, salua très bas, baisa la main qu'on lui tendait, et retrouva Colin à la porte.

— Nous partons ! Mais ne crois surtout pas que je cherche un abri. Nous partons pour Ferrare, sur ordre, et nous reviendrons ! Le chevalier Bayard avait dit à mon père ces mots qui furent sa devise et qu'il m'a légués pour la vie : « Il n'est rien qui nous jette au danger que le désir de s'en abriter »... Mais, ajouta-t-il rêveur, cette utile et juste leçon ne m'était pas nécessaire car je peux te dire que, si une seule fois mon âme perdait pied devant le danger, je ne pourrais guérir d'une telle plaie ni retrouver mon âme entière.

Le visage du jeune homme était si calme en disant ces mots, comme se parlant lui-même, que Colin en fut tout remué. « Il ira plus loin encore que feu son père », pensa-t-il. Mais la hauteur du jeune homme l'impressionna tellement qu'il n'osa pas le lui dire. Son maître, ce n'était plus le héros de Ravenne, mais ce prince inachevé que la mort elle-même avait respecté.

La fière petite troupe de l'envoyé du roi François 1er fut en trois jours sous les murs de Ferrare. La ville entière était en deuil, et le palais tendu de noir et de blanc sous un soleil meurtrier. Le duc Alphonse recevait en larmes les envoyés de tous les princes dont les superbes cortèges attiraient une foule de curieux. Les portes de la ville s'ouvrirent toutes grandes devant François, empanaché sous les bannières royales aux trois fleurs de lys, tandis que trompettes et tambours se mêlaient aux cliquetis des armes et des fers, caracolant sur la pierre rose dont étaient dallées toutes les grandes rues de Ferrare. Les « vivats » et les yeux éblouis de la foule coulaient comme un baume sur son cœur, dont il voulait effacer la blessure.

La duchesse était morte saintement, laissant à son peuple l'image de sa beauté, de sa grâce, de son charme, et curieusement de sa bonté. Mais les louanges, pourtant sincères, dont le peuple et la Cour couvraient la mémoire de cette Messaline, rappelaient trop à François une autre belle pour qu'il pût profiter pleinement des admirables cérémonies. Lucrèce Borgia avait été sans contredit un grand esprit, une tête politique et une bonne mère. Le parfum de scandale qui avait accompagné sa vie ne semblait choquer personne : le duc pleurait une épouse glorieuse et forte, pièce maîtresse de son échiquier. François suivait le deuil avec une mine concentrée. Il devait officiellement pleurer les Borgia, ces alliés de la France sur qui le roi avait toujours compté ! Mais François avait au cœur une furieuse envie de briser ses liens avec ce monde diabolique, ses intrigues, ses masques et ses mensonges, pour plonger dans l'action. « Seule la guerre est pure », pensait-il en contemplant le duc en larmes dans les bras de sa maîtresse !

Il remonta sur Rome rendre compte de sa mission et ne fut pas fâché de passer la porte Portese en fanfare sous la bannière royale, environné des formidables Suisses que l'ambassadeur lui avait fournis.

Il tint à rester encore un an à Rome. Son honneur, disait-il, était en jeu. Pantasilea, avait disparu dans quelque couvent. Les Colonna n'avaient plus bougé et sa mission était en bonne voie : le pape avait promis de ne pas reconnaître une élection de l'Espagnol à l'Empire. Durant toute cette année, François préparait avec l'ambassadeur un traité secret que le pape finit par signer durant l'été 1520.

Ce fut alors, sous les terribles chaleurs romaines, que François sentit au fond de son cœur cette curieuse et tendre amertume qu'il avait découverte à son retour sur ses terres : que faisait-il, depuis deux ans, dans cette ville pourrie, à piéger les intrigues des cardinaux contre un malheureux moine saxon, que deux bulles papales venaient de condamner, au grand désespoir de frère Gioccardi ? Sa mission était close, que ferait-il ici ? Les collines du Haut-Poitou et les vertes vallées du Puy-du-Fou lui revinrent au cœur comme des échardes. Il décida de rentrer.

— Je vous donne un de mes Suisses pour le retour, avait dit aimablement l'ambassadeur. Choisissez-en un parmi ceux du voyage à Ferrare, ce sont de forts travailleurs et de bons soldats. Il vous sera utile, tant sur vos terres que comme écuyer. Vous l'avez bien mérité : remettez ce pli à M. de La Trémoille qui est à Ardres pour rencontrer l'Anglais.

François choisit parmi les Suisses un gaillard qui pesait près de deux cents livres et n'était pas sans rappeler le formidable brigand dont Colin n'avait pu venir à bout que par surprise. Il s'appelait Wilfried et son langage élémentaire semblait à la hauteur de son intelligence. Colin avait d'abord accueilli sans joie un cadeau qui pourrait lui faire ombrage, mais il comprit rapidement que ce gros chien pouvait lui obéir, et la petite troupe s'organisa rapidement avec deux maîtres et un esclave.

CHAPITRE VII

LES DÉSASTRES

Il fallait près de deux mois depuis Rome pour atteindre Beauvais. L'été était sec, un peu trop sans doute pour les moissons, mais superbe pour le voyage. Après ces terres brûlées et ces farouches montagnes, François retrouva avec délice la verdeur des forêts et des vallons. Il apprit en chemin que le roi rentrait à Blois avec toute la Cour.

François avait le temps de passer par le Puy-du-Fou avant de revoir son protecteur et, dès la Loire, il changea ses batteries. Il ressentait comme un besoin charnel de retrouver ses hauts murs de pierre, sa cour bruissante d'hommes et de bêtes, ses grandes cheminées, l'odeur des écuries, la cuisine parfumée, et puis ses gens… et puis ses comptes !

Philibert l'accueillit d'un air grave : la sécheresse dans l'Ouest avait été cruelle. On avait eu beau multiplier les processions, neuvaines, jeûnes, abstinences et pénitences, pas une goutte d'eau n'était tombée depuis mai. Le grand étang était presque à sec et la Sèvre ne faisait plus tourner les moulins. Les récoltes étaient si maigres, les bêtes si efflanquées, qu'on craignait la famine pour l'hiver. Il faudrait se restreindre. Philibert avait fait envoyer pendant deux ans, par les banquiers lombards, de beaux écus sonnants. Il ne fallait plus y compter. Même les rentrées de Maillezais risquaient de se faire plus maigres. « On ne peut pas, disait Philibert, pressurer les manants plus que les mamelles d'une vache qui n'a plus de lait ! » Maubuisson qui, depuis sa retraite, lisait si bien dans le grand livre de la nature, prédisait une série d'années catastrophiques, soit trop sèches, soit trop humides. Trois en sept ans, selon ses savants calculs !

François néanmoins s'en fut à Blois et trouva son protecteur fort soucieux :

— Rentrez chez vous, mon fils, vous avez bien appris et fort bien servi ! Mais de guerres, il n'y en a pas qui vaille. Des escarmouches, des broutilles. La seule vraie guerre sera d'Italie. Ne vous perdez donc pas dans de misérables opérations sans gloire contre les Impériaux, au Luxembourg ou en Champagne. Le roi prépare la vraie guerre, il la veut. Gardez-vous ! Je vous appellerai dès qu'il le faudra.

François en fut soulagé, car il n'osait pas quitter son domaine si éprouvé. L'hiver fut dur et triste : manants et seigneurs souffrirent. On dut en effet remettre nombre de dettes et réduire les corvées. L'ombre de la peste rôdait. Les villages dormaient. En mars, les réserves étaient épuisées. On mangea du pain de fougères et de sarrasin. Des chevaux crevèrent, des saillies furent manquées. Et durant ce terrible hiver, François connut deux grandes peines : Pierre de Beaupréau mourut. « De privations », dit-on ! Il jeûnait depuis les débuts de la sécheresse et distribuait lui-même ses vivres aux mendiants qui affluaient chaque jour. Le 3 mars, par un froid humide et gris, il fit appeler François à son chevet et lui fit don de ce qu'il avait de plus cher : ses livres !

— Vous êtes, mon enfant, et vous serez un guerrier, je le sais. Mais dans les moments d'inaction qui vous pèsent, je voudrais que vous cherchiez la paix dans l'esprit. Ces livres contiennent toute la sagesse du monde. Ouvrez-les en pensant à moi, quand le désespoir vous rongera, comme c'est le cas aujourd'hui.

François mena le deuil sous la pluie vers le cimetière des moines, à l'ombre de l'immense abbatiale. La tombe fut bientôt visitée par les malades, puis elle attira de véritables pèlerinages. Pierre de Beaupréau était un saint. On se disputa les dépouilles de sa robe et ses socques pour en faire des reliques. On prétendit même au miracle : le petit muet du Bois Chabot aurait parlé quand on lui eut mis un scapulaire, fait d'un carré de la bure du saint. Mais François n'ouvrit pas un seul livre : ce n'était pas parmi les sages et les saints qu'il trouverait le chemin de sa vie, mais parmi les dangers, les risques, avec les preux.

L'autre chagrin fut plus grave, inattendu et cruel. Revenant des funérailles, François trouva la herse baissée et Wilfried en émoi :

— Messire, dit-il dans son sabir, vous savez que depuis la famine, le coin est infesté de mendiants, pillards, boutefeux et crève-la-faim ! Ils sont en troupe à ce qu'on dit et attaquent les hameaux. On les a vus ce matin à La Flocellière qui n'est qu'à une lieue. Ils ont brûlé une métairie et tué tout ce qui s'y trouvait, bêtes et gens.

— Où sont-ils allés, le sait-on ?

— On dit qu'ils descendaient sur la Sèvre, rapport aux moulins à froment. Ils sont une vingtaine...

Colin regardait François, le visage révulsé : au moulin de Poupet, très isolé dans sa gorge rocheuse, vivaient sa vieille mère et son frère, avec sa femme et leurs quatre enfants.

— Nous partons, dit simplement François : Wilfried, Thierry, Colin et moi ! Nos meilleurs chevaux, armes et munitions, vos cottes de mailles et vos morions !

La nuit menaçait quand la petite troupe, au pas, déboucha sur la vallée. Le moulin et les trois autres feux étaient silencieux et clos. On n'entendait que le grelot argenté de la chute d'eau dans un silence humide et froid.

Les quatre cavaliers, abrités par un bosquet, écoutaient immobiles, quand soudain une chouette cria sur leur gauche. Un bruit de feuilles froissées, puis de branchages, et une douzaine d'hommes en loques, armés de bâtons et de couteaux, débouchèrent sur le terre-plein du moulin et se ruèrent sur la porte.

François leva son épée sans un mot, piqua des deux et les quatre cavaliers tombèrent sur la petite troupe, l'arme au clair. Ce fut la débandade. Ces hommes n'avaient pas d'armes suffisantes pour lutter, sauf deux mousquets que François n'avait pas vus dans la demi-obscurité. Poursuivis par les chevaux, ils s'égaillèrent dans les bois, tandis que des cris et des pleurs d'enfants faisaient rage au moulin, et que, des lucarnes, pleuvaient des pierres.

François fonçait vers le bois quand la chute d'un corps derrière lui l'arrêta : c'était Colin, percé d'une flèche en pleine poitrine, l'écume aux lèvres et les yeux révulsés. Colin, son fidèle, son cher Colin, son premier compagnon, son ami !

François eut un éblouissement. Il vit passer devant ses yeux un nuage rouge de sang et hurla :

— A mort, vengeons-le !

Les trois cavaliers disparurent dans la nuit, tandis que l'huis s'ouvrait et que Colin achevait de mourir entre les siens en larmes.

Le lendemain, à l'aube, trois cavaliers couverts de pluie et de sang rentrèrent au Puy-du-Fou où Philibert et les femmes attendaient en priant. Ils ne dirent pas un mot. Nul ne sut combien de morts avaient vengé Colin, mais on ne revit aucun d'eux, et aucune bande ne s'aventura plus de toute l'année dans la vallée.

François fit enterrer Colin dans la crypte familiale sous une dalle de l'entrée et fit graver en latin ces mots dans la pierre : « *Hic jacet Colinus, servus egregia indole et virtute, dignus suprema laude. Requiescat in pace* — 25 février 1521. »

Le printemps apporta une bouffée d'espoir et l'été fut clément. Le 1er novembre, François eut ses vingt ans. Ce soir-là, il s'enferma dans la salle pour méditer. A vingt ans, qu'avait-il fait de sa vie ? Il n'avait ni femme ni enfants. Aucun fait d'armes à son actif, aucune victoire. Il n'était qu'un petit seigneur, perdu loin de ses protecteurs et de son roi, dans une obscure châtellenie dont le royaume allait à vau-l'eau. Car on se battait en Champagne ou en Ardennes dans ce que La Trémoille appelait très justement « des actions sans importance », tandis que l'incapable Lautrec abandonnait Milan et perdait tout le duché. Le pape était mort et son successeur était tout à l'empereur. François s'abandonnait au désespoir lorsque Marion vint frapper à sa porte :

— Un homme de bonne mine vient de porter un pli pour vous, Messire ! Je l'ai fait entrer à la cuisine et restaurer. Il dit appartenir à M. de Montmorency-Laval.

Le cœur de François se mit à battre. Le pli était bien aux armes de Montmorency : sept merlettes d'argent sur fond d'azur. C'était une longue épître de René qui disait en substance : « Ma fortune est faite ! Mon cousin Anne est depuis un an premier valet de chambre du roi. Il vient d'être nommé maréchal. Il m'a pris dans sa suite. J'ai fait mes premières armes en défendant Mézières avec Bayard, sous le commandement de mon cousin, et le roi nous a félicités. Tout bouge : on lève des fonds, on engage des Suisses, l'armée s'organise. Viens ! »

L'homme était en effet de la suite du maréchal et partait en

Navarre où l'on avait attaqué l'Espagnol. Oui, tout bougeait ! M. de Montmorency défendait la Bourgogne et le jeune seigneur serait le bienvenu.

François partit, laissant de nouveau le Puy-du-Fou à la gestion de Philibert et sous la protection de Thierry. Il emmenait très tristement Wilfried, farouche et silencieux. Chaque forêt, chaque bac, chaque ville, chaque clocher évoquait le charmant compagnon, ce Colin si bavard et si gai, dont l'oncle était déjà mort aux côtés des Puy-du-Fou.

Les retrouvailles avec René dans le camp français furent une vraie fête : il avait grandi, mûri, mais gardait son épi blond, ses taches de rousseur, sa gaieté et son insouciance d'enfant. Il présenta François à son cousin le Maréchal, grand seigneur dont la morgue impressionnait. Il le présenta surtout au chevalier Bayard, ancien compagnon de son père, qui le reçut chaleureusement, évoquant les souvenirs communs avec une grande modestie. Mais la guerre en Bourgogne était finie. Le maréchal rentrait à Paris et renvoya les deux amis dans leurs terres jusqu'à son appel :

— La guerre, la vraie, se prépare, disait-il. Le roi ne supportera pas la perte de Milan et lève déjà une formidable armée. Il lève surtout des impôts nouveaux, saisit les trésors d'Eglise pour frapper de nouveaux écus. On vient de fondre les grilles d'argent de Saint-Martin à Tours. La guerre est d'abord une affaire de marché, la vaillance ne vient qu'après. Vous aurez votre guerre comme vos pères, et vos victoires. Rentrez chez vous et préparez-vous !

De Bourgogne, François repassa par Paris. La Trémoille était en Picardie, toujours à la tête d'une armée contre d'éventuelles attaques anglaises. Mais rien ne se passait. François s'en fut en Picardie et reçut de son parrain les mêmes conseils que ceux de Montmorency.

L'année 1522 fut moins mauvaise et le temps clément laissait prévoir des jours meilleurs. François chassa, dansa, courut les filles, fréquenta les fêtes des villages, mais s'entretint aux armes avec soin. L'argent rentrait, il se commanda une armure superbe et des pourpoints en véritable serge de Florence, ce qui était une folie. Il attendait la guerre avec confiance. Les nouvelles d'Italie étaient si catastrophiques que le roi allait enfin bouger. Ce Lautrec, frère de la favorite, accumulait les désastres : le consétable et Madame Louise s'entre-tuaient devant les juges pour l'héritage des Bourbons. Non, cela ne pouvait pas durer !

Au printemps 1523, François avait vingt et un ans. Il avait élargi d'épaules et de torse, mais conservait de son séjour en Italie des manières subtiles et raffinées qui tranchaient sur celles de ses pairs, tant dans son langage que dans ses gestes, surtout avec les Dames. Il n'avait toujours ouvert aucun livre, mais ses yeux avaient contemplé et fréquenté les plus belles œuvres humaines. Aussi, au printemps 1523, avait-il achevé de désespérer toutes les belles du comté. On le considérait dans les châteaux comme inatteignable et quasiment d'une autre essence. La Dame du Puy-du-Fou, on l'avait enfin compris, viendrait de plus haut, et ce beau seigneur n'était pas pour les siens.

Les pluies commencèrent très tôt, dès la fin de mars, noyant les vallées et les promesses de récolte. Les processions reprirent de nouveau à travers les coteaux. François mena celle de Notre-Dame-de-Pitié, petite chapelle miraculeuse sur ses plus hautes terres. En vain ! Mais il avait la tête ailleurs et n'écoutait déjà plus les jérémiades de Jacotte et les sombres calculs de Philibert. Il sifflotait distraitement et courait aux nouvelles jusqu'à Thouars : la guerre, enfin, la jolie guerre du roi se décidait !

François Ier, trahi par le Connétable, partait à la tête de 10 000 hommes pour l'Italie. Montmorency l'accompagnait, René suivait. La Trémoille, qui se battait encore dans le Nord, avait pris le temps d'envoyer à François un appel, mais son message arriva au Puy-du-Fou huit jours après le départ du guerrier. François était parti comme pour une fête, sans pouvoir attendre, armé jusqu'aux dents, monté sur ses deux meilleurs chevaux, Tiburce et Ugolin, des chevaux de cinq ans en pleine santé, et caparaçonnés aux armes du Puy-du-Fou : de gueules aux trois macles d'argent.

Paré de sa nouvelle armure, emplumé d'argent, suivi du formidable Wilfried et du fils aîné de Thierry, Lucas, qui avait seize ans, il disparut sous les frondaisons des chênes comme une apparition de saint Michel Archange et se dirigea vers Lyon. Car le roi serait à Lyon… lui aussi !

Le voyage était bien connu. Il faisait beau. Wilfried était fidèle et docile, mais sans aucune initiative. Son intelligence ne semblait que s'entrouvrir et son langage progressait peu. C'était un être fruste, efficace, utile et fort comme un Turc. Un peu comme un bon cheval ou un bon chien ! Lucas, en revanche, se révélait très vif, attentif à tout, curieux, et bavard comme jadis Colin. Sa jeunesse et son enthousiasme égayaient le voyage. Il ne cessait de chanter et de se renseigner sur tout : les animaux, les glanes possibles, le risque de vipères pour les chevaux, la qualité des routes, les cultures, les villes, les fleuves et leur passage. Il commentait le voyage dans son patois savoureux, parlait à tous et son plaisant visage ouvrait bien des portes.

Surprise : le roi était bien à Lyon, mais malade ! Il confiait trente mille soldats à l'amiral de Bonnivet, la plus belle armée qu'on eût jamais vue, avec des canons et les chefs les plus prestigieux, parmi lesquels Bayard et, dès octobre, La Trémoille descendu de Picardie.

François avait déjà passé les Alpes et connaissait Milan, mais c'était sa première guerre. Quand on entama le siège de la ville, l'hiver était déjà là, avec ses brumes et surtout ses brouillards intenses, ses pluies fines et glacées. L'armée souffrait autant d'inaction que de froid. François refusera toujours de se souvenir de cet hiver et de l'épouvantable printemps qui vit la retraite de toute l'armée, décimée sans bataille par des harcèlements incessants, abandonnant des canons, et lâchée par ses Suisses, sous les murailles imprenables de la capitale. Jamais il n'en parlera jusqu'à sa mort car il avait vingt ans et le cœur brisé. Il ne se souviendra pas non plus de cet été où l'on reflua sur Avignon. Il ne parlera même pas de son combat d'arrière-garde aux côtés de Bayard, qui l'avait pris en affection, et qui mourut dans ses bras, percé d'une flèche d'arquebuse en protégeant la retraite. C'était ça aussi, la guerre ! Son père le lui avait caché. Il était mort à la victoire, et lui, François, amer et sombre, était vivant dans la défaite. Il avait envie de mourir.

En août, la nuée qui obscurcissait son ciel sembla se déchirer. Le roi était guéri ! Guéri vraiment puisqu'il levait le ban et l'arrière-ban, et qu'on repartait. Toutes les armées se rassemblaient à Caderousse autour de lui. Avec le roi, on serait invincible. L'amiral de Bonnivet pressait au départ car on était déjà début octobre.

L'armée s'ébranla donc en deux longs rubans d'hommes et d'armes. Les Suisses passaient les Alpes par le Nord, le roi et ses gentilshommes par le mont Genèvre que François avait déjà franchi deux fois. Les deux armées se regroupèrent à Pignerol et foncèrent à marche forcée sur Milan qui fut pris sans coup férir. Seul le château tenait encore et François eut la joie de mener le siège, puis l'attaque pendant six jours, quasi sans dormir.

Milan, Naples, toute l'Italie, un roi irrésistible, si beau, si jeune, si gai... c'était le bonheur ! Comment avait-il pu désespérer ? On s'installa autour de Pavie, disséminés dans les abbayes qui entouraient la ville : Saint-Lanfranc, Saint-Pierre, Sainte-Thérèse, Saint-Jacques, Saint-Paul. Les hommes bivouaquaient. Les Impériaux campaient à quinze milles de là vers Lodi. Pavie tenait bon et repoussait les offensives, mais ce n'était qu'une question de patience. Le roi était si sûr et si confiant qu'il dépêcha vers Naples une partie de l'armée. François brûlait d'en être pour reconquérir lui-même son fameux Duché, mais La Trémoille le raisonna : un gentilhomme se bat aux côtés de son roi, les heures de gloire partagées sont seules garantes de l'avenir. La prise de Naples viendrait plus tard...

Mais l'hiver était là de nouveau, avec ses terribles brouillards qui glissaient depuis les monts ou remontaient du Tessin, aveuglant les plaines. Le 3 février, brusquement, les Impériaux débouchèrent en face de nos avant-gardes et s'installèrent si près que François entendait leurs cris et leurs tambourins. Pendant quinze jours, on eut l'impression de jouer : ce n'était qu'escarmouches sans suite, des sortes de joutes presque individuelles. Le roi était partout. Il avait à peine le temps d'assister à la messe qu'il sautait en selle. On l'apercevait ici et là, passant comme un rêve, beau et infatigable à travers les brumes.

Dans la nuit du 23 février, François fut éveillé par des bruissements qu'il ne put d'abord identifier. Etait-ce le vent, la pluie ? Il se leva, s'arma de pied en cap et sortit de la tente. Au loin, dans les premières lueurs de l'aube, il aperçut des chemises blanches qui se faufilaient par les brèches de l'enceinte d'un parc.

On appelait, on sonnait de partout. De tous côtés, les Français sortaient en hâte. Quand l'artillerie commença son tir de barrage, François était déjà en selle, la lance au poing, la visière abaissée et fonçait vers le petit groupe qui entourait la tente du roi. Celui-ci était déjà tout armé. Son armure plaquée d'or et son panache le signalaient. Déjà, on le hissait sur son cheval... et à partir de cet instant, François ne comprit plus rien !

Le roi, faisant bloc avec les gentilshommes de sa Maison, fonça en tête de toute l'armée. François, au galop de charge, se retrouvera botte à botte dans le peloton royal en plein brouillard, dévalant pente sur pente, ne voyant quasiment que le bout de sa lance. Puis brusquement, dans une éclaircie, entouré d'une horde d'ennemis au visage féroce, il sentit que ses compagnons tombaient un à un. Trois quarts d'heure plus tard, ils n'étaient plus qu'une trentaine de chevaliers autour du roi, dont Anne de Montmorency. Où était l'armée ? Que faisait-elle ?

L'artillerie s'était tue. Très vite, il fut clair que le groupe royal était tourné : on ne voyait que des Impériaux quand on pouvait distinguer quelque chose. François se battait avec furie, sa lance s'était brisée, il écartait les assaillants de sa terrible épée. Ugolin, fou de peur, pointait, ruait, défendant son maître.

Soudain, François vit le roi plonger vers l'avant : son cheval venait d'être abattu sous lui. Il sauta de la selle et courut au roi :

— Mon cheval, Sire !

Aidé d'un second chevalier, tandis que trois autres faisaient rempart, ils hissèrent le roi qui saignait à travers l'articulation de sa jambière.

— Qui es-tu, chevalier ? cria-t-il à François.

— Puy-du-Fou, Sire, pour vous servir !

— Je te revaudrai cela, si Dieu nous prête vie !

On y voyait un peu plus clair. François se battait sauvagement à pied, découvrant enfin leur isolement au milieu des cadavres et des chevaux éventrés. Il tentait d'écarter une meute de soldats qui se suspendaient aux rênes d'Ugolin, aux jambes du roi, et qui finalement le démontèrent, car ils l'avaient reconnu et criaient en allemand : « *Das ist der König... der König !* »

Ils s'acharnaient maintenant, non plus pour le blesser, mais pour l'immobiliser. A cet instant, un cavalier fendit la foule ennemie. Il criait en français : « Rendez-vous, Sire ! » C'était un des traîtres de l'armée Bourbon. Il mit pied à terre près du roi, salua de l'épée et se présenta : « Pomperan, Sire ! » Il rugit en allemand et le combat cessa. La plaine restait silencieuse, les armées immobiles, jusqu'à ce qu'arrive le vice-roi de Naples, pour recevoir la foi du roi.

François s'était glissé très vite dans la brume à travers les troupes, profitant de la surprise. Il enjamba les corps, glissa dans le sang dont la plaine était couverte, parvint au parc de la Chartreuse, passa par une brèche de l'artillerie, puis jeta ses armes et son armet, ne gardant que sa bourse et son couteau. Il recouvrit son armure d'un haillon pris sur un mort anonyme et marcha jusqu'à la nuit.

Les villages étaient pleins de fuyards. On s'interrogeait sur ses morts : Bonnivet, La Palice, Jean de Médicis, François de Lorraine, le duc de Suffolk... La liste des morts s'allongeait à chaque rencontre.

— Et La Trémoille, sait-on s'il survit ?

Le gueux, qui était en fait un autre chevalier, soupira :

— Il est mort ! Je l'ai vu tomber et les Impériaux l'achever à terre. Quant à Bonnivet, voyant cela, il a jeté son armet, et s'est précipité contre les lances ennemies pour mourir.

François pleura. La Trémoille s'était montré un père sûr, avisé, généreux. Il était cette fois-ci seul au monde ; mais le roi vivait et se souviendrait de lui car il était l'un des derniers à l'avoir défendu. C'était un tel témoin que la régente et Madame Marguerite attendaient. Il fallait rentrer à Lyon au plus vite. Il resta néanmoins veiller son parrain, que ses écuyers avaient ramené sous les tentes, et médita toute la nuit avec ses hommes, puis il s'enquit de René...

— M. de Montmorency ? Mais il est prisonnier. On l'a emmené avec le roi.

— Je parle de son neveu, René de Laval ! Il n'était pas avec nous, j'y étais...

— Allez voir dans les églises au-delà du Tessin, on y a porté beaucoup de chevaliers blessés sous la garde de Dieu.

Les débris de l'armée en effet se reconstituaient autour du duc d'Alençon qui était vivant. François courut à son camp. Il y trouva René, sévèrement blessé à l'épaule. François, lui, n'avait pas une égratignure, il en avait presque honte. Wilfried était là, cherchant son maître, pleurant ses chevaux. Sous les tentes, on tentait de comprendre en vain ce qui avait pu se passer : René, étendu sur une paillasse, avait vu son ami galoper vers le roi et la troupe disparaître dans la pente à un train d'enfer. Montmorency avait tenté de retenir le roi qui n'avait rien voulu entendre, puis ils étaient tous deux partis à l'attaque, ce que François savait. René, lui, recevait un ordre à porter en toute hâte au duc d'Alençon, qu'il n'avait d'ailleurs pas pu joindre, tombant seul dans une compagnie d'arquebusiers allemands. Son valet l'avait retrouvé à la nuit, baignant dans son sang, mais encore vivant.

Dès le lendemain, François prit deux chevaux et partit avec Wilfried. Lucas était introuvable, mais il ne fallait plus perdre une minute.

Quand il rejoignit Lyon il n'avait pas ouvert la bouche, sauf pour manger. Madame avait déjà reçu les premiers courriers, avec la fameuse lettre du roi : « Tout est perdu, fors l'honneur. » Elle accueillit néanmoins François avec émotion et le pria de rester près d'elle. La mort avait frappé si durement qu'un vide s'était creusé parmi les gens de la Maison royale. La reine était morte, le roi prisonnier et Madame Louise régente.

François n'eut pas le temps de penser ni de se désoler : il lui fallait transmettre à l'armée les ordres fort brutaux de cette femme de fer pour éviter les désordres, défendre les arrières, faire payer les troupes afin d'éviter pillages et brigandages. Le plus grand risque, il le savait par expérience, c'était en effet les bandes armées qui refluaient d'Italie, ravageaient les villes autant que le plat pays. Il lança, sur ordre de la régente, des gens d'armes pour pacifier les régions, avec ordre de tuer et de courir sus aux brigands. Il fut partout, infatigable.

Marguerite était peu visible, car le duc d'Alençon était fort malade. Revenu apparemment intact de Pavie, il traînait de fièvres en toux. Marguerite le soignait avec dévouement. Le 11 avril, il était mort. La duchesse prit le deuil en blanc et se retira, plus touchée qu'on ne l'eût cru

François travaillait durement pour la régente, quand, début août, la petite Cour de Lyon apprit que le roi envoyait un messager et demandait à sa sœur de venir à Tolède négocier, non seulement sa rançon, mais la paix ! La veuve en deuil blanc se réveilla comme par miracle, et réunit immédiatement une escorte de trois cents gentilshommes pour l'accompagner. François fut des premiers à s'offrir, et des premiers choisis.

La duchesse, à cheval, suivie d'une troupe superbe partit pour Aigues-Mortes. On était le 12 août. Il faisait une chaleur à tuer un bœuf quand éclatèrent des orages terrifiants. La mer était démontée : un chaos ! Impossible d'embarquer. La duchesse se rongeait, les chevaliers s'inquiétaient. A la première accalmie, le 28 août, Marguerite exigea le départ des galères malgré des creux de vingt pieds. La traversée fut horrible. François était malade et fort humilié de l'être. On traversa néanmoins, et les galères arrivèrent indemnes à Palamos. Il apprit alors que la duchesse avait elle aussi rendu tripes et boyaux ; néanmoins dès qu'on mit pied à terre, elle prit la route pour Barcelone. Dès l'entrée dans la ville, un courrier survenait de Madrid, qui se prosterna aux pieds de la duchesse : le pli était de Montmorency. Le roi, disait-il, au fond de la prison qu'ils partageaient, était en train de mourir !

François vit alors sa Dame, la sage, la paisible Marguerite, se transformer en un éclair : folle d'épouvante, elle hurlait des ordres immédiats : « Les chevaux ! Les valets ! Pas de barda ! Tous en selle sur l'heure ! Nous partons à marches forcées... »

François était un redoutable cavalier, mais il crut pendant dix jours ne pas pouvoir suivre la duchesse. Dix jours de galop presque incessant, quinze lieues par jour, des nuits au hasard, du pain quand on y pensait. Ils n'étaient plus qu'une vingtaine autour d'elle à Madrid. On était début septembre, il faisait encore une chaleur atroce, mais ils avaient gagné un jour sur les meilleures prévisions. Et c'était heureux, car les nouvelles étaient graves : le roi n'avait plus sa connaissance. On parlait d'un apostume au cerveau. Peut-être était-il déjà mort...

François et toute la suite campaient désespérément aux portes de la prison où Charles Quint avait conduit Marguerite, tous à l'affût des moindres nouvelles. Le troisième jour, le 22 septembre, à neuf heures, on vit entrer un prélat suivi d'une foule d'ecclésiastiques portant le Saint Sacrement en grande pompe. La porte de la muraille se referma en grinçant. Une heure après, le valet de Montmorency sortait comme un fou en criant : « Il est sauvé ! C'est un miracle, vive Dieu ! Le roi est guéri ! »

On ne revit Marguerite que le soir, épuisée, ravagée, mais radieuse : l'évêque avait introduit l'hostie de force, dans la bouche déjà bloquée du mourant, lors de la communion. Et, à l'instant, quelque chose avait éclaté dans le nez du roi : le pus en avait jailli et ses yeux s'étaient ouverts. L'apostume s'était donc vidé et le roi avait repris toute sa connaissance. Jamais François n'oublierait cet instant, les « vivats », les actions de grâce des chevaliers, à genoux dans cette ruelle malpropre, contre les murailles aveugles de la prison, sous un soleil encore meurtrier, qui semblait venir ce jour-là tout droit du paradis !

Après quoi, la troupe de Marguerite s'ennuya ferme pendant un bon mois, aucun ne parlant espagnol. Les populations hostiles ne donnaient guère envie de s'aventurer dans la ville laide et pesante.

En revanche Tolède, où Marguerite put rencontrer Charles Quint, éblouit François. Plus sévère que les villes princières d'Italie, l'austère capitale de l'Empire regorgeait de richesses. Mais on y resta peu, car la duchesse repartait au bout de quatre jours, sans avoir rien obtenu et refusant avec hauteur l'indigne traité qu'on lui proposait.

On repassa par Madrid, on complota l'évasion du roi, mais un traître éventa le projet ; Marguerite décida donc de repartir. Malheureusement, il était bien tard : l'hiver était là ! On chevaucha trois semaines pour atteindre les Pyrénées couvertes de neige. Il fallut passer le col du Perthuis le 23 décembre, à demi gelés et traînant les chevaux, puis redescendre sur Narbonne. La troupe était triste et silencieuse. Toutes les illusions, tous les espoirs, tous les rêves enfantins de François s'étaient écroulés. Il suivait, muet et désespéré. Seule Marguerite restait admirable de courage et d'espoir. La foule, à Narbonne, l'acclama d'ailleurs comme une reine et François n'était pas loin de la croire telle. Pourtant Marguerite n'était qu'une femme et l'on s'en aperçut sur la route de Lyon : épuisée, amaigrie, elle se retrouva embarquée dans une allée de chênes et projetée contre un tronc. François la ramassa, le col à demi fracturé. Elle dut rester quinze jours couchée avant de repartir en litière retrouver sa mère, puis revenir avec elle sur Blois.

Mais brusquement tout changea. Le bruit courait que les Dames avaient enfin réuni la rançon, que le roi allait enfin signer un traité avec Charles Quint, qu'il épouserait sa sœur et qu'il allait revenir… François aurait pu faire un saut au Puy-du-Fou, mais ce n'était pas le moment. Il fallait rester près des Dames. Déjà des émissaires apportaient la certitude du retour : oui, le traité était signé. Le roi, sous escorte espagnole, remontait déjà vers la frontière et devait être échangé contre ses deux fils. On partait donc, avec le dauphin et son frère, Louise, Marguerite et leur escorte fidèle.

Le 18 mars, le roi, ayant traversé la Bidassoa, retrouvait à Bayonne sa mère et sa sœur, mais aussi les gentilshommes survivants. Il reconnut chacun et, dès les premiers jours, décida de mettre bon ordre dans sa Maison : Montmorency, fidèle compagnon, fut nommé Grand Maître de la Maison du roi et, sur le conseil de René, il demanda pour François l'office le plus prestigieux qui soit : celui de « premier écuyer tranchant », avec une pension annuelle de 5 000 livres. Cinq fois les revenus de Maillezais ! L'office était vacant : le vieux Louis d'Aux était mort depuis trois mois.

François reçut la nouvelle de la bouche du roi et eut comme un éblouissement : il revit dans un éclair l'homme chamarré qui tenait la bannière royale près de la dépouille de la reine Anne ; son émotion d'enfant lui remonta à la gorge : « Qui est-ce ? » disait-il. « C'est Louis d'Aux, le premier écuyer tranchant du roi, répondait René, il ne doit pas bouger de ce lieu, en signe qu'il montre le corps, tant à la vie qu'à la mort, et jusqu'à ce que la reine soit enterrée. »

Premier écuyer tranchant... Quel office ! Pouvait-on être plus proche du roi ? Celui qui veille sur tous les repas, les plus simples comme ceux des grands jours. Le seul à porter la fameuse « nef », pièce d'orfèvrerie signée Benvenuto Cellini. Seul à trancher les viandes avec les couteaux à manche d'or, et à servir le roi. Seul pour assurer sa sécurité.

L'écuyer tranchant, il le savait, non seulement prenait soin de la Maison du roi, en faisait les honneurs aux visiteurs étrangers, les accueillait, les conduisait, mais il veillait aux armes du roi, dressait ses chevaux, lui tenait l'étrier, portait son armure et l'en revêtait, organisait les rondes de nuit dans les couloirs et les cours des châteaux. Plus insigne honneur, il avait la garde de l'étendard royal, « la cornette blanche ». A l'armée, il marchait donc juste derrière le roi.

Familier, en constant tête à tête avec le souverain, François déciderait désormais de la vie quotidienne d'un roi qui tant aimait la vie et les belles, et qui disait souvent en riant : « Pour vivre en repos avec les Français et leur faire aimer leur souverain, il faut deux choses : les tenir joyeux et les occuper à quelque exercice. » Du vieux Louis d'Aux, François recevrait la marque de sa dignité : couteau et fourchette d'or entrecroisés et passés en sautoir, dont les manches se terminaient en couronne royale. Et il avait droit désormais aux éperons d'argent.

L'office avait un autre avantage d'importance : les terres du premier écuyer tranchant n'étaient plus chargées d'aucune redevance.

Cette nomination était si considérable, si inespérée, que François, impavide dans l'adversité, subit pendant deux jours une fièvre intense. Il devait prendre son office quatre mois plus tard, deux autres premiers écuyers se partageant avec lui le cours de l'année. Il partit donc pour le Puy-du-Fou qu'il avait quitté depuis plus de deux ans, rapportant mieux qu'un butin : la faveur du roi.

L'office tombait bien car les nouvelles de la seigneurie étaient mauvaises : nobles et manants avaient durement subi les charges écrasantes de la guerre et de la rançon royale. Toutes les réserves de Philibert y étaient passées. Il avait même dû emprunter pour répondre aux appels de la régente et avait pressuré des paysans, déjà éprouvés par trois récoltes catastrophiques. La France entière était ruinée. Cet office allait permettre à François de passer à travers l'épreuve. Il partit donc.

Elle serait belle, elle serait noble et fille aînée. Puisque très noble, elle aurait la hauteur de son rang, que son charme et sa grâce tempéreraient auprès des humbles. Forte, impavide et pourtant fragile, instruite mais subtile ; assurée, lancée, mais souple à ses désirs, elle serait la fière épouse de l'un des plus hauts dignitaires de la Maison du roi, le plus proche de Sa Majesté, de sa vie, de sa sécurité, de ses plaisirs, de ses chasses, et si Dieu le veut, de ses guerres.

Elle serait la « toujours-rêvée », la Dame du Puy-du-Fou ! Elle porterait le fabuleux collier, unique dans toutes les Cours du monde, chargé de la gloire et du sang des preux d'Italie.

Tout cela, François se le répétait comme une litanie en remontant vers son domaine, au trot long de son cheval. Wilfried, respectueux, suivait en silence, armé jusqu'aux dents, et François se parlait à lui-même. Le souvenir d'une petite fille en bleu, si hautaine et si douce, longue, fine, en haut d'un escalier de pierre, servait inconsciemment de support à son rêve. L'image était floue, mais le rêve avait la masse sombre de ses cheveux, le contour de son visage au long cou, et ses yeux d'or. Flou aussi le blason de grande Maison qui, dans son rêve, s'accolait aux trois macles d'argent sur fond de gueules. Il croyait déjà sentir une ombre chevauchant à ses côtés sur la haquenée blanche que venait, paraît-il, de mettre bas sa plus belle jument : Dryade. « Un produit de roi », avait écrit Philibert. De reine plutôt, songeait François.

Le trot accordé des cavaliers scandait inlassablement les mots dont il se repaissait : « La Dame... La Dame... La Dame... », puis désaccordé : « Du Puy-du-Fou » ! C'était à cette alliance désormais qu'il lui fallait donner tous ses soins : le reste était fait. Il fallait choisir entre mille celle qui serait digne de sa gloire et de son sang.

Quatre cavaliers partaient donc sur la route d'Angoulême à Thouars. L'un d'eux était Lucas, miraculeusement rentré au logis et dépêché au plus tôt pour servir un si grand maître.

Lucas avait erré près d'un an entre le Tessin et le Poitou, par monts et par vaux, et revint avec des bottes si usées qu'il marchait quasi pieds nus. Gros et gras pourtant, souriant de tout son aimable visage. Il avait survécu en logeant dans les abbayes, se louant en automne pour les vendanges, l'hiver pour bûcheronner, au printemps pour les foins et l'été pour les moissons. Il avait plu partout, appris tous les patois, fait oraison quand il fallait, chanté dans toutes les fêtes et toujours mangé à sa faim.

— C't'enfant-là sera jamais perdu, répétait Jacotte, jalouse. Ce n'est pas comme toi, mon Bonaventure, assotté à sculpter tes buis, comme le ravi de la crèche. J' vous d'mande un peu c' qu'il a dans la tête, çui-là !

Bonaventure levait ses yeux clairs si intelligents, souriait sans répondre, assis au coin du feu, grattant sans fin de son couteau une statuette de la Vierge qui avait le pur visage de Marion.

Le troisième cavalier était Colin, et le quatrième avait été dépêché à son maître comme valet personnel par Philibert : c'était un beau-frère de Thierry, ancien écuyer de Mme de Surgères, un homme de près de quarante ans dont le château de La Flocellière n'avait plus l'usage. Tous trois avaient revêtu une livrée neuve, grise et rouge, aux armes du Puy-du-Fou, et tous quatre, montés comme des princes sur les produits de leurs écuries, avaient amené au licol pour leur maître un alezan clair à la formidable encolure, répondant au nom d'Amadis, dont François se déclara fort satisfait. On était au début de mai. Les herbes folles sentaient bon, les branches basses étaient tendres et les chevaux folâtraient tandis que les cavaliers, indulgents, rêvassaient à la proche douceur des beaux jours.

En six étapes, ils furent au château. François les menait bon train car il avait hâte de retrouver les siens et d'annoncer la fabuleuse nouvelle. A sa grande surprise, le premier visage épanoui qui l'accueillit, flânant près des douves, fut celui d'une belle créature qui ne lui était pas inconnue, et qui se jeta avec des cris de joie aux rênes de son cheval en lui baisant les pieds :

— C'est moi, Suzon, Messire, not' Maître ! Vous ne me reconnaissez pas ? Suzon, de chez Brouette... Il est mort enfin, laissant son âme au diable, et je suis partie pieds nus, sans un sol, poursuivie de cailloux. Je n'avais au monde que vous et Philibert qui aviez été si bons avec moi... Alors je suis arrivée ici.

Philibert, ajouta-t-elle en baissant les yeux et en tortillant son tablier, avait eu pitié de son malheur et l'avait embauchée, la sachant vaillante à l'ouvrage. Bref, il l'avait épousée sachant aussi qu'elle était une bonne fille, ayant gardé le cœur vertueux dans le sort cruel dont Dieu l'avait éprouvée. Suzon était enceinte, gaie, éclatante de santé. Aussi Philibert, transformé par l'amour, songeait-il moins à philosopher dangereusement. Tout était en ordre à la seigneurie et l'annonce que François fit le soir, en grande pompe, à la table de ses gens, les laissa tous saisis, éblouis, mais sans bien savoir pourquoi, car le titre d'écuyer tranchant ne signifiait rien pour eux.

On but et mangea beaucoup, on chanta et les enfants dansèrent. Seules les femmes restaient songeuses : elles avaient compris qu'elles auraient bientôt une maîtresse, une inconnue qui prendrait cette place, vide depuis vingt-cinq ans. Il y aurait enfin une Dame du Puy-du-Fou, une grande Dame... mais nulle d'entre elles n'osait demander au maître « qui, quand, quoi ». Il avait trop changé. Il n'était plus des leurs, chargé de ses gloires inconnues, de ses voyages et de cette maturité qui abolissait définitivement l'enfant qu'elles avaient élevé, couvé, gâté.

François resta peu au Puy-du-Fou — le temps de trouver de l'argent. Il avait hâte de retourner à Angoulême. Or l'argent manquait et son intendant était repris, à chaque demande, par ses démons. La condamnation de Luther lui avait été un coup dur et l'avait rendu difficile, presque méchant, envers le clergé qui l'entourait. Il ne manquait pas un scandale et le détaillait le soir au souper. François le recevait chaque jour dans la salle, pour discuter de l'état du domaine, et surtout des subsides.

Philibert arrivait, chargé de ses cahiers pleins de chiffres, et parfois de livres dont il semblait brûler de parler à son maître.

— Je suis allé ce matin aux Epesses tenter de récupérer les dettes. La misère de certaines familles, à qui il faut arracher les derniers sols pour payer les guerres du roi, est presque insoutenable. Ils sont en loques, maigres, affamés. Que ne faisons-nous pas pour servir notre prince, inconnu de nos gens ? Nous pillons leurs champs, nous volons le plus clair des revenus de leur travail, parfois même leur maison. Les gens d'Eglise en font autant. Et tous ces malheureux se soumettent comme l'agneau que l'on tond.

— Me rendrais-tu responsable, Philibert ? Tu rêves !

— Non, Messire, car ces malheurs ne viennent pas de l'ennemi que vous combattez si bravement, ils viennent de ce roi dont vous êtes tous respectueux... que dis-je, amoureux ! L'adorant comme des aveugles, tous courent à son appel pour mourir à son service comme a fait le Sire votre père. Personne ne se pose aucune question. Pourtant nous sommes des hommes, et non des bêtes !

François avait écouté sans protester le triste tableau de la misère des temps. Il le connaissait bien. Mais les réflexions de Philibert l'inquiétaient. Il n'osait l'interrompre et se sentait mal à l'aise. Philibert continuait :

— Vos gens, Messire, retournent la terre, sèment fruits et légumes, engraissent bétail, et de tout cela cette année, il ne leur reste rien. Tout passe dans les guerres d'un prince qu'ils ne verront jamais et qui ne les connaîtra même pas. Vous-même, Messire, vous avez perdu, en trois ans, l'essentiel de vos ressources et vous avez bien failli perdre votre vie, pour ce roi dont vous ne jugez jamais les actes. Or, vous qui gérez si bien et de si près votre domaine, avec intelligence et économie, vous voici béat devant la pire gestion que l'on puisse faire d'un royaume.

Le discours de Philibert devenait sacrilège. N'attaquait-il pas les fondements mêmes de la marche du monde ? Etait-ce donc là que menait la philosophie, ce démon qui rôdait dans les grandes salles de la Sorbonne, où Philibert avait appris à penser ? Cela dont parlaient les « estudiants » dans les tripots de Saint-Germain ? François, d'un geste ferme, arrêta son intendant :

— Je sers mon roi parce que je le veux, coupa-t-il brutalement. Je lui fais don de mes biens et de ma personne comme tout seigneur bien né, parce que tel est le sens même de ma vie et la mission que Dieu m'a fait l'honneur de me confier en me conférant la noblesse. La grande misère du temps me trouble autant que toi. Mais ce ne sont ni les idées ni les théories hérétiques qui y porteront remède. C'est le travail et le courage, et puis l'aide du Ciel qui fait la loi des saisons. Ne croirais-tu plus en Dieu et à sa toute-puissance sur le monde ?

— Si fait ! J'y crois, Messire, aussi fort sinon plus que tout autre. Mais je ne suis pas sûr que celui en qui je crois soit tout à fait le même que celui de nos curés. Je ne suis pas sûr de lui attribuer la paternité de la richesse et de la pauvreté, ni celle de l'inégalité entre les êtres, dont les uns vont quasi nus et les autres tout brodés d'or. C'est trop commode ! Aristote et Platon nous ont ouvert les yeux sur les vertus d'une inégalité raisonnable entre les hommes et...

— Aristote et Platon, coupa sèchement François, ne connaissaient pas Dieu. C'étaient des païens. Prends garde, Philibert ! Ton esprit t'égare et la justice de l'Eglise n'est pas tendre aux révoltés. Or je ne veux pas perdre le meilleur des intendants.

L'atmosphère au château lui sembla fort lourde pendant les trois mois qu'il y passa. Quels que soient les comptes et les états d'âme de son intendant, il fallait à l'écuyer tranchant commander pour son service quatre ou cinq habillements de soie et d'argent, non pas tant pour se parer, que pour tenir son rang. A Philibert de se débrouiller pour en trouver les moyens ! François laissa aussi pousser sa barbe en collier, ce qui lui conférait non seulement un air plus mûr, mais une virilité plus raffinée. Le roi, en effet, blessé au jeu par un compagnon, avait gardé une cicatrice assez profonde au menton et décidé de la cacher. Tout le monde l'imitait. François profitait de sa courte retraite aux champs pour se mettre à la mode.

Le seigneur du Puy-du-Fou repartit un mois plus tard à Angoulême, où se tenait la Cour. Le roi n'avait pas encore repris ses fonctions. Il se remettait lentement de sa prison dans les bras de la belle Chateaubriand et Madame Louise conservait la régence dans ses mains actives et puissantes. Tout était en ordre quand François atteignit Angoulême.

CHAPITRE VIII

LA DAME... LA DAME !

Le 25 mars 1526, le premier écuyer tranchant, François du Puy-du-Fou, servit le roi au dîner pour la première fois et l'accompagna à la chasse autour du château d'Angoulême. Trois jours plus tard, à peine installé, il pénétrait chez sa chère duchesse, la perle des Marguerite, qui tenait table ouverte jusqu'à la nuit, au château maternel. Elle lui tomba presque dans les bras, les larmes aux yeux, le cœur encore serré par le souvenir du tragique voyage à Madrid :

— Voici mon page, dit-elle en souriant à ses Dames. Un page fidèle et courageux qui ne m'a jamais abandonnée. Venez, Monsieur le premier écuyer tranchant, nous jouons avec ces Dames au corbillon. Vous qui fûtes romain, vous n'y serez pas emprunté.

Les filles d'honneur de Marguerite éblouirent François. Elles étaient toutes vêtues de blanc, à cause du deuil de leur maîtresse. Aucune n'avait plus de vingt ans. Le regard de François courait de l'une à l'autre et brusquement s'arrêta sur une longue et mince jeune fille dont les cheveux d'ébène couronnaient un visage d'une rare finesse, posé sur un cou sans fin. Deux yeux d'or étranges le fixaient intensément. Il lui sembla même voir la jeune fille retenir un sourire.

« Je la connais, pensait-il... ces yeux, cette hauteur, ce sérieux ! » Lui revint à l'esprit l'image de la petite fille en bleu, droite et fière, dont les yeux d'or le fléchaient sur le perron du château de Laval. Il restait hésitant, paralysé. Le roi entrait dans une bousculade de gentilshommes et René lui frappait sur l'épaule :

— Où es-tu, Monsieur l'écuyer ? Tu sembles tout envoûté. Aurais-tu pris racine dans cette ronde de fées ? Tu as reconnu Catherine, je suppose... Elle au moins ne t'a jamais oublié, mon cher ! Elle t'attendait.

Catherine de Montmorency-Laval rougit et baissa les yeux. C'était donc bien elle ! René l'avait, disait-il, ramenée de Laval pour ses dix-sept ans et l'avait présentée à Madame Marguerite qui, charmée, l'avait enrôlée parmi ses filles d'honneur.

— J'aurais pu attendre l'arrivée de la nouvelle reine, ajouta-t-il, mais l'empereur son frère peut nous faire languir fort longtemps. Et puis, seule Madame Marguerite pouvait apprécier ma savante petite sœur. La seule studieuse de la famille, la seule sérieuse, et la plus belle. Elle parle le latin comme un clerc, connaît les philosophes, joue du luth à ravir. Elle sait l'italien, l'espagnol... Je suis un âne auprès d'elle ! Allez donc lui faire la cour, beau seigneur, et faites appel à tout ce que l'Italie vous a appris : c'est un oiseau farouche et délicat.

— Au jeu, Messieurs ! criait Marguerite. Asseyez-vous en rond : les Dames d'un côté, les gentilshommes de l'autre.

Catherine de Montmorency-Laval... Avait-il jamais rêvé plus haute ni plus noble alliance ? Les Laval avaient des biens immenses et en auraient de plus en plus, avec la faveur de leur cousin le Maréchal, grand maître de la Maison du roi, et cousin de surcroît de Mme de Chateaubriand, épouse de Jean de Laval-Montfort ! La tête de François tournait. Avait-il vraiment pensé à une autre femme qu'à cette petite fille dont le souvenir ne l'avait jamais tout à fait quitté ? C'était elle, elle seule, sœur de son presque-frère, qui pouvait être cette Dame du Puy-du-Fou dont deux générations avaient rêvé, gardant farouchement parmi les pires difficultés le fabuleux collier. Il la regardait ébloui, bouleversé, tandis que le jeu commençait.

Les jeux, chez Marguerite, en appelaient évidemment à la culture la plus raffinée. Chacun devait y faire montre de ses lectures et de son esprit de repartie. Certes, la duchesse y brillait, mais naturellement, sans écraser personne ni en tirer vanité. C'était pour elle une des joies de la vie, et l'atmosphère restait fort gaie. On riait de tout, des bons mots comme des bêtises.

Quand le roi était là, on donnait des gages et le gagnant ou la gagnante recevait les faveurs du partenaire de son choix. Déjà la duchesse avait embrassé quelques heureux gagnants.

— Je vous propose ce soir le jeu du corbillon, dit Marguerite à l'assemblée. Je vous rappelle que la rime doit être riche ! La consonne d'appui ne suffit pas et, si c'est une rime masculine, la diphtongue finale doit être précédée d'une voyelle. Selon la règle, nous tirons une rime au sort dans le corbillon que voici. Une main innocente s'il vous plaît ! Mademoiselle de Saint-Palther ! Voici : le sort vous propose une rime en « ion ». Je vous tends le corbillon, cher Monsieur de La Plaine... cria-t-elle dans l'oreille de son vieux voisin qui restait coi. « Dans mon corbillon, qu'y met-on ? »

— Un pardon, répliqua le vieil homme en lui baisant la main.

Marguerite éclata de rire :

— Mais non, très cher, la rime est trop pauvre ! Mettez plutôt votre « confusion » ! A vous maintenant...

Le jeu tournait, Marguerite à qui revenait souvent le corbillon recevait « admiration — affection » — et même « adoration » ! Elle répondait : « émotion — discrétion ». Les abbés se lançaient des piques sous forme de « révélation — méditation — contemplation — punition » — et même « expiation » ! On riait beaucoup sous cape. Les artistes jetaient fièrement : « création — ambition — tentation ». La grosse Mme de La Plaine, demi-endormie, ne trouva que « collation » et « libation » !

François, habitué aux Cours italiennes, avait assez de bonne grâce pour bien se tenir dans ces joutes d'esprit, et faire au moins semblant de comprendre les allusions savantes qui lui faisaient regretter les ennuyeuses leçons de Maubuisson. Il n'avait pas « d'esprit » à proprement parler, mais il se savait rapide, et assez assuré pour ne pas rester coi.

Il avait néanmoins bien du mal à être attentif. Du coin des yeux, il ne cessait de dévorer Catherine de Montmorency-Laval qui jouait avec science. Celle-ci baissait vivement les yeux, dès que leurs regards se croisaient, mais il était évident qu'elle ne cessait de le voir. Le trouble qu'il en éprouvait croissait à chaque regard. Il eut bientôt l'audace de la fixer longuement pour la surprendre, sans vergogne. Elle était belle, en effet, d'une distinction qui écrasait ses compagnes. A côté d'elle, Mlle de Saint-Palther, ronde, généreuse, potelée, dorée, semblait presque vulgaire. Une princesse près d'une manante ! C'était donc cela qu'était devenue cette étrange petite fille dont il avait, à quinze ans, subi la fascination, sans bien deviner quelle promesse contenaient sa silhouette menue et son fin visage ? Avait-elle déjà ces sourcils très haut placés, si fins qu'on les aurait crus dessinés au pinceau, et dont l'innocence masculine ne devinait pas l'épilation qu'imposait la mode ? Avait-elle ce nez si fin, si droit, au-dessus d'une petite bouche très légèrement ourlée ? Il admirait ce corps aux seins ronds, moulés dans le satin blanc, ces épaules tombantes qui accrochaient à peine le décolleté carré. Ce qui retenait l'attention chez Catherine de Laval, c'était l'impression que le corps fragile pouvait être brisé d'un simple choc, comme un verre de Venise, alors que le visage dégageait une force intérieure peu commune : « Une âme airain dans un corps de fleur », pensa François. C'était bien cela qu'il fallait au guerrier.

Le teint si clair de Catherine se colorait sous l'insistante attention. Elle restait pourtant calme, répondant avec une rare maîtrise au double jeu de l'esprit et du désir.

Le corbillon tournait très vite et la balle échut enfin à Catherine. Cette fois, elle fixa bravement François et lui lança :

— Que met-on dans mon corbillon ?

— Une déclaration, répondit-il sans coup férir.

Le mot était sorti de sa bouche avant même qu'il ait pu réfléchir.

— Laquelle, demanda malicieusement Marguerite, entre haut et bas ?

— D'inclination, lança-t-il sans hésiter.

Un murmure parcourut l'assemblée. Tous les regards convergeaient vers Catherine. Catherine rougit, accusant l'audace de toute sa taille, le menton relevé, l'œil fier. Mais François, en bon guerrier, continuait l'attaque :

— A vous ! Que met-on dans mon corbillon ?

— La passion ! répondit-elle sur-le-champ, d'une voix ferme et grave, comme on lance une balle.

Il y eut un instant de confusion. Marguerite s'exclama. René, clopinant encore, vint mettre son bras autour du cou de son ami en éclatant de rire.

— Moi, dans ce plaisant corbillon, j'ajoute la raison, le don, le renom et des neveux très mignons...

Marguerite, qui s'amusait fort, protestait que les rimes étaient pauvres et le gronda. On passa force friandises accompagnées de vin de rose que Marguerite adorait et qui dégageait une odeur de printemps. François regardait toujours fixement Catherine, mais celle-ci ne baissait plus les yeux, elle souriait, face à lui, droite et fière, seule au monde, à ses propres yeux comme à ceux de François.

« Oui, c'est elle, c'est bien elle », pensait-il en détaillant la taille fine qui tiendrait dans ses deux mains, et l'admirable couronne de cheveux de jais. Dénoués, ils devaient tomber jusqu'à ses reins !

Il était plus de minuit quand Marguerite se leva, souhaitant à tous une bonne nuit, pour se retirer dans ses appartements. François la salua avec une mine si étrangement absente qu'elle sourit :

— Seriez-vous enfin amoureux, mon page ? Il est temps. Vous avez bien servi et vous méritez enfin d'être heureux. Perdez donc cet air sauvage qui m'a toujours fait peur. Toutes mes filles vous ont dévoré des yeux. J'espère que vous vous en êtes aperçu ?

Elle eut en parlant de « ses filles » un de ses sourires moqueurs, charmants, si semblables à ceux de son frère, qui plissaient ses yeux et dégageaient la même et furieuse joie de vivre.

Les filles d'honneur la suivaient. François devança vivement leur cortège et balaya le sol sur le passage de Catherine de la plume de sa toque dans un salut royal. Catherine s'arrêta un quart de seconde et plongea sans hésiter dans une profonde révérence, avec un envoûtant sourire, puis disparut dans l'envol des colombes.

François s'éclipsa le premier, sans attendre, et toute la Cour de Marguerite crut à l'annonce délibérée d'une alliance déjà conclue. Personne ne sembla donc choqué. Il était juste qu'enfin le premier écuyer tranchant prît femme parmi les plus grands noms de France. Seuls quelques jaloux jasèrent sur des manières trop cavalières pour une assemblée raffinée.

Catherine, elle, avait dès le premier coup d'œil reconnu François. Dans les austères forteresses des comtes de Laval et Vitré où sa mère, sans cesse dolente, ne recevait personne, la venue du jeune homme, amené par son frère préféré et dormant sous leur toit, avait été un grand événement. Elle n'avait pas encore dix ans, petite fille impressionnée par cet adolescent dont René disait cent merveilles et dont elle savait tout, comment aurait-elle oublié ce grand homme, fier et un peu raide, qui lui avait dit presque timidement, tout de suite : « Ne m'appelez pas Messire, demoiselle ! Je suis François pour vous comme pour René. Il est un peu mon frère. » Pendant ces trois jours où, tout au long du repas, elle sentait sa présence en face d'elle, elle ne l'avait jamais regardé en face, baissant les yeux sur son bol d'argent, mais aucun de ses gestes ne lui avait échappé. Il avait rempli l'air et l'espace de sa simple présence, lourde du vaste monde qu'elle ignorait. Et il était parti fièrement comme un homme, avec son écuyer personnel, sans se retourner, emportant avec lui un souffle de puissance et de liberté.

Catherine sortait à peine des sombres châteaux de Laval et de Vitré et de leur morne ennui. Aussi avait-elle profité là-bas avec passion de l'excellent précepteur prévu pour ses frères. Tout lui était bon pour s'échapper, d'abord par l'esprit. Tout l'intéressait : elle lisait, écrivait, traduisait pour son plaisir. Les jeux guerriers des garçons les détournaient du savoir, sa solitude l'y entraînait. Intelligente, vive, elle ne semblait jamais faire d'effort et son gros frère Claude s'en montrait parfois jaloux : « Catherine n'a pas de mérite, disait-il, elle sait tout sans apprendre. » Mais Catherine apprenait, cachait des livres sous ses jupes pour aller dévorer Plutarque dans les bois. L'abbé Noblet, leur précepteur, lui glissait parfois les derniers écrits de Lefèvre d'Etaples. Aussi se trouva-t-elle, à la Cour de Marguerite, plus à l'aise et plus au fait de toutes les conversations théologiques que les autres filles d'honneur. Marguerite l'avait prise en affection et l'appelait « ma plus chère fille », ou même « ma perlerette ». Pour Catherine le monde s'était ordonné autour de René, il continuait.

François rentra chez lui, comme au soir d'une victoire. Il avait enfin fixé sa vie. Le lendemain même il fut chez René et, à brûle-pourpoint, lui demanda la main de sa sœur.

— C'est à mon père qu'il faut t'adresser. Je suis sûr d'avance que ton nouvel office et les espoirs que la Cour porte sur ton avenir le décideront en ta faveur. Tu sais que je suis déjà ton frère, et rien au monde ne peut m'être plus cher qu'une telle alliance.

« Moi, ajouta-t-il d'une voix plus sourde, je te confie celle qui est le trésor, la fierté de notre famille. Ma petite merveille, mais surtout ce que j'ai de plus proche au monde : un autre moi-même au féminin. Nous avons partagé notre enfance sévère, nos jeux fous, notre tendresse inemployée. Dès qu'elle a su parler, je lui ai tout dit de moi pendant nos longues soirées d'hiver sous le manteau des cheminées, à la lumière et la chaleur du feu. Elle sait tout écouter... Et puis que te dire encore ? Que c'est elle ma sœur, comme c'est moi son frère... Les autres étaient trop loin de nous. Je lui ai toujours écrit depuis la Cour, elle sait tout de toi comme de moi. Je n'aurais pu la donner à personne d'autre, et sans doute n'aurait-elle pu en aimer un autre que toi.

François se taisait, intimidé devant ce monde de la tendresse dont il ignorait tout. Les mots de sa marraine lui revenaient, et ce même malaise, cette sensation d'être à jamais un étranger, un intrus. Il balbutia des remerciements et se tut. Mais René, très ému, ne s'en aperçut même pas.

Jean de Laval, chevalier, comte de Laval et Vitré, vicomte de Bresneau, seigneur de Bois-Dauphin et de Précigné en Anjou, était un seigneur important. Il reçut François avec amitié. Mme de Laval sortit pour lui de sa langueur, et daigna descendre, alors qu'elle ne se levait plus guère depuis la naissance de sa troisième fille, Hyéronyme, qu'on n'attendait plus après vingt ans de mariage !

La dot de Catherine combla François. Son père lui donnait les rentes de la riche abbaye de Saint-Jean-d'Angely, plus une somme de 40 000 livres d'argent. La fille cadette, Anne, serait mariée sans doute moins richement. Et Hyéronyme, qui trottait à cinq ans comme une jeune cavale, était promise au couvent. René aurait Laval et, en attente, la seigneurie de Bois-Dauphin. Quant à Claude, son frère, déjà trop rond et dodu, il entrerait dans les ordres et y ferait sûrement une belle carrière.

Toute la famille de Montmorency-Laval se dérangea en grand arroi pour le mariage qui devait avoir lieu à Amboise en juillet. Le roi et Marguerite offraient les fêtes dont chacun entendait combler son propre protégé. Toute occasion de fête était de surcroît bonne à prendre pour oublier les malheurs passés. Ce fut un très beau jour : le ciel était pur, les façades de pierre blanche finement sculptées semblaient sourire à l'avenir. Le parc fleuri était couvert d'étendards et le soleil resplendissait dès l'aube. Monseigneur d'Estissac, mandé depuis Maillezais, avait tenu à bénir le couple dans la chapelle Saint-Hubert et on s'écrasait jusque dans les jardins, sous de grands platanes, dont l'ombre même commençait à devenir brûlante.

François vivait une sorte de rêve : le roi, la régente, Marguerite, assis près de l'autel lui souriaient. Il entendait monter derrière lui la rumeur d'une foule couverte d'or et, près de lui, dans la robe bleue qu'il avait réclamée comme souvenir de leur première rencontre, la belle Catherine de Montmorency-Laval portait sur des seins hauts et ronds un seul bijou, mais quel bijou ! Le collier des Dames du Puy-du-Fou dont l'escarboucle énorme lançait sur le pastel des éclairs de sang.

Jamais il n'oublierait la surprise éblouie de Catherine quand il avait sorti ce trésor de son écrin et l'avait attaché, sans un mot, au long col gracieux de sa belle, avant de l'entraîner vers la chapelle à travers la foule.

— Bravo, l'homme au collier, avait soufflé René lorsqu'il passa devant lui. Tu n'avais donc pas menti : « Plus beau que celui de la reine Anne ! »

François revit en un éclair le chemin parcouru depuis l'enfant au pourpoint démodé, perdu dans une foule inconnue, devant une reine de cire. Longue route, dont chaque instant, chaque geste, le menait là près du roi, l'un des plus familiers parmi les cent gentilshommes de sa Maison.

Les fêtes commandées par Marguerite furent superbes. Mais ce ne furent ni les banquets ni les danses dont Catherine devait se souvenir. C'était du tournoi où le roi avait convié son époux.

Catherine, du haut des tribunes, sous le poids du collier et de ses pierreries, Catherine la sage, la savante, la dame d'atours au beau langage, vit apparaître dans un nuage de poussière, non plus l'homme de Cour si policé, ni le diplomate des palais romains qu'elle avait épousé, mais un formidable homme de guerre, bardé de fer des pieds à la tête, dans le tintamarre de son armure, visière rabattue, museau pointu, lance à la blessure mortelle. C'était le chevalier de Pavie, maniant avec une incroyable dextérité un énorme coursier qu'il enserrait et piquait de ses longs éperons d'argent. Deux monstres se ruaient l'un sur l'autre, tous deux invisibles, superbes, durs, glacés comme le métal qui les emprisonnait.

Certes, Catherine avait vu cent tournois, mais les héros lui étaient aussi étrangers que les hommes peuvent l'être aux femmes. Et puis ce héros-là, qui sortait tout droit des champs de bataille, portait sur son bouclier, non seulement les trois macles d'argent sur fond de gueule, mais aussi les seize alérions d'azur qui se confondaient avec elle, depuis qu'elle était au monde !

« Je sais tout des livres, mais rien des hommes », pensa-t-elle, tandis que frappaient les lances et que les chevaux hennissaient dans les cris de joie des valets et de la foule qu'ils contenaient. Les jolis mots qui voletaient dans le salon de Marguerite avaient-ils un sens pour ce grand capitaine qui avait tant tué, et préservé ce corps d'athlète contre des armées entières ? Ce corps terrible, elle ne le connaissait que paré, masqué, déguisé...

Durant le bal, le roi n'avait cessé de presser la jeune femme. Son éclat, sa beauté, mais surtout cet air sage et un peu sauvage ravivaient en lui la plaie toujours béante qu'avait ouverte le départ de Françoise de Chateaubriand. Son empressement fut remarqué et un jeune page, qui n'avait pas sa langue dans sa poche, le constata tout haut devant René. Celui-ci éclata de rire, comme toujours, et dit, insouciant, à son beau-frère :

— Que ferais-tu si le roi jetait son dévolu sur ta femme ?

Il s'attendait à une plaisanterie, un fin mot. Mais François, glacé et plus hautain que jamais, jeta sèchement à voix haute :

— Je la tuerais... le lendemain.

On s'exclama autour d'eux, préférant prendre le mot en dérision. Mais le récit en vint rapidement jusqu'au roi qui sourit :

— Que mon fougueux écuyer se rassure ! Je ne veux la mort d'aucune belle.

« Je la tuerais... le lendemain ! » Le mot revint à Catherine, car dix personnes s'empressèrent de le lui rapporter. Elle en reçut un choc et fut troublée : était-ce le comble de l'amour, la vraie dignité pour un homme ? Elle ne doutait pas une seconde que ce héros tuerait vraiment, et sans la moindre hésitation. Quant au roi, il ne la séduisait nullement. Ses avances n'étaient à ses yeux qu'un hommage fort glorieux. Si sa cousine Françoise de Chateaubriand s'était livrée au roi après une longue résistance, c'était parce que mal mariée et follement amoureuse de son souverain. Catherine l'avait plainte, mais elle savait qu'elle n'eût jamais cédé par intérêt, comme Mme d'Etampes, qui d'ailleurs la regardait fort de travers, pauvre sotte ! Il est vrai qu'elle détestait les Montmorency, donc les Laval.

Catherine aurait aimé se rapprocher de Marguerite, entendre sur ce petit drame la voix de la sagesse et de l'esprit. Mais Marguerite était toute à ses amours, elle venait d'épouser le roi de Navarre qui, visiblement, lui faisait oublier sans peine le triste sire d'Angoulême.

Marguerite semblait inatteignable. Dans la grande salle gothique du château, la blancheur de la pierre, la perfection des sculptures, ses colonnes semées de fleurs de lys et d'hermines, la douceur des anges parsemant les cheminées, tout cela frappait une fois de plus Catherine. Ils partirent à la nuit, descendant à cheval la vis sans fin de l'énorme tour, dont tous les culs-de-lampe souriaient à l'amour, de leur éternel sourire de pierre. Un orchestre de cordes et de cuivres les suivit jusqu'à la traversée de la Loire. Toute la ville était aux fenêtres. La noble musique royale bouleversait toujours Catherine. François avait repris, dans ses atours brodés, son aspect habituel. Il était beau, très haut perché au-dessus de la foule sur son admirable palefroi. Elle allait vers son destin, le cœur si gros de fierté, de peur et d'émoi qu'elle avait envie de pleurer sans bien savoir si c'était de bonheur ou d'angoisse.

Elle se retourna vers le château. Marguerite était sur la terrasse. Sa fine silhouette immobile rêvait-elle à la douceur de ces lieux et à son propre bonheur ? Il sembla à Catherine qu'elle eut un geste d'adieu charmant, puis elle disparut.

La fraîcheur du fleuve montait, et Catherine frissonna : qui était donc ce terrible et fascinant seigneur du Puy-du-Fou qu'elle venait de choisir elle-même, sans bien en démêler la raison ?

Tard dans la nuit, lorsqu'il entra en elle, elle retint un cri, moins de douleur que de terreur. Sous la chemise brodée qu'il avait gardée, ses muscles d'acier, ses mains de fer l'avaient pétrie, enserrée, et c'était sa lance qui l'ouvrait dans un assaut furieux.

Catherine était brave. Elle serrait les dents sous la douleur qui la fouillait au plus secret de sa chair et se forçait à respirer calmement, à sourire même. On était très loin du rossignol, des poètes et des chansons d'amour !

François n'avait eu que des filles expertes et presque usées aux jeux de l'amour. Pantasilea, qu'il avait prise pour une fée, était bien loin d'être vierge ! Pesant de tout son poids sur la fine silhouette, il murmurait qu'il était heureux, qu'elle était la seule et l'unique, qu'il avait toujours rêvé d'elle et qu'elle était enfin à lui. Elle lui répondait en écho qu'elle avait grandi pour lui et qu'elle lui donnait tout son être. A peine s'étonna-t-il dans la nuit de trouver la même résistance à ses élans et ce corps fermé, pourtant si doux, verrouillé comme une porte de forteresse. A peine s'étonna-t-il de la raideur de la jeune femme, de ses efforts pour se détendre. Du moins n'en chercha-t-il pas la cause.

La Dame du Puy-du-Fou, botte à botte avec son seigneur, suivie de leurs quatre valets, allait donc prendre possession de son domaine. Catherine avait pensé emmener une servante qui l'avait élevée, mais François avait refusé :

— Vous aurez au Puy-du-Fou la plus dévouée, la plus adroite des servantes. Elle vous attend depuis ma naissance et n'attend que vous au monde. Vous la vexeriez, vous la peineriez surtout en amenant quelqu'un d'autre.

Catherine était bonne. L'histoire de Marion que François lui contait lui tira des larmes. Elle parvenait mal à imaginer les lieux et les gens d'une province inconnue, elle écoutait intensément, se répétant les familles, les parentés et les noms des châtellenies voisines, tandis que disparaissaient les grandes plaines aux champs ouverts de Touraine, et que l'on entrait dans le Bocage où se resserraient les collines, les haies, les vallées, tandis que surtout disparaissaient les beaux pignons de pierre blanche des bords de la Loire.

Les murailles rousses du Puy-du-Fou lui sautèrent au visage, comme une apparition fort décevante : « ... Petit... rude... sauvage... », tel lui parut le château. Il était en effet fort loin de la forteresse de Laval, couvrant de sa haute silhouette les toits pressés de la ville. Plus loin encore des terrasses fleuries et des façades sculptées de Blois ou d'Amboise. Certes, les aubépines embaumaient le long de l'allée couverte, les pâquerettes faisaient un tapis de reine sous les pas de son cheval, mais tout cela était rustique, et bien modeste.

Elle souriait, silencieuse, tandis que la troupe passait le pont-levis au milieu des vivats de tous les gens que Lucas, dépêché la veille en estafette, avait prévenus de l'arrivée.

Tout le village du Bourg-Bérard et celui des Epesses étaient là dans la cour. Au premier rang, un homme bien vêtu où elle devina Philibert et une femme très blonde, digne, fort émue, qui lui parut d'une extrême beauté. « Serait-ce Marion, pensa-t-elle, François ne m'a même pas dit qu'elle était belle ! »

C'était bien Marion et ce fut elle qui la première s'avança lorsque Catherine mit pied à terre. Elle se jeta à genoux devant sa maîtresse, en larmes, baisant sa robe et la main que Catherine lui tendait :

— Ah ! Madame, dit-elle d'une voix douce, que vous êtes la bienvenue, et que nous vous aimons déjà ! Nous vous attendons depuis toujours et sommes à vous corps et âme !

Catherine était émue. Tous ses gens se bousculaient pour la saluer, baiser sa robe ou lui offrir des fleurs, tandis que François flattait les chiens et les enfants qui lui faisaient fête. Il présenta Suzon, Jacotte et sa nombreuse famille, celle de Thierry, la salle, les chambres du château.

A la grande surprise de Catherine, tout ce petit monde les suivait sans façon, les enfants chuchotant, touchant sa robe ou sa mante de velours, tandis que les hommes et les femmes la dévisageaient de front avec une évidente admiration.

— Eh bien, elle est belle, notre maîtresse, mon François, dit familièrement Jacotte. Vous l'avez bien choisie. J'ai jamais vu dans les châteaux voisins si beau visage, ni si bien attifée ! C'est une fière Dame que nous avons là, et nous sommes bien heureux de la servir.

Oui, on était loin, très loin de la Cour ! Un festin les attendait... dans la cuisine ! Catherine eut un recul et leva des yeux étonnés vers son mari. On mangeait donc avec les gens, et non servis dans la salle ? Mais François semblait trouver la chose normale.

Les premiers mois au Puy-du-Fou furent très occupés : on invita beaucoup les jeunes mariés dans les châteaux. François décida sans tarder de présenter à leur nouvelle souveraine ses terres, ses hameaux et ses gens. Montée sur la haquenée grise qu'il lui avait offerte, Catherine, fort élégante, entra dans toutes les chaumières, caressa les enfants, visita chapelles et paroisses. Elle connaissait fort mal la vie des campagnes, son père ne l'ayant jamais emmenée hors du château avec ses frères, sauf pour les visites et les fêtes des seigneuries voisines. Elle fut profondément troublée par la pauvreté des campagnes. La famine avait fait, deux ans plus tôt, des ravages dont les dégâts n'étaient pas de sitôt réparés. Des grappes d'enfants sales couraient dans les étables et les cours boueuses, décorées d'un fumier central, et venaient, éblouis, toucher sa robe, ses bagues, ses bottes damasquinées. Elle entrait partout. Les femmes lui offraient du lait avec du pain bis et des fromages jusqu'à satiété. Sachant que leur fierté souffrirait, elle ne refusait jamais.

Elle plut. Les hommes intimidés se tenaient respectueusement debout près de sa chaise, le bonnet bien bas, et l'appelaient « Not'Dame ». On lui présentait les malades au fond des alcôves, et les vieux impotents qui se répandaient en bénédictions. Elle tentait de retenir tous les noms : ceux des lieux, ceux des gens.

Encreviers l'enchanta, et plus encore Maubuisson qui l'étourdit de discours. Le bruit avait couru jusqu'à lui que cette grande Dame était aussi une savante, aussi tint-il à lui montrer son atelier. Catherine, qui avait beaucoup lu, l'écoutait avec intérêt et François qui s'ennuyait s'en fut, les laissant causer jusqu'à la nuit.

Dès cette première visite, Catherine comprit qu'elle reviendrait. Cet homme, dont son mari souriait, était d'une autre race que tous ceux qu'elle avait visités jusque-là, même dans les châteaux. Quand elle voulut le quitter, il la regarda longuement derrière ses besicles sans mot dire, tenant deux mains fines dans ses grosses pattes noueuses. Il marmonna quelques mots mystérieux :

— Non ! Le Scorpion ne peut suivre le Sagittaire...

— Que dites-vous là, Maître Maubuisson ?

— Depuis ce matin, je sais qu'une flèche a traversé notre ciel. J'interrogerai pour vous les étoiles, belle dame ! Je sens en vous un destin peu commun. Revenez me voir !

Une autre amitié se dessinait pour Catherine, de l'autre côté de la Sèvre. Le château de la Blandinière, avec son haut corps de logis, sa riche chapelle, et sa loggia à colonnettes, abritait cinq jeunes filles, toutes charmantes : « Une calamité, disait le Sire leur père, comment pourrais-je les marier toutes ? » De fait, c'était pitié de voir de si belles jeunes créatures promises à de misérables mésalliances ou au couvent. Jeanne, l'aînée, était fiancée au fils aîné des seigneurs de Parthenay. Que resterait-il pour doter les autres ? La troisième surtout, Bérengère, causait un véritable éblouissement : seize ans, rousse, la peau et les cheveux éclaboussés de pépites d'or. Des yeux verts, immenses, semblaient dévorer le monde avec un mélange d'effronterie et de gaieté que Catherine n'avait jamais rencontré à la Cour. La jeune fille s'était prise de passion pour Catherine, éblouie par son nom, ses titres et l'ombre de la reine de Navarre.

Bérengère était la joie, la vie même. Drôle, coquine, sans gêne, elle avait un rire délicieux qui s'égrenait comme une musique. Elle et ses sœurs ne cessaient de galoper jusqu'au Puy-du-Fou, comme de petits animaux familiers. Bérengère n'avait peur ni de François, ni de ses grands airs, ni d'ailleurs de personne, bavardant des heures avec son amie, essayant robes et coiffures, conseillant Catherine avec un goût très sûr, sous les yeux approbatifs de Marion. Bérengère pleura lorsque François et Catherine repartirent pour Blois où le roi venait d'arriver. Ce fut la dernière vision que Catherine emporta de son nouveau domaine : à la fenêtre de la salle, une forêt de boucles cuivrées sur une silhouette désolée qui agitait son mouchoir.

Dès l'arrivée à Blois, Catherine comprit qu'elle était enceinte. Elle en ressentit une joie profonde. Enfin, elle était une femme ! Telles étaient sans doute les joies du mariage ? Le bonheur la rendit plus douce, plus soumise et les douleurs que lui infligeait l'ardeur de son mari s'atténuaient. Son éclat nouveau frappa la Cour, et Marguerite la complimenta du succès de son union. Au sixième mois de grossesse, François ramena son épouse au bercail, tenant à ce que le premier héritier du nom naisse au château. Catherine, les derniers mois, lut beaucoup et but force tisanes miraculeuses pour avoir un garçon.

Pour ses couches, elle aurait aimé, comme sage-femme, avoir sa mère à son chevet. Mais Mme de Laval, éternelle malade, se contenta de lui écrire, de son écriture raide et pointue, une longue missive qui lui serra le cœur. Elle lui détaillait ses propres douleurs lors de leur naissance à tous, ainsi que leurs suites : tranchées, déformations, apostume des seins, faiblesse... Elle recommandait de ne pas attendre pour la cérémonie des relevailles, et assurait sa fille qu'elle priait pour elle. Elle lui envoyait néanmoins sa petite sœur Hyéronyme qui allait sur ses sept ans et qui ne pouvait évidemment lui être d'aucun secours, au contraire !

Dès l'arrivée, Hyéronyme se montra insupportable. Catherine connaissait fort peu cette sœur tardive, née la veille de son départ à la Cour. C'était une petite brune impertinente et fort sûre d'elle, qui regardait le monde de front et jugeait sans ménagement choses et gens. Elle trouvait le Puy-du-Fou bien petit et modeste à côté des châteaux paternels, et ne se gênait pas pour le dire à chaque occasion. Elle s'étonna qu'on soupe avec les gens et qu'on ne soit pas servi. Elle blessa jusqu'au fond de l'âme Jacotte en tordant le nez à chacun de ses repas et de ses cuisines pourtant savantes. Plus grave : elle fouillait partout, ouvrait les coffres et Marion la surprit un jour parmi les papiers secrets de sa sœur. Malgré ses sept ans, il était évident qu'elle savait lire. Catherine pensa que le couvent qui l'attendait aurait fort à faire avec une novice de cette trempe.

Bérengère, future marraine avec René pour compère, vint s'installer au Puy-du-Fou avec joie pour assister son amie :

— Ta mère est folle, disait-elle sans façon, on sait bien que toutes les plus belles femmes de la Cour ont accouché de je ne sais combien d'enfants et restent superbes. Tiens, on ne parle que de Diane de Brézé, la grande sénéchale de Normandie... Je crois que tu la connais. On dit qu'elle a plus de trente ans et trois enfants, et que Mme d'Estrées en est jalouse.

Catherine était courageuse. Les souffrances physiques ne l'inquiétaient guère, aussi accoucha-t-elle bravement et sans encombres.

Ce fut une fille qu'on appela Françoise, en l'honneur de son père à qui elle promettait de ressembler trait pour trait : visage carré, yeux et cheveux très foncés. Un superbe poupon qui deviendrait, s'il plaît à Dieu, une belle fille.

Suzon qui venait d'avoir un troisième bébé se proposa comme nourrice et, deux mois plus tard, le couple avec sa troupe repartit pour Paris où le roi séjournait et chacun reprit ses fonctions. Ils furent six mois sans revenir en Poitou : le roi voyageait et tous ses gens suivaient.

Quand ils purent enfin rentrer chez eux, Françoise avait déjà huit mois. C'était une enfant superbe qui tentait de se mettre debout, agitant ses petits pieds avec vigueur, mais qui, découvrant sa mère, hurla comme une forcenée quand celle-ci voulut la prendre dans ses bras, et réitéra de plus belle avec son père !

L'été 1530 s'achevait. Ils revenaient juste à temps pour assister au mariage de Jeanne Yonques de la Blandinière : brillant mariage qui réunissait tout ce que le Haut-Poitou comptait de noblesse.

Catherine s'était fait faire à Paris une robe de velours rubis brodée de blanc, avec une toque emperlée qui allait une fois de plus faire d'elle la reine du comté.

La cour du château de la Blandinière étincelait de bijoux et bruissait comme une ruche. Bérengère était venue la veille accueillir ses amis. Elle brûlait d'excitation, s'étant vu offrir son rêve : une robe verte, « assortie à mes yeux, disait-elle, et je n'ai pas besoin de bijoux, ma chevelure m'interdit l'or ». Ce qui était vrai. Catherine l'aperçut, déjà entrée dans la chapelle derrière ses parents, et sut au premier regard qu'elle ne s'était pas trompée : l'éclat, la beauté de la jeune fille écrasaient toutes les femmes, même les plus parées.

Elle la chercha en vain à la sortie, puis lors du banquet. Pas de Bérengère ! N'osant interroger les parents, Catherine sortit discrètement à l'arrivée des friandises et monta vers les chambres. La haute tour octogonale desservait cinq étages. Les trois premiers étaient vides et fort en désordre. En montant la dernière vis de pierre, elle crut entendre des sanglots et hâta le pas, relevant vivement ses jupes. Bérengère était bien là, étendue sur un grand lit carré et pleurant comme une Madeleine, son beau visage gonflé par les larmes.

— Bérengère, ma chérie, que t'arrive-t-il ? Mon Dieu, où astu mal ?

La jeune fille levait vers elle de grands yeux désolés et hoquetait :

— Mal ? Oh non ! Je voudrais seulement mourir. Si tu savais, Catherine, hier soir...

Elle pleurait, s'accrochait à son amie, étouffait.

— Hier soir... mais qu'est-il arrivé ?

— Notre père nous a réunies toutes les cinq et nous a solennellement annoncé... Non, plutôt mourir que vivre ça !

Bérengère releva lentement un visage, plus beau encore dans le désespoir qui l'embuait. On eût dit ces images des rêves qui passent et vous laissent imprégnés tout le jour :

— Ce mariage, Catherine, c'est pour Jeanne, et pour elle seule. Toutes, tu entends, toutes, nous entrerons au couvent. Et moi, je ne veux pas. Je veux vivre... Il n'y a plus rien pour nous doter convenablement. Margot peut-être sera donnée à quelque gros bourgeois qui achètera notre alliance, mais nous trois, Marie, Isabelle et moi, nous irons au couvent, c'est une affaire de dignité !

Les sanglots redoublaient et Bérengère se rejeta violemment sur le lit avec des gémissements de petit animal qu'on noie.

Catherine, fille aînée, n'avait jamais prêté attention au problème. Elle savait que ce sort attendait sa petite sœur Hyéronyme. Abbesse sans doute... mais Hyéronyme avait sept ans ! Elle, Catherine, s'était toujours su promise à une alliance de haut rang. Elle découvrait brutalement l'horreur d'un sort qui n'épargnait que les privilégiées.

— Je ne veux pas, tu entends, je ne veux pas entrer au couvent, répétait Bérengère. Je partirai, oui ! Je partirai d'ici...

Catherine était atterrée :

— Qu'as-tu dit à ton père ? souffla-t-elle enfin.

— J'ai crié : non, pas moi ! Je l'ai supplié et je me suis accrochée à ses genoux quand les autres sont parties avec ma mère. Je lui ai rappelé que j'étais sa préférée, qu'il ne pouvait pas me sacrifier, moi ! Il a pleuré lui aussi, figure-toi ! J'ai vu des larmes dans ses yeux, mais il répétait qu'il ne pouvait faire face, que la rançon du roi, les famines, la taille, la sécheresse, etc. Il me suppliait d'être raisonnable. Et puis, figure-toi (là, Bérengère cessa de pleurer), il m'a demandé d'une voix toute vieille et toute cassée d'avoir pitié de lui !

Catherine avait pris Bérengère dans ses bras et la berçait sans trouver un mot. C'était vraiment un crime, pensait-elle. Une telle beauté, une telle joie de vivre, ce petit être brûlant, fait de désirs et de passion ! Elle mourrait certes, ou se tuerait. Elle était faite pour aimer, ravager, rendre fous les guerriers devenus oisifs qui encombraient les salons du roi. Au couvent ? Non !

Bérengère se détacha brusquement et se planta devant Catherine, mue par une sorte d'illumination :

— Emmène-moi, Catherine ! Tu pars pour Blois, tu as besoin à la Cour d'une dame de compagnie. Je sais, Marion t'adore, elle est parfaite, mais ce n'est qu'une servante. Elle reste cachée dans tes appartements. Moi je te suivrai partout : j'ai quatre quartiers de noblesse ! Je saurai tout, te dirai tout. Tu ne sais pas te défendre, je l'ai bien vu. Pour toi je mentirai, je trahirai, je serai ton âme damnée. Emmène-moi, je t'en supplie ! Tu ne le regretteras jamais, et tu me sauveras.

Catherine hésitait, bouleversée par la force étrange qui émanait de cette presque-enfant.

— Que diront tes parents ?

— Mon père, j'en fais mon affaire, il m'aime. Et ma mère obéit.

Catherine n'hésitait plus. Elle ramena vivement sa robe et entraîna la jeune fille dans la vis de pierre d'où montaient les premiers accords du bal :

— Viens danser, ma belle, je parlerai ce jour même à ton père. Tu n'iras pas au couvent !

C'est ainsi que le 8 décembre, fête de la Vierge, la petite troupe du seigneur du Puy-du-Fou comptait trois belles et quatre serviteurs. Sous sa mante fourrée, Bérengère avait sa robe verte : « la seule convenable », disait-elle, et faisait aux étapes retourner tous les cavaliers.

— Ne craignez rien, Madame, avait soufflé Marion le premier soir, en arrivant à Thouars. Vous restez la plus belle ! Et quand il y a deux femmes qu'on regarde, la beauté déteint. Pour ça, comme pour la fortune, il n'y a jamais trop.

Bérengère, mutine, éblouissante et éblouie, passionnante et passionnée, fit un malheur à la Cour. La reine de Navarre s'amusa de sa révolte et l'admit dans ses soirées. Trois semaines plus tard, Catherine, prête à sortir, trouva son amie revêtue d'une robe de satin bleu pâle avec des crevés d'argent et une encolure carrée rebrodée de perles.

— Grand Dieu, Bérengère ! Où as-tu pris ça ?

Bérengère se mirait paisiblement, de face et de profil, attachant ses cheveux avec un peigne emperlé également inconnu :

— Cadeau, ma chère ! Cadeau ! M. de Genouillac... Tu as bien vu qu'il est fou de moi, tout de même ? Eh bien, il m'a promis le collier assorti. Il est déjà commandé à des Italiens de la suite de Léonard de Vinci. Et puis...

— M. de Genouillac ? Mais il est vieux, il a plus de soixante ans, et puis il est marié... balbutiait Catherine, interdite.

Bérengère éclata de son rire de gorge, déjà célèbre :

— Que tu es restée enfant, ma chère ! Oui, bien sûr, il est marié. Et s'il n'était pas vieux, qu'aurait-il à faire de moi, de si petite noblesse et sans un sou ?

— Mais tu ne l'aimes pas, Bérengère. Tu ne peux pas te donner ainsi pour de l'or et des cadeaux ?

— Il n'est pas si mal que ça, minaudait Bérengère. Il ne me déplaît pas du tout. L'amour non plus... Au contraire ! Et puis il est riche et généreux...

« L'amour non plus »... Catherine ne releva pas le mot qui la laissait inquiète, mal à l'aise. L'amour, cet amour-là plaisait donc à Bérengère ? Elle semblait y trouver cette fierté, cette sorte d'excitation intérieure et triomphante qui redoublait son éclat, comme celui de tant de Dames, objets des caprices d'un roi volage.

Dès ce jour, il fut clair pour tous que la belle Bérengère de la Blandinière était la maîtresse du grand écuyer, grand maître de l'Artillerie, et personne ne semblait choqué.

— Il y a des femmes qui aiment ça, Madame, commentait gravement Marion en déshabillant sa maîtresse. Heureusement pour elle, la pauvre petite ! C'est comme Mme de Chateaubriand... Les servantes me disent que depuis que le roi la néglige, elle se roule de chagrin les soirs où il ne vient pas. Il paraît qu'elle a voulu s'empoisonner ! Elle en a été fort malade la semaine dernière.

Catherine écoutait et, noyée dans les folies amoureuses de la Cour, restait pourtant de glace, secrètement humiliée de se sentir ignorante, comme exclue de ces secrets qu'elle n'osait approcher. Mais avec qui aurait-elle pu ? Jamais elle n'aurait interrogé Bérengère : il aurait fallu avouer, raconter, trahir peut-être ? Avec Marguerite, on ne parlait plus que de religion. Ses amis étaient menacés, persécutés et le Parlement condamnait à tour de bras depuis l'attentat contre la statue de la Vierge, rue du Roi-de-Sicile. D'ailleurs son remariage avec le roi de Navarre avait changé la duchesse. Elle était visiblement heureuse et amoureuse, presque légère.

Avec François, son mari, Catherine sentait bien que tout dialogue était impossible hors de son office, des intrigues de la Cour, des intérêts de la seigneurie et des problèmes de leur commun avenir. Ce guerrier superbe, si fort, si sûr, qui ne doutait ni de lui ni d'elle, et ne se doutait de rien... Comment aurait-elle osé aborder avec lui ce qu'elle n'osait affronter avec elle-même ? Catherine évitait donc de se poser des questions et souriait, lointaine, absente quand les conversations devenaient lestes.

Pour François d'ailleurs, le service du roi était tout. Le roi était fascinant : beau, élégant, fou de parures et de bijoux, mais connaisseur éclairé de tous les arts et de toutes les sciences. Poète et musicien lui-même, il charmait tous ses visiteurs sous les yeux éblouis de son écuyer, mais parfois l'épuisait : levé quand bon lui chantait, couché tard, perpétuellement en chasse et en voyage, le roi ne tenait pas en place. Rien ne le fatiguait. Il fallait galoper des heures et, au débotté, jouer à la paume, recevoir les ambassadeurs, les artistes et les grands officiers, selon l'humeur et la nécessité. D'ailleurs le roi gouvernait partout sans en avoir l'air, et François n'avait de paix que pendant les heures où son maître se faisait faire la lecture, ou bien s'enfermait avec quelque Dame.

Tant de fantaisie, de familiarité mêlées à tant de sérieux le faisaient aimer et admirer de tous, mais François sentait plus vivement que jamais le poids de sa gravité d'orphelin. Le roi l'estimait fort, le respectait, l'aimait sans doute, mais il n'était pas de ses vrais amis, alors qu'il partageait sa vie. Cette légèreté dans les choses graves qui plaisait au roi, c'était Catherine qui la possédait. Il aurait voulu l'apprendre d'elle, mais il était trop fier pour écouter ses plus discrètes remarques. Jamais surtout, il ne le lui aurait avoué. Cependant, dans les récits éblouis que Marion lui faisait, Catherine commençait à comprendre l'ancien orphelin solitaire qu'elle avait épousé.

L'année suivante, Mme du Puy-du-Fou fut de nouveau enceinte et mit au monde un garçon qui ne vécut pas. Elle fut enceinte de nouveau deux ans plus tard et, le 30 août 1532, jour de saint Eusèbe, donna enfin le jour à l'héritier du nom. La joie de François bouleversa Catherine. Un troisième François eût été ridicule, et on donna à l'enfant le nom du saint.

Pendant ces deux années où l'on craignait, où l'on espérait la guerre, où on la déclarait sans la faire, où on traitait sans s'être battu, le chevalier du Puy-du-Fou avait été nerveux, tendu, absent. La naissance de son premier fils, quelques jours après la délivrance et le retour des petits princes prisonniers, le transforma. Le roi avait pleuré en retrouvant ses fils ; François osa pleurer de joie en découvrant le sien. Le roi avait épousé la sœur de son ennemi en signe de réconciliation. François offrit à son épouse une seconde alliance, portant une grosse escarboucle du même rouge profond que celui du collier. Puis il partit pour la Cour qui allait entreprendre le tour complet du royaume : la Picardie, la Normandie, la Bretagne, le Berry, le Lyonnais, l'Auvergne et le Languedoc, pour revenir par la Champagne et la Bourgogne. On préparait un train de six mille chevaux, des milliers de chariots et litières, sans parler comme toujours du mobilier, des provisions et des hommes. Pas question pour François de quitter le roi ni d'emmener son épouse. Il lui laissait le soin de la châtellenie.

Catherine, seule au Puy-du-Fou, s'ennuya. L'hiver était venu. Ses livres s'épuisaient. Les nouvelles des hameaux regorgeaient de minables querelles : pour un mouton, pour une fille enceinte, pour une épidémie chez les lapins, pour une dette impayée ou pour une rixe de joueurs ! Tout cela lui semblait si petit ! Elle n'aimait pas ce château, vieux, inconfortable, sans panache. La Dame du Puy-du-Fou s'étiolait donc, solitaire, lorsqu'un drame terrible éclata à Mallièvre, qui la mit debout. On était au plus creux, au plus noir de l'hiver. Le dernier dimanche de février, la nuit était déjà fort avancée, Catherine dormait lorsqu'on frappa à grands coups de pieux contre la herse abaissée du pont-levis. Trois hommes demandaient la châtelaine : c'était très grave Non, on ne pouvait le dire qu'à elle.

Catherine s'habilla et descendit dans la salle où l'on ranimait le feu. Il y avait là trois hommes : Bonneau, le tenancier de la taverne qu'elle connaissait bien, le forgeron et un bourgeois du village, tous très pâles, la gorge nouée :

— Madame, c'est terrible, dit Bonneau. On ose à peine dire ce qui se passe... Voilà ! Ils étaient cinq jeunes qui jouaient aux dés vers dix-onze heures, ils avaient déjà beaucoup bu. L'un d'eux, qui n'est pas d'ici, un enragé vraiment, perdait jusqu'à son dernier sol, et jusqu'à son pourpoint. J'ai voulu les arrêter, leur faisant remarquer qu'il n'y avait plus rien à prendre. Mais le jeune homme m'a dit : « Vieux bonhomme, il me reste encore une fortune : moi ! Si je gagne, je reprends tout, si je perds, vous me faites griller et vous me mangez ! »

Catherine eut un recul d'horreur :

— Vous ne les avez pas laissé jouer...

— J'ai bien essayé, mais j'étais seul contre cinq. Ils faisaient un raffut du diable, tous fin saouls et forts comme des Turcs. Ils me menaçaient de me griller aussi...

— Bref, ils ont joué ?

— Oui, Madame, et rebu encore. Et le jeune a perdu. Ils l'ont égorgé et embroché. Ils m'avaient enfermé dans l'arrièresoupente. Je me suis sauvé par la lucarne, j'ai réveillé ces messieurs et nous sommes venus au château...

L'aube pointait. Catherine grelottait d'horreur. Sur ses terres, des hommes, ses hommes, mangeaient un chrétien ! Des sauvages, oui, c'était un pays de sauvages où son mari l'avait emmenée, où il l'avait abandonnée, et qu'il lui avait confié.

— Les hommes avec moi, dit-elle d'une voix blanche. Non, pas de jeunes ! Marion, ma mante fourrée !

— Vous n'allez pas y aller, Madame, pas vous ! suppliait Marion tandis que Thierry sellait les chevaux.

Catherine l'écarta sans un mot et la petite troupe partit dans la nuit à la lueur mouvante des torches. Personne ne parlait. Le trot de sept chevaux scandait un silence de mort sur le sol gelé. En un quart d'heure on fut sur la colline de la Sèvre d'où l'on dominait le village endormi. Une seule lumière pâlotte, celle de l'auberge contre l'église, et une odeur affreuse de chair brûlée. On approchait au pas. Déjà, des cris, des chants déments.

— N'entrez pas, Madame, dit Thierry qui sautait à terre et dégainait, tenant la bride de Catherine. Ce n'est pas un spectacle pour une femme et ça peut être dangereux.

Mais Catherine avait déjà mis pied à terre et poussait la porte. Elle se tenait là, immobile, silencieuse sur le seuil, si pâle dans sa mante d'hermine à la lueur des torches, que les quatre hommes hurlants se turent ensemble, la main en l'air, comme paralysés :

— Dieu du ciel ! La Madone ! balbutia enfin le plus vieux qui se jeta à genoux en criant : Pitié ! Miséricorde ! Nous sommes damnés, tandis que les jeunes brusquement épouvantés cherchaient en vain une issue.

Le spectacle en effet était horrible. Il ne fallait pas, non surtout pas, regarder à droite, vers l'immense cheminée !

— Saisissez ces hommes, dit enfin Catherine, et liez-les solidement. Qu'on éteigne ce feu, qu'on ferme l'auberge et qu'on ne touche plus à rien, d'ici que j'aie avisé. Vous coucherez au château, Maître Bonneau, et ces hommes au cachot de la tour des Anglais. En selle !

La petite troupe remonta lentement au pas vers le Puy-du-Fou dans les premières lueurs du jour, traînant les prisonniers derrière leurs chevaux.

Au château, personne ne dormait. Femmes et enfants guettaient le retour dans le matin glacé. Jacotte attabla tout son monde autour d'une soupe chaude et d'un grand feu de lauriers. Les hommes discutaient, se demandant quoi faire dans une si rare et si tragique affaire. Catherine réfléchissait : qu'aurait dit François ? A ses yeux, l'affaire dépassait la justice ordinaire. Il s'agissait d'un sacrilège, et quel sacrilège ! Le cas dépendait donc de la justice d'Eglise. « Dès ce soir, dit-elle enfin, il nous faut remettre ces quatre hommes à l'évêque de Luçon pour être jugés par un tribunal d'Eglise. L'un de vous lui portera le pli que je vais de ce pas rédiger. Il lui faudra aussi faire donner une sépulture à ce malheureux inconnu, et faire exorciser l'auberge. »

Dès le lendemain soir, les quatre prisonniers étaient transférés à Luçon et le procès, qui eut lieu dans la semaine, fit un bruit terrible dans tout le diocèse. Les quatre hommes furent pendus et leurs corps condamnés à rester sans sépulture. Le curé de Mallièvre fit faire des processions et le pays tout entier resta saisi, paralysé comme après une grande peste. C'était une peste morale.

L'hiver traînait donc sans fin, et Catherine dépérissait. Les nouvelles de François étaient rares : il allait de ville en ville, le roi était partout fêté somptueusement. Dieu, qu'ils étaient loin !

L'ennui, le froid, l'humidité pesaient sur les jours. Les châtelains du voisinage semblaient à Catherine insipides, incultes même, parce que ignorant tout de cette Cour et de ces châteaux raffinés qui lui manquaient si cruellement. Bérengère n'était jamais revenue voir ses parents à la Blandinière, sans doute n'osait-elle pas... C'est ainsi qu'un matin de mars, particulièrement gris, Catherine descendit bavarder avec le seul être qui lui semblât digne d'intérêt, le vieux Maubuisson, qui lui avait jadis promis de lui dévoiler les mystères du ciel et de la nature.

Elle fit seller Ariane, son cheval préféré, et descendit vers la Sèvre, parmi les prés jaunis et les arbres dépouillés, dans le jour cru d'un printemps qui ne veut pas venir.

Maubuisson concoctait, dans une horrible fumée, un élixir dont la puanteur la prit à la gorge avant même qu'elle n'ait, du haut de la colline, aperçu les toits de tuiles d'Encreviers.

Le vieil homme était maintenant tout blanc : longs cheveux, longue barbe et, derrière ses besicles, d'étonnants yeux gris. Il ressemblait à ce fameux Léonard de Vinci que le roi aimait tant, et dont Catherine avait si souvent admiré l'éblouissante conversation à Amboise, avant sa mort. Mais Maubuisson n'était pas Vinci et Catherine, lasse de vivre, s'assit sans mot dire près de l'âtre.

Délaissant sa cornue, Maubuisson s'était assis en face d'elle et contemplait en silence la jeune femme, que son insistance gênait. Que voyait-il donc derrière son visage… ou bien autour d'elle peut-être ?

— Vous allez mal, Madame, dit-il enfin, rompant le silence. Je le sais depuis des mois car j'ai, comme promis, étudié les astres en ce qui vous concerne. Vous êtes, je vous l'ai dit, Sagittaire, flèche qui vole, flèche qui perce et domine très haut. Votre mari est Scorpion, comme je vous l'ai dit également, signe de terre profondément enraciné, implanté dans la matière, grand tueur et prédateur. Je voudrais vous aider et je crois que je le puis, car je vous le dis, toutes les planètes seront dans votre ciel avant un an d'ici. C'est une conjonction très rare. Je vois Vénus en carré de Neptune… Vénus, je ne vous l'apprendrai pas, c'est l'amour et la passion. Neptune, ce sont les arts, toute la douceur et la force de la mer, source de vie…

— Mais l'amour, Maître Maubuisson, en ai-je besoin, moi qui suis l'épouse d'un homme fidèle et noble ? D'ailleurs, soupira-t-elle, je vais avoir vingt-quatre ans… L'amour est déjà derrière moi.

Maubuisson, qui la regardait sans mot dire de plus en plus intensément, chassa l'objection avec un bon sourire :

— Vous n'avez pas commencé à vivre, Madame ! Pas commencé à connaître le monde et la nature, vous qui êtes si savante ! Croyez-en un vieillard qui n'a aimé que les livres. Ce que je vous dis, je le vois comme dans un miroir : toute votre vie est devant vous, et dans tous les domaines. Avant un an d'ici (souvenez-vous), les dons du ciel fondront sur vous et sur votre âme, comme la foudre, comme un incendie. Vous ne savez pas encore qui vous êtes, belle dame ! Mais vous n'avez rien de plus à faire que d'être vous-même et d'attendre.

Catherine, interdite, aurait voulu le questionner. Ce feu, cet incendie ? Mais déjà le vieil homme se levait et l'entraînait au jardin d'herbes :

— Venez, en attendant, apprendre les plantes et leur pouvoir. Tout repart, tout lève. Venez chaque jour, je vous apprendrai les vertus de cet herbier vivant ou sec, sur lequel j'écris l'œuvre de ma vie, et que je vous léguerai. Et puis voici, pour votre teint, un flacon d'eau de vipère noire et de venin de crapaud, dont la recette oubliée a sauvé plus d'une beauté des ombres grises du chagrin.

Catherine promit et revint jusqu'à l'été. Maubuisson était un bon maître. Ses leçons la désennuyaient, à moins que l'eau de vipère noire en compresses, ou simplement la belle saison, lui aient rendu son éclat.

Depuis le départ de son mari, Catherine avait décidé de faire vivre le Puy-du-Fou selon ses lois et coutumes. Elle ne supportait plus ces deux repas quotidiens à la cuisine parmi ses gens, et leurs bavardages incessants. Elle soupait le soir avec eux, prenait connaissance de toutes les nouvelles du jour, écoutant avec patience et attention grands et petits, mais elle dînait seule dans la salle avec Françoise qui allait maintenant sur ses quatre ans, et souvent elle jouait du luth. Marion les servait avec ce raffinement et cette discrétion qu'elle tenait d'Anne, mais aussi avec la passion qu'elle avait transférée d'une maîtresse à l'autre.

René manquait cruellement à Catherine. Leur petit couple d'enfants était irrémédiablement brisé. Il avait choisi de rester un guerrier et commandait un régiment à la frontière espagnole, sa blessure ayant guéri sans laisser de traces. Il s'était marié... si peu, pensait la sœur indulgente. Ses nouvelles étaient rares, joyeuses et d'une légèreté que Catherine découvrait amèrement : le frère bien-aimé, modèle de toute réussite, de toute nouveauté, était donc, comme le roi, un être facile et dans sa vie à elle, une étoile filante.

Philibert, autre interlocuteur, prenait tous ses repas en homme libre chez lui, depuis qu'il était marié. Il venait chaque matin, dès le lever, conférer avec sa maîtresse. Ses propos, le lendemain du drame, troublèrent d'autant plus Catherine qu'ils lui rappelaient en plus violents ceux qui régnaient autour de Marguerite :

— De tels crimes, Madame, sont une sonnette d'alarme. La religion s'effondre dans ce pays, et nos théologiens, sur ce point, sont aveugles. Le dogme certes est important, mais le menu peuple ne vit pas du dogme. Il n'a pas accès aux subtilités de ces nobles esprits. Il ressent néanmoins l'ébranlement de la foi qui se répercute sur son ancienne soumission. Ce que vous avez vu à Mallièvre n'est qu'une prémice de ce qui nous attend, si la religion n'est plus un absolu indiscuté, et si ses ministres ne sont plus une puissance unique et formidable.

Catherine croyait entendre Briçonnet, et son malaise croissait devant cet intendant trop savant :

— La foi, Maître Philibert, ne saurait être déchirée. Que faites-vous de la Révélation ?

— Rien, Madame ! Je constate. J'écoute et les bonnes gens et les moines de La Grainetière. La révolte gronde, elle vient de haut, savante, éthérée, théorique. Mais quand elle retombe sur les simples, elle n'est que fruste et violente.

— Le roi ne laissera pas s'établir cette révolte. La reine de Navarre est un trop puissant rempart contre les excès...

— Croyez-moi, Madame, le ver est dans le fruit. Le monde pourrit !

— Vous avez raison, Maître Philibert : le peuple suit. Les mœurs pourrissent d'abord chez ceux qui devraient donner l'exemple et ce sont eux qui, les premiers, doivent se réformer. Sans eux rien n'est possible, ajouta-t-elle fièrement. Ils doivent créer un homme nouveau, loin de cette barbarie...

Elle avait toujours le dernier mot, mais Philibert l'ébranlait, l'inquiétait, lui pesait. Il s'excusait souvent, car c'était un homme sensible et de bonne compagnie ; Catherine représentait pour lui beaucoup plus que sa maîtresse : une intelligence qu'il admirait.

— Pardonnez-moi, Madame, disait-il, mais quand un homme a été longuement sous l'alambic de la grammaire, de la rhétorique et la philosophie, comment n'aurait-il pas rêvé de se voir bailler le bonnet de maître ? Pardonnez-moi encore, Madame, mais notre Sire, depuis qu'il est à la Cour, dépense trop en habillement pour le bien de ses terres !

— Allons, Philibert, nous avons encore du blé dans nos greniers, du vin en cave, de la vaisselle d'argent, des tapisseries, des meubles et des reliquaires. Seriez-vous réduits au lait et à la bouillie de son, comme en 1519, ou privés de friandises ?

— Non, Madame, mais la pauvreté n'a cessé de monter depuis que le roi nous demande tant d'argent. Richesse et pauvreté sont sources de tous les désordres du monde. Platon les appelle « pestes des Républiques ».

— Quelle est la plus dangereuse, Maître Philibert ?

— Selon Platon, c'est la pauvreté, car les pauvres, désespérés, deviennent de furieux animaux. Et ils osent, parce qu'ils sont nombre. Selon Aristote au contraire, c'est la richesse, car elle menace l'Etat, créant des ambitieux. Aussi l'excès d'inégalité est-il un grave danger pour un royaume.

— Mais vous oubliez, Monsieur le philosophe, qu'il n'y a de haine qu'entre égaux, et dans l'égalité que médiocrité...

— Peut-être, Madame, mais c'est trop que l'un soit doré comme un calice et l'autre nu. Que tous les deux ans les façons changent, tandis que le laboureur vit en haillons. S'il faut l'inégalité, il la faut modérée.

L'affaire de Mallièvre avait profondément troublé Catherine. Elle aurait voulu fuir cette chambre, cette salle, ce château, ce Bocage, fuir toute sa vie. Elle n'avait plus envie de rien, même de l'austère forteresse de Laval, ni de la Cour de Marguerite, avec ses intrigues religieuses et ses folies mystiques qu'elle observait en étrangère. Rien de tout cela ne lui apportait cette joie mystérieuse sans laquelle tout en vous se meurt. Mais elle sentait obscurément qu'il n'y a pas de fuite possible lorsqu'une goutte de poison court dans vos veines, vous ôtant le goût de vivre une existence qui n'a pas trouvé de sens.

Fuir ? Hélas ! Elle ne pouvait que s'évader de l'intérieur. Tout l'hiver, Catherine s'enfouit dans les livres, se forçant à traduire les Incunables que lui confiait La Grainetière, ou les Pères grecs (fort ennuyeux !) de la bibliothèque de Dom Pierre de Beaupréau. Seul, saint Augustin lui semblait fraternel, avec ses angoisses et ses tourments.

Tard dans la nuit, épuisant les chandelles, tandis que Marion entretenait le feu, montait des tisanes et filait près de l'âtre, silencieuse et compatissante comme un chien fidèle, Catherine veillait. Le sommeil même la fuyait.

Elle descendait chaque jour en mule avec Marion au lever du jour dans la petite oasis d'Encreviers, avec ses eaux vives et son étrange ermite, toutes deux en robe de futaine, ce qui n'enlevait rien à leur beauté.

Maubuisson était un maître passionné, intarissable. Les deux femmes oubliaient tout pendant les longues heures de jour, participant à ce grand jeu de la nature :

— Les plantes, disait Maubuisson, les plantes sont amies des femmes. Elles n'ont pas besoin de pères pour croître, Dieu s'en charge ! Mais elles ont besoin de mères pour être aimées, comprises, et pour développer leur pouvoir.

— Que vous êtes savant, Maître Maubuisson ! soupirait parfois Marion.

— Non, ma belle ! Notre connaissance est faible et en tous sens : limitée, et fragile contre le temps. Car ce monde coule pendant que nous y sommes, et son image ne nous parvient que chétive, tronquée, raccourcie. Il nous en échappe cent fois plus qu'il n'en vient à notre science. J'ai peut-être là quatre cents plantes… Une goutte d'eau dans le grand fleuve de la vie végétale !

— Pourtant vous en savez plus long que ceux que j'ai rencontrés à la Cour, disait Catherine.

— Vous savez… Vous savez… Pas sûr ! J'ai, à n'en pas douter, une fausse image des choses. Car à mon avis, l'univers est encore à sa fleur. C'est un monde enfant ! soupirait-il.

Et il couvrait d'un regard tendre et lucide la jeune femme triste, derrière laquelle cascadait une eau claire, éclaboussant selon des lois mystérieuses, les blocs erratiques tombés là… selon quel ordre et quelle méthode ?

— Mais ce que vous savez par les astres, comment le savez-vous ? reprit la jeune femme. Auriez-vous parlé à Dieu ?

— Nenni ! Madame, mais à sa création qui ne cesse, elle, de jaser, alors que si peu l'écoutent ! Tout est harmonie avec le nombre : le mouvement, les constellations célestes et leurs cycles… Et puis, tout, Madame, est déjà dans les livres.

— Je le sais, et vous avez tant lu dans votre longue vie ! Apprenez-moi ces secrets que je n'ai jamais eu le temps d'aborder.

Maubuisson souriait. Il rit même franchement et eut un geste fataliste :

— Puisque vous voulez tout savoir, belle dame, on dit que votre château est construit sur un lieu magique où se sont produits plusieurs fois, au cours des âges, des phénomènes solaires étranges. C'est pour cela que la tradition l'appelait jadis « lieu du Feu », et non du Fou. Ce seraient les Celtes, bien avant les Romains, qui l'auraient découvert. Les Celtes y avaient établi un sanctuaire pour leurs dieux. Les Romains l'ont repris pour les leurs.

— Lieu du Feu ? Mais de quel feu, Maître Maubuisson ? Faisaient-ils des bûchers et des sacrifices ?

— Non, Madame, et c'est en cela que le Puy-du-Fou est un lieu unique. Selon la tradition, ce feu est une couronne magique qui embrase le Puy au soleil couchant entre les deux solstices d'hiver et d'été, dans des conditions que personne n'a jamais pu vraiment fixer. Date : la fin de janvier. Mais cela se produit fort rarement, sans doute faut-il un certain degré d'humidité, pas trop d'arbres, plus de feuilles, et Dieu sait quoi d'autre dans un ciel sans nuages. Cela se produit à l'instant même où le soleil va plonger. Les Romains le savaient bien, qui ont fait croiser là leurs voies de pierres, et bâti un oppidum dont vos laboureurs connaissent tous l'existence. Vous en sentez vous-même les dalles sous les pas de vos chevaux quand vous traversez le Bourg-Bérard. L'une des voies allait au sud vers le mont Mercure, l'autre à la mer vers Nantes.

— Vous l'avez vue, cette couronne, Maître Maubuisson ?

— Jamais, Madame. Mais de vieilles gens des Epesses m'ont raconté que leurs grands-parents, enfants, l'ont vue apparaître lors de la mort de Guy II. Le château était, paraît-il, tout embrasé, ou plutôt irisé dans une sorte de ronde de lumière.

— Mais selon vous, si tout cela est vrai et non le fruit de pauvres esprits attardés, quelle peut en être la signification ?

— Je ne connais des astres que peu de chose, hélas ! Je peux vous dire que le phénomène se situe en Capricorne. Ce signe ne peut guère annoncer quelque événement, mais plutôt magnifier, consacrer un haut lieu, un de ces lieux où tout échappe à la logique, à la raison. Il s'est passé, il se passera ici des choses... Le Puy-du-Fou est déjà sorti si étrangement de l'obscurité grâce à ses preux ! Il ne cessera d'être un lieu d'exception, un lieu magique, un phare dans l'histoire des hommes.

L'été passa ainsi, plus vite que Catherine ne l'avait craint. Elle avait aussi à rendre la justice, car des problèmes ne cessaient de s'élever entre voisins : une nuit, un laboureur de la Grande Ivoie n'avait-il pas volé la vache de celui de la Petite ? L'ayant sortie de nuit près de son étable, il fit semblant au matin de courir après elle dans les prés, comme si elle s'était échappée de chez lui. Il eut même le front d'appeler son propriétaire pour la rattraper, l'accusant de ne pas enclore ! Au grand jour seulement, tout se découvrit : les Ivoies avaient deux vaches semblables, et il en manquait une à la Petite Ivoie ; l'autre devait donc en avoir une de plus. Catherine dut convoquer en secret les deux épouses et leur arracher la vérité.

Un laboureur, pour se venger d'un jeune homme qu'il soupçonnait d'être l'amant de sa femme, lui avait emprunté sa mule et la lui rendit au bout de trois jours, après l'avoir nourrie de sel et d'avoine, sans lui donner à boire une goutte d'eau ! A peine monté, l'amant se retrouva à fond de train dans la Sèvre, où la pauvre bête affolée se jeta pour boire ! Il ne savait pas nager et, sans le secours d'un riverain, il se serait noyé. Il paraissait difficile de punir, d'autant plus que le village assemblé se gaussait avec de grands rires. Catherine les renvoya, riant elle-même... à leurs amours !

L'automne approchait quand Catherine vit arriver Pierre, l'un des plus anciens écuyers de son père, tout vêtu de noir. Mme de Laval était morte l'avant-veille sans prévenir personne. A force de déplorer ses mille maux, elle n'était plus ni plainte ni vraiment crue. Elle se bourrait de tisanes étranges, geignait, ne se levait plus depuis des semaines et ne parlait plus guère. La veille au soir, elle avait essayé de nouvelles plantes miraculeuses, selon les dires d'un fameux sorcier en qui elle avait toute confiance. On la trouva raide le lendemain matin. Elle s'en était allée, en somme, de cette mystérieuse langueur qui avait habité toute l'enfance et la jeunesse de Catherine. Sans doute la tisane avait-elle aggravé son état, mais on avait tellement l'habitude de la voir faible et absente que sa mort fut une surprise : on la croyait éternelle dans sa léthargie.

Catherine partit sur-le-champ pour Vitré, fourrant en hâte des vêtements dans un sac, à cheval avec Thierry. Elle trouva son père plus abattu qu'elle ne l'attendait : la présence presque invisible de sa mère avait donc pour lui une importance qu'elle n'avait pas devinée ? Il la visitait chaque jour en effet depuis cinq ou six ans qu'elle ne sortait plus de sa chambre... Que se disaient-ils donc ? Que lui apportait-elle dans son apparente inexistence ? Le fait est qu'il avait l'air d'une âme en peine, au physique comme au moral : « Je ne sais plus bien où j'en suis », répétait-il à chaque occasion, comme si le moteur, sinon le maître de sa vie, avait été cette petite femme insupportable, au cœur sec et à l'égoïsme envahissant.

René arriva quelques jours après l'enterrement, seul. Beau,

éclatant de vie et de santé. Heureux de retrouver sa sœur dans le cadre si cher de leur enfance. Les quelques jours de deuil qu'ils passèrent pour recevoir toute la noblesse du comté furent un havre de douceur pour Catherine. Blottis tous deux comme jadis, des soirées entières, devant l'immense cheminée de la salle des enfants, ils retrouvaient pendant des heures leur mystérieuse entente et son bonheur diffus. Il pleuvait depuis trois jours, comme il sait pleuvoir dans l'Ouest, de ces pluies obstinées, grises, fines, plus humides et pénétrantes que toutes les autres, et sans le moindre espoir de lumière. Pourtant Catherine nageait dans la paix et une sorte de joie profonde que les circonstances n'expliquaient guère. C'était son enfance revenue : la tendresse, la douceur d'une fraternité sans nuages, le soleil intérieur de sa jeunesse.

Le feu dans la cheminée de granit asséchait l'humidité qui suintait des murs. Sur les tapisseries des Flandres, Ulysse, dans ses multiples aventures, la regardait de ses yeux fixes qui avaient habité les longues insomnies des enfants qui dormaient là sous le tendre regard d'Ermengarde, alors plantureuse matrone, qui venait de les accueillir avec des pleurs de joie sous ses cheveux blancs.

Jusque vers dix heures du soir, leur père les regardait en silence, apaisé lui aussi par cette vision de ce qui lui survivrait. Seul Hyéronyme, insupportable, les harcelait tout le jour avec des questions indiscrètes, des remarques acides, des ordres incessants de venir jouer avec elle ou se promener. Catherine et René avaient pitié de cette enfant solitaire qui ne serait hélas ni bonne ni belle et dont l'exceptionnelle intelligence était un poids. Pauvre petite qui était de trop ! Oui, de trop, pensait Catherine, alors qu'elle-même avait été pour les siens un don du Ciel. Quelle injustice ! Elle aimait cette petite sœur si intelligente que René, pourtant généreux, appelait tendrement « petite peste » ! Que deviendrait-elle ?

Tard le soir, quand Hyéronyme était couchée et que leur père les avait quittés silencieusement, en traînant les pieds comme un vieillard, René tenait à Catherine les propos les plus fous : « Je suis amoureux ! Non, ne souris pas, petite sœur, cette fois c'est sérieux ! Jusqu'ici j'ai cueilli des fleurs, collectionné des papillons... Aujourd'hui, le chasseur est pris, épinglé cruellement ! Et pourtant heureux de l'être. Cruellement parce que ma belle ne sera jamais à moi, elle est trop près du soleil... Et puis je suis marié ! »

Seigneur ! Serait-ce Anne d'Estrées ? Non, Dieu merci, mais cette belle sénéchale Diane de Brézé, fille du seigneur de Saint-Vallier, la grande beauté de la Cour, gouvernante du dauphin, froide, hautaine et mère de trois enfants. Une vertu glacée !

— Elle est belle, elle est riche, elle est noble. Elle me donne en cachette de menus gages et refuse l'essentiel.

René, refusé par une femme... Catherine était confusément choquée. Jamais on n'avait vu ça ! Toutes les belles du frère chéri avaient été ses amies, presque des sœurs, tant il lui semblait normal que rien ni personne ne puisse résister à son frère. A la Cour, elle avait protégé, parfois caché ses amours et menti pour lui.

Ce soir-là, elle le quitta troublée et, dans le grand lit solitaire de la chambre rouge, tout en haut du donjon d'où l'on n'apercevait que le ciel et les étoiles, Catherine revoyait ces folles amoureuses, ces filles légères, faciles, qui lui faisaient innocemment leurs confidences ou venaient pleurer près d'elle l'inconstance de René. Elle regardait aussi sa propre vie : la raideur, la froideur de ce superbe guerrier, qui était son maître, plus éloigné d'elle par le cœur que par ses succès et la faveur du roi. Elle était l'aînée de la maison de Laval, Dame du Puy-du-Fou et fille d'honneur de la reine de Navarre, mais derrière cette superbe façade, le cœur d'une jeune femme nommée Catherine tâtonnait dans le vide d'une solitude mortelle.

Elle repartit au bout de huit jours lorsque arrivèrent sa sœur Anne, récemment mariée et bien mariée à Jean de Champagne, seigneur de Pescheseul en Mayenne, ainsi que son frère Claude qui revenait du lointain évêché de Grenoble. Les adieux furent tristes. Catherine sentait mystérieusement qu'elle ne reverrait pas son père.

L'automne ramena François, qui repassait pour quelques mois. Il y eut des fêtes et des bals. Mais le premier écuyer tranchant devait reprendre son service en novembre. Il avait couru quinze lances contre le roi, joué et gagné à la paume. Le roi serait à Paris, car il faisait construire à Fontainebleau. Une bouffée d'air raffiné, princier, soufflait sur la belle endormie. Tous ses souvenirs redevenaient vivants. Catherine s'éveillait.

— Je repars avec vous, dit-elle fermement. Je ne resterai pas un hiver de plus, seule au Puy-du-Fou.

Le ton ferme de son épouse surprit François. Il avait laissé une jeune fille timide et soumise. Après deux ans de règne sur le domaine, c'était une femme assurée, presque cassante, et visiblement fort déterminée.

François hésitait à laisser sans surveillance les vendanges, les dernières cueillettes et les semis. Après de longues discussions, il fut décidé que Catherine rejoindrait son époux début décembre, laissant les enfants et le domaine à leurs gens. Jusqu'en décembre, Catherine fut très occupée ! Il lui fallait refaire entièrement sa garde-robe. La mode changeait, la paix surtout ramenait un luxe et une richesse sans cesse croissants. La duchesse d'Etampes, la reine Eléonore et même la sage Marguerite lançaient la mode des dentelles, des larges collerettes brodées, des manches aux multiples crevés. Les toques emplumées remplaçaient les coiffes. Ce n'étaient, paraît-il, que fils d'or et décors en broderies rembourrées. Tout était à jeter ! Marion aux doigts de fée maniait l'aiguille et le fuseau nuit et jour. Les meilleurs faiseurs de Mortagne et de Thouars furent mis sur les dents. Philibert maugréa sur les folles dépenses du couple pour de si futiles achats, mais l'un comme l'autre tinrent bon : il était essentiel de faire figure à la Cour.

Le 10 décembre, Catherine partit avec Marion et une petite escorte armée. Elle serait à Fontainebleau pour Noël. Il faisait déjà froid, avec un beau soleil le jour, et de petites gelées la nuit. On décida de passer par la forêt de Vezins dont le seigneur donnait une grande chasse au vieux capitaine-gouverneur de la ville de Nantes, que Catherine n'était pas fâchée de revoir, sachant que sa succession ne tarderait pas à s'ouvrir. Un office glorieux qui, peut-être, occuperait François pendant ses séjours au Poitou...

Catherine remonta donc lentement de château en château, un lourd chariot portant ses coffres ainsi que Marion : Thouars, Montreuil-Bellay, et le troisième jour Vezins.

La forêt était immense et fort épaisse avec de grands étangs tristes où en septembre venaient bramer les cerfs. Tout se passa sans encombre et la chasse assembla nombreuse compagnie. On attaqua vers midi un cerf portant quatorze, admirable et si rusé qu'à cinq heures, les chiens l'avaient de nouveau perdu autour de l'étang de Péronne. Catherine adorait la chasse. Il lui répugnait d'abandonner un animal sur ses fins. La nuit tombait et l'on s'apprêtait à rentrer quand un chien, en queue d'étang, lui sembla donner de la voix. Catherine piqua son cheval et se porta vers lui.

Le chien fonçait dans les bois, Catherine à ses trousses. On n'y voyait plus guère sous les arbres.

Peu après, le chien s'était tu. Un sentier s'ouvrait sur la droite qui devait faire le tour de l'étang et revenir vers le château. Catherine trottait ferme mais la nuit était tombée et aucune lueur ne se dessinait. Elle tenta un retour, chercha les volcelets, mais le sol était vierge. Pas un cavalier n'était passé par là ! Le silence était lourd, total. Elle ne connaissait pas cette forêt, si épaisse qu'à travers les branches nues on ne voyait même pas une étoile. Le froid tombait surtout, cruel. Elle hésitait lorsque brusquement son cheval frémit, hennit et partit comme un fou. Derrière elle, des hurlements qui se rapprochaient : les loups !

Ariane filait comme le vent dans le sentier de plus en plus étroit. Elle devinait maintenant la meute de loups et entendait leur galop. Ils étaient cinq et gagnaient du terrain. Puis devant elle, en un éclair, une grosse branche qui barrait le chemin ! Ariane baissa l'encolure et passa de justesse. Catherine saisit la branche et se retrouva durement à terre. Les loups !

Elle sauta sur l'embranchement d'un gros chêne et grimpa rapidement. Les loups passèrent, hurlant, en meute serrée, et disparurent. On entendit au loin hennir Ariane, puis son galop qui brusquement se tut, puis des hurlements sinistres, puis le silence.

— Ariane, ma toute belle, ma fidèle !

Cramponnée au tronc glacé, Catherine sanglotait. A l'horizon, entre les branches, la lune se levait, pleine, rouge, énorme, indifférente.

Froid-faim-soif-peur… Catherine pelotonnée entre trois branches réfléchissait : aucun secours ne viendrait avant le jour. Il faudrait attendre et ne pas laisser son cœur s'affoler. Ne pas dormir surtout, pour ne pas tomber et s'occuper l'esprit. Elle s'enveloppa le mieux possible dans sa mante qu'elle venait de ramasser et, d'une voix intérieure, commença à se réciter les vers de l'*Iliade* en grec. Ses membres étaient gelés, mais son cœur étrangement paisible. « Tu es seule, disait-il, et ne peux compter que sur toi. Mais moi, je suis ! » Le temps passait lentement. Froid-faim-soif-peur. Froid surtout !

Il lui sembla s'être assoupie à plusieurs reprises. Mais ce froid terrible et la peur de tomber la réveillaient rapidement, ou parfois des bruits mystérieux. Peut-être des animaux… Il lui sembla entendre au pied de l'arbre le martèlement sourd des sangliers. Une chouette traversa les branches au-dessus d'elle, d'un vol lourd avec son cri sinistre. Il y eut des craquements. La lune ne montait plus, elle descendait, éclairant la forêt d'une lueur mystérieuse et glacée. L'*Iliade* et la mémoire de Catherine s'épuisaient. Elle repassa ses premiers souvenirs à la Cour puis dormit encore. Quand elle reprit conscience, ses membres étaient gelés, la lune terminait sa course et plongeait vers l'horizon, énorme et jaune. L'autre horizon, celui d'en face, s'éclairait. Les étoiles pâlissaient. L'aube...

Une sorte de paix fondait sur elle, un sentiment de victoire sur la nuit, sur la faim, sur le froid. Victoire de l'âme et de la terre.

L'horizon s'éclairait à travers les branches. C'était bientôt l'heure de l'angélus. Catherine s'aperçut alors que, pas un instant, elle n'avait prié. Elle en fut atterrée. Elle n'avait cru qu'en elle : « Notre belle païenne », avait dit Marguerite, un jour que Catherine bâillait discrètement durant les discussions passionnées sur... au fait sur quoi ?

Le soleil était tout à fait levé. On l'apercevait maintenant, rouge entre les troncs, à travers un léger brouillard.

Catherine descendit. Ses membres lui semblaient paralysés. Elle commença par repérer attentivement les traces de pas : des volcelets de sangliers tournaient autour de son arbre. Sur la voie, ceux d'Ariane et ceux des loups. Combien de temps lui faudrait-il pour atteindre le grand étang ? Elle partit à revers d'un bon pas. Des corbeaux s'égosillaient méchamment et meublaient le silence. La terre était humide et les volcelets visibles. Mais en haut d'une butte, en plein vent, le sol devint si dur qu'on perdait toute trace. Catherine ne se souvenait d'aucun tournant. Elle continua donc tout droit.

Le temps passait. Toujours pas la moindre trace, mais une allée plus large qui croisait la voie à angle droit. Elle s'arrêta et tenta de maîtriser les battements de son cœur qui l'assourdissaient. Que faire ?

Dans le lointain, un bruit surgissait : le trot d'un cheval ! Il s'approchait. Un homme seul. De loin, il lui sembla de bonne mine et la monture convenable. L'homme maintenant la voyait, ralentissait, puis s'arrêtait devant elle, levant un chapeau passablement défraîchi :

— Que faites-vous ici, belle dame, seule et toute fripée ? J'ai croisé les débris d'un cheval ! Mais une femme qui semble intacte, voilà bien la plus étrange rencontre que j'aie faite depuis la mer…

— Les loups, balbutiait Catherine… les loups, cette nuit, et mon cheval dévoré…

Elle claquait des dents :

— Ah ! Monsieur, c'est le Ciel qui vous envoie. Je viens du château de Vezins, et je suis perdue.

— De Vezins, bigre ! dit l'homme. Nous ne sommes pas loin de Cholet. Allez, sauvageonne, montez ! Je vous déposerai. Louis d'Ailly, cadet des barons de Piqueny, vidames d'Amiens depuis toujours, pour vous servir ! Je suis aussi ruiné que vous êtes perdue !

Et il rit d'un grand rire qui plissait des yeux très bleus dans un beau visage bruni, marqué de rides profondes. Ses vêtements démodés étaient de qualité, mais fort usés, et son cheval, de ceux qu'on attelle aux charrettes.

— Mille pardons, je n'ai rien à vous offrir, étant quasi sans le sou.

Catherine s'installa en croupe et la bonne chaleur de l'homme et de l'animal commençait à lui rendre la vie. Le vidame était gai, disert et de bonne compagnie. Il venait de débarquer à La Rochelle et rentrait chez lui près d'Amiens.

— Il ne me restait au port que dix livres. Cinq pour un piètre cheval et le reste pour ces fripons d'aubergistes ! Tout perdu, vous dis-je : mon bateau, et les quarante mille livres que j'ai mises dans l'affaire des Ango à Dieppe pour les pêcheries de Terre-Neuve. Je rentre au bercail, à Piqueny où mon père a bien du mal sur des terres ravagées sans cesse par toutes les troupes.

Et il éclata de rire :

— J'ai simplement voulu voir du pays, comme vous, belle dame ! L'hiver est arrivé sans crier gare. Mon bateau a heurté une montagne de glace et a sombré. Il faisait bigrement froid, autre chose que ce joli temps pour demoiselles d'aujourd'hui ! J'étais parti de Dieppe, on m'a ramené sur La Rochelle. Je ne m'en plaindrai pas puisque je vous ai trouvée sur mon chemin.

Catherine écoutait, serrée contre ce torse dur et puissant, que le rire secouait au récit de chacun de ses malheurs, comme si c'était l'aventure la plus plaisante du monde.

— Quand je vous ai vue, Madame du Puy-du-Fou, toute seule entre les arbres, continuait l'homme, dorée par l'aurore, j'ai cru à une apparition. Pour un peu, j'aurais filé au grand galop, car je me méfie de l'irréel. Mais je vous sens bien en chair, et toute douce quand vous vous réchauffez.

Il riait toujours et Catherine revivait. Elle sentait monter en elle une sorte de paix qui émanait du corps puissant de l'inconnu qu'elle serrait entre ses bras. Elle avait envie de poser sa tête contre cette épaule et de ne jamais descendre. Aucun homme ne lui avait donné une telle impression de joie et de sécurité. Ce n'était pas un guerrier comme ceux qu'elle avait rencontrés, mais un marin. Son habit sentait le sel et toute sa personne la lente habitude des heures vides où l'on n'existe que par soi-même. C'était un cadet, gentilhomme de fortune et d'infortune, sans office, sans cuirasse, sans armes, sans terres ni serviteurs.

Le bidet allait bon train depuis près d'une heure. La forêt s'éclaircissait, le chemin s'élargissait. On entendait déjà les premiers bruits de la ville et des cloches, au loin, sonnaient l'angélus. Le vidame arrêta son cheval :

— Voilà, dit-il, vous y êtes ! Vous marchez un quart d'heure et vous trouverez les premières maisons. Moi, je continue.

Il sauta de son cheval et la prit dans ses bras pour la mettre à terre. Mais il ne desserrait pas son étreinte, il la regardait d'un air ironique et tendre :

— Belle comme le jour ! dit-il enfin. Courageuse ! Et sage... Dommage !

Et tandis qu'une bouche généreuse se collait contre la sienne, Catherine se sentit fondre. Le feu que cet homme répandait la pénétrait jusqu'aux entrailles. Elle défaillait presque, serrée contre cet inconnu qui la dévorait d'un baiser sans fin et dont les mains la ranimaient, tandis que l'odeur amie la pénétrait d'un trouble inconnu. Ce fut lui qui se détacha.

— Eh bien, Madame, dit-il avec un regard brusquement lointain, un jour, je vous retrouverai !

Il salua d'un grand geste de sa toque emplumée, sauta sur sa triste monture et disparut d'un lourd galop.

CHAPITRE IX

LE « PRINCE »

Catherine était arrivée sans autre encombre à Saint-Germain où le roi séjournait. A sa grande surprise François l'avait accueillie sans s'émouvoir au récit de son aventure : il en avait vu d'autres ! Il ne s'informa même pas de cet homme qui l'avait sauvée, et Catherine, sans bien savoir pourquoi, ne lui en parla pas : on l'avait cherchée en vain, disait-elle, et retrouvée seulement le matin. François avait trop à lui raconter pour s'arrêter à ces misères : le roi avait mis en chantier deux châteaux au goût du jour dans les environs de Paris ; le Louvre et Saint-Germain étaient trop vieux et démodés. On visitait chaque jour les travaux à Madrid, en forêt de Boulogne, et dans le vieux château de saint Louis à Fontainebleau, pour lequel le roi faisait venir une cinquantaine d'Italiens, dont un peintre fort célèbre : Jean-Baptiste di Gasparre, dit le Rosso, un Toscan à qui il promettait une pension de 14 000 livres par an. Une folie ! Gilles Le Breton, le maître d'œuvre, élevait déjà une immense galerie d'où partait une cour ovale aux courbes audacieuses.

Marguerite, bien que reine de Navarre, ne quittait pas son frère et reçut Catherine avec une tendre amitié. Bérengère régnait, plus belle que jamais, sur le cœur et la fortune du Sire de Genouillac. Sa joie de revoir son amie n'eut pas de nom. Par elle, Catherine apprit tout sur tous et fut priée d'adopter sans tarder la coiffure au dernier goût du jour : grosses torsades bien serrées, relevées sur la pointe du crâne, pour faire une petite tête fine, perchée au-dessus de la dentelle. En revanche, ses robes furent jugées belles. La Cour dansait et chassait, la paix régnait et les beaux esprits se déployaient autour de Marguerite. Le vidame était oublié.

Ce fut un beau matin d'octobre 1533 que Catherine décida de visiter seule les travaux de la grande galerie décorée par le fameux Rosso. Fiévreuse, elle n'avait pu suivre la chasse du roi et s'ennuyait dans la chambre de l'auberge où ils étaient descendus. Les Italiens étaient là depuis plus d'un an. On disait que cette fameuse galerie d'Ulysse était déjà à demi décorée. Elle avait aperçu au Louvre, lors des soirs de bal, ces artistes au doux accent dans la suite d'un grand rouquin, couvert de taches de rousseur, auquel le roi faisait fête et qui menait grand train.

L'accès du château était encore difficile. Elle enjamba les madriers et contourna les fondrières dans un brouhaha de marteaux, d'appels, de chants, de charrois, et pénétra enfin dans la fameuse galerie.

On ne voyait pas grand-chose, tant les lieux étaient hérissés d'échafaudages et l'air empoussiéré. Il y avait des hommes partout autour d'elle. Les stuqueurs broyaient le plâtre ; au-dessus de sa tête, les peintres chantaient en italien devant une immense fresque inachevée. Catherine se planta devant le dernier échafaudage et leva la tête : la composition d'ensemble était esquissée et toute la partie gauche achevée. Dans un médaillon en bas... elle s'arrêta brusquement, le souffle coupé. Dans ce médaillon, là devant elle, la Diane dénudée qui souriait, c'était elle ! C'était son visage, sa coiffure de geai, son long cou, et le reste... ses petits seins dressés, sa carnation laiteuse, ses jambes sans fin, le tout un peu étiré peut-être, mais si reconnaissable qu'elle en rougit toute seule.

Un grand rire tombait du haut de l'échafaudage et un visage doré se penchait :

— Qui me vaut le bonheur de la divine visite ? Madame du Puy-du-Fou, puis-je vous faire les honneurs de nos travaux ?

Nulle insolence dans le ton, ni dans la douceur du regard qui la dévorait. Jean-Baptiste le Toscan, dit le Rosso, descendait en hâte de son perchoir, ses longues mains d'artiste tachées de peinture passèrent devant ses yeux et déjà il s'inclinait en souriant. Catherine étouffait, hoquetait :

— Monsieur, comment osez-vous... Quel affront !

— Je vous ai vue si souvent au Louvre, Madame, je vous ai regardée tous les soirs. Tout en vous me ravit, les corps et l'âme.

Aussi, pardonnez à un pauvre artiste ! Les lendemains de bal, c'est encore vous qui l'habitez. C'est donc vous qui êtes sortie, sans qu'il y songe, de son pinceau.

— Passe encore pour le visage, Maître ! Mais dans cet équipage… Quelle honte !

— La beauté, Madame, n'est jamais une honte, dit le peintre d'un ton grave. Pour la beauté, nous les artistes, nous donnons notre vie entière. La beauté est l'image même de Dieu. Pourquoi la cacher ? Vous n'êtes jamais venue en Italie, Madame ? Savez-vous que dans les galeries du pape, dans les églises de Venise dont je viens, la nudité des corps est le plus bel hommage adressé aux Cieux, parce que reflet le plus pur du Créateur. Cachons-nous les fleurs ?

Catherine restait interdite. Cet homme l'investissait et, brusquement, lui rappela le vidame dont il était pourtant presque l'inverse. Long, mince, souple, presque irréel avec ses yeux clairs et sa tignasse frisée qui lui faisait une auréole.

— Venez, Madame, continua-t-il, venez voir mes cartons. Votre médaillon fait le pendant de celui de Mme d'Estrées en Vénus. Deux médaillons jumeaux au bas du cadre que mes stuqueurs achèvent là-bas, et qui seront dorés à la feuille.

Il déroulait des cartons immenses et continuait :

— En haut, vous voyez l'esquisse au crayon ? C'est le Retour d'Ulysse, presque nu lui aussi, sur fond de mer et de montagnes.

Ses aides faisaient cercle autour d'eux et, seigneurial, Rosso les présentait : Domenico del Barberini, Luca Penni, Lorenzo Naldino à qui je confie les fonds et les paysages. Parfois les hommes… mais jamais les femmes !

Il riait, si gai, si jeune malgré les fines rides de son visage fragile et ses yeux lointains un peu tombants qui lui donnaient l'air tendre !

— Voulez-vous, Madame, voir le projet complet de la galerie ? Je ne l'ai pas ici, mais vous reviendrez, n'est-ce pas ? Je l'apporterai pour vous.

Il sentait la peinture et avait sur sa blouse un véritable arc-en-ciel. Il avait pourtant l'air d'un prince. « Un archange plutôt, pensa-t-elle. Il ne vit pas vraiment sur la terre… » Il fallait pourtant l'y faire redescendre :

— Monsieur, je vous en conjure, ne laissez pas ce médaillon tel que voici, ce n'est pas possible.

Le Rosso semblait surpris. Il regardait le visage bouleversé que Catherine tendait vers lui, dans une totale innocence.

— Vraiment ? Eh bien, puisque vous le souhaitez, habillons donc cette Diane ! Un voile, un coup de vent. Dommage ! Mais pourquoi pas ?

Il monta prestement à l'échelle, saisit sa palette et, d'un geste très doux, dessina depuis l'épaule jusqu'aux cuisses une volute bleutée, se recula, cligna des yeux, reprit la courbe et s'absorba, totalement absent, sur les replis du voile. Une demi-heure plus tard, il leva enfin les yeux, Catherine avait disparu.

Dans les jours et les mois qui suivirent, le Rosso était partout. Pas un bal, pas une fête, pas un déplacement où il ne vînt, couvrant Catherine de son regard d'orant. La première fois qu'elle le retrouva, vêtu de brocart et d'argent, et couvert de bijoux, elle comprit que l'homme en blouse du chantier était vraiment « le prince des artistes », selon le mot du roi. Celui-ci le traitait en égal, l'avait comblé non seulement d'une pension folle, mais d'or et de cadeaux incessants. Le Rosso tenait à la Cour sa propre cour d'artistes. On le visitait à la grande galerie, comme on aurait visité le connétable ou le grand-maître de la Maison du roi. Seule Bérengère reconnut la Diane du médaillon :

— Mais c'est toi, glissa-t-elle à l'oreille de Catherine. Cet homme t'aime, je n'en doute plus. As-tu remarqué comme il te regarde ?

Catherine ne répondit pas. Depuis cette découverte elle était éperdue. Chaque rencontre creusait en elle un trouble dont elle commençait à accepter le nom : l'amour ! Elle ne pensait plus qu'à cet homme fragile, raffiné, dont tous les gestes, tous les regards la bouleversaient. Elle guettait son entrée, grelottait quand il ne venait pas. C'était à lui qu'elle parlait quand elle se parlait tout bas. Elle avait envie d'écrire son nom sur toutes les pages blanches, dix fois, cent fois. Elle savait d'avance quand il s'approchait, et cette odeur de peinture qui ne le quittait pas, même sous les parfums, la faisait défaillir. Sa voix surtout, grave et profonde, la pénétrait jusqu'à la moelle.

Il attendit un jour de juin, à la porte de Marguerite, dans le couloir désert, et la prit gravement dans ses bras sans qu'elle ait eu un geste de défense :

— Je vous aime, Madame ! Je vous aime et vous désire. Je ne pense qu'à vous, nuit et jour.

De tout son être, elle recula, épouvantée :

— Il ne faudra plus jamais me dire cela, balbutia-t-elle. Je n'ai pas le droit...

— Je vous le dirai tous les jours, parce que la vérité a tous les droits. Je vous aime et je ne vis plus !

Catherine pleurait. Elle secoua la tête sans pouvoir parler : oui, c'était la vérité. Il l'aimait. Elle aussi ! Le mot « amour » prenait enfin son sens, celui qu'elle n'avait pas encore deviné : c'était une tornade, un incendie, un raz de marée, dont on pouvait mourir, corps et âme. Elle ne pouvait se détacher de ce corps ami qu'elle reconnaissait comme si elle l'avait toujours connu. Jean-Baptiste la serrait avec douceur et la couvrait de baisers qui la faisaient fondre de bonheur. Ce fut elle pourtant qui se détacha de nouveau dans un cri :

— Non, non ! Nous n'avons pas le droit. Je vous aimerai toujours, je n'aimerai que vous. Vous serez encore dans mes cendres, mais je dois vous quitter.

Et elle s'en fut, échevelée, en larmes, comme fuient devant la meute les grands animaux solitaires.

— Je veux rentrer au Puy-du-Fou, nous sommes ici depuis plus d'un an et nos enfants grandissent. Rentrons, François, je vous en prie !

François considéra sa femme avec surprise ;

— Mais vous n'en pouviez plus d'être loin de la Cour ?

— Je suis lasse des disputes religieuses et de ces menaces qui, de toute part, troublent le salon de la reine de Navarre. Je ne puis me passionner pour des discussions théologiques, ni partager la piété qui l'anime. Mon ennui, s'il se voit, peut nuire à votre faveur. Croyez-moi, partons !

François réfléchissait :

— Partez donc avant octobre. Le roi doit être à Marseille pour y rencontrer le pape Clément, avec votre cousin Montmorency, et je fais partie de la suite. Je n'osais vous laisser seule ici. Je vous confie de grand cœur, une fois de plus, la seigneurie.

Catherine repartit donc seule, fin septembre 1533, non sans avoir revu presque chaque jour son amour interdit, dont les billets lui criaient la passion, dont les regards et les baisers la brûlaient. Elle partit comme on fuit une guerre, sans vouloir dire adieu à personne.

Mais Bérengère survint au moment du départ. Marion, inquiète de cette décision inexpliquée, l'avait fait prévenir le matin même. Les bagages étaient déjà chargés et les chevaux de la litière piaffaient dans la rue devant le portail :

— Eh quoi, ma Catherine ! Tu pars, et sans même me dire adieu ? Tu m'abandonnes, vilaine ! Et dans cet antre du diable ? Que t'arrive-t-il ?

Elle la serrait dans ses bras et scrutait son visage de ses yeux rieurs, pourtant inquiets, des yeux qui en avaient déjà trop vu :

— Regarde-moi, Catherine ! Tu es amoureuse, enfin ! Et on le serait à moins. Il t'aime, vous pouvez être heureux... et tu fuis ?

— Je n'ai pas le droit, voyons ! balbutiait Catherine. Tu le sais bien, j'ai donné ma foi, je suis mariée...

— Mais ma chère, si un mari, d'aventure, est honnête et sans reproche, il a raison de retenir sa femme pour lui tout seul. Mais si, comme je m'en doute depuis longtemps, il n'est pas tel, il n'a pas de raison de lui défendre d'aimer un homme plus aimable que lui. C'est Madame Marguerite elle-même qui le disait hier en parlant de ta pauvre cousine Françoise de Chateaubriand, qui, paraît-il, se meurt empoisonnée.

— Tu oublies ce mot, le jour de mon mariage : « Je la tuerais... le lendemain. » Cela pour le roi... que serait-ce pour un autre ?

Bérengère rit :

— Ton mari n'est qu'un Barbare du Nord, comme disent nos Italiens. Il suffit qu'il reste ignorant, comme se doit tout Barbare. Ces choses-là appartiennent au monde secret que tous ici respectent et défendent farouchement. Aime, ma chère, et ne meurs pas, je t'en conjure ! L'amour, il n'y a rien d'autre qui vaille la peine de vivre. Aime et reste !

Catherine secouait la tête et plongeait son regard dans les yeux verts de son amie.

— Laisse-moi fuir, Bérengère ! L'amour, je le devine, est trop grave, et c'est de lui qu'on peut mourir.

— Fuir ? (Elle éclata de rire.) Eh bien, fuis donc, pauvre innocente, et à bientôt ! Car il n'est rien qui nous jette tant au danger que le désir de nous en abriter ! « Moins on a peur, moins on court de risques. » Ce n'est pas de moi, c'est de Tite-Live !

Les chevaux piaffaient. Catherine partit. « La paix, là-bas, je vais trouver la paix, le calme de l'âme, la fierté de mon rang, ma foi jurée intacte ! » Ainsi se parlait-elle. Mais son corps ne suivait pas son âme. Au plus tendre d'elle-même, comme un feu, Jean-Baptiste était là nuit et jour, et elle répétait son nom au pas cadencé des chevaux, tandis que chantaient en elle les airs italiens de la grande galerie. Elle arriva, transformée. Les gens ne la reconnurent pas : « Not' Dame est guérie », disaient-ils, rassurés. Mais Catherine ne voyait ni n'entendait rien. L'amour, comme des braises sous la cendre, couvait en elle : elle aimait ! Un feu continuellement présent transfigurait le monde à son entour. Son corps était devenu son ami, elle y était à l'aise et le pacte mystérieux qui la liait à cet homme lui insufflait la vie. Ses gestes, ses actes avaient pris un sens. Comme les grandes fleurs de tournesol qui obéissent tout au long du jour à la ronde du soleil. Catherine elle-même tournait autour de l'amour. Drôle de paix !

Même ce château austère, ce pays étriqué, ces rudes paysans, tout lui devenait cher, tout désormais était habité. Elle goûtait sa solitude, les orages, les nuées venues de la mer, les éclairs de soleil sur les rocs ou les mousses dorées, la tendre enfance de Françoise et d'Eusèbe, la dévotion sans bornes de ses gens et même les angoisses philosophiques de Philibert !

Le Puy-du-Fou, néanmoins, lui apparut dans toute sa sévérité, sans un pilastre, sans une corniche, sans la moindre statue, le moindre décor, la moindre dorure. Elle en fut saisie. Quoi ? Le roi construisait partout : à Madrid, à Chambord, Villers-Cotterêts, Saint-Germain, dans une profusion de sculptures, de peintures et de stucs. Les Montmorency, les Boisy bâtissaient, détruisant sans pitié leurs vieilles forteresses. Et elle ?

« Je n'aimerai ce château que refait, pensa-t-elle pour la première fois ! Je n'y serai jamais chez moi, tel que l'ont construit ces guerriers qui me sont étrangers. J'obtiendrai de son maître qu'on en refasse un autre pour moi. »

Maubuisson lui manquait. On l'avait trouvé mort chez lui, deux semaines avant son retour. Le meunier s'était étonné, un matin, de ne pas l'avoir vu sortir. Le vieil homme avait passé dans la nuit : il avait dû se relever dans sa houppelande pour surveiller quelque expérience et gisait entre ses cornues devant le feu éteint. Il laissait un parchemin, de belle écriture, léguant à Mme du Puy-du-Fou ses livres et son jardin d'herbes « pour être transplanté au château ». Les dates étaient soigneusement fixées pour chaque plant, avec description de la pousse et rappel de ses vertus.

Le transport fut fait à heure et temps sous la direction de Catherine. Toutes les plantes reprirent, sauf une ou deux, les plus banales, qu'il était facile de remplacer. Dans le jardin du château, le long de l'étang, Catherine avait fait planter pour ce précieux legs un décor de buis, en forme de triangles magiques, assemblés dans un carré parfait, dont elle dessina elle-même le portrait, selon les règles mathématiques dont Jean-Baptiste lui avait ouvert les horizons. Elle y travailla longtemps, dessinant et redessinant, dans la joie de voir son œuvre prendre forme et vie.

Le legs fut transporté à dos de mulets dans le respect général, car Maubuisson était vénéré comme une sorte d'ermite : médecin, sorcier ? Nul ne savait dire. Race inconnue et inclassable ! Le cortège suivait Catherine, en robe de Cour sur une haquenée blanche, pour honorer la mémoire de ce grand Sage qu'elle n'avait pu enterrer. On longea la Sèvre jusqu'au village de Plassard avant de monter sur la colline et d'emprunter les petits chemins creux qui conduisaient au château.

A Plassard, il fallut s'arrêter pour referrer. On entrait dans la cour, close d'églantiers et d'épines noires, au centre un beau fumier amassé, des toits de tuiles çà et là le long de la rivière dans un cercle de collines, de petits appentis sous lesquels étaient rangés force charrettes, essieux, limons, timons, serpes, fourches, le tout couvert de paille et de joncs entremêlés. Une forge, deux moulins, l'un à foulons pour le chanvre, l'autre à grains. Le village pouvait vivre entièrement sur lui-même : une bonne douzaine de vilains s'agitaient, vêtus de bure, qui dehors, qui dedans, allant aux vignes, fendant du bois, fagotant, reliant tonneaux, ferrant chevaux, portant charges et décharges, tandis qu'une dizaine d'enfants jouaient avec les chiens et les chevreaux de lait dans les prés alentour.

Il faisait un temps léger avec de belles éclaircies : « Voici donc mon pays, pensait Catherine, au doux rythme de sa jument qui marchait l'amble. Comment ai-je pu ne pas l'aimer ? »

En fait, Catherine, comme les saints, vivait en lévitation permanente, ou bien comme eux, dédoublée : son « corps physique » allait, sage et digne, de la grande salle du Puy-du-Fou au jardin d'herbes, ou bien bercé par l'amble d'Ariane dans les chemins creux. L'autre, le « corps de lumière », demeurait perché sur un échafaudage dans la galerie de Fontainebleau, ou pendu au bras d'un grand rouquin devant quelque palais d'une Italie inconnue mais tant rêvée, avec ses jardins plantés d'ifs, ses bassins, ses cascades et ses nobles escaliers.

Elle était parfois distraite, répondant à ses enfants des choses étranges qui les faisaient rire : « Est-ce que je peux monter Orion, comme Papa, pour faire le tour de l'étang ? — Oui, ma chérie »... ce qui était fou ! Orion était un cheval entier, à peine débourré. Ou bien elle ne répondait pas et serrait sans raison ses enfants dans ses bras, les couvrant de baisers. Eusèbe se lovait, ravi, mais Françoise s'ébrouait et se sauvait comme un chat sauvage.

Un jour, elle remarqua Bonaventure, éternellement occupé au coin de la cheminée à gratter des statuettes de bois avec son couteau et s'aperçut que cette Vierge qui lui sortait des mains était étrangement belle :

— Bonaventure, dit-elle de son air absent, viens donc me voir ce soir dans la salle. J'ai à te parler.

Le soir même, Bonaventure entrait, tout emprunté, dans la noble pièce où vivait sa maîtresse, tortillant son bonnet devant la porte.

— Approche, Bonaventure ! Je t'emmène avec moi. Si tu es d'accord, je vais te confier aux artistes italiens de Fontainebleau que dirigent un Maître admirable.

Ses yeux regardaient fort loin et il y eut un instant de silence.

— Tu apprendras les arts, tels qu'on doit les apprendre aujourd'hui, et non en copiant des vieilleries.

Bonaventure, un instant interdit, s'était jeté à genoux et embrassait avec passion la jupe de sa maîtresse :

— Ah ! Madame, que Dieu vous bénisse. Rien au monde ne peut tant me plaire. J'en rêve depuis toujours et je serais mort à croupir dans mon ignorance, mais je ne savais comment en sortir et je n'osais vous en parler. Oh ! oui, je veux ! Et jamais je ne saurai vous remercier assez, ma vie n'y suffira pas. Elle est à vous, Madame, corps et âme !

Il pleurait.

— Remets-toi, Bonaventure, si tu deviens un bon artiste, et je t'en crois capable, tu auras mille occasions de me servir.

Le soir du transport des herbes, Catherine s'était couchée comme ravie par une sorte d'illumination intérieure. Elle ne pouvait dormir. C'était une de ces nuits claires et froides de mars qui annoncent le printemps. « Cher Maubuisson, pensait-elle rêveuse, en observant le ciel entre les meneaux, cher Maubuisson, c'était donc vrai ce que vous disiez ? “ Avant un an d'ici, toutes les planètes seront dans votre ciel, Vénus en carré de Neptune et je ne vous apprendrai pas... ” »

Oui, Vénus, la passion, l'amour. Neptune, le Dieu venu des mers, les arts, la douceur, la tendresse. Elle les cherchait dans la voûte sombre, dieux minuscules et emmêlés. Elle leur parlait, comme devait faire Maubuisson : « Astres divins, peut-on lutter contre vous ? » Ils semblaient répondre en scintillant : « Non, on ne lutte pas contre les astres. » Une sorte de paix l'inondait, et Dieu seul savait où elle la conduirait.

Mais que disait donc cet homme qui savait tout, lui qui prétendait ne rien savoir ? Ah oui : « Vous n'avez pas commencé à vivre, Madame ! Voici la foudre, l'incendie. » Là, il se trompait : le feu qui la visitait, bien loin de la consumer et de la détruire, la faisait éclore tout entière. Elle ne luttait plus, ne souffrait plus. Et elle s'endormait, calme, livrée sans défense et sans lutte aux forces mystérieuses du Destin.

Six mois passèrent ainsi. François revint la chercher et ils repartirent.

Le grand amour qui dévora Catherine et le Rosso resta secret. Nul, sauf Bérengère et Marion, ne put se douter de leurs rencontres. Catherine succomba le lendemain même de son retour. Elle se rendit le matin à la grande galerie qui s'achevait, splendide. Il était là et pâlit si fort quand il la vit, qu'elle en eut peur. Leurs yeux seuls parlèrent et, sur l'heure, il l'entraîna dans la chambre de repos qu'on venait d'installer pour le Maître, au château même. Jamais sa faveur, en effet, n'avait été si éclatante.

Il n'y eut ni mots ni explications. Elle se retrouva seule en face de l'homme qui l'habitait tout entière, déjà donnée. Il la dévêtit lui-même, ébloui de ce corps dont il avait tant rêvé et s'agenouilla devant elle comme un orant. Et ce fut elle qui l'entraîna vers la couche, ouvrit les bras et le recueillit sur un corps brûlant qui l'appelait d'un cri encore inconnu, qu'on appelle le désir.

Ils restèrent longtemps, corps et âme soudés, emmêlés, attachés à jamais, pensaient-ils, tandis que des mots sans suite rendaient grâce et disaient merci. « A jamais », répétaient-ils, sûrs d'avoir recréé ensemble ce miracle : l'être unique de Platon, celui dont chaque moitié cherche l'autre jusqu'à la mort, parce qu'un dieu fou l'a coupé en eux.

Catherine naissait donc chaque jour entre les bras du « prince », dans la douceur des confidences, tantôt en français où ils se voussoyaient par prudence, tantôt en italien dans la douceur du tutoiement.

Jean-Baptiste avait créé la femme qui dormait en elle depuis plus de vingt ans, car il ne l'avait pas seulement réveillée, comme dans les contes de nourrices, mais bien découverte. Et il la façonnait sans le savoir, lui apprenant tout, et du corps et de la culture.

Car il apportait avec lui un monde que François n'avait su décrire : l'Italie et ses cent ans d'avance sur la France, son raffinement, sa découverte de l'art antique, sa joie de créer, sa science de la beauté, ses nombres d'or, les lois éternelles de Vitruve. Un monde fait d'art, de tendresse, de douceur, d'intelligence. Toute cette culture antique vivante, charnelle, que les Français n'avaient encore abordée que dans des livres poussiéreux.

Jamais amour ne fut plus secret. En public, ils se saluaient, se parlaient peu, contrôlaient leurs regards. Mais quand François raccompagnait le roi, Catherine passait des jours entiers dans les bras de Jean-Baptiste, échangeant sans fin des confidences entre de folles étreintes. Il avait découvert, disait-il, « son étoile, sa rose, sa fée », et ses gestes comme ses paroles, tendres, attentifs, comblaient le fossé terrifiant qui avait séparé Catherine des hommes. Franchissant ce gouffre aveuglément lors de son mariage, elle s'était donnée. Aujourd'hui elle recevait, elle prenait, et chaque jour s'émerveillait.

L'homme, comme son style, était exquis. Il était doué pour l'amour comme pour la peinture, la sculpture, l'architecture. Il était grand, roux comme son nom l'indiquait et de tout son corps ; sérieux dans ses actions et pourtant très gai. Bon musicien, philosophe hardi dans ses intuitions, original, riche d'esprit et grand d'âme. Elle l'écoutait pendant des heures, fascinée.

Jean-Baptiste, fils de Jacopo di Gasparre, allait avoir quarante ans. Toute sa vie s'était passée à courir à travers cette Italie renaissante dans l'ombre de ses maîtres. Jeune, il dessinait d'après les cartons de Michel-Ange ; ses ébauches étaient alors cruelles et désespérées. Il ne plut pas à Florence et partit pour Rome. A Rome, on le découvrit. Tout allait bien pour lui lorsque arriva l'horrible troupe du connétable de Bourbon, qui n'était plus qu'un vulgaire chef de brigands, et dont les lansquenets se ruèrent sur la Ville Eternelle après un furieux assaut au cours duquel périt le traître.

Le sac de Rome fut atroce. Catherine tremblait dans les bras de son amant qui racontait, l'air hagard : la ville entière mise à sac, pillée de fond en comble. Meurtres, viols, profanation des sanctuaires, vols des reliques, des objets précieux ; goût du sang, folie collective. Plusieurs de ses amis avaient été pris et torturés, en tentant d'aller s'enfermer dans le château Saint-Ange avec le pape et les cardinaux. Lui n'avait pas été torturé, mais traité avec une rare barbarie : dépouillé de tout et transformé en portefaix. Il était resté plusieurs mois prisonnier des troupes allemandes et avait réussi à s'enfuir à Pérouse où un ami peintre, Domenico de Palvis, le recueillit quasi nu, l'habilla et l'envoya chez le cardinal Tornadoni, son ami.

Là, il apprit le latin, et se remit à peindre. Et puis un Jeudi saint, un de ses petits élèves, un enfant, ayant mis le feu à des papiers, fut attaqué devant lui par les voisins, inquiets des flammèches de la rue. Il s'était précipité pour le défendre et s'était bagarré sans bien regarder son adversaire. C'était un prêtre ! Il était perdu. Il lui fallut encore fuir. Il partit donc pour Venise.

Catherine n'était jamais allée en Italie. Elle imaginait mal ces places exquises, ces palais, ces grands fleuves bordés de statues et de balustres. Il lui décrivait comme un rêve la ville des Doges, ses canaux, ses églises, ses ponts roses. Comment était-il arrivé de Venise ? Il y avait rencontré François Ier, venu célébrer le mariage de Marguerite d'Autriche dont le décor lui avait été confié. Le roi s'était entiché de lui et l'avait appelé quelques mois plus tard. C'était il y a plus de quatre ans.

— Si je comprends bien, mon amour, c'est la première fois que tu es en paix ?

— La première fois que je peux vivre sans conflit. Nulle part en Italie je n'ai pu éviter la difficulté avec ceux qui m'employaient, comme avec les autorités. Je suis trop indépendant, trop libre. Seul votre roi a compris qu'un artiste ne peut vivre dans des chaînes, et qu'on ne crée pas sans liberté.

Tel était l'homme qui avait conquis Catherine du Puy-du-Fou, dame d'honneur de la reine de Navarre et fille des premiers barons de France.

Bérengère avait compris le jour même. Accourant de l'hôtel rue Transnonnain, que Genouillac lui avait offert, elle trouva Marion qui brodait en attendant le retour de sa maîtresse :

— Quoi, à peine arrivée, déjà partie, alors que son seigneur et maître chasse en forêt d'Ecouen avec le mien, et avec le roi ?

Marion leva vers la belle un regard souriant et averti, puis se replongea dans sa broderie : une toque de velours bleu pâle qu'elle décorait, en fort relief, de roses d'argent.

— Quoi, Marion ? Veux-tu dire qu'enfin... ?

— Je ne sais rien, Madame, dit Marion qui retenait mal sa joie. Madame m'a dit avant-hier aller présenter Bonaventure aux artistes de Fontainebleau, et elle est partie très tôt.

— Dieu soit loué... soupira Bérengère en s'affalant sur un tabouret. Enfin ! Merci, mon Dieu, et vos prédécesseurs Vénus et Cupidon ! J'étais inquiète de ta maîtresse, Marion. Je la voyais si raide, si troublée... Que le ciel nous aide, ce beau ciel d'Italie d'où nous viennent toutes les aurores, celles de l'art comme celles de la nature.

— Oui, je crois que le ciel nous aide, Madame, et ma maîtresse va bien, conclut sobrement Marion. Mais je ne l'attends guère avant la nuit tombée.

Catherine ne revint que le lendemain matin. Il était plus de midi et Bérengère l'attendait depuis près d'une heure ; Catherine entra comme le grand soleil des jours d'été qui illumine la maison dès qu'on ouvre la porte. Elle rayonnait littéralement. Bérengère lui tomba dans les bras :

— Enfin, ma chérie ! Regarde-moi : mais tu es une autre, et quelle autre ! Il faudrait être aveugle pour l'ignorer. Heureusement, le monde est plein d'aveugles, et moi je suis et serai toujours là pour te défendre. Marion m'aidera, n'est-ce pas ? ajouta-t-elle en se tournant vers la statue silencieuse qui baissait discrètement les yeux sur sa broderie.

La voix de Marion retentit, ferme, sans qu'elle fasse un mouvement :

— Je suis corps et âme à ma maîtresse, comme je l'étais à Madame Anne. Elle peut disposer de ma vie et je la donnerais pour elle avec joie.

Dans l'émotion, personne ne s'était aperçu que la maigre silhouette de Bonaventure s'encadrait dans la porte. Qu'avait-il compris ? Son visage épanoui n'avait pas cillé. On le découvrit en partant, Bérengère pensa que ce « ravi » était un peu débile, en quoi elle se trompait. A Fontainebleau, il n'avait pas été présenté au Rosso, mais bien oublié dans un coin et il avait passé la nuit à attendre sa maîtresse, parmi les aides du Maître, dont aucun n'ignorait la passion.

Quand il fut présenté trois jours plus tard, il était déjà adopté par toute l'équipe des sculpteurs :

— C'est une âme rare, dit gravement Luca Penni, élève de Raphaël. Une âme neuve comme nous n'en avons plus dans notre vieille Toscane : affamée d'apprentissage, éblouie par toute beauté. Il m'a montré quelques petites œuvres de lui. Il fera son profit de notre fraternelle société d'intelligence et de goût.

Bonaventure était tout rouge de joie et de fierté. Lui aussi aurait donné sa vie volontiers pour sa maîtresse.

Catherine comprenait chaque jour un peu plus profondément que le chevalier avait pris possession de son corps mais n'y avait pas laissé plus de traces qu'un voyageur. Jean-Baptiste, pénétrant tendrement ce corps, avait glissé jusqu'à son âme et l'avait ouverte à la sienne. Elle était marquée d'un sceau invisible et secret, mais un sceau indélébile, au plus profond d'elle-même. En apparence, son corps était celui de la Dame du Puy-du-Fou, épouse d'un grand seigneur, souveraine de terres odorantes et de gens laborieux. Mais un autre corps, celui que Maubuisson appelait d'un autre nom — « astral, corps pur, de lumière » —, ce corps voletait glorieux, libéré, sans angoisse ni remords. Ce corps-là aurait pu traverser les monts, les fleuves et les frontières, pour rejoindre le prince de l'esprit, dont sa chair et son cœur portaient le sceau délicieux. Sa conscience se taisait : « Dieu donne les passions selon le moyen que l'on a de les soutenir », disait Jean-Baptiste. Et il avait raison.

Catherine resta longtemps à la Cour ; elle y passa tout le printemps, l'été et l'automne dans la tendresse de son amant. Cet homme, sa passion, ses dessins souvent tragiques, tel était le centre de sa vie. Tout le reste tournait autour. Même loin de lui, Catherine vivait toujours dédoublée. Sage et digne dans les salons de Marguerite, ou dans l'hôtel que son mari avait loué non loin de chez Bérengère. Mais souvent distraite, absente, perchée en pensée sur un échafaudage. Tout de la vie lui était bon. Elle avait pris surtout une assurance que ni François ni Marguerite ne lui connaissaient.

Curieusement, elle ne se sentait pas coupable. Elle s'était torturée quand elle résistait, mais depuis qu'elle avait succombé, son âme était en paix et elle se sentait plus forte que jamais. Ainsi les problèmes d'argent et les ambitions sans cesse croissantes de son époux prenaient-ils pour elle une importance accrue. Elle se sentait plus d'ardeur pour l'aider et se répandait dans les salons, les fêtes, les chasses, les visites des innombrables constructions, où sa science toute nouvelle dans le domaine des arts lui donnait un atout de plus. Elle revenait, enfin sûre d'elle-même, des visites chez Jean-Baptiste qui avait désormais une riche maison à Paris, en plus de ses appartements de Fontainebleau. Il passait maintenant pour l'arbitre des arts. Jamais elle ne parlait de lui, mais elle ne cessait de vanter les mérites de Bonaventure, ce petit valet qui en dix mois était devenu une des chevilles ouvrières de l'équipe des décorateurs, à Fontainebleau. Couvert d'or par le roi, le Rosso avait fait au jeune homme une pension de cent écus par an.

En revanche, François, premier écuyer depuis trois ans, se rongeait ! Aucune guerre ne se dessinait vraiment. Il ne se sentait pas inutile, au contraire, mais il piétinait dans cette fausse paix, sevré de ces batailles, de ces conquêtes qui avaient été la vie même de sa longue lignée. Il tenait son rang avec élégance. Ses voyages et ses postes lui avaient donné un vernis qui cachait sa faible culture.

Mais tout ce qui passionnait la Cour et son épouse : les arts, les découvertes, la poésie, les querelles religieuses, le laissait au fond très indifférent. Il ne rêvait que faits d'armes ou d'une belle campagne près du roi, et ne cessait d'entretenir Catherine de tout ce qu'il apprenait dans son poste de confident : le roi s'était doté, par ordonnance, d'une infanterie permanente : sept légions, comme au temps de César ! Des légions de 6 000 hommes, recrutés dans les provinces : 12 000 arquebusiers, 30 000 hallebardiers, qui remplaceraient les mercenaires allemands et suisses.

Le roi préparait-il vraiment la guerre ? Ils en discutaient longuement, des soirs entiers. Le traité de Cambrai branlait. François avait assisté à toutes les discussions avec les ambassadeurs de Barberousse et de Soliman. Il avait vu signer avec eux un traité de paix et de commerce, mais aussi cru entendre discuter d'un vaste plan qui attaquerait Charles Quint sur trois fronts, dont la Savoie et les côtes italiennes. L'idée de lever ou de commander une de ces légions faisait rêver François, plus encore que celle d'une revanche ou d'une reconquête. C'était l'honneur qu'il fallait venger, l'honneur blessé à Pavie. En attendant Catherine, poussant de tous côtés ses relations, songeait à réclamer pour lui à son cousin Montmorency un poste de gouverneur. Mais où ? Aucun pour le moment n'était libre.

L'étrange année 1534 se traînait donc, empoisonnée par les luttes religieuses : on emprisonnait les réformistes sur ordre du pape, on poursuivait des suspects. Madame Marguerite était partie à Nérac où elle avait recueilli l'un des plus acharnés réformistes : un certain Calvin. Fait inconcevable, la Sorbonne persécutait la reine de Navarre elle-même, l'accusant de mal penser et de faire le jeu de ses protégés.

Dans la nuit du 17 octobre éclata un horrible scandale : au petit matin, on découvrit l'antichambre du roi et sa porte couvertes d'affiches. Le texte, sacrilège, stigmatisait les « insupportables abus de la messe papale, inventée contre la Sainte Cène, et qui recrucifie le Christ » ! Des placards semblables avaient été affichés dans tout le royaume.

Dans la journée, le Parlement s'affola : « Brûlez, pendez, extirpez », demanda-t-il au roi ! Des bûchers s'allumèrent dans Paris, et par centaines dans les villes françaises. La capitale se couvrait de gibets. Tout cela glissait sur l'âme de Catherine que l'amour préservait de toute autre passion. Certes, elle souffrait des tourments de la reine de Navarre, mais elle était ailleurs, dans un monde de paix et de bonheur inatteignables.

Aussi partit-elle de bon cœur quand François décida, dès les premiers beaux jours, de retourner au Puy-du-Fou et de ne rentrer qu'à l'hiver.

CHAPITRE X

RENÉ

Beaux jours, douce vie, Catherine habitée, les enfants retrouvés, le maître fêté, la seigneurie prospère, Françoise avait cinq ans, elle éclatait de passion pour son père et pour la vie. Intrépide, adroite, elle serait une jeune fille éblouissante avec sa rondeur, ses yeux noirs et son beau visage carré. Eusèbe était beaucoup moins vif, langoureux même. Malgré ses presque trois ans, il se traînait, indolent et gourmand, regardant jouer les autres. Un peu trop rond peut-être, il promettait de ressembler à son oncle Claude, qu'on n'appelait que « le gros Bois Dauphin ». Des nouvelles vinrent, portées par Bonaventure, un homme maintenant, envoyé par le Maître sous prétexte de revoir ses parents.

La grande galerie était terminée et meublée. Le Maître travaillait au pavillon de Pomone, construit contre la grotte de Paris, où Catherine se replongeait souvent en esprit, caressant ses souvenirs les plus doux. Bonaventure portait un pli secret dont Catherine se délectait le long du grand étang, lisant et relisant sans fin. Jean-Baptiste lui jurait de nouveau sa foi : « Tu ne me manques pas, disait-il, moitié en italien, moitié en latin, tu ne manques pas parce que tu es sans cesse avec moi. Tu es là, invisible et présente. Avec toi je ne suis plus, je ne serai plus jamais seul. » Et Catherine, les larmes aux yeux, comprenait qu'elle vivait exactement la même chose.

Bonaventure était intarissable, apportant dans son sillage tous les potins de l'atelier : le Maître avait changé de style depuis le départ de Catherine : une sorte d'intermède comique dans sa manière. Abandonnant l'histoire d'Alexandre, il peignait le dieu des jardins, venu séduire Pomone, et s'introduisant sous les traits d'une vieille femme ! Il travaillait beaucoup, il sortait moins, il allait bien.

Douce vie ! Le jardin d'herbes de Maubuisson prenait un air italien : Catherine y faisait planter des cyprès. Seul le château, avec son air sévère, enfermé dans ses hautes murailles aveugles, tourmentait Catherine. Comment vivre d'accord avec le souvenir de Fontainebleau dans ces vieilleries ? Quand, comment, pourrait-on envisager de construire une aile ouverte, spacieuse, aux décors charmants, comme ceux dont les portraits naissaient chaque jour sous le crayon de son amant ?

Certes, les revenus de la châtellenie et des abbayes, ajoutés aux six mille livres annuelles de la charge royale, les laissaient fort à l'aise. Mais il aurait fallu un don ou un second office pour y songer. Catherine rêvait, détruisait en pensée les vieux murs le long de l'étang, mais n'osait encore en parler à François qui, de son côté, ne semblait pas y songer. Personne d'ailleurs autour d'eux ne touchait à une pierre de sa vieille forteresse.

Doux été, doux automne ! Bérengère vint passer quelques jours, accompagnant Genouillac qui inspectait les enrôlements de la légion du Haut-Poitou. On en avait chargé le vieux gouverneur de Nantes, M. des Arpentils. Bérengère, elle aussi, était porteuse d'un message et les deux jeunes femmes chevauchaient des heures, seules sur les plateaux, échangeant leurs confidences. Genouillac vieillissait et Bérengère rêvait de se faire par lui doter et marier. « Il me doit bien cela, disait-elle effrontément, il a bien profité de ma jeunesse et je commence à deviner que je le fatigue. Je n'ose encore lui en parler, mais je sais que je dois le faire bientôt, pauvre cher ! Je ne veux pas risquer de trop attendre. » Et elle riait de son beau rire, porteur de vie et de santé.

— Et toi, demandait-elle, tu n'as pas peur qu'il ne te trompe ou qu'il ne t'oublie ? Il est très entouré, tu sais, dans toutes les fêtes. Une vraie meute de belles !

Mais Catherine souriait et secouait la tête, paisible :

— Non, je n'ai pas peur. Je ne sais pas s'il y a quelque chose entre lui et d'autres, et je ne veux pas le savoir, car je sais ce qu'il y a entre lui et moi. Et le reste est sans importance.

En novembre, les Puy-du-Fou retrouvèrent Paris, encore ému

de l'Affaire des Placards, avec des processions immenses derrière le roi et la reine Eléonore à cheval. On promenait en expiation les châsses des églises, les reliques les plus honorées et, au milieu du cortège sans fin qui traversait la ville, le Saint Sacrement sous un dais dont François portait un des cordons avec les fils du roi. Les bourgeois en chemise, cierge à la main, suivaient. Et tout Paris était dans la rue.

Ce jour-là, comme tant d'autres, Catherine se réfugiait dans la maison de Jean-Baptiste dont les richesses d'art l'émerveillaient. Elle avait beaucoup de temps. La reine de Navarre n'était plus à Paris, mais dans ses Etats pour quelques mois, et adressait à ses « filles » des poèmes exaltés qui glissaient sur l'âme bienheureuse de Catherine, sans l'atteindre :

« Réveille-toi, Seigneur Dieu,
Fais bon effort
De venger en chaque lieu
Des tiens, la mort ! »

François, comme la reine, comme le roi, s'inquiétait pour la paix du royaume. Il condamnait violemment tous ces excès, prêt à en découdre s'il en était un jour décidé. Guerrier dans l'âme, bras armé du roi, il observait sans sympathie les amis de Marguerite et condamnait secrètement la reine de Navarre de retenir si souvent le bras justicier de son frère. Le problème, à ses yeux, n'était pas religieux, mais d'abord politique : toute contestation d'une autorité, fût-ce celles de l'Eglise et du pape, menaçait d'ébranler les fondements mêmes du royaume.

Jean-Baptiste, en revanche, parlait souvent à Catherine sur un autre ton, durant les douces haltes de l'amour. Les passions religieuses, de plus en plus menaçantes, lui posaient un problème. Il semblait souvent y rêver, même en peignant. Il était depuis des mois sur une immense allégorie de la Naissance du Sauveur. Le profil de la Vierge reflétait une angoisse tragique, et ce joli visage (qui n'avait plus rien à voir avec les Dianes et les Vénus, malgré sa poitrine généreuse) semblait torturé.

Pour lui, le monde était en effet perverti, non seulement par le règne de l'or, mais aussi par le paganisme de la culture, peut-être même par cette liberté totale de l'art, à laquelle il savait ne pas être étranger. Il se posait donc des questions sur le sens même de sa vie, et Catherine découvrait chez cet artiste si gai, apparemment si léger, un être torturé et secret qui se replongeait souvent dans les tourments de son passé. Elle retrouvait le défenseur des victimes et des enfants, au risque de sa vie, éternellement hostile aux foudres de l'autorité. Il avait maintenant passé quarante ans et ses angoisses secrètes lui conféraient un poids nouveau. Sa présence restait légère, souriante, mais elle recelait désormais une gravité cachée qui lui attachait Catherine de plus en plus. Il souffrait surtout, dans sa gloire et sa faveur, plus éclatantes que jamais, de ne pouvoir faire de cadeaux à la femme qu'il aimait, car elle refusait jusqu'à la moindre fleur, cueillie dans les jardins de Fontainebleau. Les dons du roi tombaient sans cesse sur le prince des artistes, et de plus en plus fous. Il avait maintenant dix mille écus de rente, des tapisseries, de l'argenterie, des meubles somptueux, des bijoux !

« Je voudrais, disait-il, mettre à tes pieds cet or, en paver le chemin qui te mène chez moi, pour que, de ton pas léger, tu l'écrases ! » Ou bien il désignait les parterres de roses qui entouraient le pavillon de Pomone : « Toutes sont à toi ! Je te les donne », proclamait-il en souriant, de ce sourire moqueur et tendre qu'elle aimait tant, car c'était de lui qu'il se moquait.

On repartit comme de coutume au début du printemps 1536. Catherine partit seule car François accompagnait le roi qui avait rassemblé une armée de 40 000 hommes et la lançait sur la Bresse, la Savoie et le Piémont, sans y prendre part lui-même, au grand regret de François ! Mais vers le milieu d'avril, la campagne était achevée et victorieuse, le roi était enfin maître des Etats du duc Charles de Savoie. L'honneur était vengé !

Catherine était donc repartie seule en mars avec Marion et ses gardes fidèles vers le Poitou. On passait la Loire à Saumur. Assise sur les barriques qui encombraient le bac, Catherine goûtait la douceur de ce fleuve royal : la Loire était bleue, bleu l'horizon, bleu le ciel, bleues les falaises, bleus les toits de la ville dominée par son château. Catherine se laissait aller à ses souvenirs, dans l'ombre d'une invisible présence, quand son esprit brusquement se dressa comme le chien à l'affût : il se passait quelque chose en elle. Dans son corps, le vrai, corps de chair et de matière, quelque chose sonnait comme un grelot, ou une alerte, une sensation diffuse, inexplicable dans tout son corps. Celle d'un changement profond.

« Je suis enceinte... Oui, mon corps ne tourne plus de la même façon. Cette allégresse en lui... Il s'adapte à un autre équilibre. Je le sens. Je le sais, il n'y a pas de doute. Je me souviens... »

Catherine avait connu déjà trois grossesses, trois adaptations de son corps à un autre fonctionnement et, sans aucune autre alerte, voici qu'elle la reconnaissait et ne pouvait se tromper ! Son esprit tournait comme la roue d'un moulin fou : pas de vrai retard encore, pourtant elle aurait dû... Oui, depuis un ou deux jours, non, depuis la semaine dernière ! Mais peu importe ! Son corps parlait clairement. Oui, elle était enceinte.

Une sueur froide coulait dans son dos sous la caresse du soleil. « Enceinte de qui ? » Tout tournait autour d'elle. La question sonnait dans sa tête comme un glas : « De qui ? »

Eusèbe allait avoir quatre ans. Françoise en avait plus de sept. Depuis ce temps, rien, jamais, pas le moindre retard ! Etaient-ils assez fous, Jean-Baptiste et elle, pour l'avoir crue stérile, pour imaginer que cet amour-là, d'un autre ordre, échapperait aux normes implacables de la nature ? Etaient-ils assez fous tous deux pour écarter de leur passion la simple idée d'une suite charnelle, pour la repousser dans les limbes de la pensée, et l'y verrouiller ? C'était pourtant bien évident, et elle n'avait pas besoin d'autres preuves : elle le sentait ! Un enfant avait déjà commencé de naître en elle et elle ne savait pas de qui il venait.

Elle avait un héritier mâle : Eusèbe. Etait-ce vraiment si grave ? Un fils cadet ne peut être d'aucune façon l'héritier d'une noble et ancienne famille, de son titre, de ses terres, de ses traditions. Même introduit en fraude, à supposer que ce soit le cas, serait-ce un crime ? Autour d'elle à la Cour, la chose était banale. Non, il ne fallait pas penser. Surtout pas. Interdit ! Elle baissa la herse de sa conscience. Elle était enceinte, un point c'est tout. Et de toute son âme montait une joie totale.

René du Puy-du-Fou naquit un beau jour de décembre, vers midi, sans peine et presque sans douleur dans la chambre où naissaient tous les enfants du nom, depuis Guy II. Catherine l'appela René, en l'honneur du roi d'Anjou, de Naples et de Jérusalem, du protecteur des arts, dont était issue la fortune des Puy-du-Fou.

Il était clair de peau, le crâne ombré d'un duvet châtain, avec un petit visage fin et allongé. Un bel enfant qui n'avait coûté à sa mère ni une gêne ni une seule nausée.

A peine était-il sorti, encore attaché par le cordon et hurlant, Catherine qui n'avait pas poussé un cri se redressait pour le regarder. A qui ressemblait-il ?

Marion déjà l'observait avec une attention grave et silencieuse. Elle savait qu'à la naissance, il advient souvent que les visages des nouveau-nés présentent des caractères fugaces, mais terriblement parlants. Ainsi Françoise, encore luisante et sanglante, avait exactement le visage de son père. A ce moment miraculeux, René ne ressemblait à personne. Sûrement pas aux Puy-du-Fou, sombres de peau, le crâne carré, le visage partagé en trois parties égales d'un équilibre presque grec. René tenait de sa mère un visage allongé et un teint très clair.

Le regard de Catherine plongea dans celui de Marion, un regard d'angoisse si intense que Marion recula, le bébé serré contre elle dans un linge, et ne dit mot. Qu'avait-elle donc remarqué ? Peut-être les yeux. Ces fentes obstinément fermées qui n'étaient pas droites, mais tombantes. De longues fentes qui feraient des yeux doux et tendres, d'une forme terriblement évocatrice. Marion souleva les paupières et scruta le regard encore métallique. Lui aussi semblait clair.

Catherine ne posa pas de question, elle dit seulement :

— Donne-le-moi, Marion, et pose-le sur mon cœur.

Deux larmes jaillirent alors, dont elle ne savait pas si c'était de bonheur, de honte ou d'angoisse.

La matrone achevait de laver le bébé et sa mère quand on appela François, déjà prévenu par ses gens, grands et petits, qui ne cessaient de grimper et dévaler l'escalier, collant l'oreille à la porte de la chambre.

— Voici donc le second héritier des Puy-du-Fou ! Soyez le bienvenu, René, au domaine de vos ancêtres ! C'est un fort bel enfant, remarqua-t-il, ses mains sont fines comme son visage. Il est plutôt Montmorency me semble-t-il ?

— Et il a les yeux de Madame Anne, dit la voix tranquille de Marion. Gris je suppose, comme elle, les yeux un peu tombants des Langebaudière, qui donnaient à votre mère tant de charme. C'est elle tout craché !

Etait-ce vrai ? Catherine scrutait intensément le visage de Marion, tandis qu'elle parlait, mais ses yeux restaient irrémédiablement baissés sur le nouveau-né qu'elle serrait contre son cœur.

Anne de Langebaudière, sa belle-mère, qui donc l'avait connue, à part les serviteurs qu'il n'était pas question d'interroger ? La vieille Mme du Puy-Greffier était morte depuis longtemps, mort aussi Philippe de Surgères, et leurs enfants ne pouvaient s'en souvenir. Catherine essaiera plus tard d'interroger une cousine, fille d'une sœur aînée de sa belle-mère, qui s'était mariée à un comte de La Voutetière, au Bois Rousseau. C'était une vieille dame, très touchée de cette visite, qui revoyait fort bien sa tante, « si vive, si jeune, si brune. Mais ses yeux... qui se souvient de la couleur des yeux ? » Non, elle ne les revoyait pas, mais quelle importance ? Elle était si charmante !

Catherine avait été une bonne mère. A la Cour, ses enfants lui manquaient. La froideur de Françoise trop attachée à son père et ses violentes colères la faisaient souffrir. Eusèbe, à la fois lourd et fragile, l'attendrissait ; elle le défendait farouchement contre son père qui le trouvait trop mou pour un futur chevalier. Mais jamais elle n'avait éprouvé en elle cette passion bouleversante que suscita René, dès l'instant de sa naissance.

« Je n'ai pas le droit de le préférer », se répétait-elle souvent, veillant à tenir la balance égale (d'autant plus qu'Eusèbe était jaloux de toute marque de tendresse à l'égard de son cadet). Pourtant son cœur fondait devant cet enfant-là, sans qu'elle sache bien si c'était pour compenser ses doutes, expier ce qui était peut-être une faute, conjurer une obscure menace, ou bien parce qu'il était peut-être l'enfant du bonheur.

A la surprise générale, elle décida de le nourrir, ce qu'elle n'avait pas fait pour les autres, et de rester un an près des enfants.

Ce fut durant cette année-là, où elle ne revit pas Jean-Baptiste, mais où ils s'écrivaient souvent, se jurant une foi éternelle, ce fut durant cette année terrible que le drame éclata.

Le printemps était presque là et les haies couvertes d'épines noires, quand survint la plus terrible épidémie de croup que l'on ait vue depuis bien longtemps. Ce fut Françoise qui l'attrapa la première, elle qui jouait tout le jour avec les gamins du voisinage, petite bande aussi folle que celle de son père enfant, et dont elle était, elle aussi, le chef incontesté. Catherine enferma René dans sa propre chambre et interdit que quiconque l'approche, sauf elle qui suffisait amplement à le nourrir. Mais dans les deux jours, Eusèbe était touché.

La maladie était horrible. Les enfants étouffaient, pris de quintes effroyables, nuit et jour, la gorge recouverte d'une taie si épaisse que l'air ne passait plus. Dès qu'une nouvelle taie se formait, qui obstruait la glotte, les crises étaient affolantes. Catherine et Marion ne quittaient plus les enfants. Ils devenaient gris, toussaient frénétiquement pour briser cette nouvelle prison, agitaient désespérément les bras. Françoise luttait farouchement, petit animal sauvage et puissant, elle ne se plaignait pas et mobilisait toute son énergie pour respirer et dormir.

— C'est la toux aboyeuse, disait Jacotte, c'est bon ! Cette toux-là brise les peaux. Ça y est ! Voyez, elle respire. Il faut essayer de lui donner une cuillerée d'eau de menthe. Bois, ma petite, fais un effort !

Eusèbe ne luttait pas, ses petits bras battaient l'air comme ceux d'un noyé, sa toux n'aboyait pas. Il étouffait, devenait violet, presque noir. Il n'avait pas la force de briser les peaux, et s'abandonnait. Il mourut en trente-six heures.

Catherine pleurait. Son enfant était mort et aucune illumination, aucune clarté mystique ne visitait son âme désolée. C'était la nuit sans étoiles. Pas la moindre conversion, comme celles dont parlait Marguerite. Dieu était absent. Seule, devant le petit corps tendre et rond de cet enfant qui venait d'elle et ressemblait si fort à ceux de sa race, elle pleurait.

Qu'avait voulu ce Dieu vengeur ? La punir ? Oh non ! C'est François qui était visé le premier. François allait souffrir comme un damné, alors qu'il n'était pas coupable ! Elle revoyait les dernières heures : l'enfant si doux, trop doux, torturé, épouvanté, cramponné à sa mère, étouffant, hurlant. C'était donc l'innocence que le ciel punissait ? Une révolte atroce montait en elle : quoi ? Tuer un enfant pour exiger que l'homme se réforme, que l'Eglise se réforme... Quelle horreur ! L'exaltation, les discours pathétiques des amis de Marguerite flottaient menaçants, dans la pièce sombre, autour d'un enfant mort, couvert des larmes de sa mère. Etait-ce cela « la Justice de Dieu » ?

Catherine eut un instant de délire : ils étaient tous là derrière elle : Melanchton, vêtu de noir, avec un manuscrit contre son cœur ; Lefèvre d'Etaples, assis dans le plus sombre recoin, avec sa cape frileuse et ses discours sans fin ; Briçonnet, vieux, ridé, avec son perpétuel sourire qui insultait sa douleur. Elle croyait même entendre ricaner Marot. Ils étaient là derrière elle, tous ces fous de Dieu, de la pureté, de la réforme et de la vérité. Or la seule vérité, le seul mystère était là sous ses yeux : c'était la vie et la mort.

Catherine resta toute la nuit seule, enfermée, veillant son enfant. Marion avait en vain frappé à la porte. Catherine n'avait même pas répondu. Alors, la servante s'était assise par terre pelotonnée, les genoux sous le menton, l'œil fixe, comme à la forge à sept ans, comme la nuit de la naissance du maître.

Vers les premières lueurs du jour, Catherine crut entendre la douce voix de Marguerite. Il y avait longtemps... C'était lors de son arrivée à la Cour, en 1525 peut-être... Elle avait alors dix-sept ans tout au plus. Et Marguerite lisait des vers : « Dialogue en forme de vision nocturne. » La reine Claude venait de mourir, épuisée par ses maternités, et la petite Charlotte de France, sa seconde fille, venait aussi de trépasser à huit ans de la rougeole, entre les bras de sa tante qui l'avait veillée jour et nuit, véritable mère de l'orpheline. Catherine se souvenait : la poésie était fort longue, bouleversante car Charlotte était venue, disait Marguerite, converser une nuit avec sa tante. Que disait-elle donc, cette petite âme ? Elle parlait du « doux dormir », de « l'esprit tout droit au ciel », de « l'âme qui met tout le corps en oubli ». Des bribes de vers revenaient, la fin surtout que Marguerite avait souvent répétée :

> « Mais quant à vous, quoi qu'on vous dise et fasse,
> Soyez sûr qu'en liberté vous êtes
> Si vous avez de Dieu et l'amour et la grâce. »

Dieu l'aimait-il, lui qui la punissait si cruellement ? Elle tentait de faire le vide en elle, fixant le petit visage de cire dont l'immobilité l'affolait. Son âme... où était donc cette âme d'enfant qui revient parler aux reines ? Pour elle, une Montmorency, rien ! Le silence inconcevable qu'amène la mort.

— Eusèbe ! mon enfant, ma chair, mon cœur, sanglotait-elle. Où es-tu, mon petit ? Ne t'ai-je pas assez aimé pour que ta petite âme revienne voleter autour de moi ?

Catherine sortit, au lever du jour, le visage émacié, aussi pâle et figé que celui de l'enfant mort. Marion se déploya et la suivit sans un mot. René hurlait en haut : il avait faim. Catherine monta, ouvrit son corsage et serra contre son sein gonflé un petit affamé à qui la justice de Dieu avait fait grâce. Et pourquoi ?

François du Puy-du-Fou apprit la nouvelle au Louvre. Catherine avait dépêché Thierry, brûlant les étapes. Elle avait buté pendant une heure sur le papier blanc pour porter à son mari ce coup de poignard. Elle écrivait, elle barrait, recommençait. Et comme Thierry, debout, botté et vêtu de noir, attendait respectueusement sans mot dire, elle finit par tracer très vite : « Notre fils aîné est mort du croup en cette nuit de la Sainte-Catherine. Françoise est guérie et René sauf. » Et signa de ses larmes.

— Allez ! dit-elle à Thierry, votre visage et votre tenue suffiront pour l'avertir.

Six jours plus tard, François était au Puy-du-Fou. La mort de son premier héritier mâle était un choc redoutable. Catherine pleura dans les bras d'une statue de pierre. Il ne trouvait aucun mot pour exprimer sa douleur ni partager la sienne. Et Marion croyait revoir son père, le premier François, lors de son retour d'Italie, dur, glacé, s'enfermant dans l'église des Epesses avec son fils dans ses bras. Car il prit Françoise par la main et refit les mêmes gestes. Le petit Eusèbe reposait déjà, dalle minuscule, au pied de celle de sa grand-mère que personne n'avait connue : Anne. Et il décida de repartir, mais Catherine refusa de le suivre. Il fallait d'abord sevrer René, disait-elle. François proposa d'attendre quelques semaines, elle refusait toujours, les yeux baissés, prostrée. C'était trop... On n'abandonnait pas un enfant de six mois en pleine épidémie. Il partit donc.

Catherine demeurait enfermée dans sa chambre. Seule Françoise égayait le château avec l'insouciance de ses sept ans. Elle avait pleuré son petit frère qu'elle aimait bien, un peu comme un joujou. Mais la vie avait repris ses droits. Elle n'y pensait que le soir et demandait alors dans son lit où était vraiment Eusèbe, et s'il jouait avec les anges, ne pouvant accepter la vision cauchemardesque de cette pierre dans la crypte où son père l'avait conduite en silence. Ses babillages d'enfant torturaient le cœur de sa mère.

Durant tous ces mois qu'elle passa seule au Puy-du-Fou, Catherine évitait de penser, repoussant derrière des frontières lointaines le visage et le corps de Jean-Baptiste, et tous les souvenirs de bonheur. Repoussant farouchement aussi les culpabilités et toutes ces questions morales auxquelles la Cour de Marguerite l'avait dressée. Les premiers temps, elle ne sortait même pas, lisant sans fin. Puis avec le printemps, il lui fallut s'occuper du jardin d'herbes où Marion l'entraînait en douceur : la livèdre de Charlemagne était bien sortie, mais les limaces la menaçaient. On ne voyait pas de bourgeons sur l'aigremoine de sainte Hildegarde. Que devait-elle faire ? Que disait le testament de Maubuisson ? Catherine le relut et découvrit qu'elle en avait oublié l'essentiel.

Le printemps fut insolemment beau. Il pénétrait dans l'âme blessée de Catherine si doucement qu'elle reprit son luth les beaux soirs de mai, tandis que les jours s'allongeaient sans fin. Ses gens l'écoutaient, heureux de la voir reprendre vie. Elle se surprenait la nuit à murmurer le nom de Jean-Baptiste et son ombre rôdait dans ses rêves, après une longue absence.

Catherine sevra René au bout d'un an, au retour de François. Elle décida de laisser Marion au château, lui confiant son trésor. C'était la seconde fois que le nom même du Puy-du-Fou était remis entre les mains de cet être fidèle et pur : René était désormais seigneur du Puy-du-Fou, héritier des ducs de Diximille et de toute l'histoire fabuleuse des chevaliers des rois de France. Il n'était qu'ondoyé. On décida de le baptiser avant de repartir. Montmorency avait accepté d'être son parrain par procuration.

Catherine était guérie, belle et calme. Elle ne savait pas encore si son âme déchirée supporterait de revoir son amour, contre qui Dieu peut-être avait tonné et lancé ses foudres. Mais tout au long du voyage, elle se surprenait à ne plus entendre les discours de son mari, à répondre par monosyllabes parce qu'elle était ailleurs, parmi les palais et les jardins hantés de tous ces dieux et déesses amoureux, surgis du génie de l'homme qu'elle ne cessait d'aimer.

Le roi était à Fontainebleau. En cet hiver 1536, il chassait. Le Premier Janvier fut une fête sans pareille dans un château somptueusement meublé. Ce fut ce soir-là que Catherine osa revoir Jean-Baptiste. Elle était vêtue de sombre, très pâle, très mince, son admirable collier éclaboussait la sévérité de sa mise. Ils se virent dès le premier instant. Il l'attendit, immobile au centre de la galerie, les yeux fixés sur l'entrée. Catherine ne vit même pas le roi, ni Marguerite, qu'elle salua, mais tout près d'eux, elle ne voyait que lui !

Ses yeux s'emplirent de larmes de bonheur. Elle faillit défaillir quand il toucha sa main. Non, Dieu ne pouvait rien contre eux. L'amour, disait Marguerite, était un don du Ciel : « Je crois que Dieu ne se courrouce point d'un tel péché, vu que c'est un degré pour montrer l'amour parfait qu'on a de lui. Et on n'y atteint pas, à cet amour de Dieu, sans passer par l'amour du monde. » Que disait-elle encore ? Que le scandale est souvent pire que le péché. Elle disait aussi : « Il est bien difficile de se repentir d'une chose si plaisante. Je voudrais bien que Dieu prît aussi plaisir à mes plaisirs... De soi l'amour est bon. C'est la manière dont on le traite qui le fait léger, cruel ou vilain. » Oh ! qu'ils l'avaient bien traité leur amour, et qu'ils l'avaient fait beau, profond et doux !

Jean-Baptiste avait vieilli. Il avait maintenant passé quarante ans. Des veilles incessantes, des nuits blanches à créer dans la lueur des chandelles avaient éclairci ses tempes rousses. Et ses yeux gris, plus tombants que jamais, semblaient maintenant voir très loin, au-delà des apparences. Profitant de la cohue, du bruit, de la musique, des conversations et des premiers couples en place pour la danse, il prit sans mot dire la main de Catherine et l'entraîna.

Dans l'ancienne chambre de repos du maître, elle tomba enfin dans ses bras, tandis qu'il la berçait avec des mots tendres : « Ma pauvre petite âme, mon étoile, ma rose blessée ! Je n'ai cessé une seconde d'être près de toi. Je n'ai cessé de t'aimer et ne pourrai jamais aimer ailleurs. » Pas un mot ne fut échangé, ni sur Eusèbe ni sur René. Il ne demanda rien. Un jour de folie, plus tard, après un de ces transports qui la jetaient hors du monde, Catherine ouvrit la bouche et commença à balbutier le nom de son fils. Jean-Baptiste posa doucement sa main sur ses lèvres et chuchota : « Non, non, ma mie ! Je ne veux rien savoir. Laissez à Dieu ses secrets. Je vous veux digne de vous, comme je veux l'être moi-même. »

Leur passion croissait avec l'âge. Catherine n'était plus une petite fille ignorante mais une femme au corps épanoui et exigeant. « L'âge des amours, disait Jean-Baptiste, n'est pas celui que l'on dit, mais bien la maturité, âge de l'expérience et de la science amoureuse. Comme tous les arts, l'amour demande un long apprentissage, des années de don total, un regard intérieur incessant. »

Dès les premiers jours, Jean-Baptiste la prit dans ses bras, grave et bouleversé :

— Je t'ai regardée sans cesse dans ton vieux château inconnu, cadre désuet de ta beauté. J'ai alors rêvé un cadeau, le seul que j'aie le droit de te faire, un cadeau éternel qui défie la mort et le temps. J'y ai passé des nuits... Je voudrais t'offrir un château, un autre château que tu ferais construire contre le tien, comme toute la noblesse de la Cour. Un cadre à ton image, qui te ressemble.

Catherine reçut un choc : le vieux Puy-du-Fou transfiguré par ce magicien ! Vivre, habiter, dormir et mourir un jour dans les bras de celui qu'on aime, même loin de lui, même s'il a péri ! Elle restait étendue, sans un mot, sans un geste, paralysée par l'émotion. Jean-Baptiste s'était levé et déroulait de grands cartons.

— Je ne veux pas être pour toi l'homme d'un rêve, reprenait-il, mais celui qui marquera ta vie.

Il interrompit d'un geste la protestation qui fusait :

— Je ne veux pas être que l'amant, celui des instants qui passent et qui ne laissent nulle trace. Je veux rester près de toi quoi qu'il arrive, et près de ceux qui sortiront de toi, présent durant des siècles, indestructible comme ce qui nous lie. Je ne puis te donner des terres, un nom, une gloire, mais un cadeau plus proche encore que ne sont les armes ou un blason : cette coquille où l'animal humain naît, vit et meurt tout au long des siècles. Je veux être la coque du fruit qu'est pour nous la vie, puisque ce sont vous les femmes qui la donnez, la possédez, la créez dans le secret. Nous autres, pauvres hommes, que savons-nous de ces mystères ?

Il soupirait et Catherine, bouleversée, comprenait qu'il faisait enfin allusion à René. Mais déjà Jean-Baptiste courait à sa table :

— Voici ce que j'ai pensé : tu m'as parlé d'un pays de granit où on ne trouve ni pierre tendre ni pierre blanche. C'est avec le matériau de ton pays qu'il faut restituer la perfection des règles d'or ; avec du granit et des briques qu'il faut recréer l'Italie. Je sais que le granit se prête mal aux sculptures : trop grossier, trop dur, imprévisible, mais fort beau sous le soleil qui fait briller ses cabochons de lumière. J'ai prévu un cadre très simple, très discret en granit, avec des ordres superposés et des bandeaux, plus les soubassements et les corniches. De très larges fenêtres ouvrant des pièces au soleil levant. Très plat, et tout le remplissage en briques. Un logis gris et rose sur un parterre verdoyant ! Et comme je ne veux rien de sévère pour ma mie, j'ai prévu pour entrée une loggia au centre de la façade. Un vrai bijou de pierre sur un escalier très bas.

— Une loggia, qu'est-ce à dire, balbutiait Catherine qui observait le dessin. Je n'en ai jamais vu...

— C'est en effet une nouveauté. Nous en avons en Italie pour le départ des grands escaliers droits. Ce décor, qui est aussi une utilité, ne va pas tarder à devenir à la mode. Vous la lancerez en Haut-Poitou !

Catherine regardait avec passion ce portrait d'une façade si noble, si parfaite, qu'on y sentait en effet un nombre d'or infiniment savant, dont chaque proportion ne saurait être touchée sans tuer un chef-d'œuvre.

— Mais qui pourrait réaliser une telle merveille en Haut-Poitou, avec des compagnons si frustes et tellement ignorants de ce qui se passe en art ? Ils construisent sans fin des tourelles, des escaliers à vis, des meurtrières et des échauguettes, avec des décors d'église. Et bien pauvres !

Jean-Baptiste observait son plan et eut un geste fataliste.

— Pas sûr qu'on ne puisse leur apprendre ! J'en ai déjà parlé à Bonaventure qui ne cesse de progresser. Il dirigerait fort bien les travaux. Tu pourrais dès maintenant lui faire confiance.

Catherine songeait. Oui ! Mais il faudrait de l'argent. Et ce n'étaient pas les six mille livres de l'écuyer tranchant qui y suffiraient, mais bien douze mille au moins. Sans parler des revenus des terres qui n'étaient pas réguliers.

— Il y a les corvées, chez vous, suggérait Jean-Baptiste. Pourquoi ne pas les affecter aux sablières, aux briqueteries, aux transports ?

Certes oui, mais il fallait tout de même de l'argent. Pour la première fois, Catherine se sentait l'âme d'une intrigante. Elle qui n'avait jamais ragoté, réclamé, ni utilisé ses relations ou ses alliances, commença à s'intéresser aux « on dit ». Elle se rapprocha de Montmorency, dont la faveur ne cessait de croître et qui régnait déjà sur les nominations de tous les offices. Elle parla de son rêve à

Bérengère, enthousiasmée. A son frère René, qui venait de rentrer à Paris, et qui lança l'idée à son beau-frère, pour qu'elle vienne de lui, et non de sa femme, le flattant sans vergogne.

— Je suis passé par Oiron, mon cher. Tu es l'un des seuls grands de ce pays à vivre encore hors des modes. A quelques journées de la Loire, quand on passe le fleuve royal et qu'on entre dans nos pays, c'est encore le Moyen Age. Quel crime d'y laisser croupir ma sœur, et quel triste exemple à donner au peuple ! Je sais, il te faudrait un second office, et tu es trop fier pour en demander jamais au roi.

De René, François acceptait tout. Sans doute son épouse elle-même, lui suggérant de se moderniser, l'eût-elle blessé et humilié. René le faisait réfléchir. Construire, oui. L'idée faisait son chemin, mais comment ?

CHAPITRE XI

AIMÉE À JAMAIS

La lumière jaillit un jour d'ennui. Bérengère et Catherine devisaient sans fin. Leurs hommes étaient encore à Lyon avec le roi. Elles étaient revenues avec la reine de Navarre qui avait joué les chefs de guerre, passant les troupes en revue aux côtés de Montmorency, afin de chasser l'empereur de la Provence qu'il venait d'envahir. Ce voyage, un de plus, leur laissait un souvenir amer : la mort du pauvre dauphin François les faisait encore frémir. Empoisonné sans doute par cet horrible Montecucculli, sa mort avait été atroce. La reine de Navarre en était profondément atteinte et avait abandonné l'armée pour revenir à Lyon pleurer avec son frère. Puis elle était repartie, épuisant les Dames qui la suivaient. Enfin, elle était revenue dix jours plus tard assister à la torture du traître, dont la cruauté soulevait encore le cœur des deux jeunes femmes.

— Tu sais, disait Bérengère, le capitaine-gouverneur des ville et château de Nantes, le chevalier des Arpentils, est fort malade. Il est vieux d'ailleurs. C'est Genouillac qui m'en parlait récemment. Qu'attend François pour se placer près du roi qu'il sert quotidiennement ?

— François ne demandera jamais rien, surtout pas au roi qu'il vénère, tu le sais bien, coupa vivement Catherine.

— Alors, demande toi-même !

— Au roi ? Tu es folle ! François ne me pardonnerait jamais de ternir sa fierté. D'ailleurs, j'ai la mienne qui la vaut bien.

Bérengère réfléchissait :

— Je peux en parler à Genouillac, bien sûr, mais il déteste que je me mêle de politique. Que ne demandes-tu à ton cousin Anne de Montmorency ? C'est lui qui a désormais le pouvoir ; toute nomination passe par lui. C'est un homme difficile, abrupt et brutal, mais je sais qu'il t'apprécie et t'admire même. Je l'ai entendu dire que tu étais la seule, à la Cour, capable d'apprécier son chantier de Chantilly.

Capitaine-gouverneur d'une ville aussi importante que la capitale de la Bretagne... c'était évidemment une charge de grand prestige, et Catherine y avait souvent songé pour François. Poste de commandement militaire, celui de capitaine-gouverneur comportait la résidence au château, dans cette élégante forteresse, que tant aimait la reine Anne. Le château de Nantes, les pieds dans la Loire, rempli des trésors des ducs de Bretagne, de leurs tableaux, meubles, statues et tapisseries... Oui, elle en avait rêvé ! L'office était peu rétribué, mais si glorieux ! Toute la garnison et la ville forte étaient sous l'autorité du gouverneur, la troupe sous ses ordres, la ville, le port à sa merci. Il surveillait et présidait les assemblées et touchait une dîme sur la traversée du seul pont de la Loire, le pont de Pirmil, dont le péage et les recettes représentaient plus qu'une pension.

Catherine admirait Montmorency, non pour sa superbe ou ses gloires militaires, mais parce que, après le roi, ce grand chef de guerre était le premier amateur d'art vraiment éclairé. Il voyait grand, presque follement, quand il s'agissait de construire. Il pouvait donc la comprendre. Dès les premiers jours de 1537, toute la Cour était rentrée et chassait à Blois, dans une forêt superbe où le roi faisait construire une véritable folie : Chambord ! Dès le lancé, Catherine emboîta le pas derrière Montmorency, dont le cheval était pourtant fort rapide et colla si bien à son train qu'au premier défaut ils se retrouvèrent botte à botte, postés seuls et très en avant.

— Beau cousin, dit-elle d'un air léger, je n'en peux plus de notre vieux château poitevin, et vous le comprendrez mieux que personne. J'ai décidé qu'aucun Montmorency, mâle ou femelle, ne pouvait vivre sans beauté. Je vais donc moi aussi construire. Oh ! bien modestement auprès de vous, mais je vais vous demander de l'aide.

Le dur Montmorency la regardait avec amitié, bien calé sur son cheval :

— Vous aimez et estimez mon mari, reprit-elle, vous savez son mérite. Il lui faudrait un second office pour faire face à de telles dépenses. Le poste de gouverneur militaire de Nantes va se trouver vacant et...

Montmorency éclata de rire :

— Monsieur des Arpentils n'est pas encore mort, ma chère, pas plus que ce cerf n'est pris...

A cet instant, éclatait un long récri, suivi du formidable ensemble de la meute. On avait relancé !

— Eh bien, comptez sur moi, quand Dieu le rappellera ! cria-t-il en piquant des deux et se portant d'un lourd galop vers la voie. J'y veillerai, c'est entendu !

— Et surtout ne dites rien à François, criait Catherine, c'est un secret entre nous !

Catherine eut le temps de se faire entendre, mais faillit bien, ce jour-là, se perdre encore.

Le chevalier des Arpentils vécut encore un mois. Un mois pendant lequel le couple lui-même passa fort près d'un drame qui aurait pu être sanglant.

La Cour était remontée à Paris et François accompagnait souvent le roi pour quelques jours dans ses périples entre ses diverses résidences, toutes en construction. Il laissait Catherine à Paris, où ils avaient loué une maison fort convenable rue Saint-Denis. Avec l'imprudence de l'amour, Catherine réalisait alors son rêve le plus cher : passer la nuit chez Jean-Baptiste ! Une nuit entière, cette sorte d'éternité ! Dormir dans les bras de celui qu'elle aimait, entendre respirer son corps et son âme tout ensemble ; s'abandonner pendant que dort la terre à cet accord souverain, puis s'éveiller réconciliée avec le monde. Pour un tel bonheur, qu'ils goûtaient dans l'angoisse, ils prenaient d'infinies précautions. Ces fêtes étaient rares et d'autant plus précieuses.

— Tu sais, lui avait dit un jour Bérengère, quoi qu'il t'arrive, tu peux te servir de moi. Ce sera toujours moi la coupable et je te défendrai, fût-ce de mon honneur, comme de ma vie.

Catherine disait donc à ses gens, ces soirs-là, qu'elle allait chez Bérengère et filait, encapuchonnée, seule par les rues sombres, tombant dans les bras de son amant avec des transports d'une joie exquisement mêlée de crainte... « Je la tuerais le lendemain ! » Ces mots résonnaient encore à son oreille. Peut-être... mais elle vivait ! Son corps brûlait déjà, tandis que son âme s'envolait, légère, vers celui qui l'attendait.

Bien renseignée, elle ne prenait pourtant aucun risque et ne volait à chaque voyage qu'une seule nuit, devinant que l'amour, comme l'or ou les parfums, craint la satiété et se plaît d'être désiré.

Ce soir-là donc, il pleuvait sur Paris. Une de ces pluies fines et glacées qui trempent bêtes et gens, les transperçant jusqu'aux os, et transformant les pavés gras en glissières. Il faisait déjà nuit et les rues étaient vides. Pourtant jamais Paris ne lui avait semblé si beau ni si doux. Cette pluie tombait sur son cœur comme une tendre rosée. Elle courait, légère dans la brume, vers le maître de son âme et de son corps. Elle sentait comme une caresse le vent aigre qui retournait sa mante. Jean-Baptiste l'attendait sur le pas de sa porte avec une lanterne sourde. Il avait fait préparer du vin d'Italie, avec des verres de Venise incrustés d'or, des pâtés en croûte, des fruits, des oublies et mille douceurs. Ils s'endormirent fort tard et le jour, masqué de lourds rideaux de velours de Gênes, ne les éveilla pas.

François était rentré au petit matin porteur d'un pli urgent, ayant trotté toute la nuit avec l'escorte royale. Il était huit heures et la chambre était vide. Il appela et vit apparaître, descendant l'escalier, la tête affolée de Bonaventure qui revenait souvent près de Marion, laquelle avait accepté de lui apprendre à lire :

— Où est ta maîtresse ? Et que fais-tu ici ?

— Je ne sais, Messire, balbutiait le malheureux devant le lit si bien tiré. Je crois qu'elle allait hier au soir chez Madame Bérengère...

Les domestiques apparaissaient maintenant, curieux, effrayés par la mine sombre de leur maître et son immobilité, dans un silence de plomb.

Une fureur terrible montait dans le cœur de François, celle de Rome qu'il avait voulu oublier. Quoi, comme Pantasilea, toutes les femmes ?... Lui revenaient certains gestes, certains regards de Catherine, certaines absences qu'il avait chassés de son esprit. Une brûlure, une violence insoutenable le submergeaient. Il promena autour de lui un regard noir et, sans un mot, dévala l'escalier de bois dans un bruit de tonnerre. On entendit claquer la porte. Mélie, la fille de Thierry, se signa et balbutia quelques prières dans un silence consterné.

Déjà François sautait sur son cheval, bousculant marchands et passants. Il fut en un éclair devant la porte de Bérengère où il frappa comme un forcené. Un domestique fort stylé vint lui ouvrir. Bérengère, réveillée par le bruit, s'était levée et avait jeté un rapide coup d'œil à la fenêtre. Elle avait compris. Déjà François bousculait le valet et grimpait l'escalier. Elle l'attendait, vivement drapée dans une mante :

— Où est Catherine ?

— Elle vient de me quitter. Elle devait partir très tôt, ayant fort à faire ce matin, répondit tranquillement Bérengère. Mais que vous arrive-t-il, François, vous semblez hors de vous et ne me dites même pas bonjour ?

— Elle a passé la nuit ici ?

— Certes, et cela lui arrive quand vous n'êtes pas là. Rien n'est si triste que d'être seule quand on vous abandonne.

François scrutait le visage impassible de Bérengère. Elle mentait, c'était évident : sa tenue, cet air ensommeillé, ce sourire inutile… Elle mentait ! François la prit par les épaules et la secoua brutalement :

— Où est Catherine ? Tu le sais, tu mens ! dit-il, glacé.

— Elle était ici, je te le jure !

François jeta autour de lui un regard circulaire : la chambre était luxueuse, emplie de cabinets italiens décorés de marbre et de nacre, encombrée de bibelots précieux. Sur la table, un grand crucifix d'argent ciselé portant des reliques. François entra et s'en saisit comme d'une épée. Il brandit la croix devant la jeune fille :

— Tu le jures ? Eh bien, jure-le sur Dieu !

Bérengère souriait toujours :

— Sur Dieu, je le jure, dit-elle paisiblement en étendant sa main fine.

Ce disant, elle le fixait de ses yeux verts impavides :

— Je jure qu'elle a passé la nuit ici, répéta-t-elle, êtes-vous satisfait, Messire ?

Dix minutes plus tard, Catherine était éveillée par un porteur, chargé d'un court billet qui l'avertissait en hâte : « François est là. Tu as passé la nuit chez moi. Tu fais des essayages chez ma couturière et tu rapportes la robe que j'ai commandée. Tu la mets ce soir. Ne rentre pas avant neuf heures et demie. Parle peu, je m'en charge. »

— Tu t'es parjurée pour moi, malheureuse, et sur la Croix, balbutiait Catherine quelques heures plus tard. Bérengère, ce n'est pas possible, tu t'es damnée !

Bérengère, tranquille, se mirait dans la glace :

— Nenni, ma belle ! Dieu pardonne ! A lui d'ailleurs, je n'ai pas menti. Seulement à François ! Au fond de mon cœur, je le priais de comprendre que je servais ta vie et ton honneur et faisais œuvre pie. A Madrid, le roi a bien donné sa parole sur le Christ et sur son honneur lui aussi, qu'il livrerait à l'empereur l'héritage du Téméraire, avec ses terres et ses revenus. Dès que libre, il a proclamé que de tels serments n'ont aucune valeur, puisque exigés sous la contrainte. Pour le mien, il en va de même. Le roi serait-il damné ?

Elle riait, la misérable !

— Pour moi, tu vaux bien la Bourgogne, ajouta-t-elle, enfin sérieuse, de sa voix de gorge qui ensorcelait les hommes. Et puis qu'importe, je t'ai dit un jour que pour toi je mentirais, je trahirais, c'est fait ! Je te dois tout : ma vie, ma survie. Sans toi je serais morte, et aussi damnée qu'aujourd'hui, car je maudirais Dieu qui me condamnait au couvent. Aujourd'hui, au contraire, je le remercie, je découvre tous les bonheurs qu'il a semés sur cette terre...

— Tu blasphèmes, Bérengère !

— Mais non ! Pour le parjure, j'irai à confesse à Notre-Dame ; et pour la pénitence, j'achèterai force indulgences. Tu devrais savoir maintenant que, pour bien aimer Dieu, il faut être heureux.

Ainsi, pensait Catherine bouleversée, ainsi Bérengère s'était parjurée sur la Croix pour elle ? Et peut-être Marion, dont elle ne saurait jamais si elle avait menti à la naissance de René ? Deux anges gardiens préservaient sa vie et son amour coupable, avec les mensonges du diable ! Et cela par bonté, par tendresse. Pour la première fois, Catherine eut honte. « Remords, regrets, non, pensait-elle tristement, mais honte d'entraîner deux êtres si tendres avec moi dans la perdition. »

Elle pleura pour la première fois dans les bras de son amie et se jura en secret que ce serait la dernière nuit qu'elle passerait chez son amant. Elle tint parole.

Le chevalier des Arpentils était mort huit jours plus tôt, le 20 décembre 1538, dans la grande chambre ducale du château de Nantes et, dès la nouvelle, François reçut sa charge, plus un don de joyeux avènement de cinq mille écus, offerts par la ville de Nantes.

On partit de suite avec la petite troupe de gens d'armes venus annoncer la nouvelle, sous la direction du Connétable de la ville. C'étaient une dizaine d'hommes, dans la tenue des ducs de Bretagne, avec le fanion blanc aux trois hermines que le roi n'avait pas voulu changer pour faciliter l'adaptation des Bretons, de même qu'il avait conservé le titre de gouverneur, « lequel ne serait pas achetable mais seulement conféré sous la charge de Monsieur le Connétable de France ».

Nantes attendait son nouveau maître et préparait une fête pour son arrivée : rues pavoisées, tentures tendues et rues jonchées de branchages. La petite troupe avait d'abord descendu la Loire par ces belles « levées » que Louis XI avait fait édifier sur la rive nord du fleuve depuis Orléans. Puis ils se dirigèrent par les coteaux vers Bourgueil d'où l'on dominait la noble vallée, ils logèrent chez les Bonnivet aux Réaux. Catherine, à cheval près de son époux, goûtait la beauté de ce fleuve royal, ses sables roses, ses brumes, ses villes blanches, hérissées de tours et de clochers, ses châteaux surtout dont les rives étaient parsemées. Montmorency n'avait pas oublié sa promesse. Elle n'avait eu besoin ni de plaider, ni même de la lui rappeler. Il avait annoncé la nouvelle devant elle, avec un simple sourire qui s'adressait à elle seule.

L'idée de construire, à l'image de toutes les merveilles qu'il croisait le long du fleuve, avait conquis François. Ils ne parlaient plus que de cela et François s'inquiétait seulement des tracas que causeraient les démolitions et les travaux :

— Laissez-moi faire, disait Catherine. C'est aux femmes de construire, tandis que leurs maris veillent aux armes et à leurs charges. Azay-le-Rideau, cette merveille, est de Catherine Briçonnet. Chenonceaux, que vous avez vu, est bâti par Mme Berthelot. Les Réaux par notre cousine de Bonnivet. Ce sont les femmes qui ont lancé les nouveautés : l'air, le jour, les fenêtres hautes, les grands escaliers droits, les bandeaux réguliers des façades, tout ce qui dans une maison respire et sème la joie ou la beauté.

— Mais qui surveillera, dirigera, guidera nos pauvres artisans ? Et sur quel modèle accessible — tant à nos gens qu'à notre bourse ?

— Nous avons Bonaventure qui, depuis trois ans, est à bonne école. Pour le modèle, il a déjà demandé à son atelier un portrait qui m'a paru fort raisonnable et tout à fait au goût du jour. Briques et pierres, donc peu coûteux. Comme à Blois et puis comme ce délicieux château des Réaux où nous sommes descendus cette nuit.

Bonaventure avait en effet eu vent du projet et s'était précipité chez sa maîtresse. Il ne se jeta pas à ses pieds, comme lors de son départ. C'était maintenant un homme qui allait sur ses trente-cinq ans. Assuré, le regard profond, avec une barbe en collier, comme les artistes qui singeaient les gentilshommes.

— Confiez-moi ce projet, Madame, je vous en prie, avait-il dit d'un ton ferme. Ce sera le premier château selon les règles d'or dans toute notre région. Un modèle, une révélation pour nos pauvres gens. Je suis libre de partir car la galerie est terminée. J'ai appris à lire avec Marion et dévoré tous les enseignements des Maîtres. Je suis passé dans tous les ateliers, je connais tout, Madame : sculpture, ciselure, fresque, stuc, et même l'architecture en observant les Maîtres.

Et tout cela était vrai : passionné, infatigable, Bonaventure traînait depuis trois ans dans cette seconde Italie qu'était le chantier de Fontainebleau. Il connaissait le nu grâce à l'Olympe, dont les légendes, les dieux et les déesses semblaient plus proches aux artistes que la Vierge et les saints. Il parlait même le langage savant et précieux des beaux-arts, avec ses mots italiens qui n'avaient pas encore été traduits en français. Son regard brûlait :

— Ah ! Madame, je n'ai besoin de rien d'autre que de ce portrait qu'a tracé notre Maître. Je dirigerai nuit et jour nos vieux maçons, nos tailleurs de granit, nos charpentiers, nos couvreurs... Ils ne savent rien de l'art nouveau, bien sûr, mais ils sont si adroits ! Et moi je serai partout derrière eux, je saurai leur expliquer. Pour le décor intérieur je formerai de petits gâte-sauce qui apprendront très vite à mouler ou à peindre les fonds. Je vois, dans votre grande salle, une immense cheminée, avec des cariatides encadrant vos armes en haut relief : les trois macles d'argent et les seize alérions d'azur.

Catherine qui souriait l'interrompit d'un geste :

— Non, pour l'intérieur, seulement les trois macles ! Dans ce château, mes armes ne figureront qu'à l'extérieur, accolées à celles de mon mari, mais à l'extérieur seulement. Dans ce château, je suis Dame du Puy-du-Fou et ne suis que cela.

L'entrée du nouveau capitaine dans sa ville fut une fête sans pareille. Le gouverneur de Bretagne, le duc d'Etampes, mari de la favorite, remettait lui-même les insignes et les fanions à François dans la grande salle du château, dont les puissantes fortifications plongeaient dans la Loire en crue. La foule attendait son nouveau maître aux portes, avec des cris et des vivats. Les rues étaient jonchées de genêts, les fenêtres décorées de drap et de tapis divers, comme lors du couronnement du roi auquel François avait assisté, jeune page émerveillé. Et cette réminiscence, parmi les acclamations des Bretons, lui semblait couronner sa carrière.

Catherine, parée du collier, et vêtue de blanc sur une haquenée blanche, admirait sans réserve le noble cavalier, « Ton superbe mari », disait toujours Bérengère. Pour la circonstance, il avait revêtu la tenue militaire adaptée à ce nouvel office : armure et casque empanaché, dont la visière relevée découvrait un mâle visage que la quarantaine menaçante avait, en le durcissant, encore embelli. Jamais il n'avait soufflé mot de son irruption chez Bérengère ni de ses soupçons. Il avait regardé froidement Catherine, venant de chez la couturière avec une robe violette, qu'elle avait essayée dès son retour. Puis il l'avait contemplée en silence le soir, serrée à mort dans le corselet, car sa maternité avait légèrement épaissi sa taille. Marion avait cru ne pas pouvoir la fermer et avait passé toute la journée à raccourcir les jupes, car Bérengère était plus grande ! Le silence entre eux avait pesé quelques jours, puis les événements avaient complètement recouvert l'affaire. Le couple devisait fort amicalement sur le chemin de Nantes.

On traversa la Loire, déjà fort large, par le fameux pont de Pirmil d'où on découvrait l'amas de toits d'ardoises pressés autour du château, et la haute silhouette inachevée de la cathédrale Saint-Pierre où reposait le duc François, sous les anges de marbre de Michel Colombes. Les rues étaient étroites, humides, mais non malodorantes : un grand vent de mer balayait la plaine, faisant claquer les oriflammes sous un ciel gris, traversé de nuages rapides et d'éclaircies. Un jour cru donnait des ombres violentes et passagères. Les bras innombrables de la Loire étaient couverts de navires et, dans le port, se balançaient les grands trois-mâts venant d'Espagne, du Portugal ou d'Angleterre. On arriva enfin au château dont l'énormité impressionna Catherine. C'était donc là que la reine Anne avait tant vécu !

Dès l'entrée, au-dessus des murailles de granit, on découvrait le délicieux logis de pierres blanches, véritable dentelle de pierre avec ses hautes lucarnes et ses galeries ouvertes. A droite, le logis de la reine, à gauche, les salles du gouvernement et, dans l'immense enceinte, d'autres constructions exquises avec leurs tourelles d'escaliers.

Catherine avait fait venir ses enfants pour la cérémonie. Près d'elle, Françoise sur un poney écrasait la foule de sa jeune fierté. Comme on attendait devant le pont-levis au son des trompettes, René, qui n'avait pas trois ans, s'échappa des bras de Marion et se glissa comme une anguille jusqu'au cheval maternel, levant ses petits bras pour un appel si touchant que Catherine se pencha et prit l'enfant devant elle, à la grande joie de la foule.

René du Puy-du-Fou, à trois ans, était déjà d'allure princière : des traits délicats, un corps tout en finesse, de longues mains, de longues jambes, et ces cheveux presque bleus, « aile de corbeau », qui donnaient à sa mère un éclat incomparable. Et puis ses fameux yeux gris, longs et tombants, réfléchis, un peu tristes. Tout cela faisait de cet enfant un être rare qui tranchait sur les petits paysans râblés du Haut-Poitou.

C'était d'ailleurs un enfant facile et pourtant volontaire, très en avance sur son âge. Il était capable d'écouter, d'observer, de se fixer longtemps. Il « pensait beaucoup », disait Marion. On le distrayait difficilement de ce qui le préoccupait. Il était déjà comme intériorisé, peut-être un peu têtu, mais sans violence ni colères. Et Catherine sentait dans ce bambin un de ces êtres forts, qui masqueraient utilement leur puissance par la grâce et la courtoisie.

René avait pour son père une admiration sans bornes, un peu craintive, car son désir de lui plaire le torturait, et pour sa mère, une passion jalouse de petit mâle. Au lieu de se blottir dans ses bras, comme faisait Eusèbe en suçant son pouce, il s'y jetait presque brutalement, la couvrant de caresses et prenant possession de ce qui lui semblait son bien propre ! C'est donc sur la selle de sa mère qu'il put admirer à égale hauteur le noble capitaine auquel le gouverneur de Bretagne remit, sur un coussin de velours rouge, les énormes clés de la ville. Il s'endormit à la fin du repas, donné dans la grande salle du château sous les plafonds à caissons dorés. Et sa mère pensait avec joie que ses premiers souvenirs ne seraient faits que de gloire, de grandeur et de fêtes. Catherine repartit trois jours plus tard avec ses enfants et ses gens. De grands desseins l'attendaient au Puy-du-Fou : un château digne enfin d'une telle famille et d'un si grand destin.

Dans la salle du Puy-du-Fou, sur l'énorme table de chêne, Catherine avait déroulé les deux portraits orthographiés, ainsi que le plan du château :

— Ce corps de logis, Bonaventure, s'adossera au mur de la fortification contre l'étang. On ne gardera que cette base et l'on démolira toute cette partie des constructions jusqu'à la tour des Anglais. Trente-quatre toises et, au centre, la loggia précédant l'escalier droit. Une grande salle à droite, une grande salle à gauche à chaque étage et des cabinets pour les chambres. Tu remarqueras que le Maître ne présente à la vue que les deux ordres riches : le ionique au rez-de-chaussée et le corynthien à l'étage. Il estime que le dorique est trop modeste et le réserve au sous-sol où seront les cuisines et les réserves. Il a prévu des pilastres fort plats, par raffinement et pour simplifier le travail.

Bonaventure et Catherine, penchés sur le dessin, croyaient déjà voir ce logis gris et rose sur un parterre de broderies.

— Je sais, Madame ! Ce sont là les règles de Vitruve et de Vignole, récitait Bonaventure : un tiers de la hauteur pour le soubassement, un cinquième des colonnes pour l'entablement ionique, la base et le chapiteau des pilastres ayant un module de hauteur chacun. Aux chapiteaux, un tore situé à un module de l'architrave, comme en Italie.

— Le Maître avait un autre projet, disait Catherine, avec des colonnes galbées devant chaque pilastre. Mais j'ai craint que ce ne soit trop demander à nos gens. J'ai donc deux portraits, avec et sans colonnes. Nous verrons comment ils travaillent... Remarque aussi que le corynthien repose directement sur l'entablement ionique et en supporte un beaucoup plus important parce que, dit le Maître, il est en proportion avec la hauteur totale du bâtiment et non pas avec l'ordre qu'il supporte ?

— Je sais, il me l'a dit, précisait Bonaventure, qui avait le compas dans l'œil. Il règne avec l'édifice en effet. Ah ! Et puis je reconnais bien là le Maître, ajoutait-il ébloui, il éclaire le sous-sol par des fenêtres à ouvertures géminées, comme celle de la loggia. Et que j'aime les lucarnes, avec leurs frontons pleins et leur consoles ! Il m'a tout expliqué à Fontainebleau.

— C'est simple, conclut Catherine, émue. Et beau parce que simple... Délicat et cohérent. Pour la façade arrière sur l'étang, je n'ai pas de portrait. Je m'en remets donc à toi, Bonaventure, puisque tu en as longuement parlé avec le Maître. Cette façade n'est pas vue, elle regarde, ne l'oublie pas ! Tu es donc ce qu'on appelle aujourd'hui « l'architecte ». C'est toi qui réalises, surveilles et prévois les dépenses. Pour les règlements, achats et comptes, tu diriges sous la direction de Philibert, mais pour l'argent seulement, car Philibert, qui est un érudit, ne connaît rien aux arts, et je sais qu'il me faudra me battre avec lui pour lui tirer trois écus.

La veille de son départ, le Rosso avait en effet convoqué Bonaventure dans son petit appartement, où si peu de ses amis pénétraient :

— J'ai beaucoup réfléchi, mon fils. Je ne peux aller au Puy-du-Fou surveiller ces travaux. Ce dont je te laisse l'exécution nécessite une extrême attention. Tu m'as décrit ce pays, ce lieu, son matériau. Le granit est en somme un marbre qui ne pourrait être lissé, mais dont la taille, comme celle des diamants, jette des feux aux rayons du soleil couchant. Avec lui, tu vas donc réaliser une sorte de métamorphose : tout ce que j'ai dessiné supposerait un marbre de Carrare, lisse et subtilement veiné, à la sculpture profonde et fouillée. Tu vas donc, par magie, transformer le palais d'une duchesse toscane en celui d'une belle Barbare du Nord, puissante et forte. Un palais qui défiera les siècles ! L'effet n'en sera que plus étrange, plus saisissant. Sois donc intraitable sur les proportions. La loggia surtout dont le nombre d'or m'a coûté des nuits !

Bonaventure avait écouté chaque mot comme la parole divine et avait juré de ne dormir ni jour ni nuit, tant que le premier corps de logis ne serait pas achevé. Pour les autres (des galeries en retour), on en reparlerait. Il tenta de s'informer du décor intérieur. Mais le Rosso ne se voulait, étant au loin, qu'architecte. Il leva les bras au ciel :

— Sans moi, sans mes hommes, vous ne ferez rien que je puisse couvrir de mon nom. Tu es jeune, tu inventeras, tu formeras à ton tour des élèves. Il est temps que vous, les Français, preniez en main votre art et le façonniez à votre image, celle de raisonneurs en pays froid.

Bonaventure, la barbe au menton, ne se sentait plus quand il prit congé de son Maître, répétant en français et en italien : « C'est mon tour, enfin ! C'est notre tour à nous ! » Catherine parlait donc à un homme assuré, et non plus à cet étrange petit gamin qui rêvait d'être « aussi grand que le grand chêne, pour joindre jusqu'à la lune » ! Maintenant il était grand, et serait peut-être, un jour, plus grand qu'un « grand chêne ».

— La première chose, Madame, c'est de démolir toute l'enceinte vers l'étang, au-dessus de la mouluration, et à partir de la tour des Anglais ; J'ai déjà fait appel à l'un de nos meilleurs maîtres maçons : Jean Manneret des Herbiers. Il viendra vous voir demain et peut commencer de suite. Il propose d'amener le granit de Mortagne en chars à bœufs, c'est le plus proche. Il est gris, mais assez clair et blanchit à l'air. Les tailleurs de Mortagne en ont déjà équarri et sorti de la carrière de grosses quantités. Ils espéraient la commande d'une chapelle de la Vierge aux Echaubrognes pour laquelle manquent encores les fonds.

Les premiers coups de pioche des compagnons de Jean Manneret bouleversèrent tout le pays. Quoi ? On démolissait le château ? Les fières murailles à créneaux, avec leurs meurtrières, encombraient maintenant la grande cour du château ? Tout le pays vint voir. Bonaventure trônait du haut de ses trente-cinq ans, montrant à qui le voulait les portraits du nouveau logis, enfin « digne de nos maîtres », disait-il.

Pendant les trois mois que François passa à Nantes pour prendre possession de la ville, tout fut abattu et dégagé. Quand il revint, les fondations du nouveau logis se dessinaient déjà. La cour était emplie de blocs de granit, de tas de briques, de sable, de chaux. Tout un peuple de tailleurs, maçons, charroyeurs et corvéables s'agitait dès le lever du jour dans le fracas, les cris et les chants d'un énorme chantier.

François, passant la herse, eut un choc. Certes, depuis la Cour, il était bien d'accord pour construire et se mettre au goût du jour. mais à la vue de son ancestral terrier mutilé, saccagé, ravagé, il toucha du doigt le sacrilège ! Le château de Guy II, duc et connétable, était à moitié par terre. La tour des Anglais, esseulée contre le vide, criait vengeance, et le grand ancêtre devait se retourner dans sa tombe ! François était homme de culture, il avait fréquenté les Cours italiennes et celle de son roi ; il était aussi homme de guerre et avait détruit plus d'une ville sans s'émouvoir le moins du monde. Mais son manoir, ce Puy-du-Fou, don du roi René d'Anjou, lui sembla brusquement livré aux brigands, à l'étranger, à l'ennemi. Il était là, planté sur son cheval, dédaignant le valet qui lui tenait la bride et incapable de mettre pied à terre pour entrer dans le massacre. Il descendit pourtant, mais décida sans mot dire de repartir dès le lendemain.

Catherine et Bonaventure tentèrent le soir de lui détailler le plan, de lui décrire la façade, à grands renforts de comparaisons avec tous les châteaux royaux en construction. En vain ! Et Catherine se tut, comprenant que François du Puy-du-Fou, l'orphelin issu de son terroir, façonné, fabriqué par lui, n'avait pas eu d'autre mère et recevait ce soir une inconcevable blessure qu'il ne pouvait supporter. C'était en quelque sorte un assassinat !

Le lendemain, il reprenait le chemin de Paris. Les Impériaux avaient attaqué au nord. Il avait levé autour de Nantes une petite armée qu'il allait conduire vers Thérouanne, où s'étaient portés Montmorency et le nouveau dauphin Henri. Il lui fallait en découdre, détruire, oui, mais loin, très loin du Puy-du-Fou !

Catherine, rentrant chez elle, avait eu la surprise d'y trouver Hyéronyme. Après la mort de sa mère, son père l'envoyait souvent passer quelque temps chez ses sœurs quand elles étaient dans leurs châteaux : chez Catherine, au Puy-du-Fou ou à Pescheseul chez Anne de Champagne. Il priait les deux femmes de la garder le plus longtemps possible, ne pouvant à lui seul assumer l'éducation d'une enfant de treize ans, par ailleurs fort intelligente. Hyéronyme était plus âgée que Françoise, mais de la même taille. Bien moins jolie, elle se révélait pourtant tellement plus douée que Catherine en était humiliée. Non seulement elle lisait et parlait latin, mais elle jugeait de tout avec sûreté, et possédait un don d'observation rare. Cette petite fille, à peine gracieuse, donnait parfois à la belle Catherine un sentiment très inconfortable d'infériorité. Les Puy-du-Fou, tout lancés qu'ils fussent, n'avaient pas de titre. Hyéronyme était encore Montmorency des comtes de Laval, et ne l'oubliait jamais. Méprisant les jeux enfantins de Françoise et de René, elle passait ses journées dans la bibliothèque de Catherine, dissertant savamment le soir de Cicéron, ou d'Erasme. Catherine s'en amusait parfois, mais souvent la quittait avec envie de la gifler et de lui rappeler son âge.

— Je serai religieuse, disait-elle à ses neveux d'un air supérieur, mais croyez bien, mes petits, que je serai mère abbesse ou rien du tout ! C'est par mon nom et mon esprit que je dominerai les autres. Je n'ai donc pas de temps à perdre avec vos enfantillages et les futilités de votre mère.

Un jour que Catherine était allée chasser et rentrait fort tard, épuisée, elle eut la surprise de découvrir sa sœur dans sa propre chambre, devant son cabinet secret. Tous les tiroirs et les portes étaient ouverts. La jeune fille poussa brutalement toute une liasse dans le haut corps du bahut où Catherine dissimulait ses papiers les plus précieux, dont les quelques lettres de Jean-Baptiste, glissées entre les pages des notes de Maubuisson.

Catherine pâlit. L'enfant la regardait froidement, petit visage fermé aux yeux parfaitement fixes, les épaules et le haut du corps légèrement en arrière, donc la tête dans le prolongement, ce qui lui permettait, malgré sa petite taille, de regarder les adultes en face sans même lever les yeux.

« Qu'a-t-elle trouvé ? Qu'a-t-elle lu ? » Catherine eut l'intuition que Hyéronyme savait... Mais impossible de l'interroger. Que faire, que dire ? Hyéronyme ne lui laissa pas le temps de réfléchir, elle avait déjà souri d'un sourire dédaigneux et s'avançait vers la porte en lançant derrière elle, d'une voix claire, sans même se retourner :

— Très intéressant, ma sœur !

Et elle disparut.

Plus tard, Catherine reprit la liasse, les lettres de Jean-Baptiste étaient bien là, et à leur place semblait-il. Elle demanda à Marion de faire venir discrètement un serrurier pour remettre en état la serrure du meuble qui, disait-elle, contenait cet herbier trop précieux pour tomber entre les mains des enfants. Mais elle garda, devant sa sœur, un malaise qu'elle eut du mal à dominer. Puis elle oublia car, seule et libre, elle vivait une fièvre bâtisseuse qui la transportait. Elle allait, dans ce coin perdu, avec une poignée d'humbles artisans, édifier un palais sorti des rêves du plus grand des artistes, son amant. Elle était éveillée à l'aube. Le jour n'était pas encore levé que le chantier bruissait déjà du grincement des chars à bœufs, des appels des porteurs et des premiers coups de burin des tailleurs de granit.

Bonaventure, lui, ne dormait quasi plus. Il était partout, grand, maigre, avec sa barbe en collier, armé de ses compas, de ses plans et de ses dessins. Il avait reproduit, grandeur nature, les chapiteaux et les moulurations, distribuant, vérifiant, mesurant sans cesse.

Avec les maçons, tout allait bien. Ils obéissaient au doigt et à l'œil. Avec les sculpteurs, c'était une autre paire de manches. Bonaventure avait fait appel aux meilleurs spécialistes : à Jacques Coiraud, de Montaigu, sculpteur, mais surtout aux Guitton de Mortagne. Tailleurs de granit de père en fils, les Guitton étaient à leur manière des seigneurs, sûrs de leur art et d'une adresse rare. Le granit de Mortagne, ils se plaisaient à le dire, était celui qui a les plus gros grains, donc le plus fragile malgré son apparente dureté. Il éclatait comme du bois et il était impossible d'y chercher d'abord les masses, comme dans une pierre ordinaire, car dans ce matériau on ne peut jamais retoucher une partie saillante. Comme dans le verre, elle saute ! On travaille donc le granit par approche, en terminant les points extérieurs, avant de creuser les fonds. Défense de tâtonner, défense de retoucher. René Guitton, l'ancêtre (il avait plus de soixante ans, cinq fils et une douzaine d'élèves), n'était pas un homme facile. Quand Bonaventure lui apporta le dessin grandeur nature des chapiteaux ioniques et voulut lui expliquer l'importance des proportions exactes, René Guitton, un instant silencieux, éclata :

— Corbleu, blanc-bec ! Tu n'as pas la prétention à ton âge de m'apprendre mon métier ? Je t'ai vu morveux, il n'y a guère plus de vingt ans, et ce n'est pas à Paris ou ailleurs que tu as appris le granit ! Passe pour ton dessin, qui ne ressemble à rien, mais si tu m'en confies la taille, va-t'en voir ailleurs, parce que je ne veux ni conseil ni maître. Maître, je le suis, et tout le pays sait que si je taille un chapiteau, aucune feuille d'acanthe n'a perdu sa pointe. Alors ton retroussis de cuir et tes cannelures misérables, c'est maintenant mon affaire. Si je le veux, et si tu ne viens pas m'humilier de tes prétendues connaissances, ce sera à un fil près ce que tes Italiens de malheur nous inventent.

Bonaventure, rouge de fureur, dut s'incliner. Le vieil homme surveilla lui-même ses compagnons. Chapiteaux, pilastres et moulures sortirent de leurs mains avec une incroyable précision, dans le calme et sans le moindre accident.

Quand l'hiver survint, avec le gel, la façade commençait à monter. La paix était signée avec l'empereur, l'amitié jurée. François avait rejoint le roi et Montmorency était nommé connétable de France. Catherine décida donc de repartir. La paix retrouvée annonçait mille fêtes, et l'absence de Jean-Baptiste, que sa folie bâtisseuse lui avait fait supporter, lui devenait intolérable. Sa dernière lettre d'ailleurs l'inquiétait : le roi lui avait confié la réfection du chœur de Notre-Dame et le nommait… chanoine de la cathédrale ! L'une des prébendes les plus rentables de l'Eglise, certes, mais pour cela, il devait prendre en hâte le diaconat. Son amant, son prince, diacre et chanoine ! Lui qui, depuis l'affaire du parjure, se tourmentait, se torturait la conscience ! Lui, l'artiste charmant qui vivait dans l'intimité des dieux et des déesses antiques, voici qu'il parlait maintenant « de pureté, de réforme, de mystique », comme Marguerite elle-même !

Catherine prit donc la route en plein hiver, sur des chemins enneigés, balayés par le vent glacé. Tout tournait dans sa tête : comment allait-elle trouver Jean-Baptiste, ses chevaux, ses maisons aux tapisseries somptueuses, aux meubles raffinés ? Ses pourpoints brodés de perles, sa table célèbre toujours couverte d'orfèvreries dignes d'un roi ? Ses cadeaux de prince pour tous ses amis et ses aides ? Allait-il tout renier, renoncer au monde, et peut-être à l'amour ?

Catherine, cahotée sur les routes glacées, dans sa pelisse de loup, ne sentait d'autres morsures que celle d'une folle angoisse. Jean-

Baptiste l'aimerait-il encore, sortant du chœur de Notre-Dame ? Elle avait cru naïvement qu'il ne pensait qu'à elle, qu'il suivait de loin son œuvre comme la plus chère à son cœur et la première de toutes. Elle l'avait senti près d'elle à chaque seconde, à chaque pierre montée, à chaque brique ajustée (douelle et boutisse, côté long, côté court) dans un mortier épais et clair. Il lui semblait qu'il était là quand on avait monté les premières marches de la loggia, dont les Guitton sculptaient la voûte plate en caissons, si lourde qu'on se demandait par quel miracle elle allait tenir. Il était là aussi près de Bonaventure, quand celui-ci gourmandait Jean Manneret et ses hommes, pour un pouce de trop ou de moins entre les pilastres, faisant tout défaire et refaire.

Elle arriva dans Paris sous une vraie tempête de neige et courut à la cathédrale. Jean-Baptiste était là en effet, mais non psalmodiant dans le chapitre. Il dirigeait, dans sa longue blouse de peintre, l'armée d'Italiens qui refaisaient le chœur, lui-même couvert de peinture. Seul le respect du saint lieu empêcha Catherine de courir dans ses bras, car son sourire de bonheur lui réchauffa le cœur. Il l'aimait toujours et le lui prouva le jour même.

Il avait néanmoins changé : plus grave, plus tourmenté, ce n'était plus de son art qu'il parlait entre les rencontres du corps, d'ailleurs violentes, presque brutales, c'était de ses angoisses, de sa peur de vieillir et de ne plus créer, de mal lutter surtout et d'être dépassé. Car le jeune Primatice, que le roi avait fait venir, prenait une place inquiétante.

— Le roi m'a fait chanoine et lui confie, à lui, la suite de Fontainebleau. Cet homme est un intrigant, il m'encense, mais petit à petit me repousse et prend ma place. Il me copie de façon éhontée et sa peinture est mièvre près de la mienne. Mais il est neuf et le roi s'entiche de toute nouveauté.

Bref, jusque dans les bras de Catherine, Jean-Baptiste était malheureux et se tournait de façon inquiétante vers une religion sévère et cruelle. Chaque rencontre l'emportait vers l'amour, chaque séparation vers le remords. Catherine le retrouvait mieux quand elle était loin de lui au Puy-du-Fou, plongée dans son œuvre, que prise au piège de ses angoisses. « Riche d'esprit et grand d'âme », disait le roi. Il ne l'était que trop : il philosophait sans fin, mais ne jouait plus de son luth et ne chantait plus. Il l'attendait même des heures, au lieu de travailler. Il avait besoin d'elle. Par fierté, il n'aurait avoué à personne d'autre les tourments de jeunesse et la jalousie d'artiste qui le rongeaient. Avec Catherine, allongés des heures après de folles étreintes, ils parlaient sans fin en italien, dans cette langue exquise qu'ils partageaient.

— J'ai peur, disait-il, je suis entouré d'envie, de haine, de mensonges. Je perds ma vie à diriger des travaux, à faire des comptes, à surveiller des marchés, alors que je suis un artiste et que je brûle de créer, de peindre, de t'aimer. Partout, je suis emprisonné. J'étouffe !

Parfois il la repoussait : « Je te pèse, je ne t'apporte ici que tourments. Mon seul réconfort, c'est de savoir que tu garderas de moi l'écrin de ta beauté. Ma seule joie, c'est de savoir que le portrait que je t'ai donné prend forme, qu'il me ressemble et qu'il est déjà une part de toi-même ! » Catherine s'épuisait à lui rendre foi dans son génie, haïssait le Primatice et se donnait avec transports à cet homme souffrant, qui la fascinait plus que jamais.

Elle retourna en hâte par deux fois au Puy-du-Fou. Bonaventure l'y appelait sans cesse, et des problèmes naissaient chaque jour : les Guitton avaient travaillé comme d'admirables artistes, mais les Manneret, dès qu'on avait le dos tourné, n'en faisaient qu'à leur tête. Bonaventure, qui avait cru pouvoir abandonner le chantier, était monté à Fontainebleau. Il était amoureux : sa belle était la fille de Luca Penni, élève de Raphaël, une ravissante Italienne qu'il voulait épouser. Il rentra six semaines plus tard au bercail. Catastrophe irréparable ! L'escalier à l'italienne, qu'il avait laissé, partant tout droit jusqu'au premier coude du premier palier, s'enroulait en vis à l'ancienne jusqu'au premier étage, derrière les arcs en anse de panier du péristyle. Un sacrilège ! Une monstruosité ! Il menaçait de tout démolir et de tout refaire, mais les fonds déjà s'épuisaient et Philibert tonnait. Bonaventure en fit une jaunisse pendant laquelle on trouva le moyen de déplacer les fenêtres arrière sur l'étage, dont l'écartement ne correspondait plus à rien, tandis que les Guitton sculptaient à l'ancienne les moulures des meneaux, en pleine façade classique !

Catherine, qui avait passé l'essentiel de l'année 1539 à Paris, dut rassurer son architecte quand elle revint. Le logis avait déjà fort belle allure et ce bijou de loggia, à doubles arcades surmontées d'une terrasse avec sa voûte plate en caissons, faisait oublier l'erreur de l'escalier.

C'est lors de l'un de ces passages qu'une grande surprise fondit sur Catherine : un après-midi d'automne, alors que le chantier battait son plein et que les ahans des maçons hissaient les formidables blocs de l'entablement, le trot de quatre chevaux alerta le château. C'était un bel attelage carrossé qui franchissait la herse. Le char s'arrêta devant le vieux logis et un tourbillon doré s'en échappa dans des flots de brocart vert pomme. C'était Bérengère, et dans quel équipage ! Quatre chevaux pie, deux valets, un cocher, une suivante modeste, mais fort élégante. La belle tomba sans coup férir dans les bras de Catherine qui surveillait le chantier :

— Me voici, ma mie ! Ça y est ! Je me marie.

Catherine recula, stupéfaite, et considéra son amie plus éclatante que jamais :

— Bérengère ! Toi ? Mais avec qui ?

— J'arrive, s'ébrouait Bérengère, pour annoncer la nouvelle à mon père. Mais tu dois être la première à le savoir : Genouillac est très mal. J'ai parlé, tendrement, mais comme à un homme de cœur qu'il est, le pauvre cher ! Il se meurt, tu sais, et je retourne très vite à son chevet, s'il est encore temps, et que Dieu m'entende ! Il me dote et me marie. Je suis venue l'annoncer à mes parents que je peux enfin revoir.

— Il te marie, mais à qui, ma belle, criait Catherine affolée, à qui ?

— A un jeune seigneur picard, fort désargenté, mais très bien, paraît-il, de sa personne : fils aîné, château ruiné par les guerres, une pluie de sœurs au couvent, un vieux père qui a servi Louis XII et a perdu un bras à Ravenne. Je ne l'ai pas encore vu, mais il m'adore déjà.

Catherine ne savait si elle devait rire ou pleurer. Le soir tombait et, dans la brume, avec sa chevelure de cuivre, ses bijoux et ses rêves, Bérengère brillait au milieu du chantier comme un feu follet.

Ainsi elle allait quitter la Cour ! Elle avait pacifié, conclu, réussi son étrange et folle aventure. Elle était venue à Catherine pour lui en faire hommage lige, comme le chevalier à son suzerain, ou comme il offre un bouquet à sa Dame. Elle venait à Catherine, qui savait tout d'elle, comme à une mère, une sœur, qui serait aussi un juge et un témoin. Comme à sa pureté en somme.

— Je suis heureuse enfin, disait-elle, et je te le dois. Je vais avoir une maison avec des enfants, une famille, des terres, des gens, comme toi !

Elle admirait pêle-mêle le chantier, le vieux logis si rude, la grosse tour des Anglais, les hêtres et les gros chênes dont les branches tordues et moussues dépassaient les murailles, agitées par le vent d'ouest.

— Je suis contente que tu aies un logis digne de toi. Je ne sais pas comment est mon fiancé, mais je logerais n'importe où pour devenir enfin la Dame que je suis, et que j'ai toujours été.

Elle avait des larmes dans les yeux et Catherine découvrit que cette folle amie avait souffert, pleuré, rêvé, lutté, alors qu'on la croyait si légère.

Noël 1540 fut une date mémorable. Le roi, réconcilié avec l'empereur, le recevait à Fontainebleau. Et l'on préparait pour le Premier Janvier une entrée solennelle à Paris, offerte par le roi à « son bon frère et ami » ! Un dîner royal, un bal paré... Les Puy-du-Fou se devaient d'être l'un près du roi, l'autre de Marguerite. Dès les premiers jours de décembre une petite troupe, singulièrement augmentée de la garde nantaise, reprenait la route sur des chariots, portant les nouvelles tenues, dignes de l'événement.

C'est dans cet équipage qu'ils s'arrêtèrent à l'Abbaye Royale de Fontevrault où Hyéronyme prenait le voile. Claude, qui était d'Eglise, avait choisi pour sa sœur cet admirable monastère dont l'abbesse de Bourbon, femme remarquable, était une amie de Marguerite.

Hyéronyme avait beaucoup changé : elle restait ingrate de visage et fort petite, mais elle avait hérité ses yeux d'or des Laval et ces yeux reflétaient une telle assurance qu'ils fascinaient. La petite « peste » de René, qui jordonnait, jugeait, tyrannisait, dont les mots lucides et cruels faisaient déjà mal, était devenue un être peu commun. Elle avait pris une sorte de hauteur, de puissance même.

Elle s'imposait maintenant par sa maturité, par la richesse intérieure de sa pensée, de sa culture et de son caractère, que l'on devinait bien avant le secours des mots. Mme de Laval, novice de l'ordre Fontevriste, tranchait sur ses compagnes les plus nobles et, visiblement, toutes reconnaissaient sa supériorité, recherchant ses avis, l'écoutant, et souvent s'en remettant à elle de leurs problèmes, de leurs angoisses ou leurs querelles. Car cette volière fermée bruissait en silence de passions intérieures, de révoltes écrasées, de pieux élans et de profonds désespoirs. Hyéronyme apparut à Catherine comme un être de pouvoir, douée d'une force qu'elle-même, sous la coupe de son mari, avait toujours ignorée.

Hyéronyme évoluait dans le cloître parmi ses compagnes, plus petite, et pourtant dominant la troupe. Sa démarche, sa façon de tenir sa petite tête haut placée dans les linges blancs, de toiser ce qui était au-dessus d'elle, de moduler une voix grave et profonde, dont le calme et la sécurité ne faillaient jamais, tout cela impressionnait. Catherine reconnaissait les inflexions de son père, près de qui Hyéronyme avait si longtemps vécu seule :

— Je serai prieure de ce Grand-Moutier, dit-elle gravement à Catherine, les mains enfouies dans de larges manches noires. Tierce et sous-prieure d'abord, puis grande prieure, car nous sommes élues. Je ne serai jamais abbesse, hélas, car toutes, depuis Aliénor d'Aquitaine, sont de famille royale et Mesdames de Bourbon, élevées ici depuis leur enfance, formées, grandies dans ces cloîtres, peuvent seules faire pièce aux rois. Elles font de ces lieux un Etat dans l'Etat. Mais ma naissance me permet une place seconde.

Les deux femmes marchaient lentement autour de l'austère abbatiale dont les hauts murs et la coupole projetaient des ombres brutales sur les dortoirs, dans un vent aigrelet qui ne cessait de s'engouffrer par chaque ouverture.

— J'aime dominer les âmes, continuait la voix ferme de Hyéronyme. La solitude de Vitré m'a permis de pénétrer la mienne et d'embrasser nos propres mystères. Ici, j'avance chaque jour dans ce chemin de l'ombre et vous entendrez, au loin, parler de moi. Que Dieu vous bénisse, ma sœur, ajouta-t-elle en perçant Catherine de son regard brûlant. Qu'il vous apporte une paix dont vous n'avez jamais su le prix et que vous devrez un jour chercher. Vous ne la trouverez pas parmi vos escortes royales, vos bannières et vos châteaux, ni dans vos atours de brocart. L'épouse du Seigneur que je suis désormais n'en a pas besoin, et son Maître domine vos plus grands capitaines.

Catherine vit longtemps l'abbesse, Mme de Bourbon : on parla de Marguerite, d'âme, de grâce, de Lefèvre d'Etaples, de Calvin même ! Les deux femmes se retrouvèrent surtout dans les arts : Mme de Bourbon avait décidé et presque achevé la reconstruction des vieux cloîtres ainsi que les anciens bâtiments de Saint-Benoît, une des cinq abbayes (la plus charmante), dans le style italien de Fontainebleau. Elles visitèrent ensemble les travaux, bavardèrent beaucoup. Les moines de la cinquième abbaye, Saint-Jean-l'Habit, sculptaient d'admirables frises et des frontons aux armes des Bourbons. Hyéronyme a raison, pensa Catherine, le pouvoir pour une femme ne se trouve que là, sinon dans le lit d'un roi ! Mais il est plus réel dans les cloîtres qu'à la Cour, car une femme, ici, ne tient son autorité que d'elle-même et ne dépend d'aucun bon vouloir de l'homme.

Elle qui avait plaint Hyéronyme depuis sa naissance la quitta avec respect, emportant pour ce lieu hors du monde une sorte d'admiration et presque de respect.

François avait beaucoup changé depuis qu'il avait repris un commandement militaire. Le diplomate romain était loin. C'était aujourd'hui un chef redoutable qui retrouvait la hauteur cassante de l'enfant justicier. Il ne parlait plus que de sa mission, de la grande politique, des remous de la Cour, de ses projets pour Nantes. Il laissait totalement à Catherine le domaine, les gens, les terres, le château, les enfants. Il planait maintenant très loin et très haut sur les menus problèmes de la châtellenie, et même, au grand souci de Catherine, sur les questions d'argent. Il balayait d'un revers de main les problèmes financiers, avec un mot de souverain : « Il faut ce qu'il faut ! » A Philibert en somme de se débrouiller.

Catherine, dès son arrivée à la Cour, dut prendre sur elle pour oser parler à Anne de Montmorency : elle n'avait pas de quoi terminer les travaux ! Montmorency, toujours féru d'art et de construction, ne se fit guère prier pour inscrire un don de trois mille huit cents livres au nom du premier écuyer tranchant, pris sur le trésor royal.

Catherine trouva Jean-Baptiste sur les dents : il était chargé de « faire des choses qui seraient trouvées en tout singulières », pour la réception de l'empereur à Paris. C'est-à-dire qu'il devait décorer la ville et en organiser les fêtes. Le projet l'amusait. Il allait mieux et ses équipes bourdonnaient comme une ruche entre Paris et Fontainebleau. On dépensait des fortunes : un arc de triomphe à l'antique, porte des Tournelles, accueillerait l'empereur, toujours sombre et vêtu de noir. Une immense tribune, à la porte Baudoyer, figurerait une porte fermée (celle de la guerre) et une porte ouverte (celle de la paix) d'où sortirait une nymphe ravissante et fort dévêtue. Le Rosso avait aussi décoré Notre-Dame, le vieux palais de la Cité, la route de Saint-Denis et celle de Chantilly, où Montmorency recevait à la fois l'empereur et son roi. Jean-Baptiste ne dormait plus, était épuisé, mais il fut couvert de gloire. Jamais on n'avait vu si magnifique entrée. Il restait vraiment encore « le prince des artistes ». Catherine retrouvait l'amant léger et charmant de leurs premières amours.

Le 8 février, Rosso faisant ses comptes apparut chez Catherine décomposé : elle était seule mais ne l'attendait pas. Dès l'entrée, il lui sembla que ses démons avaient repris possession de son âme :

— Qu'avez-vous, mon ami, êtes-vous souffrant ?

— Pire ! Je découvre que l'on a volé dans les fonds que le roi m'a confiés pour la réception de l'empereur. Il manque plusieurs centaines d'écus que j'avais laissés à la disposition des peintres. Je suis déshonoré.

— Qui peut avoir volé ? Il faut le savoir, lui faire rendre gorge. As-tu quelque indice ?

— Hélas, plus que des indices. Une certitude. J'avais confié les fonds à Francisque Pellegrino en qui j'avais confiance. Il se dérobe à toute question. Ce ne peut être que lui et plus j'y pense, plus c'est l'évidence.

Catherine était atterrée. Francisque était un ami de longue date, bon peintre d'ailleurs, mais d'une vie fort dissolue, et c'était un joueur. Jean-Baptiste s'en fut comme il était venu, torturé par le doute : était-ce Francisque ? S'il avait dérobé une part des crédits, Jean-Baptiste devait laver son honneur et dénoncer le coupable. Ce qu'il fit.

Le lendemain, Francisque était arrêté et Jean-Baptiste, blessé jusqu'à l'âme après cette trahison, s'était enfermé chez lui et n'ouvrait plus à personne. Catherine apprit seulement que Francisque avait été confronté avec Jean-Baptiste et, devant lui, soumis à la torture. Le malheureux avait hurlé à la mort, mais n'avait pas avoué et avait été relâché en fort piteux état. Jean-Baptiste s'était de nouveau enfermé, mais cette fois-ci à Fontainebleau, et Catherine se rongeait à Paris.

Huit jours plus tard, la Cour ne parlait plus que de « l'affaire », car Francisque à peine remis venait de publier un libelle atroce attaquant l'honneur de son maître et le traînant dans la boue. Le texte vint dès le matin sous les yeux de Catherine qui le lut, pâlit et faillit se trouver mal. Elle s'habilla en hâte : il fallait qu'elle coure à Fontainebleau sous n'importe quel prétexte : Jean-Baptiste devait avoir reçu ce texte depuis la veille, sinon plus. Dans quel état pouvait-il être ? Sans perdre une seconde, elle prit un coche et une mante sombre et partit accompagnée de la seule Marion.

Quand elle arriva au palais, tout bruissait dans une agitation tragique. Dès la porte, elle se heurta au cardinal Du Bellay, visiblement bouleversé :

— Ah ! Madame, quel malheur, quelle perte, et que Dieu lui pardonne ! Un si grand artiste...

Catherine tremblait, tout tournait, un froid mortel gagnait son âme :

— Qu'est-il arrivé, Monseigneur ? Et à qui ?

— Mais au Rosso, voyons ! On est arrivé trop tard, le poison avait fait son effet.

— Non ! Non ! hurla Catherine. Non, ce n'est pas vrai, ce n'est pas possible...

— Mais si, puisque je vous le dis, poursuivait le cardinal, parfaitement inconscient de son trouble. Il a fait chercher à Paris, par un paysan, une fiole qu'il disait utile à ses vernis. Mais tenez, le voici cet homme : regardez ! Il a simplement touché le bouchon, et voyez son doigt. Il va le perdre ! Brûlé, noir ! Le Rosso a tout bu et il est tombé devant lui dans la seconde. Le roi est au désespoir : il a perdu son plus grand artiste. Ah ! Que Dieu lui pardonne, répéta-t-il.

Catherine monta comme une automate jusqu'à l'appartement du « prince » entre les bustes romains et les colonnes de marbre noir. Une foule s'agitait devant la porte. Elle bouscula, poussa, entra. Il gisait sur le sol, mort, le visage atrocement déformé par une expression de douleur intense, et plaqué de taches noires. Il ne l'avait pas attendue, ne l'avait pas appelée. Il l'avait abandonnée, et le monde était vide. Elle s'enfuit dans un flot de larmes, comme une folle, sans plus savoir où elle était ni où elle allait, retenant un cri de bête égorgée. Elle courut, courut, et se retrouva contre la pavillon de Pomone, se jeta la face contre terre dans des sanglots sans fin. Combien de temps resta-t-elle ainsi ? Elle ne le sut jamais. Elle ne se souviendra plus que de s'être retrouvée devant chez elle aux bras de Marion, silencieuse comme toujours et maternelle, qui la coucha et s'accroupit, la tête sur les genoux, devant son lit.

Elle ne se souviendra que d'un rêve atroce, qui l'éveilla comme un attentat, lorsque enfin elle s'endormit au lever du jour : une pierre tombale devant ses pieds se soulevait lentement, découvrant Jean-Baptiste, blanc comme un linge, puis retombait aussi lentement sur lui, tandis qu'une voix caverneuse prononçait ces mots inoubliables : « Sainte mort » ou « Sainte maure », et son amant s'enfonçait puis disparaissait, écrasé par la pierre à tout jamais.

Elle ne se souviendra que de la douleur atroce, comme un coup de couteau qui la poignardait au plus secret de ses entrailles et l'empêchait de faire un mouvement. Elle resta trois jours ainsi, clouée, hagarde, noyée de larmes. Marion, puis François prévenu en hâte, firent venir le médecin du roi qui ne trouva rien qu'une fièvre, et un cœur qui ne battait que très faiblement. Il ordonna du calme. La douleur cessa au bout de cinq jours, comme elle était venue, laissant son corps vidé de toute substance. Quand elle se leva pour la première fois, elle eut un cri devant son miroir : là, sur le devant de sa chevelure d'ébène, il y avait une mèche blanche, toute blanche, qui séparait sa tête en deux et la marquait d'un coup de sabre. Marion la regardait, sans rien dire, ombre muette, muraille sans faille entre elle et le monde, rempart contre toute indiscrétion. Elle glissait à ses côtés sans qu'un mot soit prononcé.

Seule ! Catherine survivait, mais dans un monde déserté. L'homme avait disparu de sa vie et à jamais. Bérengère était mariée, envolée dans sa Picardie. Ce fut un véritable fantôme qui pénétra trois semaines plus tard dans les salons de Marguerite.

Celle-ci, de son œil gris si profond, scrutait sa « perlerette » sans mot dire, puis la convoqua le soir même à la suivre dans sa chambre :

— Mon enfant, je crois que je sais tout. Ne me dites rien

surtout. Mais écoutez-moi : Dieu est bon. Il sauve ceux qu'il a en grâce. Il n'y a de damnés que ceux dont la vie a détourné son regard. Ne croyez pas les cuistres ni les prêcheurs : Dieu sauve ceux qu'il aime.

Catherine éclata en sanglots et tomba dans les bras de la reine, demi-pâmée.

— Ah ! Madame, ce n'est pas son salut qui me ronge. C'est sa perte. Je ne suis, je ne serai toute ma vie que douleur et je ne veux que mourir.

Marguerite caressait les cheveux d'ébène, maintenant sabrés de blanc :

— Non, ma fille, on ne meurt pas d'amour. Nos corps sont plus forts que nos âmes. Il va vous falloir cultiver votre âme, ma chère, non plus ce corps et cet esprit que vous avez si bien ornés. Mais votre âme que vous connaissez mal.

— Mon âme, Madame, je ne l'ai découverte que par l'amour. Elle était cachée, enfouie, étouffée, muette, jusqu'à ce que le plus grand bien d'amour la vienne éveiller et lui donne vie.

Catherine pleurait sur l'épaule de la reine dont le doux visage rêvait. Ses yeux, si semblables à ceux de son frère, ne lui permettaient que le sourire et l'esprit. Et de ce sourire dans l'affliction, émanait ce charme étrange qui se dégageait d'elle comme du roi, et auquel personne ne résistait :

— Ah ! Ma belle, disait-elle, berçant son amie, vous pleurez alors que vous voici aimée à jamais ! Alors que Mlle de Saint-Palther sanglotait ce matin d'être abandonnée, que Mme de Clermont se meurt d'avoir rompu pour garder son honneur !

Mais Catherine n'écoutait pas les malheurs de Mme de Clermont ou de Mlle de Saint-Palther. Elle n'était plus que la moitié d'un être, dont l'autre reposait à jamais sous une pierre, au son d'une voix caverneuse et définitive : « Sainte maure ».

— Un mal caché va toujours empirant, récitait la reine, en vers :

> « Et s'il est tel qu'il ne puisse être pire,
> Il s'amoindrit quelquefois à le dire !
> Mes cinquante ans, ma vertu affaiblie,
> Le temps passé commandent que j'oublie
> Si en amour on a peine ou plaisir. »

« Parlez si vous le souhaitez, Catherine, je sais ce qu'est la souffrance, et comme femme, et comme mère.

— Je ne sais plus, Madame, que la douleur. Cette moitié de moi-même que j'ai cherchée et trouvée, celle de Platon dont notre précepteur eut l'imprudence de nous parler, je l'ai perdue ! Je ne veux plus vivre.

Marguerite à ces mots releva l'éplorée d'un geste ferme :

— Non, ma chère, vous vivrez ! Je vous garde près de moi et le temps qu'il faudra, car le temps est notre maître. Il n'y a pas au monde que l'amour. Il y a aussi le pouvoir. Or le roi souffre, vous le savez par votre mari, de ses abcès qui se sont réveillés. Il veut la guerre, l'alliance turque, celle de Clèves en mariant ma fille, la paix des Anglais... Je ne suis pas seulement sa « mignonne » mais aussi son ambassadeur et j'ai besoin d'aide. La diplomatie est un art tout d'exécution qui ne se joue pas sans mal. Vous restez ici sous ma garde et j'ai besoin de vous.

Comment résister à cette grande dame ? Catherine n'avait plus ni volonté, ni désir, ni tout à fait d'existence. Le souvenir des deux années qu'elle passa près de Marguerite, absente de l'intérieur, restera dans sa vie comme celui d'une algue flottant au gré des vagues, et pourtant accrochée à un roc immuable.

Elle apprit les secrets des ambassades, les plis mystérieux que l'on brûle, les émissaires qu'on envoie de par le monde sans savoir s'ils reviendront, les conciliabules en latin avec le Saint-Siège, les détours et les mensonges des négociations.

Sur ordre de Marguerite, deux envoyés, Pélissier et Rincon, notre ambassadeur à Constantinople, expédiaient des renseignements secrets à Catherine sur Venise et la Cour du Sultan dans un langage codé dont elle avait appris les secrets et dont elle brûlait toute trace. La diplomatie tournait visiblement alors autour de ce Milanais auquel le roi, et sa sœur pour lui plaire, sacrifiaient jusqu'à leur âme, car Pélissier négociait avec Soliman ! Catherine découvrait les complots et la trahison. Rincon vint voir le roi et tint à repartir, alors qu'il était menacé. Il fut assassiné en cours de route, comme la reine de Navarre l'avait prédit.

Jamais Catherine n'avait été si belle : elle semblait pourtant aveugle aux hommages qui l'entouraient. Ses yeux ne distinguaient personne, son regard traversait ceux qui la désiraient. Elle voyait le mur derrière eux car, sur ce mur, au loin, se reflétait toujours Jean-Baptiste, ou son œuvre si le mur était peint. Inconsciente de son pouvoir, studieuse, attentive, elle traversait la Cour comme une sorte de fantôme, mue par un tropisme invisible qui avait nom « souvenir ».

Catherine apprit beaucoup : elle écoutait, elle entendait, elle répétait. Cette « insensible » était pour Marguerite un pion extrêmement précieux. Souple, douce, attentive, elle était présente là où il fallait et acceptait toute mission. Elle refusa seulement de retourner à Fontainebleau pour y accompagner la reine, même et surtout quand Marguerite s'en fut inaugurer la galerie d'Ulysse, où triomphait le Primatice !

Ce fut dans cette sombre année, un beau jour de mai, que mourut René de Laval. La nouvelle frappa Catherine jusque dans sa chair. René, toujours amoureux, toujours fou, avait livré un duel pour sa belle. Il était si fort à l'épée qu'il chantait en ferraillant. Il n'aurait pas tué son rival, et tout le monde le savait. Un grain de sable dans le Destin : une pomme tombée d'un arbre et roulant sous son pied lors d'une furieuse attaque ! Il trébucha, perdit sa garde et fut transpercé. Il mourut sur le coup. Bêtement, follement, pour jouer, comme il avait joué toute sa vie.

Catherine restait stupide, inerte, tout son corps parcouru d'un courant nerveux. Elle sentait frémir les nerfs de ses bras, de ses mains. Oui, sans doute René avait été léger, irresponsable, il avait toujours jeté sa vie et son cœur sans réfléchir, sur une pulsion, un don généreux ou quelque désir fou. Mais il était « son frère », l'être au monde le plus proche et peut-être au fond le plus cher parce que le plus anciennement aimé. Cet amour n'était pas celui de la passion, fulgurant, assassin. Il était fait d'un enchevêtrement de racines mystérieuses dans le sol du cœur. Les racines demeuraient, mais la belle plante qui s'appelait René de Laval avait été fauchée à jamais.

Catherine resta prostrée plusieurs jours : non, ce n'était pas possible ! René était là près d'elle depuis toujours et même avant elle, il était elle, elle était lui. L'ami, le seul véritable qui méritât ce nom, c'était René. Lui qui savait tout d'elle depuis toujours, l'être au monde le plus proche, si proche qu'elle ne s'était jamais sentie tout à fait complète hors de sa présence légère. René, c'était sa vie. Il ne pouvait pas l'avoir laissée et être mort. Jamais elle ne le croirait tout à fait. Son esprit enregistrait la nouvelle, son âme la refusait. Pour elle, René n'était pas mort. Il vivrait en elle longtemps, sans doute jusqu'à ce qu'à son tour...

Ce chagrin ne fut pas le seul : huit jours plus tard le vieux comte de Laval, qui avait appris la nouvelle sans un mot, eut une attaque et succomba en trois jours. Catherine s'en fut enterrer ensemble dans la forteresse de Vitré les deux hommes de sa jeunesse, écrasée par une tristesse sans nom. Il lui restait François, le superbe, l'inaccessible seigneur du Puy-du-Fou, dont l'ombre protectrice planait au-dessus d'elle, la laissant inerte, blottie comme les grands blessés, pour attendre la miséricorde du temps.

Un voile était tombé entre elle et François. Pas un mot, pas une question sur ce mystérieux changement, cette maladie étrange, cette pâleur, cette absence. Catherine habitait au Louvre avec Marion dans l'aile de Marguerite. François venait passer à Paris ou à Fontainebleau ses quatre mois de service. Ils se montraient alors ensemble aux chasses, aux fêtes, parlaient offices, enfants, argent. Catherine était douce, étrangère. François précis, hautain, glacé. Son regard blessé passait au-dessus de Catherine et ne semblait voir que son ombre sur le mur. Pas un mot ne s'échappait de sa bouche qui eût pu la toucher, ni la blesser.

Chacune de ses rencontres criait la volontaire absence, l'ordre du silence. Que devinait-il ? Que savait-il ? Trop fier pour s'abaisser au soupçon, trop ignorant des âmes pour s'interroger vraiment, il avait contracté, presque dans son corps, une raideur qui le faisait semblable aux murailles de son château. Murailles sans brèches ni pont-levis.

Parfois, Catherine éperdue de solitude avait envie de se jeter vers ce grand corps, de se blottir dans ces bras puissants et d'enfouir son visage au creux d'une épaule en pourpoint de velours, d'y pleurer, d'y demander pardon et tendresse. Mais elle était trop fière et la muraille était si perceptible que l'élan se brisait, la brisant elle-même.

Un mot sans conséquences trouait alors le silence : maison, voyage, nouvelles. Et François repartait pour Nantes sans même lui demander quand elle repasserait au Puy-du-Fou.

Catherine accompagnera Marguerite à Cauterets, l'hiver où celle-ci s'en fut soigner ses rhumatismes, et Catherine sa détresse. Elle la suivra au printemps à Plessis-les-Tours pour convaincre Jeanne d'Albret, qui n'avait pourtant que treize ans, d'accepter son mariage avec le duc de Clèves, ce que l'enfant refusait avec une violence bouleversante.

Catherine se souviendra toujours de cette journée à Plessis-les-Tours. Elles étaient arrivées la semaine précédente à Amboise, dans cette vallée de la Loire qu'elles aimaient tant, surtout en ces jours d'hiver où l'air lui-même est bleu, un peu brumeux, dans ce soleil qui le rosira le soir. Le château de Plessis s'était beaucoup agrandi avec ses galeries ouvertes et ses broderies de pierre.

La petite Jeanne, jolie brune encore en pleine croissance, était tombée dans les bras de sa mère. Mais elle restait grognon et d'une fermeté d'enfant buté, refusant toute explication :

— Je ne veux pas épouser ce bonhomme, et je ne l'épouserai pas. On me tuera plutôt. D'ailleurs je me jetterais dans un puits... Mettez-moi plutôt dans un couvent !

Marguerite, assise dans une haute cathèdre, vêtue de noir comme elle le faisait depuis quelque temps, fragile, presque transparente, tenait fermement les mains de sa fille entre les siennes, cherchant en vain de ses yeux de myope le regard noir de l'enfant :

— Ecoute-moi, Jeanne ! Ce mariage ne sera pas consommé. Le duc de Clèves s'y est engagé. Ce ne sera qu'un simulacre : il posera son pied nu sur le lit et s'en ira !

— Je le mordrai, ce pied ! criait Jeanne en trépignant comme un bébé.

Et elle éclata en sanglots. Marguerite tentait en vain de la prendre dans ses bras. L'enfant se débattait comme un gibier pris au piège.

— Eh bien, ma fille, ce sera trop tard. Déjà d'ailleurs, il est trop tard. Nous avons bataillé en vain, ton père et moi. Il faut nous soumettre. De toute façon, le contrat est signé. Même le roi ne peut plus reculer. Et une fois de plus, un contrat n'est pas un mariage !

La baillive de Caen, Mme de Longray, la gouvernante de Jeanne, était près de Catherine, debout devant la cheminée. C'était une grande femme sèche, carrée d'épaules et déjà grisonnante :

— Une vraie petite mule, glissa-t-elle durement à Catherine.

— Je me moque des contrats, je n'irai pas, hoquetait l'enfant.

— Et si la vie du royaume dépendait de cette alliance avec le chef des princes allemands... reprenait Marguerite avec douceur

— Et mon avenir à moi ?

La réplique claqua dans cette voix de petite fille comme dans celle d'une adulte. Catherine frissonnait.

— Jeanne, mon enfant, apprends que l'avenir d'une femme est ce qu'elle en fait. Ton avenir sera le tien, et non celui qu'on t'impose. Et sache que notre avenir à ton père et à moi dépend de toi. Le roi a parlé.

— Le roi, toujours le roi... Je l'ai dit au roi que je ne voulais pas, je l'ai dit aussi à ce duc. Non, c'est non !

L'enfant défiait sa mère de son regard noir, semblable à celui de son père à qui elle ressemblait tant. Marguerite baissa les bras et se leva :

— Eh bien ! Puisque c'est ainsi, Jeanne, vous serez fouettée et l'on verra bien ! Madame de Longray, je vous en laisse le soin.

Et Marguerite sortit vivement, suivie de Catherine, puis ferma la porte à clef. On entendit crier l'enfant dans un affreux remue-ménage. La baillive n'était pas tendre, elle fouetta fort et longtemps. Marguerite était très pâle, les yeux embués, mais immobile et ferme. Catherine, avec une sorte d'horreur sacrée, regardait sa chère maîtresse. Le sacrifice de cette petite victime n'était pas seulement criminel, c'était le massacre d'une enfant qui aurait pu être la sienne ! Car dans sa révolte farouche, sa force inébranlable, ainsi que dans son aspect physique et ses gestes, Jeanne ressemblait étrangement à Françoise. Françoise aussi aurait préféré mourir !

Pour la première fois, depuis deux ans que Catherine vivait comme un automate, un orage puissant, formidable s'éleva en elle. Une révolte si brutale qu'elle en resta pétrifiée. Non, elle n'était pas morte, car une voix criait en elle : « Françoise, René ! Mes petits ! Pas ça pour eux, moi vivante ! » Et elle décida sur-le-champ de repartir au Puy-du-Fou, prétextant un appel de François, dont elle avait appris pourtant qu'il se consolait à Nantes auprès d'une belle intrigante : Mlle Laplace, actrice et cantatrice que l'on disait de grand talent, ce qui, curieusement, lui était fort désagréable et redoublait son désir de rentrer au plus tôt.

D'ailleurs le roi venait de pousser le cri de la guerre à grands sons de trompes dans tout le royaume. L'été 1542 s'annonçait. Le roi partirait en mai pour Narbonne, le premier écuyer tranchant se devait de suivre, et Catherine d'assumer le Puy-du-Fou.

CHAPITRE XII

FRANÇOISE

Catherine cahotait avec Marion sur la route du Poitou, emportant dans ses bagages les somptueux cadeaux que Marguerite avait tenu à lui faire remettre pour orner son château : des coffres sculptés à l'antique, décorés de pilastres, et des tapisseries des Flandres représentant, par une fine attention, le pardon du Christ à la femme adultère, laquelle était si belle dans sa chevelure d'or qu'on l'aurait absoute aussi de bon cœur !

— Je ne sais pas si je vous reverrai, ma très chère, lui avait dit Marguerite. Ne me jugez donc pas et souvenez-vous : j'aime ma fille et ne veux que son bien. Mais le bien d'une princesse ne lui vient pas de suivre son cœur, mais de servir les plans du roi pour préserver son pays des guerres, des partages et des révoltes. Une princesse est un pion dans le jeu des nations. C'est son honneur, mieux : son bonheur, que de contribuer à gagner la partie. Un royaume est une affaire de famille. Bénissez Dieu de n'en point avoir, et faites la gloire de vos enfants. Mais pour vous, pour vous Catherine, pensez à votre âme. Ecrivez-moi et cultivez votre âme !

Le lendemain soir, la Dame du Puy-du-Fou franchissant la herse retenait un cri : tout était terminé ! Le logis s'étendait en face d'elle, rose et gris, étincelant au soleil couchant, avec ses lucarnes géminées, ses bandeaux moulurés, ses immenses fenêtres et surtout son adorable loggia posée sur un perron de granit. Dans l'herbe de la cour, on avait dessiné des carrés de buis taillés où René qui jouait avec Françoise poussait des cris de joie.

Le Rosso était mort et le château vivait pour l'éternité. Des larmes d'émotion coulaient sur le visage amaigri de Catherine. « Il » était là près d'elle, avec elle, et dans ces bras de pierre, elle allait se blottir et survivre.

« Françoise, René, mes enfants ! Comment ai-je pu demeurer si longtemps sans les revoir ? Que m'est-il donc arrivé ? Quelle inconcevable folie m'a privée de moi-même ? Ou plutôt quel long évanouissement de l'âme, où mon corps se mouvait seul, comme celui d'un insecte, fourmi besogneuse et mécanique, guidée par sa colonie. Et moi, Catherine de Montmorency-Laval, Dame du Puy-du-Fou, étais-je enfermée dans une tombe, sous une lourde pierre retombée ? Comment ai-je pu y rester si longtemps, abandonnant ma propre existence et surtout mon cœur, traînant comme un membre mort une partie de moi ? »

Elle serrait sur son sein Françoise, qui avait douze ans et chez qui se dessinait déjà l'ébauche d'une femme, René qui avait perdu les dernières rondeurs de l'enfance. Elle contemplait ce château qui avait éclos comme une brassée de roses... sans elle !

« Je suis un monstre, une mère criminelle, une épouse sans foi », disait en elle la voix de Mme de Laval. « Non, une revenante, répondait celle de Maubuisson, une âme errante qui sort grelottante des nuits sans étoiles, retrouver enfin son pauvre corps de chair. »

— C'est ici que je vais vivre désormais, Marion, dit-elle fermement le soir à celle qui ne l'avait jamais quittée. Tu réunis nos gens et tu leur annonces le retour du Maître pour le dimanche de la Pentecôte. Nous le fêterons dès l'angélus du soir, avec fiasques et gâteaux. Que la nouvelle se répande. Nous avons fort à faire d'ici là.

Quand François et son escorte aux armes de Bretagne pénétra dans la cour, le dimanche de la Pentecôte, le château était en fête et Catherine, parée du collier sur les marches de la loggia entre ses deux enfants, l'accueillit avec son visage retrouvé. Il comprit qu'une page était tournée et que, plus jamais, personne ne se retournerait vers le passé.

René du Puy-du-Fou avait sept ans. C'était un enfant un peu grêle, qui avait grandi trop vite : délié de corps et d'esprit, noir de cheveux, avec un teint très blanc comme sa mère et ses yeux étranges, allongés, étirés vers le bas, d'un gris indéfinissable. A cinq ans, il savait déjà lire, ayant demandé lui-même à apprendre l'alphabet français, mais aussi le grec, ce dont Philibert s'était acquitté avec joie. Mais cette sagesse précoce s'alliait à une folle imprudence, un goût du jeu et de la lutte qui ravissait François son père, quand il revenait au château, ce qu'il faisait souvent.

Son gouvernement de Nantes lui faisait négliger son office d'écuyer tranchant. Il voyait le roi deux mois par an, et celui-ci le tenait toujours en estime et amitié. Mais la Cour devenait dangereuse. Montmorency, que la duchesse d'Etampes haïssait et qui soutenait le dauphin, perdait toute influence. Marguerite elle-même le fuyait et se rapprochait de la favorite. Quant au dauphin, il ignorait les compagnons de son père. La situation de François était fort délicate. Elle le devint plus encore lors de la disgrâce officielle de ce cousin protecteur, Anne de Montmorency. François concentrait donc sur Nantes et le Haut-Poitou l'essentiel de ses activités, tandis que Catherine attaquait les travaux intérieurs qui permettraient enfin d'habiter le nouveau château et d'en faire les honneurs à tous.

Bonaventure, qui s'était marié avec Luciana, s'était établi au Bourg-Bérard contre le château pour ne pas perdre une minute, et avait réuni une jeune équipe d'apprentis peintres, sculpteurs, tapissiers, menuisiers. Il était là depuis l'aube et se crevait les yeux bien après le coucher du soleil, dirigeant tout avec une stupéfiante autorité.

Catherine s'en fut à Tours choisir les tentures de soie du grand salon. Celles de sa chambre seraient bleues. Elle commanda des verreries fines dans les ateliers qui venaient de s'ouvrir en Normandie et de la vaisselle à Rouen. La cheminée du salon fut l'affaire du siècle au Puy-du-Fou : Bonaventure avait prévu un décor semblable à celui d'Ecouen, et avait décidé de plaquer sur le granit, autour de l'écusson aux trois macles d'argent, deux cariatides en stuc peint, dans des moulures dorées. Et lui aussi voulait donner aux déesses le visage de sa maîtresse !

— Je suis trop vieille, Bonaventure, protestait Catherine en riant. Pour Diane, si vous le souhaitez, prenez donc le visage de Françoise. Voyez comme il est déjà beau !

C'était vrai : Françoise, rompue à tous les sports, hâlée, dorée comme un fruit, avait ce visage parfait des statues antiques que son père avait admirées jadis à Rome.

Le 18 mai 1544, tout était terminé, somptueux de l'intérieur et presque dépouillé de l'extérieur dans une totale perfection. Tout le Haut-Poitou fut convié à une fête mémorable qui laissa la province éblouie. On banqueta toute la nuit devant la fameuse cheminée de stuc peint. Pour les gens, on avait dressé des tables tout autour de l'étang, et percé trois barriques. On dansa toute la nuit.

La plupart des seigneurs présents n'avaient jamais vu de demeure royale. Seuls, les vieux se souvenaient de l'Italie. Chacun rentra donc chez soi vaguement humilié, se jurant de moderniser sa demeure pour ne pas être en reste d'une mode triomphante. Les Puy-Greffier, en particulier, qui s'enorgueillissaient d'un logis à bandeaux, datant du règne de Louis XII, commandèrent le soir même à Bonaventure une loggia identique à celle du Puy-du-Fou, que l'on plaquerait sur leur façade. On parlait beaucoup de la galerie que Catherine ferait édifier bientôt à la place de l'ancien château.

De l'étage où Catherine dormait, seule quand son mari résidait à Nantes, elle dominait le grand étang et les frondaisons centenaires qui couronnaient les mamelons des puys. Un paysage tendre, paisible, indifférent au temps qui passe et loin, si loin de son autre vie, dans le fracas des fêtes, des guerres et des passions. Elle allait bientôt avoir trente ans. Elle avait aimé, elle avait vécu et elle vivrait encore longtemps de cet amour. Tout n'était donc pas mort en elle. Mais au plus secret de son corps, le lieu du plaisir avait reçu un mystérieux coup de poignard et avait été assassiné.

Son âme... Non elle n'avait pas encore une âme perceptible. Qu'aurait dit le vieux Maubuisson qui lisait dans les étoiles ? Sans doute que cette âme flottait très loin dans le carré de quelque sombre Saturne, et ne souhaitait pas rentrer en elle ? Les lettres de Marguerite, infatigable correspondante, l'inondaient de ses disputes théologiques où il fallait savoir qui serait sauvé, et par quoi ; mais surtout près de qui on se rangeait, qui on suivait, qui on reniait. Ces lettres allaient droit au cœur de Catherine mais glissaient sur son âme absente.

Françoise lui donnait du souci et René la comblait d'une immense et tendre fierté. Cet enfant semblait avoir reçu des fées tous les dons. Contrairement aux petits Laval, c'était la fille qui se détournait du savoir et son frère qui s'y jetait comme par plaisir. Tout le passionnait, tout l'intéressait. Sa sœur l'entraînait déjà à cheval, à la paume, au jeu de l'épée où elle se distinguait. Mais devant un livre, elle s'ébrouait comme un jeune chien ou bâillait, tandis que René apprenait pour deux.

Les retours de François étaient une fête pour les deux enfants, et même pour Catherine. Elle en recevait une sorte de réconfort, assez doux, une raison de vivre qui la mettait debout, la sortait de ses livres et de son jardin d'herbes, lui redonnait le goût de paraître, de faire figure, de se parer, de se montrer, de recevoir et sortir. Elle l'accompagnait à Nantes deux ou trois fois par an avec les deux enfants, éblouis par les fêtes et par la ville en liesse, lors des inaugurations.

Il y avait le Grand Pardon de Notre-Dame, le 12 mai, mais surtout en mars, le grand jeu du Papegault, créé par le duc François, vrai « tournoi de la bourgeoisie » dont le vainqueur prenait le titre de roi, et que Françoise couronnait. Ce « roi » était de surcroît exempt de tailles et d'impôts, ce qui n'était pas négligeable. Un perroquet était attaché fort long à un mât au-dessus de l'une des tours du château dont la cour était pleine des archers, arbalétriers, arquebusiers, et de tous les « Chevaliers de la Compagnie », qui le tiraient à la verticale. Autour du château, la foule hurlait à chaque envol et acclamait follement celui qui abattait l'oiseau. René grandissait, se passionnait, trottant sur les remparts avec les artilleurs, causant avec les guetteurs et les gardiens. Il interrogeait son père comme un adulte :

— Est-ce si important l'artillerie, mon père ? La chevalerie n'est-elle pas la reine des batailles ?

— Elle le fut, répondait François. Elle ne l'est plus devant de tels progrès. Nous en avons fait la cruelle expérience à Pavie.

— Alors, il me faut apprendre, si je veux comme vous (et je le veux) faire campagne en Italie pour reprendre nos terres ? Où l'apprendrai-je ?

— Ici, mon fils, et sous ma direction.

Françoise, passionnée par les bateaux, accompagnait son père lors des visites des navires entrant en Loire, ou sortant, règle que François avait rendue obligatoire pour garder la ville d'éventuelles surprises, sans parler des vols et pillages qui échappaient incessam ment au corps des gardes. Françoise alors s'habillait en homme, et Catherine ne pouvait plus la tenir.

A Nantes où elle restait des mois, Catherine découvrait chaque jour son mari et s'en émerveillait. Toute la ville défilait devant son gouverneur. Il recevait les notables avec une grande courtoisie et, dès le lendemain de son arrivée, avait pris en main tous les dossiers : affaires militaires, civiles et maritimes. Entouré de sa garde, il visitait tous les quartiers, inspectait murailles, tours, défenses, fossés. Le chevalier des Arpentils, vieux et malade, avait fort négligé sa gestion et les Nantais avaient vite senti qu'ils avaient un maître. François avait entrepris le recensement des hommes, des armes et des vivres. En 1543, il avait reçu une pétition dénonçant l'abominable laxisme qui avait laissé, entre les portes et les boulevards, s'installer un véritable bouge de cabarets et de loges où l'on se faisait plumer, sinon assassiner. Porte Poissonnière, on ne passait plus entre les étals. La plupart des tenanciers n'avaient pas de licence et le premier soin de François avait été d'en débarrasser la ville.

Après quoi, il avait décidé de refaire les munitions. Tout était dépassé : les couleuvrines, les serpentines, les arbalètes, les haquebuttes, les bombardes, les chars à roues (dont les essieux cassaient sans cesse)... les boulets eux-mêmes insuffisants. Quant aux douze canons braqués sur la Loire, qui portaient le nom des prophètes, ils n'avaient ni salpêtre ni soufre, et leur poudre était si humide qu'elle serait inutilisable.

Les hommes aussi s'étaient fort laissé aller. Il fallut les rhabiller de pied en cap : corselets, cuirasses, morions, hallebardes, cottes et manches de maille fine. François avait dû réunir les bourgeois et nommer une commission pour cautionner les achats, trouver les premières cotisations et faire accepter la réquisition des transports, par terre ou par bateaux.

Le couple, dans les honneurs et dans l'action, se resserrait. François avait tenu, lors de sa nomination, à faire enregistrer par deux notaires de Mallièvre et de Mauléon une donation réciproque de tous leurs biens au survivant d'entre eux, « y compris les meubles présents et futurs, les acquêts faits et à faire ». Ainsi préservaient-ils les terres du Puy-du-Fou de la coutume du Haut-Poitou qui attribuait au fils aîné les trois quarts des terres, et donnait un quart aux filles. Le Puy-du-Fou resterait intact jusqu'au dernier de leurs décès. On avait ajouté in fine l'obligation « de faire obsèques et bien faits, à Notre Mère la Sainte Eglise, du premier décédé selon son état et qualité... Foi et serment solennellement donnés et signés au lieu du Puy-du-Fou le 4 décembre 1541 ». Suivaient les deux signatures : la haute et admirable griffe de François, et plus haute, mais moins raide, la signature de Catherine.

Le temps passait. René adorait vivre à Nantes près de son père, mais aussi au Puy-du-Fou près de sa mère. On bavardait beaucoup le soir au souper, désormais servi dans la grande salle du nouveau château, comme à la Cour. Les gens soupaient dans l'immense cuisine en demi-sous-sol. Seule, Marion, chambrière, dame de compagnie et gouvernante, était admise. Les temps avaient bien changé depuis l'époque du petit seigneur enfant, demi-sauvage et rongé d'ambitions. On vivait noblement, plus loin, plus solitaires, prolongeant en Haut-Poitou et au château de Nantes cette vie de Cour qui était devenue la vraie vie du couple.

René grandissait beaucoup. Néanmoins il souffrait visiblement d'être plus jeune que sa sœur qui excellait dans tous les sports et le traitait souvent en « petit », raillant même son brillant savoir livresque. Elle montait à ravir, débourrait les chevaux, chassait avec un flair de chien et c'était toujours elle que la meute ralliait au premier appel. René s'épuisait à la suivre et sa fierté de petit mâle le tourmentait souvent. Il se consolait avec une bande de gamins fort délurés qui le suivaient dans ses mille inventions à travers champs, et dont il racontait fièrement les aventures au souper.

Catherine, souvent, s'inquiétait de voir René disparaître des heures vers la rivière ou dans les bois, mais elle le laissait faire, rongeant son frein. Il était si vif, si plein de fougue et d'imagination ! Il n'aurait pas supporté, disait-elle, d'être ralenti. Mais au fond d'elle-même, elle savait bien qu'à l'égard de son fils, sa conscience souffrait. Si elle restait ferme avec Françoise, pourtant difficile, elle reculait devant cet enfant qui n'avait peut-être pas le droit d'être là. Certes, elle l'adorait, mais n'osait pas se livrer à sa tendresse et retenait la passion qui la dévorait. Elle sentait bien aussi que René, son fils, avait pour elle, pour son savoir, sa noblesse et sa gloire, une vénération qui le rendait parfois trop obéissant et pouvait l'écraser.

Il avait dix ans quand elle comprit enfin sa faiblesse. C'était un jour de mai. Le soir tombait. René et sa petite bande, qui conféraient mystérieusement depuis plusieurs jours aux abords des fermes, ne rentraient pas. Ils avaient été passer la journée dans les Bois des Ivoies qui couvraient un fort grand territoire vers Les Herbiers.

Dès cinq heures, Catherine s'inquiéta et les envoya chercher. Vers six heures, n'y tenant plus, elle partit avec Françoise et une demi-douzaine d'hommes armés pour ratisser la forêt, répartissant les recherches dans cinq directions.

Vers sept heures, un pibole sonnait la vue : trois coups ! Catherine respira : on les avait donc trouvés ! Elle piqua des deux et fonça vers l'enceinte d'appel.

La petite bande était là, penaude, mais René gisait au milieu d'eux, la poitrine atrocement lacérée, le pourpoint déchiré, les bras et les mains en sang.

Catherine tomba à genoux devant son fils.

— Qu'est-il arrivé ? Qui a fait cela ?

Ses yeux d'or terribles balayaient la petite foule épouvantée, et passablement abîmée.

— Les genettes, Madame, balbutiaient les enfants, les genettes… On en avait déjà tué deux : René en voulait quatre pour aujourd'hui.

Les genettes, les fameux chats sauvages du Poitou : petits fauves au museau pointu, à l'œil cruel, longue queue grise et robe tachetée de rayures noires et beiges, longues pattes bondissantes, souples et terrifiantes. On en voyait la nuit se glisser à la porte des fermes pour voler quelque petit animal et le dévorer. Une intelligence diabolique, la sauvagerie pure. Les genettes, grands dieux ! Les seuls animaux que personne jamais n'avait apprivoisés ni même approchés. Elles infestaient en effet les arbres de cette forêt. Oui, de vrais fauves qui ne se nourrissaient que du vivant, déchiquetant leurs proies de leurs dents pointues et de leurs terribles griffes.

La voix de René, faible mais tranquille, s'élevait :

— On en avait déjà tué deux. Il en fallait bien plus pour doubler votre nouvelle mante rouge, ma mère ! C'est si beau ! Voyez leurs taches, comme on dit celles des zèbres ou des tigres. Vous seriez tellement belle à la Cour avec une pelisse de genettes. Personne d'autre ne peut en avoir.

Catherine pleurait, n'osant serrer le blessé dans ses bras. Il regardait sa mère avec une telle tendresse que Françoise elle-même éclata en sanglots.

La troisième genette avait, dans son nid, deux petits. Elle avait bondi sur René, s'accrochant à son épaule, mordant les mains qui l'écartaient du visage et, avant que ses compagnons aient le temps de sortir leur couteau, l'avait jeté à terre en sang.

On ramena la petite bande dont aucun n'était vraiment indemne. On les pansa au château et René, très faible et couvert d'emplâtres, ne s'inquiétait que de savoir si les genettes étaient bien là et si on pouvait les dépouiller de suite.

Ses blessures étaient profondes. Il avait perdu beaucoup de sang et passa trois jours fort mal en point, avec fièvre et cauchemars, car l'une des plaies à la gorge s'était infectée. Catherine avait failli perdre son fils par faiblesse, par culpabilité et se rongeait de remords à son chevet.

— Madame, lui dit sévèrement Marion dont le visage fermé n'augurait rien de bon, il est temps d'élever cet enfant. Ce qu'il a fait est fou et ce n'est pas la première fois qu'il court à la mort. Il va mieux, vous devez maintenant lui parler sérieusement.

Catherine le lendemain s'habilla donc avec soin et se rendit au chevet de l'enfant qui lisait assis dans le grand lit maternel. Elle s'avança :

— René, mon fils, si vous étiez mort, je n'y aurais pas survécu. J'ai déjà perdu votre frère Eusèbe et je n'ai plus que vous. Ce que vous avez fait, vos imprudences quotidiennes me rendent folle. Il faut cesser de vivre comme à la guerre, alors que vous n'avez que dix ans. Je vous le demande en grâce, ajouta-t-elle en éclatant en sanglots, gardez-moi mon enfant !

Marion, qui se tenait debout devant la porte, comme une statue, s'avança, l'œil dur :

— Puisque votre mère ne vous le dit pas, René, je vais le faire, moi : vous avez été félon avec votre race. Oui ! Car vous oubliez que vous êtes le seul, l'unique descendant de la grande et noble famille du Puy-du-Fou. Vous portez le poids de deux cents ans de gloire et d'histoire. Vous n'avez pas le droit de jouer avec votre vie avant d'avoir enfanté à votre tour. Votre père, votre grand-père, tous vos ancêtres ont assuré la permanence de votre nom et, malgré les guerres, n'ont péri qu'après avoir laissé des fils. Preux chevaliers, courageux et glorieux comme vous souhaitez l'être, ils n'ont jamais rien eu de plus précieux que leur nom et leur famille. Un chevalier ne risque sa vie que pour son roi.

Catherine avait cessé de pleurer et regardait Marion avec émotion : oui, c'était bien cela qu'il fallait dire, cela qu'elle aurait dû dire elle-même, et depuis longtemps !

René baissait la tête, sage, sérieux, impressionné. Ce fut lui qui parla le premier, mais curieusement en s'adressant à sa mère qui avait pourtant écouté sans mot dire :

— Oui, Madame, vous avez raison et je demande humblement pardon à mon père et à toute ma race. Désormais, je penserai à préserver, à travers moi, la Maison dont je suis issu. Mais, ajouta-t-il avec inquiétude, vous ne voulez tout de même pas que je sois pleutre ? C'est impossible, nous sommes tous chevaliers...

Les deux femmes se regardèrent : ce noble seigneur de dix ans, qui tout à l'heure parlait comme son père, redevenait leur petit garçon naïf et charmant. Et toutes deux éclatèrent de rire :

— Non, mon fils, sûrement pas ! Mais entre le risque inutile et la prudence, vous saurez trouver la voie, comme l'ont fait tous les Puy-du-Fou. Pleutre, d'ailleurs, vous ne sauriez l'être !

Et elle l'embrassa. Puis comme elle gagnait la porte, la petite voix de René la rappela :

— Ma mère, pour les peaux, est-ce que vous les porterez ? J'aurais tellement voulu vous faire un cadeau ! Ce sont les animaux de nos pays. Il paraît qu'il n'y en a nulle part ailleurs.

Bref, le preux chevalier déposait son oriflamme aux pieds de sa Dame et tremblait d'être refusé :

— J'y réfléchirai, René. Laissez-moi le temps, mais sachez que si je l'accepte, ces peaux me rappelleront chaque jour d'être ferme avec vous.

— Qu'importe, ma mère, criait René, ravi, puisqu'elles vous rappelleront aussi que je vous aime.

René guérit. Son visage était intact ainsi que le dessus de ses mains. Il ne garda qu'une longue cicatrice au travers de la poitrine, et une autre assez laide à la gorge. Heureusement, à cause de Jeanne d'Albret atteinte des écrouelles, la mode des fraises se dessinait, qui la masquerait parfaitement. A partir de ce jour,

Catherine décida de prendre personnellement en main l'éducation de son fils, présidant elle-même ses leçons, partageant ses exercices équestres et assistant à ses joutes. La présence de sa mère, sa culture, le calme que lui avait apporté la souffrance, créaient pour l'enfant une sorte d'émulation. Il progressait dans tous les domaines. Quand il partait chasser ou pêcher, un serviteur accompagnait discrètement sa bande, mais René ne faisait plus le fou. Il inventait, construisait de petites machines étranges, pour vanner le blé des glanes, pour tourner dans le courant de la rivière, pour travailler plus vite avec moins de peine. Il organisait sa bande comme un capitaine à la guerre, rationalisant leurs diverses cueillettes et ramassages, ou leur transport, tout cela avec une intelligence peu commune.

Il devenait un chef, non de par sa naissance, mais par sa supériorité d'être instruit et sage. Il avait installé dans un coin de l'ancien château un petit atelier où trônaient ses maquettes pour faire glisser, trier, couler, soulever. Jamais Catherine n'avait tant regretté Maubuisson. Quel maître son fils aurait trouvé là !

1544-1545. Les années passaient, douces et coupées de voyages incessants vers Nantes et Poitiers où François remplaçait le grand sénéchal du Poitou depuis trois ans. Des séjours à la Cour, où la vie devenait de plus en plus difficile, mais où la position de François restait forte. Le roi vieillissait avant l'âge, torturé par ses abcès auxquels il refusait de céder, avec un courage presque inhumain. La reine de Navarre était écartée et vivait dans ses terres. Elle écrivait beaucoup. Le dauphin Henri, si sombre au cœur même des ballets, répandait à la Cour une ombre amère. Ce n'était plus la fête permanente et jeune des années trente. Il est vrai que ce dauphin, ancien enfant captif et livré par son père aux geôles d'Espagne à l'âge du bonheur, avait trop souffert pour pardonner jamais à son père, et pour trouver en lui la joie de vivre. Il s'accrochait à la grande sénéchale de Normandie, la belle Diane de Brézé qui aurait pu être sa mère, comme à une sorte de rempart, de matrice. Il effrayait un peu Catherine et lui causait une sorte de malaise. Elle cherchait refuge chez la dauphine, avec qui elle parlait italien et dont l'intelligence et la gaieté l'enchantaient.

Il fallait pourtant songer à l'avenir des enfants. Françoise allait avoir dix-sept ans. A cet âge, Catherine était à la Cour de Marguerite. Ce cheval échappé avait d'ailleurs grand besoin d'être mis au pas et dressé. A son dernier voyage, Catherine l'amena chez la dauphine qui la trouva charmante et la garda parmi ses dizaines de beautés, malgré la mine farouche de la jeune fille, à qui la vie de Cour, les arcanes de la politique comme les disputes religieuses restaient étrangers. Il fallut que son père convainque Françoise d'accepter un office aussi glorieux que celui de fille d'honneur, pour que sa sauvageonne obéisse. La dauphine serait reine, la future alliance de Françoise était donc en jeu. On la laissa à Fontainebleau durant l'été 1546, et Catherine rentra au Puy-du-Fou, havre de paix.

Mais l'état du roi devenait tel que François décida de se démettre de ses fonctions de premier écuyer tranchant. Le roi le nomma chambellan et conseiller, ce qui était fort honorable et le déchargeait utilement.

Car il était inquiet pour les provinces de l'Ouest : on diffusait depuis quelques années en secret les écrits des réformateurs, des traductions de la Bible et des psaumes, cachées dans les balles des colporteurs. Un certain Nicolas Valleton, Nantais, dénoncé comme receleur de livres hérétiques, avait été jugé et brûlé vif à Paris avec le bois de sa maison ! Dans toute la vallée de la Loire, même dans le Poitou, s'organisaient des Eglises réformées. Les idées de Calvin gagnaient des adeptes dans toutes les villes et même dans les gros villages, parmi ceux qui savaient lire et qui se piquaient de bourgeoisie : des étudiants, des officiers de judicature, des artisans mystiques, des négociants, des marins, des robins, et même des gens mécaniques. Les dénonciations allaient bon train. Dans la noblesse, on commençait à se diviser : de grands seigneurs, et parmi les plus puissants comme les Rohan, mais surtout les Mauléon et les Laval si proches de Catherine, sentaient le soufre.

Depuis que Catherine avait perdu son père et René, son second frère, Claude, avait hérité le comté de Laval et Vitré. Mais comme il était d'Eglise, s'il mourait, son titre passait à leur cousine Renée de Rieux, franchement insurgée contre Rome et contre les fermes édits du roi, ce qui mettait les Puy-du-Fou dans une situation délicate.

François, toujours loyal, résistait fermement contre l'invasion secrète des idées nouvelles. Il faisait fouiller, aux portes de Nantes, les ballots des colporteurs, et on trouvait souvent des Bibles ou des écrits de Genève parmi les étoffes et la pacotille. On jetait l'homme en prison quelque temps, mais il recommençait. La vie mondaine en Haut-Poitou devenait difficile, l'époque commençait à sentir mauvais : on découvrait que les Puy-Greffier, les Parthenay de Mouchamps, les Brosses de Saint-Michel et ceux des Aubiers, se rangeaient autour des Réformés. On se regardait en chiens de faïence, on ne se parlait plus que des riens quotidiens. Un mur tombait entre voisins, amis, parents, séparant cette noblesse jadis si unie.

Catherine ne savait que penser. Depuis toujours, sa politique comme son cœur se rangeaient près de la tolérance. A cause de la reine de Navarre, certes, mais aussi parce qu'elle n'était pas assez intéressée par son propre salut ni par l'autre monde. Elle avait plongé trop profondément dans l'amour, l'art et la culture, au moment où naissaient ces querelles, pour y prendre vraiment garde. Dieu lui paraissait fort loin, alors que son domaine à elle et ses gens lui paraissaient fort proches ! Elle ne voulait rien savoir du « salut » en général, pas même du sien, à cause de Jean-Baptiste. Et elle refusait de penser.

Une seule personne au Puy-du-Fou jetait une ombre sur cette paix : Philibert. C'était à Catherine qu'il parlait, non seulement parce que François avait totalement remis à sa femme le soin de la châtellenie, mais aussi parce qu'il la sentait plus atteignable que l'implacable chevalier. Tout le tourmentait : la vie du peuple, le déclin de l'Eglise et sa perversion, les monastères abandonnés, les évêques absents, les prêches débiles d'un clergé ignare et pourri. Il avait connu jadis Calvin, vicaire à Issoudun, et avouait être en correspondance avec lui. C'était là qu'il trouvait la source de ses grandes idées de renouveau et de pureté. Il ne disait pas tout, mais Catherine devinait qu'il cachait chez lui, dans l'enceinte même du château, des livres interdits et elle n'osait le dire à François.

La paix... Il fallait rester en paix dans son âme, dans ses terres. Marguerite écrivait sans cesse, prêchant à son amie la retraite, l'absence d'un siècle malade, d'une Cour mourante. Apprenant que la reine de Navarre avait entrepris de broder elle-même un pourpoint pour son frère, Catherine se lança dans l'art de l'aiguille dont elle avait toujours laissé le soin à Marion. Sous sa direction, elle entreprit elle aussi de broder en haut relief un pourpoint de satin cramoisi pour son mari. Elle y mélangeait des fils d'or et d'argent, sur un dessin antique de Bonaventure, lequel venait de rentrer de Navarre, où la reine l'avait quémandé deux ans plus tôt pour décorer son château de Pau et refaire ses jardins.

Suzon s'inquiétait de son mari et venait souvent s'épancher près de Catherine : Philibert devenait sombre, secret. Il disparaissait des jours entiers sans dire où il allait, d'où il venait, qui il voyait, ni ce qu'il faisait. Catherine tentait de raisonner son intendant :

— Je vous le dis, Maître Philibert, la paix est le seul bien sans prix pour ceux dont la mission n'est pas de se battre et de défendre le royaume. Alors, laissez votre âme en paix !

— Ah ! Madame, comment ferais-je ? Quand je vois votre chapelain, comme tous ceux des châtellenies voisines, s'engraisser de nos pauvres paysans, alors que comme ses pareils il sait à peine lire. Personne ne les a formés, ils ânonnent le latin sans le comprendre. Tous ces ignorants, placés à dix ans chez quelque oncle curé, titulaire de quelque chapelle, quel scandale ! Quand je vois une paroisse comme celle des Herbiers, avec douze prêtres autour d'un curé et d'un vicaire, tous inutiles et tous ignares, je suis indigné. Alors que je m'émerveille de cette ardeur indomptable de vos sujets pour la défense de leurs enfants, de leur survie, de leur Dieu et de leur roi. Chez le plus humble, quelle généreuse obstination de souffrir sans révolte les pires extrémités !

Tout cela était vrai et Catherine ne savait que répondre. Mais à partir de 1547, elle fit cesser les leçons de Philibert à René, craignant l'influence d'un esprit dangereux. Elle décida de donner seule tous les cours à son fils. Pendant ses voyages, elle l'envoyait avec Marion à La Grainetière, dont pourtant la discipline baissait, mais dont un père Anselme de Parthenay lui inculquait le grec, le latin, la poésie, l'italien, l'héraldisme et même, secrètement, les astres (ce que Catherine ne sut jamais, et à plus forte raison François !).

Celui-ci s'inquiétait de tant de ferveur à l'étude chez son fils. Certes, René montrait la même ardeur aux armes et à tous les exercices du corps, mais cette science universelle semblait excessive pour un jeune seigneur qui serait d'abord un guerrier. Catherine raisonnait son mari quand elle se trouvait près de lui :

— Rassurez-vous, mon ami, votre fils ne rêve que de vous

ressembler et n'a d'autre Dieu que vous. Il étudie pour me plaire, mais il est déjà aussi fort à l'épée que vous l'étiez vous-même, quand vous vous battiez avec mon frère sous les murs du vieux Louvre. Il ne parle que de guerre et se veut un jour maréchal de France !

François souriait. René s'intéressait aux travaux de son père avec une rare intelligence. Il serait bâti moins en force et sans doute moins puissant que lui, mais une même foi dans sa mission l'animait. Et puis Catherine glissait doucement à son mari que l'époque n'était plus à la force. Le pouvoir passait à l'esprit, à l'adresse, même dans les grandes affaires de l'Etat, dont la guerre.

En mars 1547, Catherine et François repartirent pour Fontainebleau : le roi faisait appeler ses vieux compagnons. On le disait perdu ! Il ne chassait plus qu'en litière. Ses abcès, ouverts par les médecins, avaient révélé un véritable gouffre de pus qui atteignait à coup sûr des organes internes. Il ne cessait de se déplacer à Saint-Germain, Villepreux, Dampierre, Etampes, Rambouillet, mais couché ! Il ne pouvait plus ni rester debout ni même s'asseoir. Son beau visage était ravagé par une douleur qui devait être atroce mais qu'il maîtrisait sans faille. Il travaillait, parlait, décidait, mais il était perdu. Le premier cri de Catherine, en l'apprenant de son époux, fut :

— Mon Dieu ! Madame Marguerite ! Elle n'y survivra pas...

Marguerite était au couvent de Tuscon où elle s'était fait conduire en litière pour une retraite pascale. Perdue de douleur et d'angoisse, elle envoyait courrier sur courrier. Mais, mue par une sorte d'illumination intérieure, elle s'était en fait mise à l'abri du coup mortel qui allait l'atteindre et qu'elle ne pouvait ignorer. Absente, réfugiée en Dieu, elle n'apprit la mort de son frère que quinze jours plus tard. Personne parmi les nonnes n'avait osé le lui dire. Ce fut une religieuse folle qui lui assena, sans ménagement, l'horrible nouvelle.

Les Puy-du-Fou restèrent à Paris. La Cour se devait d'enterrer son roi et Catherine attendait Marguerite. Mais celle-ci ne vint pas :

« Tant malheureuse je suis que mon malheur dire ne puis, sinon qu'il est sans espérance », écrivit-elle à Catherine, entrecoupant prose et vers. Son écriture s'embrouillait, le papier avait dû être mouillé de larmes. Catherine avait du mal à lire :

« Tout mon refuge et ma défense, ma force et ma tour.
« Tout est ruiné, sauf mon amour.
« Sans nul espoir, ma mie, je bois mes larmes.
« Je suis un vieux navire, le long du port assablé,
« Mon âme de douleurs accablée.
« Je sais, l'amour doit dépasser l'amour. »

Elle continuait en prose : « L'âme du roi, mon frère germain, m'ordonne de ne plus pleurer, et on ne pleure pas la gloire. Mais je demeure ici, dans ce couvent, enfermée dans ma cellule ; je ne pourrai feindre du dehors et venir à Saint-Denis. Ni plus encore visiter ce simulacre moulé et peint par Clouet, qui me ferait gémir et crier devant une Cour où il n'est plus. »

A travers tous ces mots, Catherine sentait rôder la fin. Le roi, ce frère qu'elle avait tant aimé, l'appelait, et elle courait encore à lui, comme elle l'avait toujours fait. Sa dernière lettre parvint à Catherine huit mois plus tard. « La mort du frère a changé la sœur, disait-elle, je n'ai plus peur ni crainte mais un grand désir de mort. Ah, Catherine ! Partout m'environne l'odeur de la mort. Je suis rentrée à Pau, percluse de douleurs ; j'écris les plaintes d'un gentilhomme qui se délivre tour à tour des prisons qui l'enserrent, et qui gagne sa vraie liberté. Car où est l'esprit divin est la liberté parfaite. Désabusée, seule entre les Eglises ennemies, parmi les deuils et les bûchers, j'ai vu la nuit dernière, du jardin de mon château d'Odos, en Bigorre, la comète qui annonçait la mort du pape Paul III. Cet homme m'a déçue, il a déçu le monde et je ne sais où nous allons. Pour vous, ma chère, souvenez-vous : cultivez votre âme ! »

Huit jours plus tard, la reine de Navarre mourait seule dans ce château. Elle avait pris froid en regardant la comète. Et Catherine ne le sut que quinze jours plus tard, elle aussi.

La nouvelle tomba dans un moment si grave que Catherine eut à peine le temps de pleurer. Car Françoise était étrange depuis qu'elle était revenue de la Cour. Hostile à tout projet : départ, office, alliance, mariage. Absente, et parfois souriant aux anges, oisive et silencieuse. Plus incroyable encore, elle s'enfermait maintenant avec des livres, parlant seule avec des mots inconnus. Etait-elle malade ?

Ce fut Marion qui révéla son secret, car Marion savait tout, murée dans sa discrétion et presque invisible dans le fond des pièces. Françoise était amoureuse ! Quatre grands et superbes navires portugais étaient entrés, toutes voiles dehors, trois mois auparavant dans le port de Nantes. Ils venaient de Lisbonne, chargés de vin pour l'Angleterre. Du haut de la tour du château, elle avait aperçu sur la dunette du navire amiral le fils du propriétaire de la flotte et d'une partie de la province de Porto, José de Menezes, superbe et chamarré d'or sous sa bannière d'azur. De loin, car le navire se tenait dans le milieu du chenal, mais de loin pour elle ! Car lui, armé de sa longue-vue, avait insolemment contemplé cette fille altière qui, se sachant observée, se laissait fièrement admirer. Le soir même, le gouverneur et les siens étaient conviés sur le *Belem,* navire amiral, à une fête inoubliable qui dura toute la nuit. Pendant trois jours, les billets passèrent de navire à château et sans doute les rendez-vous secrets...

Françoise s'enfermait, fuyait. On la trouvait, elle qui ne lisait jamais, plongée dans *Amadis de Gaule,* sourde à tout appel. La terrible chasseresse était devenue par miracle la belle Oriane, petite-fille du roi du Danemark, amoureuse de cet Amadis, fils du roi Perion, livré enfant aux flots de la mer, sauvé, recueilli par un ermite, et doté par une fée d'une lance enchantée pour conquérir sa belle ! Amadis, Catherine le savait pour l'avoir lu jadis, Amadis brisait les murailles, ne craignait ni les sorciers ni les géants. Cet Amadis, sorti des mers, avec sa lance enchantée, quel aveu !

Catherine était atterrée : elle connaissait sa fille et les souvenirs de la petite Jeanne d'Albret lui revenaient en mémoire : « Je n'épouserai pas ce bonhomme, je préfère mourir. Je me jetterai dans le puits ! Mettez-moi plutôt au couvent... » Françoise était de la même trempe, et surtout elle aimait !

Or François intriguait depuis quelques mois auprès de Montmorency, revenu en grâce auprès du nouveau roi, et rappelé par lui le soir même. Son dernier fils, François d'Andelot, n'était pas encore marié. Une telle alliance sauverait à tout jamais la maison du Puy-du-Fou. Mais Françoise apprenait le portugais avec des marins à mines patibulaires et attendait fermement les envoyés de son futur beau-père, Duarte de Menezes, ancien gouverneur des Indes de Vasco de Gama, qu'elle disait annoncés avant la fin de l'hiver, et porteurs d'une demande en mariage en bonne et due forme.

Le drame éclata au retour de son père qui venait précisément d'Ecouen chez le Connétable, et cela dans la cour même du château de Nantes, alors qu'il mettait pied à terre. Françoise était négligemment assise sur la margelle du puits d'Anne de Bretagne, rêvant sous les premiers soleils, un pli à la main. Ce fut elle qui attaqua, hautaine et ferme :

— Mon père, je sais quels sont vos projets et je sais pourquoi ce voyage. Mais je n'épouserai pas le Sire d'Andelot. J'ai promis ma foi à ce jeune seigneur portugais que vous allez revoir sous peu, porteur de la demande officielle de son père.

François faillit tomber. Une douleur violente lui traversa le poitrail jusqu'au bout de la main gauche. Il s'appuya sur son écuyer sans pouvoir parler.

Inconsciente, Françoise continuait calmement;

— C'est une fort noble alliance. Vous n'avez vu qu'une faible part de la flotte dont doit hériter mon fiancé, fils unique. Son père fut gouverneur des Indes et sa mère est apparentée à la reine Eléonore.

La douleur avait cessé et François, dont les tempes étaient couvertes de sueur, contemplait en silence cette Diane impavide qui lui ressemblait tant. Les cheveux du chevalier avaient blanchi sur les tempes et son visage s'était creusé, enfonçant profondément ses yeux noirs dans de sombres orbites. Il respirait mal, une main invisible lui serrait encore la poitrine.

— Et je tiens à vous dire, mon père, que je préfère mourir de ma propre main que d'épouser si grand prince que ce soit.

François put enfin parler d'une voix faible :

— Il suffit pour ce lieu, dit-il sèchement, nous en reparlerons avec votre mère dès ce soir, dans mes appartements.

La scène fut terrible. Catherine, silencieuse, contemplait dans sa fille la fureur de l'amour. Cette splendeur oubliée, cette violence qui peut renverser le monde, créer ou perdre la vie. Catherine savait qu'aucun des deux ne céderait : le père et la fille étant aussi violents l'un que l'autre. Il fallut faire quelque chose. Il était temps : Françoise venait d'éclater en sanglots. Alors elle posa sa main sur l'épaule de son mari avec une grande douceur :

— François, souvenez-vous, je vous en prie ! Souvenez-vous de ce grand salon de Madame Marguerite, et de ce jeu de corbillon. Qu'auriez-vous dit, qu'auriez-vous fait, si mon père avait décidé pour moi, et à ma place, d'une alliance qu'il eût jugée plus digne et plus glorieuse ? Souvenez-vous d'une robe blanche, et souvenez-vous de ce mot « passion » qui vous fut jeté au visage !

Il sembla alors à Catherine que François fléchissait. Elle se tut et prit doucement cette main de son époux qui maniait si bien la lance et l'épée. François se tut et, après un instant d'hésitation, quitta la pièce d'un pas lent, sans dire un mot.

Françoise regardait sa mère, comme étonnée de découvrir en face d'elle une autre femme :

— Mère, si vous saviez ce que c'est que d'aimer ! D'aimer au point qu'on ne sait plus vivre sans l'autre. Que si un jour se passe sans le voir ou avoir de nouvelles, on est malade jusque dans son corps ?

Catherine souriait, les yeux au loin, à travers la haute fenêtre entrouverte sur la Loire.

— Je sais, ma fille ! Ce que tu me dis là me prouve que tu aimes vraiment et me rassure.

— Oh non, soupirait Françoise, les yeux clos sur sa passion, non ! Personne ne peut savoir. C'est mon cœur, c'est mon âme qu'il porte en lui.

— Personne ne sait jamais avant nous, souriait Catherine. J'aurais pu le dire jadis à ma mère... Mais, n'insiste pas pour le moment. Ton père, de ce pas, cherche déjà à en savoir plus long par l'ambassadeur au Portugal, peut-être par l'ancienne reine Eléonore si elle est encore là. Elle devait repartir lundi. Je pense que ton père avancera son voyage et moi-même, je l'accompagnerai. N'abîme pas ta beauté par un tourment qui me semble dès ce jour inutile !

Françoise lui sauta au cou et l'embrassa tendrement. Catherine ne la reconnaissait plus :

— La jeunesse croit toujours que les autres, parce qu'ils sont plus vieux, n'ont rien connu. Mais je t'assure, mon enfant, que je te comprends : les femmes ont une façon d'aimer qui les dévore.

— Mais les hommes aussi, ma mère ! Si vous saviez ce que José m'écrit...

— Oh ! je le devine. Mais comprends ton père : il est triste comme moi, car nous allons te perdre. Et te perdre si loin que je ne sais pas si nous te reverrons jamais. Tu pars dans un pays inconnu, de nous, de toi...

— Ah ! ma mère, s'écria Françoise, c'est bien cela qui rend l'amour si précieux : José m'ouvre enfin la porte de l'aventure. Les femmes sont exclues des guerres, des joutes, de toutes les grandes affaires de la vie. Et moi, je vais partir pour l'inconnu, sur les mers que ses navires sillonnent, découvrant des terres fabuleuses. Je pars ! Et il m'a promis de m'emmener avec lui au-delà des océans, jusque dans ces contrées sauvages d'où son père est revenu vêtu d'or de la tête aux pieds.

Françoise, transfigurée, nouvelle Armide, se jeta de nouveau dans les bras de sa mère :

— Comprenez-vous enfin qui j'aime, et pourquoi je l'aime ? Et surtout pourquoi il faut m'aider ? Soutenez-moi, car il s'agit de toute ma vie, de tous mes rêves, et depuis que j'existe, enfermée dans notre petit château, notre petit pays. Laissez-moi partir, mère, pour ce que je sais depuis toujours être ma vie, mon destin.

« Je ne la reverrai jamais, pensa Catherine serrant sa fille dans ses bras. Je ne la reverrai pas, je ne connaîtrai pas ses enfants. Nous l'avons déjà perdue, nous sommes loin, très loin derrière elle qui s'envole comme une mouette dans le grand souffle de l'océan. Et c'est la loi. Nos enfants... On les fait, on les garde un long jour qu'on ne voit pas passer, et c'est fini. On ne le savait pas. »

Le mariage de Françoise du Puy-du-Fou eut lieu trois mois plus tard. Il fut somptueux et une partie de la Cour du jeune roi, qui résidait encore à Blois, vint honorer de sa présence cet instant de gloire du château. Catherine avait fait refaire en hâte les parterres de la cour sur un dessin plus savant de Bonaventure. On dessina des cœurs pour honorer sa fille, et des piques pour honorer le guerrier, son père. François portait le pourpoint cramoisi brodé par sa femme, et emmena à l'autel cette fille insoumise et superbe, sa réplique, au milieu d'une foule brillante. Catherine s'était vêtue de velours noir, en deuil de sa bien-aimée maîtresse. Mais elle était parée du collier et de sa beauté intacte. On était en juin. Il faisait clair et doux. La nature entière se mêlait à la fête, avec cette sorte de délire fleuri du Haut-Poitou qui avait tant frappé le jeune François au retour de Blois.

René, qui avait quatorze ans, était presque aussi grand que son père et, à cheval, sa monte était si semblable à la sienne que Catherine eut un choc : de loin, ils se ressemblaient ! Une vague de joie et de paix l'inonda. Bérengère, marraine de Françoise, était aussi venue. Elle tomba dans les bras de son amie qui la reconnut à peine : elle avait déjà deux garçons et la maternité l'avait épanouie, parant la nymphe rousse d'une rondeur imprévue.

La famille de Menezes, représentée par le père, Duarte, ancien gouverneur des Indes, acheva de convaincre François que sa fille entrait dans une très grande Maison. Leur richesse était écrasante et les cadeaux qu'ils apportaient éblouirent toute l'assistance. Les Menezes ne parlaient pas français et les rapports restèrent superficiels, ce qui valait mieux, car le roi Joao III n'était pas en bons termes avec Henri II.

Instant de gloire, de bonheur, de tendresse... instant fragile.

Catherine et François avaient vu, du haut des murailles de Nantes, disparaître leur fille sur la tourelle du grand navire portant pavillon portugais. Vêtue en homme, empanachée, belle et glorieuse, elle agitait un bras vainqueur. Puis les trois mâts ne furent plus que des points minuscules, enfin ils disparurent dans la courbe de l'estuaire et la brume de la mer. Catherine pleurait en silence. François restait immobile et glacé. René bavardait tout seul, inlassablement, jurant que sa sœur l'attendait et que (juste le temps de parler portugais) il irait bientôt à Lisbonne !

Le soir même, un coursier pénétrait au château, haletant : il avait visiblement galopé sans escale depuis le matin :

— Monseigneur ! La reine d'Ecosse est entrée hier au port de Morlaix. Le commandeur de Villegagnon m'envoie vous avertir, ainsi que le gouverneur de Bretagne, monsieur le duc d'Etampes, dont je ne sais pas encore où il se trouve. La reine est saine et sauve et, malgré une affreuse tempête, se dirigera demain vers Nantes où un accueil digne de sa majesté doit lui être réservé. Le roi a demandé des fêtes en ville, et un château décoré comme pour une visite royale.

François réfléchissait vite : la petite Marie Stuart était en effet déjà reine, à six ans. On l'avait couronnée à quatre mois ! C'était cette reine qui allait épouser le dauphin, et Nantes serait son premier contact avec la France.

— Parle-t-elle français ?

— Pas un mot, Messire, ni elle ni lady Fleming sa gouvernante, ainsi que ses quatre petites compagnes. Elles baragouinent un langage qui n'est même pas de l'anglais. Mais la petite reine est bien belle et gracieuse. Je l'ai vue : tout l'amuse.

— Nous ferons donc une fête pour une enfant, avec un accueil d'autres enfants de son âge : des spectacles aux carrefours, et des friandises partout. Courez prévenir Monsieur le Gouverneur qui est à Rennes. Je me charge de tout, mais il doit être céans dans deux jours pour accueillir cette reine.

Nantes se souviendra longtemps de l'arrivée de cette exquise petite créature, rose, minuscule, noyée dans une cascade de cheveux d'or, si belle (quoique nippée comme au siècle dernier), souriante, gracieuse, vive et pourtant incroyablement noble. Une souveraine miniature !

Elle n'avait pas été malade dans l'abominable tempête, alors que toute sa petite Cour agonisait et que les marins eux-mêmes titubaient. Elle avait mangé, ri et joué dans les courtines. Elle arrivait fraîche comme la rose, ravie de cet accueil et dormant comme un bébé, qu'elle était encore à vrai dire !

La duchesse d'Etampes, bien entendu, n'accompagnait pas le gouverneur son époux. Chassée de la Cour par le nouveau roi, elle avait été enfermée par son mari au fond de ses terres bretonnes. On la disait quasi prisonnière. Catherine était donc la « dame invitante », et c'était elle qui présidait les cérémonies. Elle tenta d'initier la jeune reine aux habitudes françaises, lui fit faire en hâte des robes princières, et lui apprit les quelques mots indispensables. L'enfant était facile et ravie de s'instruire.

Le troisième jour, Marie Stuart, encadrée d'une troupe importante avec clairons et bannières fleurdelisées, prenait la route pour Paris où l'attendait son époux de quatre ans, flanquée de Catherine et de Lady Fleming dans une litière tendue d'or.

René avait tenu à les accompagner. C'était sa première visite à la Cour. Il caracolait autour de la litière royale, donnait la main à l'enfant pour descendre, lui offrait des fleurs cueillies sur le chemin. Elle remerciait ce beau jeune homme avec des sourires exquis, et Catherine admirait la grâce naturelle de son fils qui, visiblement, avait reçu le don de plaire.

Cette visite était pour lui fort importante et il le savait : Montmorency, son parrain, devait le présenter au roi et le faire entrer dans ce qu'il appelait « son haras » de cent quarante pages, tous gentilshommes, dont il prélevait cinquante chaque année pour les envoyer aux guerres dans la cavalerie légère. Mais ce haras n'était pas la Cour de Marguerite ! Le temps n'était plus aux belles manières, mais aux rudes expériences et aux connaissances mécaniques. Le règne avait besoin de jeunes capitaines rompus aux armes les plus modernes. C'est ce qu'expliqua longuement Montmorency au jeune René.

Le duc devenait avec l'âge et la faveur de plus en plus cassant, voire brutal. Il déplut à son filleul qui avait rêvé du grand seigneur raffiné, protecteur des arts, dont sa mère lui avait tant parlé. Il trouvait un chef militaire, au visage de bois et au parler sec, pour tout dire un homme difficile. Mais il n'en fit rien paraître et il plut. Il fut convenu qu'il serait inscrit pour ses quinze ans parmi les pages du roi, c'est-à-dire en mars prochain. François était heureux. Il savait établir son fils au mieux. Mais le cœur de Catherine se serrait : elle allait perdre en quelques mois ses deux enfants.

Ils repartirent sans regret, après les fêtes de la Cour pour le mariage de François d'Andelot avec Renée de Rieux, cousine de Catherine. Leur fière troupe redescendait donc de Paris vers Nantes par petites étapes : François en tête, suivi de Catherine et de René, derrière les fanions de Bretagne qui claquaient au vent. Leurs superbes tenues et l'importance de leur escorte ameutaient les populations, et les autorités des villes leur réservaient des réceptions qui enchantaient René. Mais François parlait peu. Il était de plus en plus souvent traversé de douleurs dans la poitrine et le bras gauche, douleurs qu'il chassait avec mépris, mais qui le rendaient lointain.

Ce fut en traversant Saumur que le drame eut lieu : on avait passé le pont de bois sous le château, on arrivait devant l'Hôtel de Ville sur la levée sud, avec ses maisons de pierres blanches, ses façades sculptées. Les trompettes sonnaient. Les fers des chevaux claquaient sur les pavés et la foule se pressait sur le passage du cortège.

François emplumé et vêtu de fer, juste devant Catherine, avec sa monte impeccable, lui sembla brusquement très raide, immobile, comme trop penché en arrière. Puis, lentement, alors que le cheval tournait à gauche pour rentrer dans la Grand-Rue, son corps bascula tout d'une pièce vers la droite, et s'écrasa sur le sol dans un épouvantable fracas de ferraille : le cheval, toujours tenu par une main crispée, s'arrêta net.

Catherine poussa un cri, sauta à terre et courut : François n'avait pas fait un mouvement. Il gisait là, immense, le visage vers le ciel, mort !

Une bousculade, des cris, des hommes qui voulaient relever le corps. Wilfried les repoussa et emporta son maître dans la maison la plus proche. Mais le cœur de François ne battait plus et Wilfried, sans un mot, lui ferma les yeux. François du Puy-du-Fou, héros de Pavie, gouverneur de Nantes, chevalier de l'Ordre et chambellan du roi, était mort comme à la guerre, sur son cheval, digne et fier, ainsi que doit mourir un chevalier.

Catherine sentit le monde basculer autour d'elle. Appuyée sur son fils, pâle et silencieuse, elle recevait un coup mortel et imprévu : jamais elle n'avait songé que François pût mourir. Il avait toujours été là devant elle, ombre immense, inatteignable, la portant, la soutenant et l'écrasant tout ensemble de sa formidable existence. Et voilà qu'il n'était plus ! Elle était seule, vraiment seule, sans avoir été prévenue, sans un geste, sans un mot, sans un adieu...

Elle regardait ce corps et ce noble visage, figés dans l'immobilité éternelle : « Que je l'aimais, disait une voix venue du fond de sa vie. De quel amour terrible et dévorant ! Comme on aime Dieu... Oui, je l'ai toujours aimé depuis mes premiers souvenirs, et je ne le savais pas vraiment... Il a rempli ma vie, il l'a faite. J'aimais et ne faisais que suivre. François ! Tu me quittes et je ne saurai plus vivre. »

Les larmes qu'elle croyait si bien taries jaillirent de ses yeux, inondant l'armure immobile qu'aucun souffle ne soulèverait plus jamais. Brusquement, le monde lui sembla vide, ou plutôt vidé de toute réalité. Il fallut le désespoir de René qui sanglotait à ses côtés pour la tirer de cette sorte d'absence. Elle devait faire face. Elle était « Dame du Puy-du-Fou ». Seule donc, plus que jamais.

Le souvenir de leur donation réciproque lui revint comme un éclair : « Ils s'engagent à faire les obsèques et bien faits à Notre

Mère la Sainte Eglise, pour le premier décédé, selon son état et qualité. » Oui, il fallait à cet homme des funérailles de prince. Il fallait ramener sa dépouille dans ses terres en grande pompe, convoquer le ban et l'arrière-ban du Haut-Poitou, faire défiler devant son cercueil tous ceux de la seigneurie, du plus grand au plus petit. Il fallait tenir, suivre à cheval toute de noir vêtue, derrière René, nouveau Sire du Puy-du-Fou. Cacher ses larmes et son désespoir, rester digne de celui dont elle avait partagé la vie.

Le sombre cortège traversa en deux jours Thouars, Montreuil-Bellay et Mauléon, dont les seigneurs vinrent s'incliner sur la dépouille et grossir la longue procession qui descendait vers la Sèvre.

On exposa pendant deux jours le corps de François dans l'église des Epesses, mais il était grand temps de l'ensevelir. La dalle se referma entre celles de ses parents et celle, minuscule, de son fils. La foule se dispersa. Et le soir, Catherine se retrouva seule avec René dans la grande salle aux cariatides. « Pour toujours ! » pensa-t-elle.

Alors, elle défit le collier qu'elle avait mis pour honorer les funérailles de son époux, le coucha dans son écrin, le verrouilla à double tour et, par la fenêtre grande ouverte, jeta la clé dans l'étang. « On ne rouvrira ce coffret, dit-elle gravement, que pour une autre Dame du Puy-du-Fou : mon fils, c'est vous qui briserez cette serrure pour celle que vous choisirez un jour. »

Puis Catherine écrivit à sa fille, et lui fit parvenir avec son message un souvenir de son père, celui qui était le plus cher à son cœur : la Vénus du duc d'Urbino. Enfin elle remit solennellement l'épée de François à René.

Le chagrin de Françoise fut déchirant. Sa lettre, arrivée un mois plus tard, semblait chaotique et presque illisible : « Que ne suis-je restée six mois de plus auprès de mon père, écrivait-elle, comment ai-je pu le quitter, déjà malade, et ne pas l'avoir su ? Quoi, je ne le reverrai plus ? Il est donc mort sans moi ? Il ne connaîtra pas l'enfant que je porte, à qui déjà je donne son nom ? Que ne puis-je courir pleurer sur sa tombe ! Tout ici l'attendait. Non, je ne l'avais pas quitté, mère, et je ne suis que larmes. Ah ! Que je m'en veux : car il était mort depuis des jours, et moi qui l'aimais tant, je ne le savais pas. Je riais, je chantais, je dansais. Je courais de fête en fête sur le navire qui nous ramenait de Madère, l'île du paradis, parmi les fleurs et les chants. Ah ! mon père... » L'écriture devenait illisible et la lettre ne se terminait pas.

Dans les mois qui suivirent, Catherine et René furent soutenus par d'innombrables obligations. Le nouveau gouverneur des ville et château de Nantes, nommé par Montmorency dès le lendemain du décès, était Claude, le second frère de Catherine, devenu chef de la maison de Laval depuis la mort de René. Il attendait sa sœur pour la prise de pouvoir, les présentations et explications indispensables. Toutes les pièces du château étaient encore emplies du souvenir de François : sa table, ses papiers, sa haute écriture, leurs menus souvenirs. Capitaines, gardes et valets ne parlaient que de lui. Il avait beaucoup compté.

Catherine et René passèrent deux mois à Nantes. En février, il fallut revenir. René était attendu en mars à la Cour. Le déchirement fut sans nom de part et d'autre. René n'osait quitter sa mère.

— Je ne peux pas vous laisser seule si tôt, mère, retardons mon départ !

Mais Catherine fut inflexible. Elle regarda, de la terrasse de la loggia, son fils traverser la cour, passer le pont-levis avec Wilfried qu'elle lui donnait, puis disparaître dans la grande allée de hêtres.

Catherine resta prostrée près de huit jours puis un matin, elle fit seller deux chevaux et convoqua Marion.

— Je pars pour quelques jours avec Thierry, dit-elle. Mon âme est plongée dans un enfer d'où je dois sortir. Pour mon fils, pour le Puy-du-Fou, et aussi pour ma propre dignité. Je vais passer quelques jours en retraite à Fontevrault, comme fit Madame Marguerite dans l'épreuve à son monastère de Tuscon. Dieu m'assistera. J'ai confiance en lui. Je n'emporte rien, la bibliothèque du couvent est une des plus riches de France. Ma sœur Hyéronyme m'y attend, ainsi que l'abbesse, Mme Louyse de Bourbon, fort grande Dame, amie de Madame Marguerite. C'est une âme d'élite que j'ai déjà rencontrée. Je lui ai écrit la mort du chevalier. Elle m'invite. C'est donc à Fontevrault, à moins de quinze lieues, qu'on peut me trouver si quoi que ce soit survient céans.

Catherine revint trois semaines plus tard, rêveuse, lointaine, mais calme. Son âme lui restait toujours étrangère et la règle terrible des Fontevristes, qu'elle avait observée de loin, lui avait semblé parfaitement étrangère.

Elle avait peu vu Hyéronyme, devenue « mère Tertia », troisième personnage de l'abbaye, chargée de suppléer la prieure et la sous-prieure aux offices du cloître, aussi bien qu'à la lourde charge de cette ville énorme. Le pouvoir était en effet aux mains des prieures, bien plus qu'en celles des abbesses. Elles dirigeaient les « sœurs discrètes » : la cellérière, la dépositaire, la boursière, la portière, etc. Toutes également élues, mais totalement contrôlées, et aux ordres de leurs supérieures. Catherine passa donc deux semaines solitaires dans le silence de son âme rétive qui n'avait su s'émouvoir que pour l'amour des hommes. Mais la paix des cloîtres, si beaux, la grandeur des voûtes antiques, la douceur de ces nonnes, l'amitié de l'abbesse, le calme de ce refuge préservé du siècle par ses hauts murs, tout cela avait apporté dans sa vie une sorte de rupture : une fin et un commencement. Mais de quoi ?

CHAPITRE XIII

LE VIDAME

François était mort depuis deux ans. Catherine filait sa vie au jour le jour, une vie qui n'attendait plus rien, sauf les nouvelles de René et, plus rarement, celles de Françoise qui allait accoucher d'un second enfant. Catherine venait d'avoir quarante ans et ne se regardait plus guère dans le miroir. Elle était pourtant miraculeusement intacte. D'imperceptibles rides autour des yeux et aux coins de la bouche... mais l'ovale du visage restait parfait, et aussi le corps de Diane long, ferme aux petits seins ronds. Rien n'entachait encore cette peau lumineuse, plus pâle que jamais, rien ne semblait avoir encore subi les attaques de l'âge. Etait-ce donc vrai que cette belle sénéchale, qui tenait prisonnier le cœur du roi, avait huit ans de plus qu'elle ? Dans son chagrin, Catherine se cramponnait à ce dernier cadeau de la nature : veuve, ruinée, mais belle, elle conservait sa dignité de femme.

Elle avait repris en main la seigneurie avec Philibert, car il fallait de l'argent pour soutenir le train de René. Les pensions avaient disparu et la dot de Françoise avait vidé toutes les réserves. Il fallut même emprunter pour l'armure de René, plus fragile, plus mince que son père, qui ne pouvait se servir de celle de François.

Les terres devaient donc rendre au maximum. Le Puy-du-Fou appartenait à Catherine et à elle seule, en vertu de la donation. Elle se devait de le laisser à son fils dans le meilleur état. Elle reprit donc les grands travaux de déboisement et d'assèchement que la vie de Cour avait interrompus. Son jardin d'herbes devenait célèbre et tout le comté venait la solliciter en cas de maladie. Elle lisait beaucoup, le soir, et avait entrepris, pour se désennuyer, de traduire Tite-Live.

Mais rien de tout cela ne lui rendait la vie. Elle n'était qu'un beau corps obéissant aux ordres d'un esprit sévère. Et des problèmes de plus en plus angoissants l'assaillaient. Problèmes matériels, navrants : l'année 1550 avait été mauvaise, trop sèche, les récoltes misérables. Il lui fallait réduire son train de vie. Le cœur lui fendait de se séparer de sa meute, mais elle ne pouvait plus entretenir quarante chiens. Elle en fit cadeau aux Ardelay, dont les forêts jouxtaient les siennes, pour ne pas la démonter. Il fut convenu qu'ils chasseraient ensemble, Catherine restant maîtresse d'équipage quand on attaquerait chez elle (ou son fils quand il viendrait). Ainsi ses forêts seraient-elles préservées.

Elle vendit des chevaux et intensifia leur élevage. René avait emmené les trois plus beaux, mais elle avait gardé les reproducteurs. Plus de robes, plus de mantes fourrées, plus de dépenses somptuaires ! La mode changeait sans elle. Mais ces misères n'étaient pas l'essentiel de ses soucis.

Il y avait plus grave : la France éclatait en deux clans rivaux, du haut en bas de l'échelle sociale. Les Réformés gagnaient la Cour. René, Dieu merci, restait fidèle au roi. Il jugeait son protecteur trop dur, admirait de plus en plus le duc de Guise, et s'en rapprochait fort. Il fuyait donc les intrigues et partait avec lui en Lorraine, endossant sa première armure pour sa première guerre. Il avait dix-sept ans. La Cour, écrivait-il, était un véritable nid de guêpes, il saluait la guerre avec la folie et la joie de ses pères.

La région aussi devenait un nid de guêpes. Catherine luttait farouchement pour ne pas prendre parti : elle rentrait déchirée de chaque visite aux châteaux voisins, où l'on ne cessait de discuter religion. Comment, pensait-elle, comment peut-on pour un Dieu unique, déchaîner de telles passions, de telles haines et, chez les nouveaux croyants, un tel délire ? Son âme, dont Marguerite lui recommandait le soin, n'était plus qu'angoisse et solitude. Elle restait plus ingrate que jamais aux yeux de son confesseur, mais impavide dans l'épreuve. Elle eut bientôt l'occasion de s'en apercevoir.

Durant les dernières années du gouvernement de François, on avait su que des Eglises réformées se constituaient çà et là : à Toulon, à Nîmes, à Castres, à Rouen, à Caen. Il n'y en avait pas eu en Poitou, semblait-il, mais le peuple grondait, surtout dans les régions voisines que la révolte de la gabelle et sa répression féroce avaient ruinées. Tous les Parlements avaient constitué des Chambres spéciales pour juger les hérétiques. Mais celle de Paris, la terrible Chambre Ardente, créée en 1547, tenait le Poitou et la Touraine sous sa juridiction. Les condamnations pleuvaient par centaines.

Les édits, de plus en plus sévères, ordonnaient aux baillis et sénéchaux de toutes les provinces de pourchasser blasphémateurs et hérétiques. Ils devaient les arrêter, les soumettre aux tribunaux d'Eglise qui les jugeaient et les remettaient à la justice du roi. On recommandait même aux seigneurs de les livrer sur leurs terres ! Les blasphémateurs étaient condamnés à avoir la lèvre coupée jusqu'aux dents et la langue arrachée. Les hérétiques allaient au pilori et au bûcher. Mais où était la frontière entre blasphémateur et hérétique ? Nul n'en savait rien. L'hérésie, écrivait le roi, « est une peste contagieuse dont il faut purger le royaume ». Catherine sentait bien que le courage des martyrs et le prêche passionné de ces illuminés étaient plus proches du peuple que les menaces des édits et la cruauté des juges. Plus proches aussi la tendresse et l'amour contenus dans les Evangiles, que la férocité des reîtres au service du nouveau roi.

Philibert l'entretenait de tous les procès, récemment de ce monastère de Saint-Jean-de-Bonneval près de Thouars, que l'abbesse avait quitté avec huit de ses religieuses, pour rejoindre Calvin à Genève. Elle se doutait bien qu'à La Grainetière même, certains moines cachaient des livres interdits.

Une nuit de lune, à l'automne 1551, alors qu'elle ne dormait pas, il lui sembla entendre des pas et des chuchotements dans la grande cour du château. Deux ombres se dirigeaient vers le logis de Philibert. Il cachait quelqu'un ! Catherine se leva, se vêtit et descendit frapper à l'huis de son intendant. Une lumière brillait à la fenêtre. La tête de Philibert, très pâle, passa dans l'entrebâillement :

— Vous, Madame, balbutia-t-il, à cette heure ?

— Et vous, Maître Philibert, en tenue de voyage ? Qui est entré céans ? Qui cachez-vous ?

— Ha ! Madame, je vous en conjure, entrez et écoutez-moi ! Cet ami que voici...

Il désigna un homme vêtu de noir et d'assez bonne mine, qui se dissimulait dans le coin le plus sombre de la pièce, vêtu d'un manteau court rejeté sur l'épaule comme les pasteurs de Genève.

— ... cet homme que voici est un ancien moine augustin du couvent de Tours, qui a été dénoncé, et qu'on poursuit pour avoir réuni des fidèles au fond des grottes creusées dans le roc de Rochecorbon, où il prêchait l'Evangile selon la foi véritable. Je suis allé le chercher aux Herbiers où il se cachait dans une hutte en plein bois, mourant de faim et de froid.

L'homme était de noble et digne maintien. Il s'avança et salua silencieusement la châtelaine.

Catherine hésitait. Philibert faisait courir au château un grand risque. Cet homme était dénoncé, recherché par la sénéchaussée. Philibert n'avait pas ici que des amis, au contraire ! Pouvait-elle mettre en péril ses gens et sa demeure ?

— Je partirai demain, Madame, dit doucement l'homme en noir. Je ne veux pas mettre en danger des amis. Je dois d'ailleurs rejoindre Genève. Si vous craignez pour les vôtres, je peux repartir de suite.

— Non ! Restez le temps de vous restaurer et de vous remettre, mon père. Mais ne vous montrez à âme qui vive. Et vous, Philibert, souvenez-vous que vous êtes ici chez moi et que nul, même vous, ne peut disposer de ces lieux sans mon accord.

Philibert baissait la tête en silence :

— Merci, Madame, dit enfin l'homme en noir. Que Dieu vous rende en sa grâce ce que vous faites pour son serviteur !

L'homme partit la nuit suivante, pourvu de quelques écus et de provisions. Catherine avait exigé qu'on l'habille en bourgeois et qu'on brûle le fameux manteau court. Nul n'avait eu vent de son passage, semblait-il. Elle respira, mais convoqua son intendant pour une semonce plus sérieuse :

— Maître Philibert, vous m'avez gravement manqué en introduisant chez moi en cachette un homme dont la présence peut faire un jour brûler le château. Je ne partage pas vos idées, si généreuses soient-elles. Les Puy-du-Fou servent leur roi depuis toujours et respectent ses édits. Peu importe ! Vous êtes libre de votre foi et de vos choix personnels. Je ne veux rien en savoir. Mais s'ils devaient mettre en péril notrc nom et notre Maison, je n'aurais d'autre choix que de me séparer de vous.

Philibert avait beaucoup changé, beaucoup maigri. Dans son regard clair, une sorte de détermination calme et profonde forçait l'attention.

— Je vous comprends, Madame, et vous avez raison. Je ne ferai plus jamais courir de danger à ces lieux ni à des êtres à qui je dois tant. Vous pouvez me faire confiance. Si je devais prendre officiellement parti, c'est moi qui vous quitterais. Mais dans mon cœur, le choix est fait depuis longtemps. J'ai connu Jean Calvin à Poitiers, il y a plus de quinze ans. Je n'ai jamais cessé de suivre ses écrits, de correspondre avec lui. Je suis croyant selon les sources mêmes de la véritable Eglise, qui n'est pas celle de nos scandaleux évêques ni de leurs misérables prêtres. Laissez-moi vous servir encore. Je le jure sur la Bible, vous n'entendrez plus jamais parler ici de religion.

Philibert tint parole et Catherine, rassurée, goûtait les derniers beaux jours de l'automne. Trop beaux, car aucune pluie n'était survenue depuis l'été pour permettre les labours.

Le 8 décembre, le curé des Epesses ordonna une nouvelle procession à la Vierge-de-Pitié pour réclamer la pluie. Catherine précédait la châsse, comme l'exigeait son rôle. Il lui sembla que le curé la regardait d'un drôle d'air et semblait quêter à son entour, ou déceler quelque anomalie.

Le lendemain, dès le lever du jour, des hommes d'armes demandaient l'entrée du château. Thierry courut prévenir sa maîtresse, tandis qu'on levait la herse. Ce fut elle, seule sur le perron de la loggia, qui les reçut :

— Que me voulez-vous, Messieurs, et qui vous envoie ?

— La sénéchaussée de Thouars, Madame. Une dénonciation nous est parvenue : votre intendant ne serait pas paru à une seule des processions de l'été.

— Il surveillait les moissons, répondit sèchement Catherine, et sur mon ordre. Beaucoup de nos laboureurs n'ont pu assister à ces cérémonies qui tombaient en pleins travaux des champs.

— Nous avons ordre de l'emmener pour être interrogé par le tribunal d'Eglise de Luçon. Voici l'ordre dûment signé. Il n'aurait pas paru aux vénérations des saints et refuserait de baiser les statues. Peut-être ne savez-vous pas que la Vierge de la chapelle des Quatre-Chemins a été brisée dimanche dernier ! Nous avons ordre d'amener tous les suspects à Luçon.

Catherine restait figée, glacée. Certes, Philibert n'était venu à aucune des processions, et son absence de la veille ne pouvait trouver aucune excuse dans quelque surveillance. Moissons, vendanges et ramassages étaient terminés depuis plusieurs semaines.

Déjà trois hommes frappaient à l'huis de son intendant et le traînaient dans la cour. Il suivait sans résistance, et fort dignement. Il passa la herse, se retourna et cria d'une voix ferme.

— Adieu, Madame ! Je vous recommande les miens. Pour moi, le Seigneur me soutiendra.

Suzon sanglotait et ses enfants hurlaient. Tous les gens sortaient, qui des logis, qui des écuries, qui des fermes à l'entour du château. Tous hébétés, terrifiés, tandis que s'éloignaient les pas de la petite troupe et de ses prisonniers, martelant le sol durci par la sécheresse.

— Nous les suivrons, dit enfin Catherine en revenant à elle. Thierry, Nicolas ! Sellez de suite quatre chevaux. Marion, vite, quelques bagages pour moi. Et remets-toi, Suzon, je n'abandonne pas mes gens.

Le tribunal ecclésiastique de Luçon jugeait à l'évêché. Dans la foule qui se pressait à l'entrée, Catherine et Thierry se faisaient discrets. Elle s'était enveloppée d'une mante grise empruntée à Marion, dont le capuchon dissimulait partiellement son visage. Des prévenus enchaînés entraient par une porte dérobée. Catherine se haussait sur la pointe des pieds et aperçut Philibert qui venait le premier, sans doute parce que le plus gravement accusé. Mais elle n'entendait rien. La Chambre était tendue de drap noir et éclairée par des torches. Les juges, en manteaux rouges bordés d'hermine, parlaient durement. Philibert ne semblait pas répondre.

— On apporte une statue de la Vierge, souffla Thierry qui, avec sa haute taille, apercevait quelque chose. Il fait non de la tête. Un soldat s'approche, il le force à s'agenouiller… Non, je ne vois plus rien.

Catherine tentait de se hausser dans la foule crasseuse et

nauséabonde qui l'écrasait, les pieds dans le ruisseau. Elle n'apercevait que deux des trois juges sur leur estrade, et encore entre des têtes. La salle était fort étroite, et elle se trouvait coincée contre le chambranle de la porte d'entrée.

La foule s'agitait autour d'elle, poussait, bruissait comme une mer jusqu'au bout de la rue. Brusquement, les juges se levèrent, terribles, criant : « Scandale ! Il y a scandale public ! Le coupable sera déféré au Tribunal royal à Paris. »

— C'est la fin, dit Thierry, qui se haussait. Philibert a disparu entre deux hommes d'armes, par la gauche, j'y cours...

Catherine réfléchissait : il a refusé de se rétracter et d'embrasser les images. Il est donc perdu. La Chambre Ardente, c'est la mort !

La foule se dispersait, les juges avaient disparu, Thierry revenait, atterré, stupide, il regardait Catherine comme un orant :

— Mais qu'est-ce qu'on peut faire, Madame ? On ne peut pas le laisser brûler. Vous pouvez sûrement l'en tirer, vous qui êtes si puissante à la Cour ?

— Je l'étais, Thierry ! Mais le roi est mort, Madame Marguerite aussi, et ton maître n'est plus. Si ! Il me reste encore le duc de Montmorency... Nous partons pour Paris !

Le Puy-du-Fou, où ils ne s'arrêtèrent que le temps de dormir et de faire quelques bagages, les attendait dans l'angoisse. Dès le départ de Catherine, trois envoyés du bailli avaient demandé l'entrée du château et fouillé sans ménagement la bibliothèque de Catherine, irréprochable. Puis, de fond en comble, le logis de Philibert où on pensait qu'ils ne découvriraient rien, car Marion et Suzon avaient mis au feu de quoi mener dix hommes au bûcher : livres, correspondance, une lettre de Calvin à « son cher frère ». L'horreur !

Malheureusement, il restait, entre deux poutres dans la toiture, une Bible que les deux femmes, trop petites, n'avaient pas découverte. Elle était annotée de la main de Philibert et contenait un sermon de Calvin, glissé entre les pages. Le tout avait été emporté et allait être acheminé jusqu'à la Chambre Ardente. Catherine n'avait donc plus d'espoir. Mais elle ne pouvait accepter l'évidence sans se battre jusqu'au bout, ne serait-ce que pour la dignité de la Maison du Puy-du-Fou.

Elle comptait à Paris trouver l'aide de René. Hélas ! il n'était pas rentré de Boulogne. Il avait participé fort brillamment au siège, lui disait-on, et une paix glorieuse était signée. Le roi et Montmorency étaient rentrés, mais le commandement de René, malgré le départ des Anglais, restait garder la ville contre tout retournement imprévu.

Catherine logea tout près du Châtelet, chez son ancienne couturière, du temps de ses splendeurs : Jeannette, une femme qui avait gardé la pratique de la Cour. Le quartier était fort agité : tous les prisonniers de droit commun ou hérétiques étaient entassés pêle-mêle dans d'horribles cachots en bordure de Seine, dont les noms faisaient frémir : « Le Puy, La Fosse, Les Chaînes, La Fin d'Aise. » Certains étaient pleins d'eau, car la Seine était en crue, et le froid encore cruel. On voyait entrer et sortir de petites troupes escortant de misérables loques humaines. Mais Catherine avait d'autres urgences que de guetter l'arrivée de son intendant. Elle s'était aperçue qu'en deux ans la mode avait bien changé et que, pour se présenter chez le Connétable, ses splendeurs d'hier la desserviraient gravement.

Jeannette prit deux jours pour lui ajuster une robe qu'une cliente lui avait laissée sur les bras, ne pouvant la payer : rouge avec des broderies d'argent, et une fraise de dentelle, ce que Catherine n'avait jamais porté. La mode en était imposée depuis peu : Jeanne d'Albret avait eu un scrofule au cou et en resterait marquée toute sa vie. L'idée était charmante et seyante pour tous. La guimpe de Catherine, sous la fraise, était fort transparente et se terminait par un ruché. Le décolleté très large en carré s'accrochait tout juste à la pointe des épaules et les manches à crevés avec triple bouillonné élargissaient le corsage, affinant encore la taille. Elle s'en fut acheter une toque rouge assortie à la robe chez un des meilleurs faiseurs, aux dires de Jeannette. Enfin, fort élégante, mais ruinée, Catherine escortée de son écuyer put se faire annoncer et recevoir.

Le Connétable avait vieilli et son caractère ne s'était pas arrangé. Il la reçut avec l'amitié bourrue qu'elle connaissait bien. Mais dès les premiers mots, elle comprit que tout était perdu :

— Quoi ? Votre intendant ? Et vous ne l'avez pas compris à temps, malheureuse ? Savez-vous que depuis l'ordonnance de Chateaubriand, vous deviez le faire arrêter vous-même ? Les édits du roi sont formels : gens d'Eglise, sénéchaussée, baillis, gentilshommes sur leurs terres, tous doivent mener cette lutte. Tous doivent poursuivre et saisir l'hérétique. Ah ! Les femmes ! François l'aurait fait arrêter...

Catherine eut un cri :

— Non, sûrement pas !

Montmorency grogna comme un chien :

— Eh bien moi, si ! Attention, ma cousine, vous êtes fort imprudente ! Sachez que même votre naissance ne vous met pas à l'abri. On a arrêté, il y a quelques mois, une demoiselle de fort bonne Maison. Je vous rappelle que le roi recommande d'user de rigoureuse procédure pour venir à bout de cette secte. Non, non, pas de quartier, pas de sentiment ! Chacun doit prêter l'épaule pour purger le royaume de cette peste. C'est la cause de Dieu, mais aussi celle du roi, car qui s'insurge contre l'un s'insurge contre l'autre. Votre intendant aura dix juges pour savoir s'il est vraiment dévoyé et, de toute façon, le verdict sera sans appel. N'écoutez pas votre cœur, il ne peut que vous nuire.

Après ces fortes paroles, il évoqua le souvenir de François et, parce qu'il vieillissait un peu, commença de s'attendrir sur son propre sort : ses problèmes avec les Guise, dont l'influence croissait à son détriment, et puis les difficultés qu'il avait essuyées pendant sa disgrâce pour continuer les énormes travaux d'Ecouen et de Chantilly, où il avait agrandi le parc dans la vallée de la Nonette. Il y construisait sept chapelles. Mais Catherine ne l'écoutait plus et elle le quitta désespérée.

Le 19 février 1552, Philibert comparut, ombre sortie des enfers, devant la Chambre Ardente, dans l'ancienne salle du Conseil. Parmi les témoins accusateurs, Catherine, mieux placée qu'à Luçon, découvrit avec surprise et horreur deux curés de la châtellenie, dont celui des Herbiers. Philibert accepta toutes les accusations et refusa de se rétracter. Il eut même le courage insensé de confesser ouvertement sa foi, demandant seulement qu'on remette aux siens un dernier message, griffonné en prison, que Suzon garda sur son cœur jusqu'à sa mort : « Certes, je ne doute point, ma sœur, que mon supplice ne vous soit occasion de tristesse selon la chair. Mais songez pour votre consolation à ce que je vais recevoir du Ciel ! Hélas, ce qui m'est réservé est au prix de ce que je laisse. »

La Cour le condamna avec trois autres hérétiques à être brûlé vif, place Maubert, où quatre potences furent érigées. Il devait être également brûlé en effigie dans la ville de Luçon et dans les villages de la châtellenie du Puy-du-Fou.

L'édit fut publié à son de trompe et de cris publics dans tous les carrefours avoisinant la Chambre. Le lendemain, Catherine, envelopée d'une mante de servante, se pressait dans la foule, place Maubert, pour un dernier adieu silencieux à cet homme qui les avait tant servis. Suspendu à la potence, il n'était plus reconnaissable tant il avait changé. Les bûchers s'allumaient sous les pieds des condamnés avec de grandes difficultés car il pleuvait depuis l'aube, une pluie fine et glacée avec quelques grêlons, qui avait mouillé le bois.

Non, pensait-elle révoltée, Dieu ne peut pas vouloir le supplice de cet homme juste, qui n'a jamais péché, jamais volé, jamais fait de tort ni de mal à personne. Dieu ne peut pas condamner pour l'éternité cet homme bon dont le seul crime était d'avoir pitié des pauvres, des affamés et des malheureux de nos terres, victimes des caprices du ciel et des épidémies. Elle se souvenait de ses yeux gris trop clairvoyants et de ses conversations troublantes qui lui révélaient les malheurs des temps, l'indifférence, la cupidité de cette Eglise qui le condamnait aujourd'hui... Quel était donc ce Dieu au nom duquel on jugeait à l'inverse l'un de l'autre ? Etait-ce vraiment le Dieu si bon de Marguerite et du roi François ? Le Dieu terrible du Parlement, de Montmorency et du roi Henri ? Ou bien celui de Philibert, cruellement lucide sur la vérité des âmes ?

Le feu avait enfin pris et les flammes s'élevaient dans une intense fumée. Les quatre condamnés chantaient encore des psaumes quand la fumée les étouffa. Un grand silence brutal fondait sur la foule, mais à l'instant où ils se turent une voix entonna la suite : « Elles ont répandu la cendre sur leur tête, elles se sont ceintes de cilice, elles ont frappé la terre de leur front, les vierges de Jérusalem... » Qui était ce fou ? C'était une voix d'homme, tout près de Catherine.

Alors, à l'instant même, une terrible bousculade l'étouffa. Les hommes d'armes chargeaient dans le groupe où l'on avait chanté et frappaient durement à l'aveuglette. Catherine, qu'une fumée âcre étouffait, perdue sous la pluie dans la foule misérable, avec sa pauvre mante, vit en un éclair contre le sien un visage de brute sous un casque ruisselant, tandis qu'une main de fer lui saisissait le bras.

A cet instant, un homme qui se tenait juste derrière elle, et qu'elle n'avait pas remarqué, s'interposa, repoussant violemment le soldat et criant :

— Halte ! Celle-là est une Dame.

Et d'une main rapide, sans doute armée, l'homme invisible frappait le reître à la gorge, qui s'effondra dans la foule. Elle se sentit alors enlevée par la taille. Aveuglée par la pluie, par sa mante, étouffée par la fumée que poussait le vent glacé, noyée dans une mer humaine qui refluait en courant vers la Seine, elle comprit que l'homme n'était pas Thierry, qu'elle avait perdu depuis son arrivée tant la foule était dense. Elle ne voyait pas le visage de cet homme caché sous un grand chapeau et avait plus pressé que de s'en soucier, car on entendait encore le cliquetis des armes et les cris des soldats dont la course martelait le sol. Catherine courait à l'aveuglette, guidée par un bras ferme.

Ils s'arrêtèrent essouflés dans une petite rue et l'homme la poussa derrière une porte cochère qu'il referma vivement. Enfin, elle le vit : sous un grand feutre emplumé, deux yeux bleus très écartés, un nez fort et droit, et un visage buriné, traversé sur la gauche d'une grande balafre qui allait de la barbe blonde jusqu'à l'œil. Un visage qui ne lui était pas inconnu. L'homme riait d'un bon rire et la regardait avec amitié :

— Je vous avais dit que je vous retrouverais, Madame du Puy-du-Fou ! Mais toujours en piètre équipage il me semble...

Elle le reconnut à sa façon de la prendre dans ses bras et de la serrer, grelottante, contre un corps chaud et puissant. Elle le reconnut à ses jambes dures de marin, gainées de soie blanche et collées contre sa jupe trempée. Elle le reconnut à la bouche généreuse posée sur la sienne, comme si elle l'avait quitté la veille. « Louis d'Ailly, des barons de Piqueny, vidames d'Amiens », la voix narquoise résonnait encore à ses oreilles...

— Comment êtes-vous là ?... balbutia-t-elle.

— Parce que je ne suis pas mort, mais bien vivant, depuis toutes ces années, Madame ! Et vous n'avez guère changé : belle comme le jour et toujours courageuse, mais peut-être moins sage, si l'on m'a bien informé.

— Et comment m'avez-vous retrouvée, ici, à Paris, et en ces lieux, et aujourd'hui ?

— Parce que je sais tout de vous. J'arrive même de Luçon où je vous ai manquée de quelques heures. Je me suis d'abord rendu au Puy-du-Fou où je n'ai trouvé que désastre et nid vide. Je savais que vous feriez cette folie et que je vous trouverais ici.

— Mais pourquoi...

Catherine contemplait ce visage railleur et paisible, ce seigneur râblé et puisant, qui répandait autour de lui une incroyable paix :

— Parce que je suis revenu vous épouser, tout simplement ! Je suis veuf depuis vingt ans. Vous l'êtes aussi.

Catherine resta sans voix. Cet homme l'embrassait passionnément et elle qui se croyait morte, le corps à jamais glacé, verrouillé, sentait monter un feu presque intolérable.

Quoi ? Tandis qu'achevait de brûler et de tomber en cendres son meilleur serviteur ? Quel était donc ce feu-là, ce feu transfiguré. Celui de la vie renaissait-il de la mort ? Elle restait sans défense sous ses caresses, sans révolte, proie consentante d'un incendie qui jaillissait de l'insondable mystère des êtres.

Le bruit, les courses avaient cessé. On n'entendait plus que la pluie fine et persistante de ce jour gris. Louis d'Ailly ne parlait pas. Il observait Catherine avec ce regard étrange qui avait tant scruté la mer et scrutait la vie au-delà du visible :

— Venez, dit-il enfin. Je vous reconduis chez votre logeuse et nous repartons demain pour le Puy-du-Fou. Je ne vous quitte plus. Soyez en paix ! Une femme comme vous ne peut sans risque affronter seule notre triste époque.

Elle ne répondit pas et il la laissa devant sa porte, en lui baisant la main.

— Dormez maintenant ! Soyez prête demain à huit heures. Je vous prends devant cet huis.

Et il disparut à grands pas.

Au logis, Thierry affolé attendait sa maîtresse.

— J'ai retrouvé un ami qui m'a reconduite ici sans encombre, dit-elle simplement. Nous repartons demain à huit heures. Que les chevaux soient prêts !

Et elle dormit plus de douze heures d'un sommeil sans rêves.

Louis d'Ailly maintenant parlait de sa voix paisible, botte à botte, sur ce chemin du Sud-Ouest que Catherine connaissait si bien. Les deux valets de Louis et Thierry suivaient. Cette fois-ci, le baron était bien monté et fort élégant. Visiblement, ce n'était plus le rescapé d'un naufrage ! La pluie avait cessé, une belle lumière d'hiver dessinait le contour des forêts comme des dessins à la plume des peintres de Fontainebleau. Un calme étrange envahissait Catherine près de cet homme presque inconnu.

Louis d'Ailly était revenu l'an dernier d'un second voyage au Nouveau Monde. Il avait, depuis dix ans, rétabli les finances de ses pêcheries et possédait plusieurs navires. A son retour, il avait appris la mort de son frère aîné, François, baron en titre, et vidame depuis la mort de leur père, quatre ans plus tôt. Ce frère s'était fait tuer au siège de Boulogne sans laisser d'enfants, Louis se trouvait donc baron de Piqueny et seigneur des terres d'Ailly. Son fils aîné, installé dans le château, faisait déjà restaurer la toiture du donjon avec la dot de sa femme. Celle-ci, enceinte, attendait un héritier dans des lieux où Louis ne se sentait guère chez lui.

Les barons de Piqueny étaient, de temps immémoriaux, vidames de l'évêque d'Amiens. Le titre n'était plus qu'un honneur. Jadis, les vidames remplaçaient l'évêque dans les guerres du roi mais les évêques n'y participaient pratiquement plus depuis Louis XII. Antoine d'Ailly, son père, avait pour la dernière fois rejoint l'armée de François Ier en Italie avec la petite troupe fournie par les fonds d'Eglise et s'était fait accompagner de ses fils. Ils avaient fait Pavie. Louis en gardait un triste souvenir. Ce titre, dont les anciens Piqueny s'enorgueillissaient, n'était plus une raison de vivre, ni même une occupation. Il songeait à le transmettre à son fils, ce qui le délivrerait des quelques rapports qu'il gardait encore avec une Eglise en crise, dont les soubresauts lui semblaient dérisoires. Les discussions actuelles ne pouvaient guère le toucher, après qu'il eut traversé des terres immenses et lointaines, aux horizons nouveaux et inconnus. Catherine écoutait, saisie par la présence si lourde de cet homme :

— Mais enfin, comment savez-vous tout de moi ? demanda-t-elle.

— Vous oubliez qu'auprès d'Amiens, dans un château ma foi fort digne, de l'autre côté de la Somme, loge une certaine Bérengère dont les terres sont voisines des miennes. Elle ne parle que de vous et celui qui l'écoute conter vos merveilles devient tout de suite son ami.

Bérengère, sa Picardie... Bérengère, Dame de Flixécourt, à

quatre lieues d'Amiens, Bérengère dont toutes les lettres depuis quelques mois lui conseillaient de se remarier, dans les termes exacts que le vidame avait employés : « Une femme comme toi ne peut se défendre seule dans ces temps troublés. » Elle avait dit aussi ce qu'il venait de lui révéler : « Tu es jeune encore et si belle ! Sans amour, ma chère, on meurt. »

Louis avait donc décidé de faire don à son fils de son château et de la châtellenie d'Ailly, en ne gardant que ses pêcheries et les terres de Piqueny dont il tenait son titre.

Le soir, à la première étape, il commanda tranquillement une chambre pour eux deux ; les valets logeaient aux écuries. Le dîner était bon, le vin aussi et Catherine se retrouva après neuf ans de paralysie « miraculée » comme dans l'Evangile, disait railleusement le baron après l'amour : « Le paralytique prit son grabat et marcha » ! Et Catherine se surprit à rire comme elle croyait ne plus savoir depuis des temps oubliés.

Aimait-elle cet homme qu'elle connaisait à peine ? On eût dit que son corps, lui, le connaissait et depuis toujours. Louis l'aimait, c'était évident. Et ce n'était pas seulement son corps qui la reconnaissait et l'attendait. Il avait rêvé d'elle pendant presque vingt ans ! Ce cadet qui avait refusé d'être d'Eglise et s'était marié, était-ce vraiment d'elle qu'il avait été habité, comme il le disait, ou bien d'une femme dont elle portait le masque et qui n'existait qu'en lui ? « Tu es entrée dans ma vie bottée de cuir de Cordoue, échevelée, et tu n'en es jamais sortie ! » répétait-il.

Mais si l'âme de Catherine hésitait encore, son corps criait de joie et réclamait sans cesse. On eût dit une nuée d'orage après des années de sécheresse. Elle avait l'impression étrange que son corps était comme ces réserves d'eau qui se remplissent lentement et accumulent un trop-plein dont, un jour, le niveau déborde et s'écoule en cataractes sans fin. Jamais, non jamais elle n'avait connu cela ! Elle repartit le matin, égarée, radieuse.

Comme on approchait de la Loire, Louis parlait de la mer comme d'une femme, des côtes lointaines dont Cartier venait de dresser la première carte, de la solitude, du silence, des grands bois sans fin, des fleuves immenses dont le souvenir le faisait rire aux larmes en passant la Loire :

— Voici donc notre fleuve à nous ! Un ruisselet... Un joujou pour enfant qui n'aurait même pas de nom là-bas et ne figurerait pas sur les portraits de Cartier !

Pourtant les petits horizons du Poitou l'enchantaient : « Qu'on est bien dans ce nid, quelle fraîcheur ! » Non, le Puy-du-Fou ne l'avait pas surpris quand il y était passé. Bérengère l'avait trop bien décrit, comme elle avait vanté son Bocage vallonné, où ruissellent les eaux venues des grands nuages de l'Ouest.

Durant tout le voyage, Catherine avait cessé de penser. Elle avait vécu les jours et les nuits hors du monde, hors du temps, comme hors d'elle-même. Mais en traversant la Loire à Savenay, et en abordant les premiers chemins creux, la conscience lui revint. Elle fut épouvantée : elle allait rentrer chez elle, flanquée d'un seigneur inconnu, qui était son amant et semblait fort aise de l'être, suivie de surcroît de trois valets dont deux étrangers... (Que s'étaient-ils raconté durant les étapes, aux auberges, autour de quelques pichets ?)

Etait-ce possible ? Elle, la Dame du Puy-du-Fou, elle qui venait, dix jours plus tôt, d'assister au procès et au bûcher de son propre intendant, dont la veuve l'attendait en pleurant ! On abordait la Sèvre par les pentes abruptes de Treize-Vents. Elle entendait déjà cascader la rivière sur les éboulis du défilé de Poupet. L'odeur des nénuphars et des joncs montait jusqu'à eux. Elle en eut un tel choc qu'elle arrêta net son cheval :

— Louis ! dit-elle simplement.

Et elle lui lança un tel regard d'angoisse qu'il sauta à terre.

— Je sais, dit-il, nous arrivons et vous avez peur. Courageuse devant les loups, mais pas devant les siens !

Et il rit :

— Ah ! Comme je vous aime ainsi !

Catherine contemplait d'en haut cet homme solidement ancré par ses jambes de fer à ce sol de granit qui était le sien... Elle hésitait. Fallait-il oser l'inviter, mais comment ? Fallait-il le renvoyer ?

— Je vais vous laisser ici pour ce soir, Madame, dit-il calmement. Je crois que nous coucherons à la Blandinière à une lieue derrière nous, chez les parents de Mme de Flixécourt. Holà, demi-tour, Pierre, Gauthier ! A demain, Madame, et bon retour.

Il baisa la main qui pendait inerte le long de la selle à hauteur de son visage, et Catherine eut l'impression qu'il retenait un énorme éclat de rire. Puis elle l'entendit partir au grand trot, tandis qu'elle descendait au pas le raidillon sans se retourner.

Le Puy-du-Fou l'attendait dans le deuil. La nouvelle du bûcher était déjà parvenue. La belle Suzon semblait avoir fondu. Elle sanglota à la lecture du dernier adieu de son mari, serrant ses enfants sur son cœur. Il y avait longtemps qu'elle savait tout et qu'elle tremblait en secret. Mais qui pouvait atteindre la passion de Philibert ? Il y avait des années qu'il ne l'entendait plus et que ses enfants eux-mêmes ne le retenaient pas. Pourtant, que n'avait-elle dit et plaidé, elle qui connaissait mieux que personne les hommes d'Eglise ? Mais quand elle lui rappelait les horreurs et les turpitudes du chapitre de Maillezais, il en tirait un nouveau parti pour rêver d'une révolution. Elle avait fini par se taire et caché la haine qu'elle portait secrètement à tout le clergé.

La fouille avait fait au logis des Manceau un véritable désastre. On avait cassé les meubles, répandu et déchiré le linge, défoncé même les planchers.

— Que vais-je devenir, Madame, disait Suzon, moi et mes enfants ? Cette maison, vous en avez besoin : il vous faut un autre intendant, je le sais bien.

Catherine réfléchissait. Jacotte avait beaucoup vieilli. Ses jambes gonflées ne portaient plus guère un poids de plus en plus lourd. Elle se traînait, se plaignait et même geignait ici et là depuis la mort de son maître. Elle avait passé soixante-cinq ans...

— Suzon, je vais en effet devoir reprendre un intendant. Mais veux-tu remplacer Jacotte qui se fait vieille ? Tu l'as souvent vue à l'œuvre et même aidée. Il te reste à connaître ses secrets et à prendre le tour de main. Tu logeras dans l'ancien château, contre la tour des Anglais, en attendant que Jacotte se retire chez l'un de ses enfants. Peut-être Bonaventure qui a bien les moyens.

Suzon remerciait en pleurant : que sa maîtresse se rassure, le chagrin ne l'empêcherait pas de travailler de tout son cœur pour celle et ceux qui l'avaient sauvée, et à qui elle devait tout. Catherine l'embrassa et s'en fut parler à Jacotte, toujours bonne, et pas fâchée de s'arrêter. Restait à affronter ses gens : demain, Louis d'Ailly se présenterait au pont-levis ! Ce soir-là, Marion, qui la déshabillait, la regardait en silence avec une attention presque insupportable. Le temps passait, elle pliait ses robes, ses guimpes, ses chemises, glissant des regards furtifs vers sa maîtresse demi-assise dans le grand lit carré. La tension montait entre elles, intolérable. Marion devinait tout :

— Marion, je vais me remarier, lança une voix méconnaissable du fond de la grande chambre, étouffée par les tapisseries.

Marion ne broncha pas, n'eut ni un geste ni un sursaut :

— Tout ce que vous ferez sera bien, Madame, glissa-t-elle d'une voix égale. Est-ce pour bientôt ?

— Tu le verras demain, c'est le baron de Piqueny, vidame d'Amiens, un ami de Bérengère...

Marion eut un grand soupir, qui était peut-être de joie ou de soulagement :

— Si c'est Madame Bérengère qui l'envoie (autant dire le Bon Dieu), qu'il soit béni ! Mais alors, reprit-elle après un instant de réflexion, vous ne serez plus Dame du Puy-du-Fou ?

Le silence tomba dans la pièce sombre comme un voile. Quoi ? Ne plus être Dame du Puy-du-Fou ? Ce n'était pas possible. Les deux femmes ne se voyaient plus mais leurs pensées se rejoignaient. Le Puy-du-Fou, maintenant, c'était Catherine. Ce château, c'était elle, son œuvre, son enfant. Elle ne pouvait pas se remarier parce qu'elle ne pouvait cesser d'être « la Dame du Puy-du-Fou ».

Catherine ne dormit pas de la nuit. Cette alliance qui, par certains côtés, s'imposait, car toutes les veuves autour d'elle se remariaient, cette alliance lui parut impossible. Elle y était pourtant invitée par les problèmes qui l'écrasaient et par sa solitude totale devant des menaces de tout ordre. Cet homme en quelques jours était entré si profondément dans sa vie qu'il en faisait maintenant partie. Mais son nom creusait dans la nuit sans fin un fossé de plus en plus infranchissable.

Elle s'assoupit au jour et rêva qu'un fleuve immense traversait le grand étang et l'emportait... « La Somme, disait Louis, passe au pied du château et va jusqu'à la mer. » Il y avait des oiseaux partout. Ils entraient dans la chambre en piaillant. Elle s'éveilla en sueur. Il faisait grand jour et la cour du château bruissait déjà du travail de ses gens. La chaîne du puits grinçait, les chevaux hennissaient et tapaient dans les écuries. Le grand étang dormait toujours là, avec son odeur familière, au milieu des joncs d'où montait un simple vol de canards.

Catherine n'avait jamais eu la sensation de trahir son époux, sa maison, même dans les bras de Jean-Baptiste, même à la naissance de René dont elle ne percerait jamais le mystère. Non, jamais elle n'avait jusqu'ici rien renié, or il lui fallait aujourd'hui abolir un nom qu'elle avait fait sien, qui était devenu sa personne, ses enfants, son histoire, sa gloire ! Devant cette trahison, tout son être se révoltait. Non, elle ne pourrait pas. Et ce n'est pas un titre de baronne qui pouvait éblouir la fille des comtes de Laval et Vitré ! Un autre amour, un autre amant, c'était la vie. Un autre nom, une autre lignée, c'était une destruction, une sorte d'assassinat.

Tout lui semblait changé autour d'elle, peut-être parce qu'elle avait changé elle-même. Elle se regarda longuement dans son miroir et s'étonna d'un éclat, d'une fraîcheur oubliés. Pourtant, il y avait longtemps qu'elle n'avait plus d'eau de vipère noire ! Elle se fit coiffer avec soin, les cheveux tirés comme la sénéchale sous une coiffe de perles à la tige légère, qui surmontait le chignon tressé. Marion était passée maître en apprêts de tête. Catherine songeait à lui faire teindre la mèche blanche que Louis avait contemplée gravement sans un mot. Elle finissait de souper quand il entra dans la cour, fort élégant, suivi de ses deux valets en livrée aux armes des Piqueny. Toute la maisonnée était aux fenêtres. Marion avait fait son office de hérault et, du plus grand au plus petit, tous se pressaient pour voir le nouveau maître.

Dès qu'il fut assis en face d'elle devant la grande cheminée aux cariatides, encadrant les seules armes du Puy-du-Fou, Catherine le regarda bravement et lança :

— Je vous demande mille pardons, mon ami, mais je ne puis vous épouser.

— Et pourquoi donc ?

— Parce que je suis Dame du Puy-du-Fou et que je dois le rester.

Il se leva sans mot dire, la souleva de son siège et la serra contre lui, l'œil frisé, sa belle mâchoire contre la sienne :

— Je serai donc Louis d'Ailly du Puy-du-Fou. Vous serez tout de même baronne, mais un titre peut ne pas se porter. C'est vous qui me prenez.

Il riait, le monstre, et avait les mains chaudes, un corps qui l'attendait, une volonté si ferme, si perceptible, que Catherine défaillait :

— Je vous épouse, je vous l'ai dit, reprit-il, mais j'épouse aussi votre nom. Je prends soin de vos terres, tant que votre fils est aux armées. Mais je ne vous épouse pas selon la coutume, c'est vous, Madame, qui m'épousez. J'apporte en dot mes trois bateaux, mes terres de Piqueny et les trente mille écus de la dernière campagne. Vous apportez votre nom et votre beauté.

Catherine pleurait, blottie contre cette puissante poitrine d'homme. Elle pleurait de n'avoir jamais été aimée de cette façon-là. On l'avait désirée, admirée. Elle avait suscité la tendresse, la fierté, la passion, la folie même. Elle n'avait jamais reçu cette attention totale à ce qu'elle était, à ce qu'elle aimait, à ce qu'elle voulait. On l'avait magnifiée, adorée. On ne l'avait jamais devinée dans ses secrets. On n'avait jamais eu peur pour elle. Elle avait eu un maître superbe, un amant glorieux, un frère qui était son double. Elle avait aujourd'hui tout un homme, et pour elle seule.

Il la regardait comme personne ne l'avait jamais regardée : du dedans ! Il voyait tout d'elle, il l'avait contemplée pendant vingt ans, de loin. Il l'avait vue apparaître, disait-il comme on plaisante, « au plus creux des forêts du Nouveau Monde, seule dans sa tenue de chasse fripée, avec ses cheveux dénoués ». Il l'avait contemplée à la proue de son bateau, échevelée dans la tempête. Il avait cinquante ans, et, depuis près de vingt ans, il l'avait tout simplement attendue.

« Un fou, écrivit Bérengère au reçu de la première lettre que Catherine lui envoya, un fou charmant parce que fou de toi. C'est un fort bon seigneur de la plus ancienne noblesse picarde, grand séducteur, philosophe, lettré, mais un canard boiteux en ce pays. Car un gentilhomme qui part sur les mers et se ruine avec de folles entreprises marines semble perdre la raison, sinon déchoir. Il faut être Piqueny et vidame depuis des siècles pour être encore reçu après de telles folies. » Suivaient de tendres vœux et l'assurance que ce séducteur la comblerait de bonheur.

Le mariage se fit quinze jours plus tard dans la plus stricte intimité, célébré par le chapelain dans la chapelle du château. Deux notaires avaient été appelés des Herbiers et de Mauléon pour dresser un acte exigé par Louis, qui ajoutait à son nom celui de Puy-du-Fou, et qui stipulait le don par Catherine de tous ses biens à René, en cas de décès. Il précisait aussi le don que Louis faisait à Catherine des terres de Piqueny s'il mourait avant elle, et ce jusqu'à sa mort. Le château et les terres d'Ailly revenaient à son fils. Il lui léguait aussi ses pêcheries, bateaux et droits au-delà des mers.

La nouvelle, portée dans toutes les seigneuries voisines, fut fort bien accueillie. Mais il fallait annoncer la nouvelle à René et à Françoise. Louis contempla longuement, en silence, Catherine paralysée devant les missives vierges. La réponse de René, qui était toujours à Boulogne, fut immédiate et tendre. Il était heureux du bonheur de sa mère, il priait le ciel depuis longtemps de la faire revivre, ayant craint de la perdre tant le chagrin l'avait atteinte. Il parlait d'une nouvelle campagne qui se préparait en Lorraine, peut-être chez les princes allemands. Il reviendrait bientôt près de Montmorency qui levait de nouvelles troupes et se réjouissait d'y faire des prouesses. Il tenterait de passer la voir avant de repartir.

La lettre de Françoise, sèche et cruelle, tenait en quelques lignes : « Sans doute me faut-il comprendre, ma mère, que vous ne sauriez porter seule ni la vie ni la mort. Je prie Dieu de vous pardonner au nom de mon père, et demeure votre fille respectueuse. »

Catherine en resta tout assombrie plusieurs jours. Elle avait honte de ses étreintes de plus en plus terribles, où parfois elle croyait mourir, et parfois perdait le sens. Puis la vie reprenait son droit et rien n'atteignait jamais le calme de Louis d'Ailly du Puy-du-Fou, qui avait repris lui-même en main le soin de la seigneurie, formant patiemment un jeune quartier-maître qu'il avait fait venir de Dieppe.

CHAPITRE XIV

LES CHEVALIERS DE LA MER

Deux années passèrent, fort remplies : « Une autre vie », pensait souvent Catherine. Il n'y avait plus la Cour, ni cette excitation, ces ambitions, cette lutte féroce pour paraître, sortir, recevoir, être là où il faut à toute heure et chaque jour ! Plus de ragots, plus de hautes discussions politiques ou religieuses, plus de visages étrangers, d'ambassadeurs qui se pressaient à la porte de Marguerite, avec leurs secrets, leur morgue, leurs cadeaux et leurs trahisons. Il y avait en revanche sa vie à elle, portée, accompagnée par celle d'un homme dont elle était la reine, la vie de tout un petit peuple qui ne faisait qu'un avec elle, et la découverte d'un monde dont elle ignorait tout, un monde fou, immense, savant : celui des mers.

Louis avait apporté au château d'incroyables présents : tapis aux couleurs violentes venus d'Orient et achetés par lui à l'arrivée des caravelles, sur le port de Dieppe, qui enrichissaient singulièrement les salons. Des brocarts des Indes somptueux, des tableaux étranges, des meubles incrustés de nacre, des pièces d'argenterie aux ciselures bizarres, fruits d'une capture de navire espagnol... Tout cela, venu d'un monde en constante expansion, faisait pénétrer dans l'esprit de Catherine cette vie inconnue si riche, si curieuse, que son mari lui révélait jour après jour.

Il avait surtout rapporté des terres froides des peaux, dont le rapport était plus sûr que celui des pêcheries. Catherine se vit couverte de renards blancs, qui faisaient valoir sa chevelure où Louis avait refusé qu'elle teigne la fameuse mèche. Marion en avait fait dans ses coiffures un charme de plus, la relevant en boucle et l'attachant avec un bijou. « Quelle belle sauvageonne, plaisantait Louis. Il faut que je vous emmène pour éblouir les Indiennes. » Le château regorgeait de peaux d'ours, de couvertures de lynx.

Cet homme ne tenait pas en place. Il chassait l'oiseau au faucon, comme il avait tant aimé faire en baie de Somme et initiait Catherine à ce sport, elle que les griffes des oiseaux de proie avaient toujours fait reculer. Il voulait faire curer et maçonner le grand étang, comme à Fontainebleau, percer au loin les bois taillis pour ouvrir une perspective digne du château. Ses bateaux étaient au radoub et devaient repartir avec ceux d'Ango au printemps.

Avec lui, elle découvrit que les étoiles et cet immense firmament que Maubuisson peuplait de forces magiques n'étaient qu'un simple guide de l'homme des mers. Tandis que Catherine travaillait à ses plantes, au ras du sol, penchée sur la terre, cet homme étrange, dès que venait la nuit, faisait de savants calculs, tourné vers le firmament, avec des instruments inconnus, redessinait des cartes graduées, avec des roses des vents et ce qu'il appelait des longitudes et des latitudes : « Tout marin doit être astronome, disait-il, la connaissance des astres a été une révolution. Elle permet en plein océan la navigation hauturière. L'astronomie sauve les marins et j'ai beaucoup plus confiance en moi-même qu'en ces dignes hommes, fourrés d'hermine et en bonnet carré, que les Parmentier emmenaient avec eux, pour pointer sur la sphère la route de leurs navires. » Louis dressait à perte de vue les lunaisons à venir, selon des calculs savants, dressant ce qu'il appelait « le routier des marins ». Cet homme, qui avait changé le monde de Catherine, avait aussi changé le ciel.

Il parlait, surtout la nuit, contant ces rivages inconnus où ses hommes avaient édifié des croix de bois et des bornes de pierre. Il y avait fait porter des plaques de plomb pour marquer le territoire du sceau de la France. Il y avait fait mettre le nom du pape, celui de François Ier, de l'amiral, et tous ceux des membres de l'équipage, jusqu'au plus petit mousse. Il racontait le retour au port, et cette première goutte de clarté laiteuse, « un vrai baiser pour les marins » : la lueur d'un phare ! Il avait fait acheter nombre de livres, parfaitement incompréhensibles pour Catherine, sur la déclinaison magnétique, l'usage de la boussole, celui de l'astrolabe venu des Grecs par les Arabes, qui vise la polaire, cette étoile qu'il appelait « la claire des gardes ». Il avait acheté un globe en peau de cheval marin et projetait la carte des astres sur cette rotondité nouvelle.

Qui était donc cet homme qu'elle avait épousé ? Elle le contemplait souvent, ne sachant pas si l'amour qu'elle lui portait venait en premier du cœur et de l'âme, comme il se doit, ou s'il ne venait pas plutôt du corps, ce dernier entraînant toute sa personne à la traîne d'un pilote aveugle ! Elle craignait parfois de l'aimer moins noblement qu'elle n'avait aimé François ou Jean-Baptiste, vers lesquels tout son être s'était jeté par admiration, par respect, par éblouissement, et non par désir. La confiance totale qu'elle lui portait, la paix, la joie intérieure que lui conférait la présence de Louis, tout cela aurait dû l'éclairer. Mais au fond d'elle-même, elle ne savait pas vraiment qui était ce baron de Piqueny, et pourquoi elle s'était jetée vers lui tout entière.

C'était pourtant un seigneur de noble famille, et son âme aussi était noble. Mais de lui, elle ne savait rien car elle ne connaissait pas son secret : la mer, les bateaux, les terres nouvelles, et puis aussi cette étrange occupation qu'on appelle le commerce. Elle n'avait jamais rencontré ses pareils.

Durant une de leurs nuits si tendres, passant son doigt sur la terrible balafre qui n'arrivait pas à le défigurer, elle lui avait demandé :

— Où avez-vous pris cela ?

Il avait répondu évasivement : « Parmi les hasards de la mer. » Il l'avait embrassée et n'avait pas expliqué. S'était-il battu ? Et pourquoi ? Avec qui ? Y avait-il des « chevaliers de la mer » ? Elle n'avait pas osé insister car il avait attaqué à son tour, pointant la mèche blanche : « Et cela, où l'avez-vous pris ? — Parmi les hasards de l'amour », avait-elle répondu fièrement. Et il l'avait enlacée avec une tendresse nouvelle.

Il était avec elle d'une douceur exquise mais elle sentait passer, dans ses yeux d'oiseau de proie, des éclairs d'une rare dureté. Il devait être inflexible sur son bateau et totalement sûr de lui. Et la frange mystérieuse qui l'entourait, loin de l'éloigner, l'attirait secrètement.

— Qui est exactement cet Ango, votre parent, avec qui vous êtes devenu armateur ? avait-elle demandé un jour. Un Argonaute, un homme de Plutarque en quête du monde ? Ou bien le capitaine d'une autre forme de guerre ?

Elle n'osait pas prononcer le mot « pirate » qu'elle avait entendu prononcer à la Cour avec mépris, craignant que Louis, à ses heures, ne l'ait été.

Il souriait :

— Difficile à dire. Il est... nous sommes tout cela à la fois ! Les Portugais et les Espagnols arraisonnent nos navires, même sans guerre. Nous devons donc leur rendre la pareille. Que l'on s'enrichisse ainsi, c'est dans l'ordre. Nos rois nous ont donné, à eux comme à nous, des lettres de marque qui nous permettent de courir sus tous navires de commerce qui nous menacent. Si nous sommes armés, c'est par autorisation royale... Argonautes ? Oui, corsaires aussi. Mais pirates, non ! Les pirates sont hors la loi, pas nous.

Catherine avait alors compris que toutes les richesses que Louis avait apportées au Puy-du-Fou, les bijoux étranges dont il l'avait parée n'avaient pas dû être tous achetés sur les quais de Dieppe ou de Saint-Malo !

Ce silencieux qui ne parlait qu'en souriant, elle le découvrait par éclairs, comme on visite à la chandelle une grotte sombre dont la lumière n'atteint ni les ombres ni les recoins.

Un jour, les Brideau de Puy-Crotte se présentèrent au château, fort troublés, demandant à voir leur Dame. On leur avait jeté un sort, disaient-ils : toutes les poules avaient crevé une par une, les pattes en l'air au petit matin. Et contre le poulailler, l'âne dans son écurie s'était couché le vendredi suivant, et était mort sans qu'on n'y puisse rien. Voici que depuis trois jours, l'étable, sa voisine, à son tour était touchée : les vaches allaient bien mal. L'une d'elles avait déjà péri. Le sort mystérieux progressait d'ouest en est. Il allait atteindre le logis des humains. Seuls les cochons qui encadraient la maison vers l'est étaient encore intacts !

La Brideau pleurait, son homme était rouge de fureur et leurs enfants piaillaient. Ils avaient fait venir en vain le curé de Mallièvre pour exorciser la ferme. Celui-ci avait jeté de l'eau bénite partout, dedans et dehors, sur la cour, les bâtiments, mais quand il avait voulu sortir sur l'arrière, il n'avait pas pu faire trois pas. Le petit chemin était barré par une force invisible qui l'avait arrêté, comme l'ange de Jacob. Mais il n'y avait rien de visible, ni muraille, ni ange, ni démon, il n'y avait que l'air humide et un vent aigre qui venait de la mare toute proche et sentait la pourriture.

Le curé avait crié en latin par trois fois : « *Vade retro, Satanas* », aspergé l'air du goupillon. En vain ! Impossible pour personne d'avancer. La Brideau crut entendre des ricanements démoniaques. La belle ferme de Puy-Crotte était hantée, sinon possédée. Tous voulaient partir. Le curé, convoqué par Catherine, confirma les faits. Il parlait de faire venir de Fontenay le Grand Exorciste.

Louis, qui écoutait depuis un moment sans mot dire, se leva et s'approcha d'un pas paresseux :

— Attendez, monsieur le curé ! Je connais fort bien la chose. C'est courant au Nouveau Monde. Les Indiens ont un gris-gris, une sorte de branche coudée, fort efficace, dont ils m'ont jadis fait cadeau. Nous irons demain au lever du soleil.

Les Brideau se jetèrent à genoux, le suppliant de venir dès maintenant. Il fut inflexible et décida que la famille dormirait au château. On réveillerait tout le monde avant l'aube. Catherine jetait à son mari des regards inquisiteurs, mais lui restait parfaitement calme et indifférent. Le curé regardait son châtelain avec inquiétude, quêtant en vain plus ample information. Mais Louis le renvoya fermement chez lui.

Le lendemain, il faisait à peine jour quand la petite troupe s'ébranla vers Puy-Crotte. Louis arborait son curieux sourire et un calme impressionnant. Il traversa la ferme, ouvrit la porte arrière, fit trois pas, étendit la branche et la main devant lui, s'avança d'un pas tranquille :

— Il n'y a rien, mes braves, comme vous le voyez !

Il continua d'avancer paisiblement devant la petite troupe médusée, rivée au sol. Il se retourna :

— Vous pouvez venir ! Il n'y a plus de sort. Les vaches guériront et ni vous ni les cochons ne craignez plus rien. Le sort était là, le long de la mare. Le vent a tourné en Nordet et, un vent de beau temps et de grosse mer, qui épure choses et gens. Rentrez chez vous et méfiez-vous des vents d'ouest !

Toute la troupe se bouscula, autour de lui il n'y avait plus ni mur mystérieux ni force invisible. Quand Catherine voulut savoir ce que son mari avait fait ou dit, il éclata de rire :

— Rien, ma belle ! Car il n'y avait, il n'y a jamais rien d'autre que la crédulité des hommes, entretenue par celle des gens d'Eglise. Rien d'autre que la peur, la méchanceté, la jalousie, la vengeance de quelque voisin moins riche, moins chanceux, moins bien loti. Rien d'autre que quelques herbes, parfois quelques poudres, et cela sous tous les cieux. On les a persuadés d'un sort, on les dépersuade, c'est tout ! Il n'y a jamais eu ni force ni mur invisible, sinon dans leurs pauvres têtes.

Catherine l'observait gravement. Son assurance la troublait.

— Louis, ne croyez-vous pas en Dieu, aux saints, au Diable ?

— C'est le Diable que j'ai rencontré le plus souvent, belle dame, sous diverses formes et déguisements, parfois charmants. Je le connais par cœur ! Mais Dieu, ajouta-t-il brusquement sérieux, Dieu est inconnaissable. Il est partout, au fond des mers déchaînées comme dans le ciel étoilé, dans les sombres forêts et les glaces du Nouveau Monde, dans la moindre de vos herbes magiques, dans les yeux d'un enfant, dans la beauté des femmes et la pensée des hommes. Partout ! Mais nous ne le voyons pas, et ceux qui prétendent parler en son Nom, pendus comme votre Philibert, ou pendant comme ses juges, sont aussi fous les uns que les autres.

— Vous n'êtes donc avec personne : ni avec les Réformés ni avec les prêtres ?

— Avec personne, sauf avec Dieu lui-même à travers sa terrible création. Mais vous devez tout croire, vous Madame ! Car les Montmorency ont toujours été défenseurs de la foi romaine. Votre honneur vous y oblige.

L'affaire de Puy-Crotte avait fait sensation. Ce baron, vainqueur des sorts qui défiaient la prière, ainsi que cette Dame aux herbes médicinales commençaient à faire jaser dans les paroisses. Il était temps de partir et de laisser quelques mois apaiser les ragots.

La petite troupe des Puy-du-Fou s'ébranla donc les premiers beaux jours de l'année 1554. Louis allait présenter ses terres et sa famille à sa nouvelle épouse. Peut-être devinait-il chez elle de secrètes inquiétudes, et surtout la morgue des Montmorency, premiers barons de France, devant une baronnie inconnue. Il croyait parfois le deviner à cette sorte de respectueuse condescendance qui visait encore le cadet ruiné de la forêt de Vezins.

Le voyage fut agréable et Catherine découvrit à l'approche d'Amiens ces immenses plaines picardes aux horizons indéfinis, dont la richesse la frappa. Elle fut étonnée de tous ces gros villages, construits totalement en briques, sans la moindre pierre. Abordant, à Ailly, la vallée de la Somme, elle avait déjà compris : elle ne s'était nullement mésalliée !

La vallée de la Somme était ravissante, large, encaissée, verdoyante. L'orgueilleuse forteresse de Piqueny se dessinait déjà à trois lieues d'Amiens, couronnant de pierres blanches tout un éperon rocheux qui dominait la Somme. On la découvrait de loin, en longeant le fleuve dont les coteaux se resserraient à peine, créant comme de larges clairières... Un paysage d'une grande noblesse ! Ils avaient traversé le village et les terres d'Ailly à une lieue d'Amiens, dominé par sa haute cathédrale, véritable bijou de pierres, écrasant une ville de briques rouges.

La petite troupe fit le tour de l'éperon par une rude montée pour atteindre le pont-levis. Catherine, soigneusement parée en l'honneur de ses beaux-enfants, découvrait les superbes murailles, couronnées des armes des barons de Piqueny, aussi simples que celles du Puy-du-Fou. L'ampleur des murailles et des tours en gros appareil finement taillé était d'une tout autre importance que celle de son château. Elles protégeaient, outre le donjon, une considérable abbatiale, comme à Mauléon. Piqueny occupait une situation imprenable et sa vue sur la vallée, ouatée d'une brume légère, avait une ampleur inconnue dans l'Ouest. Plus grand que Laval, plus humain que Vitré, le château de Piqueny était digne d'une Montmorency. Un certain sourire et quelques regards appuyés prouvèrent à Catherine que le baron de Piqueny n'avait pas été dupe de ses silences ni de ses politesses.

Les enfants de Louis accueillirent Catherine fort dignement. Ils étaient heureux des arrangements financiers de leur père et surtout comblés par la dignité de vidame qui allait leur être conférée solennellement par l'évêque, dans la traditionnelle cérémonie à la cathédrale d'Amiens. C'était sans doute la première fois qu'un vidame bien en vie transmettait une charge à son héritier. La première fois aussi qu'un baron de Piqueny semblait si absent et presque ennuyé tout au long des offices dans le banc seigneurial du chœur, tendu de brocart d'or. Tous les alliés des Piqueny, depuis Abbeville jusqu'à Péronne, étaient venus saluer leur nouvelle parente et, depuis trois jours, on avait festoyé sans arrêt.

Bérengère était là, bien entendu, en superbe apparat, Dame de Flixécourt, couverte des bijoux de feu Genouillac. Elle les emmena dès le soir chez elle.

Les adieux au jeune baron furent faits devant le notaire : donation des terres du château contre une rente annuelle ; détail des lieux et des hameaux, des rentes diverses ; un long discours fort ennuyeux plein de noms inconnus. Catherine pensait que tout était terminé quand elle eut la surprise d'entendre lire un codicille supplémentaire que Louis avait jusqu'ici tenu secret : les Puy-du-Fou gardaient l'usufruit d'un logis que le jeune Piqueny s'engageait à construire à l'intérieur de l'enceinte, un logis à la mode italienne d'au moins quinze toises de longueur, pour loger son père et sa belle-mère quand ils viendraient les voir.

— Vous en ferez faire le portrait, Madame, par votre architecte personnel, dit Louis se tournant enfin vers Catherine, qui se tenait discrètement dans le fond de la pièce. Nous l'enverrons sans tarder ici.

Il eut un sourire désarmant dont on ne savait pas si la malice l'emportait sur la joie.

Ah ! Que Louis la connaissait bien ! Il lui offrait un autre Puy-du-Fou. Elle en eut les larmes aux yeux. Elle rêvait déjà : oui, elle ferait venir Bonaventure dont la carrière se dessinait à la Cour, dans l'atelier d'un Français dont on parlait beaucoup, un certain Philibert Delorme qui avait la faveur de Diane et du roi.

Le manoir de Bérengère semblait modeste à côté de Piqueny, il dominait pourtant la petite vallée de la Nièvre, ruisselet qui se jetait en aval, de l'autre côté de la Somme. Catherine y découvrait une Bérengère inconnue. Parfaite épouse, mère comblée, toujours coquette et rieuse, gourmande, mais fort digne. Catherine l'avait peu revue après son mariage. Depuis l'affaire du serment, François lui avait battu froid et Catherine s'était inclinée, n'osant l'inviter ni la visiter.

Ils restèrent fort peu à Flixécourt, car Louis ne voulait pas s'attarder : il avait hâte d'être à Dieppe et d'avoir des nouvelles de ses bateaux. On se quitta tendrement en se promettant de se revoir. Catherine avait eu le temps d'interroger Bérengère sur ce mari dont elle découvrait chaque jour un aspect inconnu :

— Mais on le connaît fort mal, ici aussi, il y a si peu vécu ! N'oublie pas qu'il était cadet. Très jeune, plus beau que son frère, il courait beaucoup les filles, refusant d'être d'Eglise. Il s'est vite brouillé avec son père et est parti pour Dieppe où il s'est marié, avec une nièce de Jehan Ango qui était un peu leur parent, sa mère ou sa grand-mère ayant épousé un Piqueny. Je ne l'ai connu que lors de la mort de son frère, quand il est venu prendre la succession, avec ce fils que nul ne connaissait non plus. Il était veuf, paraît-il, depuis fort longtemps. J'ai connu son père, digne vidame, puis son frère, aussi ennuyeux que Louis est charmant. C'est alors qu'il m'a fait une sorte de cour étrange qui ne s'adressait guère à moi, mais bien à toi à travers moi, sans que je comprenne pourquoi. Il ne m'avait rien dit de votre rencontre à Vezins, toi non plus, ma chère, ajouta-t-elle malicieusement.

Catherine n'avait vu la mer qu'à Aigues-Mortes, suivant la course éperdue de Marguerite, foudre de guerre en 1536. Louis voulut lui montrer « l'autre » mer, l'océan des grands départs et des naufrages, des butins fous et des découvertes : la route de l'or, l'océan des Portugais, redoutables rois des mers ! Ils s'en furent donc vers Dieppe où ils étaient attendus par Jehan Ango, qui vivait retiré dans son manoir de Varangeville, depuis ses malheurs financiers, mais qui lançait encore sur les mers le reste de sa flotte.

Ils atteignirent Dieppe en deux jours. On était en avril. Le pays de Caux n'était qu'une fleur, mais un vent violent soufflait de l'ouest, qui balayait en neige les pétales des pommiers.

— Force sept, disait Louis ravi, humant avec délice des embruns imaginaires. La mer sera grosse et blanche pour vous plaire !

Catherine luttait contre la tornade qui fouettait son cheval et la giflait de sa mante, lui mettant la goutte au nez et les larmes aux yeux.

— Un beau grain qui se prépare, hurlait Louis sous le vent, en piquant un galop. Heureusement, nous arrivons, car vous n'avez pas, Madame, la voilure du temps !

Ils arrivaient en effet : les murs de Dieppe coupaient enfin le vent. Louis piqua droit vers le port dans des ruelles qu'il connaissait par cœur, et dont l'odeur poissonnière le faisait presque crier de joie :

— La mer ! La voici. Ah ! Que je suis content ! Voici tout ce que j'aime : un bon vent, une houle longue et puissante, et verte comme une huître !

Catherine, trempée par l'écume des lames qui venaient éclater sur la digue fut épouvantée. Quoi, c'était cela que Louis affrontait sur des coques de noix, comme celles qu'on apercevait à l'horizon cahotées, disparaissant çà et là dans un gouffre invisible. C'était donc là qu'il passait des mois, mouillé, glacé comme elle était, cramponné à toute prise sur ces barques qui grinçaient, pleuraient jusque dans le port.

Oui, c'était grandiose, superbe même, mais terrible ! Elle regardait cet homme qu'elle croyait connaître : il était transfiguré. Ses yeux bleus, plus écartés et plus bleus que jamais, impavides et secs ; son visage plein animé par le vent, la barbe ruisselante d'écume et les cheveux fous ; les jambes plantées là sur le sol, comme des arbres, alors qu'elle trébuchait sous les coups de boutoir des rafales. Il humait, respirait, rêvait. Il voyait très loin d'autres terres. Il avait envie, oui, c'était évident, il avait envie de repartir, de sauter sur un de ces grands vaisseaux à l'ancre, et de faire hisser les voiles en chantant.

— Retournez-vous, dit-il enfin revenant à lui. Cette admirable maison de bois sculpté, c'est celle de Jehan Ango, mon meilleur, mon plus ancien ami. On n'en a jamais vu de telle. Mais ce n'est rien à côté du manoir de Varangeville où il nous attend. Ne soyez pas jalouse pour votre Puy-du-Fou, comme le fut la reine Eléonore quand elle y fut reçue avec le roi François en 1534. Ce fut d'ailleurs la perte de mon pauvre ami. Cette Portugaise de malheur ne lui a jamais pardonné d'être plus riche et mieux meublé qu'elle ! Il avait alors une flotte de trente grands vaisseaux, plus une douzaine de petits, et huit nefs dorées pour promener Leurs Majestés. Depuis la porte que vous voyez ici, jusqu'au quai où nous sommes, le sol était entièrement recouvert de tapis d'Orient. Il est vrai, ajouta-t-il, en rattrapant son chapeau, qu'il faisait un ciel sans nuages et calme plat.

Le manoir de Varangeville, parfaitement achevé, possédait ce dont Catherine rêvait pour le Puy-du-Fou : une longue galerie à l'italienne, refermant la cour intérieure, décorée de mosaïques, frises, fresques et médaillons. Certes la profusion du décor eût été choquante près du dessin sévère et parfait du Rosso. Mais chez elle, les galeries en retour manquaient. Les vieux bâtiments de Guy II juraient avec le grand logis, et leur ordonnance semblait plus incohérente depuis qu'elle souffrait de comparaison. Mais Catherine, éblouie par le manoir, espérait secrètement que la flotte reviendrait, glorieusement chargée. Car Louis parlait souvent de faire construire, se promettant des fortunes imminentes. Dès le retour de ses bateaux, il mettrait, disait-il, la première galerie en chantier. Six mois plus tôt, en effet, ses deux navires de 220 tonneaux, portant chacun trente-cinq hommes et quatre mois de vivres, étaient partis de conserve avec ce qui restait de la flotte d'Ango, pour éviter les surprises. On savait qu'ils avaient accosté dans une terre chaude, nommée Caroline, et qu'ils remontaient vers le Saint-Laurent.

— N'attendez pourtant pas d'or, comme votre fille. Nos comptoirs sont sous la neige six mois de l'année, dans l'estuaire du Saint-Laurent. Mais il y a là-bas plus d'ours et de morues que d'Indiens. Quant aux arbres, ils sont tous de bois rares...

Jehan Ango, vicomte de Dieppe, seigneur de Varangeville, de La Rinère, d'Auffreville et de Gerponville, surnommé « le Médicis dieppois », les reçut avec émotion. C'était un très vieil homme, malade et demi-ruiné. Il avait plus de soixante-dix ans, un très beau visage au fin nez, aquilin, creusé par une extrême maigreur, encadré d'une courte barbe et d'une forêt de cheveux blancs. Anoblis en 1408, les Ango, originaires des royaumes du Nord, avaient depuis cinquante ans édifié une considérable fortune sur les mers. Jehan avait été, comme François du Puy-du-Fou à Nantes, capitaine-gouverneur de la ville et du château de Dieppe. Mais la mort du roi l'avait livré à la vindicte de ses ennemis et de trop d'envieux. L'amiral François de Chabot, en particulier, vendu aux Portugais, était à l'origine de sa perte. De procès en procès, injustement perdus, Ango était ruiné. Il ne lui restait que son domaine, quelques bateaux et sa formidable dignité. Depuis deux ans, il ne sortait plus du manoir, observant le vol des deux cents couples de pigeons qui vivaient dans son colombier.

— Des restes, disait-il, de pauvres restes, belle dame ! J'ai jadis prêté ma flotte au roi François pour défendre Boulogne. Je fus lieutenant de l'amiral de France. Que suis-je aujourd'hui ?

Catherine découvrait avec surprise que la guerre et les offices n'étaient plus maintenant les seules sources de richesses.

— Tu es le plus grand armateur de France, répliquait Louis. Tout ce qui navigue sous pavillon français, ou presque, est sorti de tes chantiers ou de ceux de Messire ton père.

Ango haussait les épaules :

— Je le fus, je ne suis plus rien, et qu'ai-je été au fond ? Le monde est si grand ! Sortis de notre espace, de notre culture, que reste-t-il d'un homme, de sa fortune et de son pouvoir ? Et puis nous ne sommes jamais allés assez loin ni jusqu'au bout, nulle part ! Ce qui nous arrête, Madame, sachez-le, ce n'est pas la dimension de la terre, mais la possibilité de tenir assez longtemps. Ce sont nos moyens, « mes » moyens qui sont en cause, donc l'homme que j'ai été ! J'aurais dû, j'aurais peut-être pu, faire mieux... Aimez-vous la mer, Madame ? ajouta-t-il à brûle-pourpoint, en tournant vers elle ses yeux glauques qui ne voyaient plus guère.

Catherine hésita. Elle allait faire mal à ce noble et triste vieillard :

— Je ne crois pas, dit-elle d'une voix douce. Les vagues m'effraient.

Elle hésitait :

— Cette puissance, cette violence, cette plaine qui semble toujours grosse de quelque guerre imprévue... Non, Messire, je n'aime pas la guerre, je ne peux donc pas aimer vraiment la mer.

Ango la scrutait avec attention :

— Vous avez raison, Madame, et vous me forcez à dire ce que je n'ose même pas m'avouer à moi-même : je suis né sur la mer, j'ai vécu une longue vie dans ses embruns. J'ai lancé sur tous les océans des dizaines de nefs, mais je n'ai jamais fait la traversée. Entre la mer et moi, ce fut un combat piégé : je l'attaquais de loin, par intermédiaire. Je lui jetais mon gant au visage, mais je ne lui ai jamais permis le duel singulier. C'est pourquoi je suis encore en vie...

Catherine frissonna : oui, ce n'était pas pour elle qu'elle avait eu si peur au port de Dieppe, mais pour Louis, dont le cœur galopait déjà sur les crêtes monstrueuses de cette armée liquide. Jehan Ango ne parlait plus. Il était las et se fit reconduire dans sa chambre.

Louis et Catherine restèrent encore huit jours à Varangeville. Comme aucune flotte ne se dessinait à l'horizon et qu'Ango ne sortait plus du lit, Louis décida de repartir et de passer par Saint-Malo, puis s'il le fallait par La Rochelle, car le vent, toujours capricieux, pouvait avoir dévié la route prévue. Ils prirent tristement congé de leur ami, sentant bien que le vieux seigneur des mers s'éteignait, et qu'ils ne le reverraient plus.

A Saint-Malo, un autre ami les attendait : Jacques Cartier. L'homme fascina Catherine : ce n'était pas un grand seigneur comme Ango, et son petit manoir de granit qui dominait la falaise vers une baie grise, austère et semée de récifs, était un logis d'autrefois, défiant tempêtes et embruns. Cartier avait alors plus de soixante ans. Il y avait treize ans qu'il s'était retiré, après trois voyages dans ce nouveau monde que Neires avait appelé Nova Gallia, après de longs hivers d'amitié avec des Indiens.

Breton jusqu'à la moelle, Cartier était un petit homme râblé avec de hautes pommettes, un nez court, une forte mâchoire et un visage finement ridé, qu'éclairaient comme des phares deux yeux bleus lumineux, immenses, perpétuellement étonnés. Bien qu'il ne lui ressemblât en rien, il rappelait à Catherine son cher Maubuisson, parce que Cartier était un savant. Ses tables, ses murs regorgeaient de cartes, de livres, de papiers. Il écrivait dès le jour, relatant ses campagnes : celle de 1534, où il étudiait les côtes de Terre-Neuve. Il dressait actuellement un dictionnaire d'iroquois, car il avait pris langue avec des hommes étranges, dont aucun mot commun ne permettait le contact : les Mic-Mac et les Iroquois de la baie de Gaspé. Il relatait sa seconde campagne sur *La Grande Hermine* qui avait remonté le Saint-Laurent en 1534, glanant une moisson de renseignements, dressant sans fin des cartes. Puis son troisième voyage en 1541, le dernier, où il remonta plus loin encore le fleuve mystérieux. Les Indiens Delaware l'attendaient, racontait-il de sa voix cassée, étrangement tendre :

— Ils me guettaient depuis des années, depuis mon départ, sur les bords du golfe, scrutant l'océan. Il y avait une vigie de quart, quand mes hommes ont deviné la côte dans la brume. Et quand nous sommes entrés dans la baie, toute la tribu était là, rassemblée sur la haute falaise, chantant, jetant des flèches en l'air. Ils avaient allumé des feux partout. Il paraît que le guetteur s'était précipité en criant : « J'ai vu de grands oiseaux au ventre brun et aux ailes blanches, et de leurs flancs sortait le tonnerre. » En fait, j'avais fait tirer une salve de bienvenue, me doutant qu'ils viendraient m'accueillir. Les oiseaux, c'étaient nous, les Malouins ! Quelle fête, Madame ! Non pas celles du roi François que vous aimiez tant, mais plus grandiose encore dans ces terres vierges d'un royaume à conquérir.

Cartier croyait que le Saint-Laurent, ses fleuves et ses lacs conduisaient à la mer de Chine. « Il faut traverser », disait-il avec force. Louis hochait la tête, hésitait, les yeux au loin :

— Si ces terres n'étaient qu'un bout de l'Asie, côté Occident ? Et si elles étaient immenses, puis montagneuses ? Même si le passage existe, où est-il, et combien faudrait-il de vivres pour tenter l'opération ?

Cartier haussait les épaules, fataliste :

— Il y a, bien plus au sud, ce que les Portugais ont appelé « Il Viazzo de França », une baie qui s'engage si profondément le long des côtes qu'il faut dix jours pour en trouver le fond... Ah ! Si le pape n'avait pas partagé le monde entre ces maudits Espagnols et les Portugais, je serais reparti, moi, vers le sud. Mais même au nord, il ne fait pas bon les croiser.

Catherine pensait à Françoise et son cœur saignait.

— Si j'avais votre âge, baron... mais je suis vieux, et puis j'ai trop à écrire, à noter, à laisser derrière moi... Qui puis-je convaincre ? Villegagnon ne rêve que du Brésil. Il cherche partout des fonds, à la Cour, dans nos ports. Il croit que seul le sud regorge d'or, c'est faux ! Je le sens, je le flaire, je le sais. Ces terres du nord sont plus riches en minerai que tout le reste du monde. Oui, Madame ! On rapportera un jour des feuilles d'or fin aussi épaisses que l'ongle, et les diamants les plus beaux qu'un homme puisse voir !

Louis souriait :

— Ils seront pour vous, ma belle ! Si nous réussissons un jour à nous y implanter vraiment...

Cartier, en effet, rêvait d'une implantation d'hommes de métier. Il avait soumis au roi, jadis, quinze ans plus tôt, un programme précis pour envoyer deux cent soixante-quinze corps de métier sur la baie de Gaspé, mais les quelques colons qui avaient tenté l'aventure étaient revenus cinq ans plus tard, déçus.

Louis laissait dire ce grand rêveur, prenait des notes, caressait des instruments bizarres, souriait à la mer en furie. Il ne croyait pas à l'or, du moins dans un avenir proche. En revanche, Catherine le voyait bien, il rêvait lui aussi de ces fleuves vierges, sans fin, de ces forêts dont aucun homme n'avait foulé le sol, de ces terres immenses comme la mer, avec leur horizon fuyant jusqu'à l'éternité. Et Catherine, silencieuse dans la nuit qui commençait à tomber, croyait entendre l'appel mystérieux de quelque sirène glacée. Elle se sentait seule, abandonnée entre deux oiseaux migrateurs.

Louis revenait à lui le soir, et là revenait à elle. Il la prenait et la reprenait durant les nuits, comme on demande pardon ou, pensait-elle, comme on fait des provisions à la veille des grands hivers. Elle découvrait dans le cavalier solitaire et moqueur de la forêt de Vezins, non plus seulement l'amant incomparable, mais l'âme de fer que seul son instinct de femme avait alors perçu et reconnu. Un grand solitaire, comme ces fauves qui ne se lient qu'à leur femelle, et qu'on ne rejoint jamais dans leur mécanisme secret. Pris, possédé, emporté de l'intérieur par une passion plus puissante que lui-même, Louis habitait un monde ouvert, sans lieu fixe, sans autre patrie que lui-même. Il l'aimait depuis vingt ans. Il l'avait placée au centre de son rêve, comme un phare. Il l'avait emportée avec lui, comme un loch de marin sur la mer vide. Mais elle restait l'étrangère.

Perle de la Cour, subtile diplomate, savante et raffinée, sa vie n'était que visitée par cet homme, comme par un invité, un passant qui serait d'une autre planète. Elle se donnait, se jetait à lui, l'appelait ; pourtant jamais au plus fort de leur plaisir, elle ne lui avait dit : « Je t'aime. » Pouvait-elle n'aimer que par le corps ? Etait-ce l'amour qui la guidait ainsi vers ce don total ? Que disait donc son « âme » qui inquiétait Marguerite ?

Ils restèrent une quinzaine de jours à Saint-Malo malgré le temps affreux, la mer hostile, avec de grandes marées qui découvraient au loin, comme des dents de requins, la ligne aiguë des îles Chausey, puis les recouvraient comme une armée cachée.

Louis parla, un soir que le vent soufflait en tempête, dans la chambre du manoir de Limoilou, où Cartier les avait logés, en haut de sa tour de granit, véritable observatoire au-dessus de la falaise. Il parlait tout bas, comme pour lui seul, et Catherine écoutait passionnément :

— L'or, s'il existe, ne m'intéresse que pour vous. Pour vous offrir ces galeries du Puy-du-Fou... Mais l'or que Fleury a rapporté en 1523 venait en fait du Mexique. Et ce que Cartier avait sur son bateau, au dernier voyage, bien que Roberval là-bas lui ait dit que c'était de l'or, n'était que de la poussière de cuivre, et ses diamants du mica ! Il a échappé à une armada de corsaires espagnols pour rien !

Catherine le crut endormi, mais il reprit :

— Quant aux deux cents hommes et femmes, les fameux colons

de Roberval, ce n'étaient que des repris de justice, des filles et des gens de rien sortis de prison ou de misère, incapables d'une implantation. Non, l'or n'est pas là. Il est aux îles du Peyrou. Mais les Portugais les gardent. Il faudrait des canons... Ah ! si vraiment il y avait un passage là-haut !

Catherine eut un soupir :

— Mais c'est si loin, Louis, si loin...

— Mais non, répondit-il vivement, Cartier à son premier voyage n'a mis que vingt jours pour Terre-Neuve ! Après quoi c'est un jeu d'enfant. Les mers et les terres que nous sillonnons aujourd'hui sont toutes petites par rapport à la masse inconnue de la planète. Non, avec un bon vent, ce n'est rien de traverser vers le nord ! Mais la suite... Et puis je ne connais pas le sud...

Ils restèrent encore quelques jours au manoir. Catherine avait été fascinée par un des récits de Cartier : celui d'une miraculeuse guérison, lors de l'épidémie de scorbut qui avait atteint tout l'équipage au fort Sainte-Croix, durant le terrible hiver 1534. Les hommes de Cartier mouraient comme des mouches quand, désespéré lui-même, et gravement atteint, il découvrit un matin le chef indien, mourant la veille, qui partait gaiement à la chasse. Il s'était soigné avec une décoction de plantes dont il donna des brassées aux Français : tous guérirent en deux jours !

Catherine se fit décrire minutieusement cette herbe : taille, forme, odeur, couleur, feuilles et tige. Elle conclut que cela ressemblait fort à l'amada, ou épinette blanche, dont Maubuisson lui avait laissé quelques plants, accompagnés dans l'inventaire d'un point d'interrogation. Elle se promettait d'en préparer des extraits au retour, et d'en envoyer aux prochains partants.

Louis voulait en effet rencontrer, à Morlaix, Roberval et son pilote, le fameux Jean Alfonso qui, en quarante ans, n'avait jamais perdu un bateau. Roberval déplut fort à Catherine : c'était visiblement un homme sans foi ni loi, prêt à tout pour de l'or. Déjà ruiné, hâbleur, couvert de dettes, il venait de mettre en gage jusqu'à son propre château ! Alfonso, en revanche, était un personnage saisissant : simple marin d'humble origine, mais connaissant toutes les mers du Nord et du

Sud, doué d'un rare courage et d'un calme impressionnant. C'était lui, évidemment, et non Roberval, qui intéressait Louis. Ils eurent tous deux de longs conciliabules dont Catherine n'osa demander la teneur, mais qu'elle devinait aisément : Louis voulait aller plus au sud...

Ils redescendirent vers Nantes et La Rochelle, rencontrant au passage Claude de Pontbriand et Charles de La Pommeraye, anciens compagnons de Cartier à son second voyage, qui avaient exploré le Saguenay. Aucun d'eux ne croyait à ces fameuses mines : si l'on y retournait un jour, ce serait pour découvrir d'autres terres, loin, très loin au-delà de la fourche du Saint-Laurent et de l'Ottawa. Mais ce ne serait plus l'affaire des marins : il faudrait franchir des rapides que les bateaux ne passeraient pas.

Catherine rêvait, silencieuse, interdite par ces hommes, si différents de ceux qu'elle avait connus. Brusquement, Montmorency et ses pairs, avec leurs châteaux, leurs fortunes, leurs rêves italiens et leurs guerres éternelles, lui semblaient plus petits, presque mesquins. Ces modestes seigneurs l'impressionnaient beaucoup plus dans leurs rudes manoirs de granit, au milieu des forêts de chênes trapus, ou dans leurs ports bruyants ouverts sur le grand large. Même entourés d'un ramassis de traîne-savates aux oreilles percées d'anneaux d'or, comme des sauvages, ces hommes qui n'avaient rien à perdre, que leur vie, étaient des seigneurs. Elle, la Dame du Puy-du-Fou, au logis de rêve, image de la perfection, se sentait mystérieusement dominée par la noble folie des chevaliers de la mer.

A La Rochelle, on n'avait entendu parler d'aucune flotte se dirigeant vers nos côtes. En revanche, on avait croisé un convoi de quatre vaisseaux, dont trois portugais, d'environ trois cents tonneaux, portant chacun une soixantaine d'hommes, et encadrant un navire plus petit, sans pavillon. Ils faisaient route vers le sud et l'approche en semblait peu recommandable. Catherine découvrit avec horreur que sa fille, déjà doublement lointaine, était Dame d'un pays ennemi. Car on était au plus mal avec les marins pillards que le roi Joao III soutenait en tout état de cause. On les évitait au maximum. Une raison de plus pour Catherine de ne garder aucun espoir. Elle ne reverrait jamais Françoise et ne connaîtrait jamais ses petits-enfants.

Ils descendirent jusqu'à Brouage, espérant toujours. On passa près de Maillezais dont Catherine avait tant entendu parler et fut sensible à ces paysages liquides et odorants, coupés de canaux et de ponts de bois, sous lesquels circulaient des barques plates, maniées par d'immenses perches.

Ce fut à Brouage qu'arrivèrent les premières nouvelles : oui, la flottille d'Ango avait repris la mer depuis Terre-Neuve au mois d'août. Le temps n'était pas mauvais. Mais à mi-chemin, la mer s'était gonflée et, à la faveur de la nuit, un des navires avait été emporté par un coup de vent. Pas de lune, pas d'étoiles ! Au lever du jour, les marins avaient scruté en vain l'horizon : *La Belle Dieppoise* avait disparu. Or *La Belle Dieppoise* était l'un des deux navires de Louis d'Ailly !

Il devenait clair que l'un des quatre bateaux, celui qui semblait encadré par les trois portugais, était *La Belle Dieppoise*, et qu'il faisait route forcée vers Lisbonne. Le reste de la flotte Ango remontait vers Saint-Malo.

Catherine en pleurait. Des Portugais ! Peut-être les hommes de Menezes... Elle avait raison de pleurer car on apprit plus tard que *La Belle Dieppoise*, déroutée dans la brume, s'était fait surprendre en effet le lendemain matin par les trois navires portugais, lesquels sans préavis s'étaient jetés à l'abordage. Malgré une résistance héroïque, les Français avaient été capturés. Douze marins avaient péri, sabrés par les Portugais. Les autres étaient prisonniers et tout le chargement en bois, en peaux et poissons salés, avait été débarqué sur les quais de Lisbonne. Louis et Catherine rentrèrent tristement au Puy-du-Fou après plus de trois mois d'absence. Louis n'avait plus qu'un bateau. Un seul ! Ango était mort quelques semaines après leur départ et sa flotte avait été saisie pour régler sa succession et payer ses dettes.

Louis d'Ailly avait perdu bien plus qu'un bateau : le patron, Domenech, un Breton qui le premier avait abordé comme mousse à l'embouchure du Saint-Laurent en 1504, avec son père, marin pêcheur. Il avait alors douze ans. Puis il avait touché Terre-Neuve avec le baron de Léry, en 1518. Il connaissait le Labrador où il avait hiberné avec Jean Denis de Honfleur, deux ans plus tard, après la mort de son père. Il connaissait les mers comme personne, pressentait les orages, devinait à on ne sait quoi les terres ou les montagnes de glace invisibles, errant dans la brume. Un homme de fer, sûr, insensible aux pires gelées, irremplaçable.

Gaël Domenech, soixante ans, enchaîné sur les quais de Lisbonne... Non, c'était inacceptable. Louis avait perdu la moitié de sa fortune, sa puissance, mais surtout ses illusions, son espoir. Un seul navire et plus de pilote, le risque serait décuplé et les gains misérables.

Louis restait tendre. L'amour lui rendait vie quelques heures, mais Catherine l'observait silencieusement dans les moments d'absence et retrouvait avec terreur le frémissement des narines et l'égarement des yeux qui l'avaient alertée au port de Dieppe. Oui ! Il avait envie de repartir, et elle savait que rien n'arrêterait ce doux homme de fer, ce rêveur, ce possédé, ce fou ! Rien, pas même l'amour. Et le silence s'installait entre eux, par respect, par tendresse : on ne parlait jamais de Françoise et ce silence pesait.

René, en revanche, écrivait souvent, promettant de venir et ne venait jamais. En mars, Catherine reçut une lettre frémissante : il partait à la guerre faire, auprès du duc de Guise, la défense de Metz, redoutable forteresse que menaçait l'empereur. René était fou de joie : le roi laissait la régence à la reine, et partait lui-même à la tête d'une formidable armée, avec Montmorency entouré de mille hommes d'armes, montés sur de gros roussins turcs. Lui, René, avait acheté un genêt d'Espagne, qu'il trouvait plus élégant. Il décrivait un armement jamais vu, détaillait à plaisir les lances, épées, estocs, coutelas, masses... Son cheval, comme ceux des grands capitaines, était caparaçonné de bardes de lames d'acier légères et recouvertes de velours. Il aurait préféré du drap d'or, trop cher, et réclamait des subsides. Trente mille arquebusiers à cheval, armés d'arquebuses à roulettes (dernière invention moderne), les suivaient dans un fracas et des chants qui enthousiasmaient la jeunesse du « haras royal ». Trente mille fantassins fermaient la marche. René avait acheté surtout un de ces nouveaux engins (l'un des premiers) qu'on appelle « pistolet » et dont le maniement, disait-il, apporte un incroyable progrès.

En mai, nouvelle lettre, cette fois délirante. René, aux côtés de Montmorency, était entré dans Metz par surprise. Il y avait reçu le roi et ils partaient tous vers Strasbourg par la route des Vosges encore enneigée.

« Je voudrais tant que vous vous connaissiez, disait Catherine, en lisant à son mari les lettres de son fils. Mais quand reviendra-t-il ? » Et au fond d'elle-même, elle pensait : « Louis sera-t-il encore là quand la campagne se terminera ? » Louis ne répondait pas, et elle savait qu'il attendait secrètement pour partir que ce fils chéri soit de retour.

Ce beau matin de juillet, Catherine se préparait à surveiller ses dernières plantations, en particulier la fameuse « amada » de Cartier, tandis que Louis inspectait les premières moissons sur les hauteurs de Treize-Vents. C'est alors que survint Marion, fort troublée :

— Un homme demande l'entrée, Madame, un vagabond de bien mauvaise mine, qui se traîne avec un pilon et qui dit vous connaître. Et pas gêné, avec ça !

— A-t-il dit son nom ?

— Il a ricané et a dit qu'on l'appelle maintenant « Jambe-de-bois »... « Dites quand même à votre maîtresse que je viens de Lisbonne ! »

— De Lisbonne ! Vite, Marion, fais-le entrer !

— Sûrement pas ici, Madame, il est si sale, et il sent si mauvais...

Mais Catherine n'écoutait plus, elle descendait déjà en hâte le perron de la loggia et traversait la cour :

— Ouvrez ! dit-elle à Thierry qui attendait les ordres.

La herse se relevait en grinçant. L'homme se découvrait lentement : trois colonnes faites d'une jambe, d'un pilon et d'une béquille, puis un corps puissant dans une veste en loques, enfin un visage recouvert d'un bonnet rouge qui avait essuyé plus d'un orage. Il le souleva poliment, découvrant une épaisse chevelure blanche :

— Madame du Puy-du-Fou, je vous salue bien. Je vous aurais reconnue partout. Monsieur le baron nous avait bien dit comme vous étiez belle. Je suis son ancien pilote, mon nom ne vous dira rien, mais j'étais le patron de sa *Belle Dieppoise*, Gaël Domenech de Saint-Malo.

Le cœur de Catherine battait à se rompre. Elle balbutiait :

— Comment avez-vous pu revenir de Lisbonne, je vous croyais prisonnier ? Et comment avez-vous pu me trouver ?

— Si je pouvais m'asseoir et manger une croûte, Madame, je vous raconterais mieux, dit le bonhomme qui en effet ne tenait pas debout. Je suis revenu à pied avec ça, ajouta-t-il en montrant le sinistre pilon.

On s'empressait : installé devant la bonne soupe de Suzon qui mijotait dans la cuisine de l'ancien logis, l'homme se remettait et buvait sec. Catherine remarqua enfin ses yeux, des yeux de marin qu'elle savait maintenant reconnaître :

— Dame, commença le vieux, on s'était fait arraisonner par ces maudits Portugais. Déroutés par un vent malin en pleine brume, et pas moyen de faire le point ! On a été surpris à la première éclaircie : ils étaient trois, armés de canons, ils filaient plus vite que nous. De beaux bateaux, ma foi ! Deux nous ont coupé la route, pendant que le troisième nous envoyait les grappins et que quarante diables, armés jusqu'aux dents, nous tombaient dessus. On s'est bien battus, Monsieur le baron a dû le savoir. J'ai perdu quinze hommes et j'avais la cuisse à moitié coupée. Impossible de me traîner. Ils m'ont jeté à la cale et je me suis retrouvé à Lisbonne en pleine gangrène. Les hommes valides ont été rembarqués. Moi, à peine descendu, un grand Noir m'a amputé. Pas mauvais gars et costaud : « Ta seule chance ! » qu'il m'a dit. Il m'avait donné de la gnole assez pour tuer un bœuf, mais pas assez pour que je dorme. Je criais : « Encore, encore ! » Il rigolait tout en disant : « Tu veux que je coupe l'autre ? » Je crois que la bouteille était vide. Non, pas un mauvais gars, du travail propre.

Il but encore un coup, en souvenir, et allait continuer devant tous les gens assemblés qui ne comprenaient rien, quand Catherine l'interrompit :

— Le navire de ce capitaine était celui du baron de Piqueny, expliqua-t-elle pendant qu'il reprenait son souffle, et les navires étrangers étaient portugais.

— Je pensais bien crever dans cet antre qui leur sert de prison ou d'hôpital. Je ne peux même pas vous dire combien de temps je suis resté là. Et puis, un jour, qu'est-ce que je vois entrer par la porte d'où venait la lumière ? Une belle Dame. Mais alors, vraiment belle : toque et plumes, grande robe pleine d'or qui brillait comme le soleil, bijoux et tout. Une belle brune, accompagnée d'une chambrière et d'un écuyer qui s'approcha et me dit en français :

« — C'est toi, le patron de *La Belle Dieppoise*, le navire français ?

« — Oui, Madame, Gaël Domenech pour vous servir, pilote au service de Monsieur le baron de Piqueny du Puy-du-Fou.

« A peine avais-je dit Puy-du-Fou, que je la vois toute pâle qui va comme se trouver mal :

« — Puy-du-Fou, tu as dit Puy-du-Fou, il porte ce nom ?

« — Oui, Madame, c'est le sien depuis qu'il a épousé la châtelaine. Une Dame dont il nous parlait souvent là-bas.

« — Non ! qu'elle a dit, d'une voix rogue. Puy-du-Fou, c'est moi. Enfin, puisque tu étais au service de ma mère, j'ai demandé à mon mari ta liberté. Voici une bourse (qu'elle m'a jetée), tu peux rentrer en France.

« Là, j'ai tiré la couverture et montré ma jambe, enfin là où elle n'était plus. Elle a eu un haut-le-corps, C'était pas très beau à voir mais surtout, on n'avait pas dû lui dire. Elle est devenue très douce : « Je te ferai faire un pilon et une béquille et tu pourras marcher. Prenez les mesures », qu'elle a dit en portugais à sa suite. L'écuyer s'est approché et m'a mesuré de partout. Elle, elle est partie tout d'un coup avec sa dame qui n'avait rien compris, vu qu'elle parlait que portugais.

— Elle n'a rien dit pour moi, glissa une voix tremblante, tu es sûr…

Catherine avait les larmes aux yeux. Son visage parlait pour elle. Domenech, comprenant tout à coup, se frappa le front :

— Mais si ! J' suis t'y bête ! « Tu lui souhaiteras bien le bonjour », qu'elle a fait gentiment…

Catherine secouait la tête, partagée entre le rire et les larmes : non, évidemment, Françoise n'avait pas dit cela. Elle n'avait rien dit du tout. Mais elle avait su, décidé, ordonné, plaidé ; elle était descendue dans les geôles par respect pour sa mère et pour son pays. Donc elle l'aimait encore. La main de Marion se posait doucement sur le bras de Catherine. Elle souriait car elle aussi avait le cœur en fête. Elle avait toujours eu un faible pour Françoise.

Quand Louis rentra à la nuit, il trouva son pilote passé à l'étuve, rhabillé de neuf, restauré et bavard comme un échappé des galères. On ne pouvait plus l'arrêter :

— Je lui ai dit, à votre fille, Madame, comment Monsieur le baron nous parlait de vous, les soirs de tempête. On croyait vous voir sur la crête des lames avec de grands cheveux noirs qui flottaient dans le vent, une robe déchirée, seule… « Plus brave que nous, qu'il disait toujours, peur de rien, même de ce vent qui souffle comme des loups. Une fée, une apparition, qu'il disait. Et ne craignez rien, les gars, elle me protège. »

— Oh ! Tu leur as dit cela, balbutiait Catherine. Tu disais cela ?

Louis souriait en silence et Gaël continuait :

— Bien sûr, quand j'ai su que c'était votre fille, cette Dame à Lisbonne, on a causé un peu, forcément, ça fait toujours plaisir d'avoir des nouvelles, n'est-ce pas ? Elle m'écoutait, elle ne posait pas de questions, gênée sans doute à cause de ces diables d'hommes de son mari. Mais je voyais bien qu'elle était très émue. J'ai cru un moment qu'elle allait pleurer. C'est là qu'elle m'a fait taire et qu'elle m'a dit que je pouvais partir.

Le soir à la veillée des gens, Marion le fit parler de son maître. Il ne demandait que cela :

— Un rude marin et un rude homme. Quand il a pris ce coup de sabre dans la gueule, j'ai bien cru que c'était fini pour lui. C'est un revenant, cet homme-là ! Il saignait comme un bœuf sur le pont, ça tanguait, ça glissait et toujours debout !

— Mais pourquoi, et qui en voulait à sa vie ?

— Ah ! Il ne vous a pas raconté ? On n'avait plus de vivres. Il avait engagé un second, un salaud d'Espagnol qui montait l'équipage contre lui depuis quelques jours. Il y a eu une vraie mutinerie à bord. Le second et trois de ses Espagnols exigeaient qu'on change de cap. L'équipage ne savait plus que faire, que penser. Le baron discutait, il essayait d'abord de les convaincre puis il est devenu violent. Alors les Espagnols l'ont menacé. Le baron sortait son sabre, voyant que l'autre avait déjà le couteau à la main, c'était trop tard. L'Espagnol s'était jeté à sa gorge. Le baron a eu la main gauche plus prompte, c'est la joue qui a pris, mais l'Espagnol était déjà raide mort, embroché comme un poulet. Le baron a fait pendre les trois autres, aussi sec, avant qu'on ait pu le panser. Pas même le temps d'un Ave Maria. Et valait mieux pas s'approcher de lui !

Toute la nuit, les gens du Puy-du-Fou écoutaient danser des navires inconnus sur des mers dont ils ignoraient jusqu'ici l'existence, entre leurs champs fermés et leurs vertes vallées. Sans la balafre du baron, sans doute auraient-ils cru avoir rêvé. Le passage de Domenech devait rester dans les mémoires, mais il avait surtout révolutionné Simon, le fils cadet de Philibert qui allait sur ses seize ans, et qu'on eut mille peines à empêcher de suivre le marin, le lendemain, quand il les quitta.

Domenech partit pour Saint-Malo, avec une nouvelle bourse bien garnie et un petit âne râblé sur lequel il pouvait s'asseoir sans peine par la gauche, le pilon pointant comme une lance. Il avait hâte de retrouver les siens et Louis le perdait une seconde fois, mais pour de bon, car la mer ne serait plus jamais pour lui. Ils se quittèrent avec de mâles étreintes, aussi tristes l'un que l'autre. Louis ne pouvait confier son dernier bateau à personne d'autre qu'à lui-même. Il n'eut pas besoin de l'annoncer à Catherine : à la seule expression de son visage, elle avait compris : il partait.

— Où allez-vous ? dit-elle simplement comme ils se retrouvaient après souper dans la grande chambre du Puy-du-Fou.

— Aux îles du Peyrou. Je n'ai plus qu'un bateau, je ne le risquerai pas dans les glaces, et je ne crois pas à l'or du Saguenay. Plus tard, quand j'aurai refait surface... Oui, plus tard, il me faudra savoir si l'on passe en mer de Chine. Aujourd'hui je dois me refaire.

Catherine se décoiffait devant son miroir et l'apercevait dans la glace, debout au fond de la pièce, devant la fenêtre qui donnait sur l'étang. La nuit était tombée. Ce n'était pas l'étang qu'il voyait.

— Et quand partez-vous ? dit-elle la gorge nouée.

Louis regardait toujours l'eau sombre, massif, immobile, un roc. Il répondit enfin :

— Il me faut deux à trois mois pour trouver des fonds, vérifier l'état du bateau, l'armer, engager des hommes et approvisionner. Je dois faire vite car il faudrait appareiller avant fin septembre.

Il retourna vers Catherine son visage balafré :

— Je débaptiserai mon *Albatros,* il s'appellera désormais *La Belle Françoise*... Et je serai dans trois jours à La Rochelle.

« Deux ou trois mois... Je l'ai encore pendant deux ou trois mois », pensait Catherine. Elle avait décidé de le rejoindre plus tard à La Rochelle, dès la fin des moissons, quand arriva une nouvelle lettre de René : Strasbourg s'était révélé imprenable. L'armée avait dû refluer sur Metz où le duc de Guise s'enfermait. René, qui admirait beaucoup cet homme si humain, et que son parrain décevait chaque jour davantage par sa dureté, avait décidé de rester près de Guise, comme aide de camp. Le reste des troupes, autour du roi, reprenait ville sur ville en rentrant vers Paris. Mais lui demeurait à Metz.

Le 1er septembre, Catherine partait avec Wilfried pour La Rochelle. Louis prévoyait de pouvoir appareiller autour du 30. Les moissons avaient été bonnes et le temps clément. Ils n'avaient pas fait trois lieues qu'un galop derrière eux les arrêta : c'était Simon, monté sur un des plus mauvais chevaux du Puy-du-Fou, qui sautait à terre et s'agenouillait dans la poussière :

— Madame, je vous en conjure, emmenez-moi ! Je veux partir avec Monsieur le baron, comme mousse. Je me suis sauvé, ma mère ne sait rien. Emmenez-moi, s'il vous plaît !

L'enfant avait les yeux de son père, ces yeux gris porteurs de rêves et un peu fous. Catherine n'eut pas le cœur de le renvoyer. C'était au bûcher de Philibert qu'elle avait retrouvé Louis d'Ailly. L'enfant l'accompagnerait, petite âme mystérieusement liée au destin de deux hommes.

Elle retrouva son mari au milieu d'une activité débordante dans une auberge du port de La Rochelle. Ferme, calme, satisfait. Il avait obtenu du roi le droit d'armer son navire de quatre pièces d'artillerie. Les cales se remplissaient : deux livres de biscuits par jour et par homme ; une livre de bœuf, porc, morue ou fromage salé ; un litre d'eau et trois quarts de vin ; un quarantième d'huile. Il avait été généreux en viande et en vin, et prévoyait quatre mois de vivres par prudence, ce qui chargeait considérablement le navire, un bateau de trois cents tonneaux qui portait soixante hommes.

Catherine était passée par Nantes où elle avait déjà écrit au meilleur horloger de marine. Elle avait commandé, non seulement le fameux atlas de cartes géographiques et hydrographiques de Clamorgan, mais elle avait fait faire une horloge portative marquant l'heure de l'endroit, et permettant de suivre la marche du navire en faisant la différence avec l'astrolabe. Elle apportait aussi un cadran solaire et l'horloge de sable, cette ampoule où s'écoule par demi-heures la mesure des quarts nocturnes, jaugeant ainsi la marche du navire. Armé des meilleures et toutes récentes trouvailles, Louis poursuivrait à moindre risque une route nouvelle et inconnue.

Les derniers jours furent tendres et graves :

— Je serai de retour au printemps, assurait Louis. Jamais bateau ne fut mieux armé, ni plus sûr le capitaine. Je vous revois dans six mois, Madame !

Et Catherine s'efforçait de sourire...

Leur dernière nuit fut étrange : ils s'endormirent dans les bras l'un de l'autre. La chandelle s'éteignait lentement dans la petite chambre de l'auberge, sur le port, quand Catherine fut réveillée en sursaut : un éclair étrange, inconnu, qui ressemblait à un coup de sabre, traversait la chambre. Il ne pleuvait pas. La lune brillait sans nuages. La mer était calme, le silence total. Elle se jeta contre ce grand corps endormi, affolée, le serrant contre elle comme une bouée dans la mer.

Comment avait-elle pu refuser cette évidence aveuglante : si son instinct avait reconnu cet homme, si son corps l'avait aimé dès le premier jour, c'était parce que tout son être devant lui n'avait jamais été que consentement et joie. Si son corps, si bien maîtrisé, avait semblé parler seul, c'est que le cœur et l'esprit avaient été déjà touchés, captivés, accordés. Une femme, comme une place forte, n'ouvre ses portes de plein gré qu'à celui qui l'a déjà conquise. Et s'il prend la ville, c'est qu'elle l'y acclame déjà. Dès le premier jour, sur la place Maubert, elle était sienne et pas seulement par cette concupiscence qui ne l'habitait plus depuis la mort de Jean-Baptiste. Elle était sienne par une totale confiance qui jaillissait, comme une source pure, des profondeurs de son âme, et qui inondait son pauvre être abandonné, désertique. Elle était sienne par la force paisible dont il l'avait investie, par ses gestes respectueux mais efficaces, par le regard impavide qu'il jetait sur le monde à son entour et qui semblait tout aplanir. Elle était sienne par cette bienveillance dont il englobait tout d'elle et qui semblait la justifier du meilleur et du pire d'elle-même.

Sienne, oui, dès le premier instant, sans la moindre muraille entre eux. Sienne parce que, avec lui, elle était enfermée dans une enceinte invisible et imprenable, un cocon protecteur. Enfermée et pourtant libre ! Il ne lui avait jamais posé de questions, mais d'elle, il savait tout, dès qu'il l'avait prise. Il avait été « l'homme », au sens total du terme, et elle n'avait pas osé le reconnaître ! Elle avait tout reçu, tout accepté, tout donné, sauf sa petite tête de mule et sa fierté de Montmorency. Et s'il était parti comme un fou, avec une seule caravelle sur ces mers plus redoutables qu'aucune guerre, c'était pour conquérir des trésors qui lui gagneraient son estime. Pas le duché Diximille dont tous les Puy-du-Fou avaient rêvé pour élever leurs Dames à leurs côtés, mais de l'or et des merveilles à jeter à ses pieds, pour elle seule !

C'était donc par sa faute qu'elle allait le perdre : orgueil, fierté, hauteur, tous ses ennemis intérieurs, toute cette armée secrète que lui avaient léguée la triste Mme de Laval, le hautain, lointain seigneur son père, et les austères forteresses de ses ancêtres. Elle avait aimé de tout son être, mais elle avait refusé, sauf au dernier instant, de l'accepter, de lui en faire le cadeau et de lui dire merci. Elle cédait, trop tard, ouvrant enfin son cœur et ses yeux au passage de cet ange de feu qui l'avait terrassée, comme Jacob ! Mais elle, au moins, savait son nom : c'était l'ange Louis.

Dieu avait donc visité son âme ingrate, comme l'âme tendre de Marguerite. Elle en conçut une sorte de douceur, une impression de pardon. Louis serait passé sur sa vie comme un incendie qui l'avait embrasée tout entière, mais la laisserait vivante jusqu'au bout, braise qui s'éteint lentement dans la nuit. La nuit viendrait, le feu ne serait pas mort.

Louis s'éveillait, lui rendait son étreinte et, gravement, la prit comme il ne l'avait jamais fait, comme on prend pour toujours, comme on se lie pour l'éternité. Jamais elle n'avait été sienne à ce point, donnée, possédée, éperdue, criant sans fin dans un sanglot les mots d'amour qu'elle avait étouffés pendant trois ans. Elle sut alors, à n'en pas douter, que c'était la dernière fois, et qu'il le savait aussi. Elle sut enfin consciemment qu'elle ne le reverrait jamais, qu'elle ne serait plus jamais à aucun homme, et qu'il avait été le grand amour de sa vie :

— Je t'aime ! Ah ! je t'aime, oui, je le sais enfin, je t'aime, Louis !

Il partit le lendemain par bon vent, dans le fracas des grands départs, le grincement des poulies, les cris des hommes, les claquements des voiles. Elle l'apercevait à son poste de commandement sous un grand chapeau emplumé, et le petit Simon, pieds nus, courant autour de lui sur le pont.

Elle était là, debout sur le quai, comme une statue de marbre, sans un geste, sans un mot, brave comme toutes les Dames du Puy-du-Fou quand leurs maris partaient en guerre. Elle le vit une dernière fois quand il passa le môle. Il eut un grand geste et cria quelque chose. Elle crut distinguer « Vezins », mais ne comprit pas. Le navire s'éloignait.

Il devenait un point à l'horizon, qui n'était plus perceptible que par instants. Le soleil commençait sa courbe descendante, la mer était comme un fleuve, l'air très doux, très suave, comme on le dit au Ponant. Les mouettes s'étaient tues et se berçaient sur le clapot. Il ne manquait que le chant du rossignol ! Elle croyait encore voir, sur le château de proue, cet homme qui partait, qu'elle aimait, et qu'elle ne reverrait plus.

Alors, enfin, la statue de marbre qui n'avait pas bougé se retourna vers son écuyer :

— Nous repartons pour le Puy-du-Fou, Wilfried, dit-elle d'une voix cassée. Les chevaux ici, de suite ! Je ne rentre pas à l'auberge. Vite, je t'attends.

Septembre, octobre passèrent. Les premiers temps furent adoucis par l'arrivée impromptue de Bérengère qui avait toujours aimé les surprises et savait son amie dans la peine. Elle arriva quinze jours après le retour de Catherine, flanquée de ses plus jeunes fils, petits chenapans roux et adorables, dont les mille folies rappelaient à Catherine les plus belles années de René :

— Il reviendra, ma chérie, les hommes comme celui-là ne se perdent jamais. Sous le velours de ses belles manières et de son amour, c'est un des hommes les plus rudes que j'aie connus. Parce que tu l'aimes, tu as fermé les yeux, mais ce charmeur est une brute, un pillard, un homme sans foi ni loi, hors celles qu'il s'est choisies lui-même. Il te reviendra, riche et amoureux. Alors soigne-toi surtout, ma belle ! Je t'ai apporté de l'eau de vipère noire, celle de Maubuisson. Une vieille de la Blandinière en a retrouvé le secret. C'est ma petite nièce Hélène qui, en furetant, l'a retrouvée.

L'automne était beau. Les deux femmes chevauchaient chaque jour vers quelque château voisin. Catherine retrouvait les vieux parents de Bérengère, les Puy-Greffier, si fiers de leur loggia copiée sur la sienne, les filles de Philippe de Surgères qui tentaient de maintenir une petite Cour de poètes où Catherine retrouvait l'air léger qui flottait jadis autour de Marguerite. Bérengère riait, plaisait, semait la vie.

Elle était devenue fort croyante. Depuis qu'elle était châtelaine, elle affichait une piété que Catherine ne lui avait jamais connue. Elle poussait sans cesse son amie à faire dire des messes, à acheter des indulgences, à commencer des neuvaines. Elle l'avait persuadée de promettre, pour le retour de Louis, la construction d'une belle chapelle votive, inspirée de la loggia du Puy-du-Fou, sur un dessin de Bonaventure, et de la placer sur la plus haute colline de la châtellenie, appelée le « Coteau rose », à cause de ses bruyères. Un lieu sauvage d'où l'on dominait toute la vallée de la Sèvre et ses collines jusqu'à l'horizon.

— Tu la dédieras à saint Louis, son patron, ou bien à Notre-Dame des Mers... Jurons devant ton chapelain d'y aller en pèlerinage à pied... mais pas pieds nus, ni sur les genoux tout de même, ajoutait-elle en riant ! Il y a trop d'ajoncs. Promets, Catherine !

Catherine promettait tout ce qu'on voulait, riait un instant, pèlerinait de neuvaine en neuvaine, mais l'angoisse ne la quittait pas. Elle s'éveillait la nuit dans des cauchemars affreux. Le vent humide faisait grincer la poulie du puits et la girouette de la tour des Anglais ; il effeuillait les derniers arbres des jardins potagers et des fruitiers. Elle ne se rendormait qu'à l'aurore, tandis que se découvrait le paysage tendre, auréolé du doux moutonnement de la forêt, où elle savait bien que, malgré les longues promenades et chevauchées, elle croupissait comme l'étang lentilleux du château sous ses fenêtres.

L'hiver s'annonçait, et Marion retrouvait par instants les yeux égarés de sa maîtresse au pied du temple de Pomone et cette vie d'automate, cette sorte d'absence intérieure des tristes jours de 1543. Catherine reprenait sa vie sans un mot. Elle avait retrouvé Suzon en larmes : son fils était parti sans même lui dire adieu ! Et la disparition d'un cheval l'avait éclairée. Il s'était donc enfui vers son rêve, comme son père ! Elle pleurait souvent, et sa douleur ravivait celle de Catherine qui ne se sentait pas la force de lui mentir.

La vie au Puy-du-Fou était donc fort triste car, en novembre, on apprit que l'empereur avait mis le siège devant Metz. René s'y trouvait bloqué ! Les Impériaux, chaque jour, livraient quelques assauts sanglants. René devait, comme ses pères, haranguer ses troupes du haut des murailles parmi les boulets. Fin décembre enfin, on apprit que l'empereur abandonnait le siège. Les Impériaux se retiraient. Metz était sauvée et, cette fois, René couvert de gloire annonçait sa visite pour mars. Peut-être pour avril...

L'espoir renaissait. Catherine envoyait maintenant chaque mois Wilfried aux nouvelles à La Rochelle, espérant que quelque bateau sur le retour aurait croisé *La Belle Françoise,* mais il rentrait bredouille, plus suisse que jamais avec son accent lourd et lent, pour ne rien annoncer. L'hiver fut fort long et particulièrement dur. René s'attardait à la Cour où il était fêté, paraît-il. Mars arriva avec les premiers soleils et le dégel. Puis avril. Enfin une lettre de René annonça sa venue :

« Je dois, ma mère, vous annoncer une fort grande nouvelle qui j'espère vous réjouira. J'aime Mme de La Rochefoucauld et souhaite l'épouser. Elle est belle et de grande naissance, veuve du comte de Chabannes La Palice par suite des guerres, et le roi a autorisé ce mariage... »

Catherine laissa tomber la lettre : veuve ? Mais quel âge a-t-elle donc ? La Rochefoucauld, oui. Catherine connaissait bien son père ou son oncle, devenu lieutenant-général du Royaume de France, et gouverneur de Paris. Il était, déjà du temps du roi François, grand sénéchal de Guyenne. Il avait fait construire, en même temps que les Puy-du-Fou, un admirable château à l'italienne, plus important encore que les rêves les plus fous de Catherine.

C'était une fort belle alliance, riche de surcroît. Mais René avait vingt et un ans, la barbe toute neuve au menton et la gloire toute fraîche à la guerre.

Catherine reprit la lettre et sursauta : cette veuve avait déjà trois filles ! René délirait d'amour et d'adoration. Catherine de La Rochefoucauld était blonde, éclatante, admirée de tous et sa conquête (la première sérieuse) le comblait de fierté. Mais qui épousait l'autre ? Cette veuve habile et lancée, ou le jeune chevalier ébloui par sa maturité et sa fortune ? Car elle apportait une énorme dot, et des terres, dont un titre : la baronnie de Combronde en Auvergne.

Les mots de René sur cette femme rappelaient à Catherine ceux de son frère : « C'est la première fois, ma mère ! Jusqu'ici je n'ai fait que cueillir des joies sans importance. » Cueilli des fleurs, épinglé des papillons... René de Laval jadis lui avait déjà dit cela ! Quant aux mots de son fils sur l'amour, ils rappelaient ceux de Françoise : « J'aime enfin, ma mère, et je découvre que l'amour seul peut remplir une vie. » Bref, René arrivait et amenait sa fiancée dans les semaines qui venaient.

C'était donc pour cela qu'il avait tant tardé à secourir sa mère, seule et désespérée, alors qu'il sortait glorieux de Metz ? Ces trois longs mois d'attente avaient un nom : la nouvelle « Dame du Puy-du-Fou ».

Catherine lisait et relisait dans sa chambre la lettre de son fils. Elle se leva enfin et se dirigea vers son miroir. Il y avait longtemps qu'elle n'avait observé ce visage qui n'était plus pour personne. Pas une seule fois sans doute depuis le départ de Bérengère !

Le jour était cru, cruel. Le soleil d'avril entrait à flots dans la grande chambre par les immenses fenêtres du Rosso. Catherine s'assit et regarda longuement. Elle vit, comme une étrangère, une femme brune au teint de lait, dont les yeux d'or étaient battus par le chagrin. Des rides minuscules et serrées les entouraient, annonçant celles qu'elle avait toujours connues sur le visage fatigué de sa mère. Pour la première fois, elle lui ressemblait. Son visage restait pur, mais la lumière frisante qui venait le frapper de biais dessinait déjà les méplats, les plis, les creux du visage de Mme de Laval. Elle allait vieillir et elle sut enfin comment. Elle allait vieillir de n'être plus aimée... vieillir de ne plus s'aimer !

Elle se leva et appela Marion :

— Mon fils revient enfin. Il amène sa fiancée, Mme de La Rochefoucauld. Appelle tous nos gens. Le château doit les accueillir en son meilleur état. Ressors ma robe rouge de chez Jeannette, prépare la teinture, les onguents, mes bijoux. Nous allons accueillir dignement la nouvelle Dame du Puy-du-Fou.

Ce fut en litière qu'arriva, le 25 avril, cette nouvelle Dame du Puy-du-Fou. René, beau comme un jeune dieu Pan, long, brun, pâle, avec ses yeux tendres, son visage fin, caracolait et s'empressait autour de sa belle. Trois laquais les suivaient, une chambrière accompagnait sa maîtresse. Il faisait beau, ou plutôt une bienheureuse éclaircie perçait les nuages bas de l'Ouest.

Dès qu'on entendit venir, au bout de la grande allée, le martèlement d'un trot de sept chevaux, tout le château fut sur pied. La herse était levée depuis le matin. Catherine, depuis trois jours, vivait parée, coiffée, oisive, les mains et l'esprit vides, toute attention à la couleur de l'air, aux bruits du voisinage, au parfait état des lieux soigneusement fleuris.

La litière entra dans la cour à grand bruit. René sauta de cheval, tandis que l'on s'empressait. Il écarta les rideaux et, de sa fenêtre ouverte, Catherine vit jaillir une vive et superbe créature : ronde, ferme et dorée des pieds à la tête. Blonde, elle l'était certes, cette jeune veuve, et elle n'avait guère plus de vingt-cinq ans. Seule sa tournure généreuse laissait deviner son âge. Elle était éblouissante. Sa voix, trop haut perchée, trop assurée, un peu cuivrée, retentit :

— Mais en effet, il est charmant ce logis ! Figurez-vous, mon cher, que je ne vous croyais pas. Les hommes sont si farauds de leur femme et de leurs biens, que j'attends toujours pour les croire. Et elle rit.

Elle inspectait maintenant l'ensemble des bâtiments d'une mine hautaine et circonspecte :

— Il reste à faire, Dieu merci. Voyons donc ce logis !...

Et, toujours vive, elle prit le bras de René et se dirigea d'un pas ferme vers la loggia.

Catherine sortit lentement du grand salon. Puis elle s'arrêta. Elle les dominait maintenant tous deux, hiératique sous la voûte plate à caissons, en haut des trois marches, toute de rouge vêtue, parée, superbe. Le regard d'or et le regard bleu se croisèrent comme deux lames. Il y eut un instant de silence, que René brisa en se jetant dans les bras de sa mère :

— Voici Catherine de La Rochefoucauld, ma mère. Voici mon bonheur ! Aimez-la, je vous prie, comme vous m'aimez.

La jeune femme se jeta de fort bonne grâce dans les bras de sa future belle-mère. Elle avait de l'allure, de la noblesse, du panache même et une exceptionnelle maîtrise d'elle-même. Ce fut donc du haut des marches que Catherine présenta la nouvelle Dame du Puy-du-Fou à tous ses gens assemblés.

Mme de La Rochefoucauld sentait la Cour à plein nez. Elle était à l'aise et chez elle partout. Elle savait tout, connaissait tout ce qui compte aujourd'hui : Saint-André, Brissac, les Guise, toute la nouvelle génération qui fleurissait dans les châteaux royaux où Catherine n'avait plus de place. Elle fréquentait la reine et la duchesse de Valentinois, nageait avec art parmi les intrigues, contait, mimait, riait. Catherine, consciente de ce charme et de cet entregent, comprenait que René n'avait pas été pris par hasard, mais qu'il irait fort loin avec une pareille compagne. Malgré sa morgue, ses prétentions évidentes et sa légèreté, la jeune femme plut à Catherine. Dans cette Cour nouvelle où se jouait une tout autre partie, la retenue, la discrétion, la délicatesse et même la culture n'étaient sûrement plus les qualités majeures d'une femme, mais plutôt l'assurance et l'habileté pour se battre à coups fourrés. La roue avait tourné. Catherine avait trop fréquenté diplomates et ambassadeurs pour ne pas sentir qu'avec les temps, avaient changé la mode, le style et les esprits.

Mme de La Rochefoucauld était assez bien née pour savoir plaire au peuple ; elle fut fort admirée, eut un mot pour chacun, sembla connaître tous les familiers avec leur propre histoire, ainsi que les amis ou les châtelains importants du voisinage.

Un soir que les jeunes gens se promenaient sur la terrasse du château qui dominait l'étang, Catherine entendit une vive discussion sous ses fenêtres :

— Non, disait Mme de La Rochefoucauld. Mais non, René, ce château n'est pas digne de vous ! Vous savez bien que je vous vois Maréchal de France ! Je voudrais une double galerie refermant la cour ; plus décorées, plus légères, moins sévères que ce logis au décor dépouillé.

— Ma mère avait ce projet, disait René. Je crois qu'elle a même un portrait de l'un des architectes du roi François.

— Non, mon cher ! coupait la voix claironnante. Il me faut un des jeunes architectes qui construisent à La Rochefoucauld dans un style beaucoup plus brillant. Croyez-moi, et vous verrez ! Je leur demanderai d'ailleurs un dessin quand nous y passerons en repartant.

Les voix s'éloignèrent, les amoureux contournaient l'étang. Catherine devinait encore quelques mots de-ci de-là : « centaines d'écus... Maréchal de France... », puis les rires éclatants de la jeune femme et la voix tendre de René qui s'éloignaient.

Le soir tombait, le parfum des chèvrefeuilles en fleur montait dans la chambre. Marion, dans un coin sombre, regardait Catherine intensément. Elle aussi avait tout entendu. Catherine lui rendit son regard en silence. La roue tournait, elle allait encore tourner. Mais elle ne broierait pas la Dame qu'elle était. Ce serait elle qui l'ébranlerait, et seule! Dans sa tête, tout s'ordonnait : Louis ne reviendrait jamais, elle le savait. Sa *Belle Françoise* s'éloignait désormais vers les cieux. Le Destin, elle en était sûre, avait déjà tranché sa vie. Et René, guidé par son épouse, piaffait comme un cheval devant son char à elle, désormais immobile. Il fallait rompre, se détacher, taillader sa vie. Dans la course, il fallait faire le point : regarder derrière soi, puis devant soi. Elle s'étendit sur son lit, respira lentement et ferma les yeux :

« J'ai vécu... Je sais que j'ai aimé, été aimée. J'ai eu quarante ans de passion, de rêves, de larmes, d'une longue quête aveugle, mais victorieuse. Quête de quoi, et de qui, sinon de moi-même? J'ai connu les hommes, la Cour, la vie, les luttes ouvertes et secrètes pour exister vraiment, marquer son territoire et son temps. J'ai su ce qu'on pouvait savoir aujourd'hui, connu les grands penseurs, leurs œuvres, leurs tourments. Je sais enfin ce qui est important et surtout ce qui ne l'est pas. J'ai fait le tour du peu en quoi je crois, qu'il s'agisse de Dieu ou des hommes. Je sais aussi que " ce peu " laissera, au dernier moment, un point d'interrogation gravé dans mon cœur. Mais tout cela est derrière moi : l'amour, l'homme, la Cour, les passions et les rêves. Il me reste à cultiver mon âme avant de partir à mon tour, pour rencontrer mon Créateur. Il me reste à comprendre pourquoi je suis ce que je suis, moi, nous tous... Il me reste à savoir si j'ai voulu être, ou si j'ai été faite, et ce que vaut ma vie. »

La nuit tombait, la chambre était maintenant sombre. On devinait tout juste la Madeleine pécheresse de la tapisserie :

« Oui, il me reste à cultiver mon âme comme me l'a demandé ma chère reine, à regarder en face cette éternité avec qui elle était en constant dialogue. » Mais les paroles de Mme de La Rochefoucauld résonnaient encore dans sa mémoire, plus claires et plus grinçantes que l'appel de Marguerite. Elles avaient semé une angoisse qui ne s'éteindrait pas. « Laisserais-je, à travers ce château, un nom, une tombe sous un rosier près des murs du Rosso? Se souviendra-t-on seulement de moi? »

Marion s'approchait en silence, avec une chandelle, inquiète de l'immobilité de sa maîtresse, dans une nuit maintenant profonde :

— Marion ! dit une voix ferme, Marion, nous quittons le Puy-du-Fou dès le mariage de mon fils. Nous nous retirons à Fontevrault près de sa prieure, ma sœur Hyéronyme, et de son abbesse, Mme Louyse de Bourbon. Nous partirons sitôt les fêtes que je veux faire ici, après le mariage qui sera célébré à La Palice. J'aurai donné la veille tous nos biens à mon fils et je ne verrai pas une main étrangère achever mon œuvre. Je ne reviendrai ici que pour reposer sous la pierre, aux pieds de tous les nobles chevaliers dont je porte le nom.

— Je vous suivrai, Madame, dit Marion. Comme toujours !

Une sorte de lassitude ou plutôt de torpeur, de recul, envahissait Catherine. Oui, tout quitter, ne plus rien attendre, rien poursuivre, laisser couler la vie, renoncer, accepter dans la paix de ne plus exister pour personne ; attendre l'inévitable fin, glissant doucement dans les bras de ce Dieu dont elle ne savait rien ; oui, c'était décidé. Mais d'où venait ce calme, cette sagesse ? Est-ce cela vieillir ? En était-elle vraiment capable ?

Elle s'assoupissait doucement, étonnée de ne sentir ni révolte ni regrets, comme si un ange l'enveloppait dans ses ailes et la berçait : « C'est Louis ! dit en elle une voix qui venait on ne sait d'où. Il est mort. C'est son âme qui me visite et qui m'assiste. »

René et Catherine s'en étaient retournés. Le mariage était fixé début juin et la fête au Puy-du-Fou quinze jours plus tard. Il y avait maintenant un an et demi que Louis était parti. Wilfried continuait ses voyages réguliers vers La Rochelle. Fin avril, il revint avec de bien étranges récits : on parlait là-bas d'un bateau français, échoué près de l'île de la Tortue, parce qu'il avait heurté des roches coralliennes qui l'avaient envoyé par le fond. Une part de l'équipage aurait pu gagner un îlot désert avec des armes et des instruments. Ils auraient survécu là quelques mois, de chasse, de pêche et de fruits : assez bien pour construire de longues et solides barques quillées, puis repartir avec de l'eau et des provisions vers les îles du Peyrou.

Ils auraient rencontré un navire espagnol qui semblait en perdition et l'avaient follement attaqué, l'arme au clair. Or ce navire, fort secoué par une récente tempête, n'avait plus que la moitié de son équipage, et encore très endommagé ! Car la tempête avait ouvert les cages de douze jaguars qu'ils rapportaient en hommage au roi d'Espagne, lesquels s'étaient jetés sur les hommes désarmés. Ç'avait été sur le pont un carnage effroyable. Le capitaine des deux barques de cocotier avait donc pris sans peine possession du navire et déposé les marins espagnols sur un rivage voisin. Il avait surtout pris ses trésors et fait route vers le nord. Mais le reste de la flotte l'avait poursuivi et capturé après une lutte héroïque. De l'équipage, il ne restait que quelques prisonniers. Quant au capitaine, il avait été passé par les armes.

Ce soir-là, trois ménestrels étaient venus demander asile au château, contre des soirées de musique et de danse. La femme, une grande brune aux cheveux crépus, avait une fort belle voix et était visiblement le maître du couple. L'homme l'accompagnait de la viole et de la voix. Le troisième personnage, qui jouait et chantait aussi, semblait leur suivante. Très foncée de peau et d'allure mauresque, elle ne cessait de regarder Catherine, absente et prostrée devant la cheminée vide. Tandis que tous les gens buvaient avec les musiciens, l'étrange fille s'approcha timidement de Catherine, la fixant de son regard sombre :

— Que veux-tu de moi, ma pauvre fille, soupira Catherine. Je n'ai guère le cœur ce soir à vous entendre et vous applaudir.

— Je voudrais voir ta main, Madame, la gauche, et lire ton destin pour te rendre la joie et l'espoir.

Catherine haussa les épaules :

— Mon destin, je le connais. Eh bien, lis donc si tu sais !

Et elle tendit une main blanche aux longs doigts.

La fille s'agenouilla, prit la main, la retourna et brusquement se figea, livide et silencieuse. La paume était lisse, avec une double croix barrant les lignes transversales. Le silence durait. La fille tremblait :

— Je sais, soupira Catherine d'une voix sourde, tu vois partout la mort et tu n'oses pas me le dire.

La fille bégayait, affolée, fixant cette main comme une apparition.

— N'aie pas peur, dit Catherine, en retirant sa main. Vous aurez votre bourse et tu n'y es pour rien.

Elle jeta un ordre, se leva et monta dans sa chambre, suivie de Marion. Oui, Louis était bien mort. Le capitaine, ce ne pouvait être que lui ! Il avait quitté ce monde. Il était pour Catherine temps de le suivre.

Elle s'assit près de la chandelle et commença à rédiger le brouillon de l'acte qui donnerait à René et à son épouse toute la fortune des Puy-du-Fou, contre une rente de deux mille écus par an, pour l'entretien de trois domestiques et de quatre chevaux de son vivant. Plus un don à l'abbaye de Fontevrault à son arrivée, et un autre à sa mort, dont elle laissait à Dieu le soin de fixer la date, et à son fils la somme.

CHAPITRE XV

CULTIVER MON ÂME

Le mariage de René et de Catherine de La Rochefoucauld eut lieu le 5 mai chez les parents de la jeune femme. La fête au Puy-du-Fou dix jours plus tard, car les jeunes époux repartaient très vite pour préparer la campagne prévue en Italie, où René devait accompagner le duc de Guise.

Dès leur retour, Catherine les avait réunis solennellement par-devant deux notaires, pour signer son acte de donation. René avait tenté de s'y opposer de toutes ses forces, et Mme de La Rochefoucauld, avec beaucoup de grâce et de noblesse, s'y était associée. Mais Catherine avait été ferme : elle avait décidé de se retirer du monde et de confier le Puy-du-Fou à ses enfants. Elle emmènerait Wilfried, Marion et Rachel, une des filles de Suzon, pour l'aider à la cuisine, plus quatre chevaux de son choix. Des chariots les suivraient avec ses meubles les plus précieux, la tapisserie des Flandres de Marguerite, des tapis, des fourrures, plus quelques objets du Levant, sa vaisselle d'argent et ses livres. Le jardin d'herbes serait transféré à l'automne dans le terrain que l'abbaye lui confiait et qui serait préparé début octobre, hors clôture, mais à l'intérieur des murs. Elle en avait longuement écrit, puis parlé à l'abbesse qu'elle était allée voir après la visite de René. Elle serait logée dans la maison de Vendôme, réservée aux étrangers qui lui était attribuée près de la secrétairerie, et ce jusqu'à sa mort.

Le Puy-du-Fou et ses jardins avaient été mis en fête. Les vieilles murailles portaient les étendards de gueules aux trois macles d'argent, d'autres les armes des Laval et des La Rochefoucauld. Tous les parterres étaient rouges, couleur des armes de René, et les dessins en forme de macle. Catherine n'était pas allée au mariage, elle était restée pour préparer et surveiller. Elle avait fait travailler sans relâche toutes les corvées depuis le départ de son fils. Le pays tout entier attendait donc cette fête. On avait dressé des tables tout autour de l'étang et fait avec succès des neuvaines pour obtenir le beau temps. Des guirlandes de fleurs et de feuillages décoraient la loggia, on avait coupé des arbres entiers pour joncher de feuillage tout le chemin vers la poterne sous les hêtres. « On dirait la fête de la Vierge et la procession », disaient les enfants du château éblouis.

Le matin du grand jour, tôt éveillée avec le chant des oiseaux, Catherine avait fait venir Wilfried, armé de son couteau de chasse. Il arriva, balourd, dans la grande chambre précieuse :

— Wilfried, il faut que tu forces la serrure de ce petit coffre que voici, dit-elle. Il contient le trésor de la Maison du Puy-du-Fou et dort ici depuis la mort de ton maître.

Wilfried fourragea longuement, impressionné. La serrure résistait. Enfin, le couvercle sauta. Le collier était là dans son écrin de velours, intact... Mais toutes les perles étaient mortes ! Catherine sentit une larme tomber sur ces gouttes de nacre. Ces perles qui jadis irradiaient n'étaient plus que peau vieillie, terne et marbrée de taches brunes. La lumière, en elles, s'était éteinte. Le collier était plus que beau, mais il était marqué lui aussi par son chagrin.

Catherine se coiffa donc et s'habilla longuement. Sachant sa belle-fille en satin azuré, elle s'était fait faire à Nantes une robe admirable, toute noire, mais brodée d'or et d'argent. L'étoffe en était riche et lourde, les épaules très rembourrées, avec trois bouffants superposés en haut des manches. Sur les hanches, l'un des premiers vertugadins donnait à l'ensemble une noblesse écrasante. Des escafignons en cuir de Cordoue brodés, à doubles talons, la grandissaient encore.

Longue, fine, presque transparente, elle était belle et le savait. Alors elle prit le collier et se planta devant son miroir. Pour la dernière fois, elle attacha, seule, à son long cou le joyau célèbre dont les perles porteraient sa trace à travers les âges. Elle mit la triple chaîne, la remonta en forme de cœur et fixa l'escarboucle au bord du décolleté. Elle descendit, ainsi parée, dans le grand salon, où déjà les premiers invités se pressaient autour de René et de son épouse. Catherine entra comme une apparition et tous se turent. Alors, elle s'approcha de sa belle-fille, se planta devant elle, grave, et lentement, dégrafa l'escarboucle puis le collier, et l'attacha elle-même au cou de la jeune femme.

Il y eut un moment d'émotion, un brouhaha, des félicitations. Les deux Catherine se souriaient :

— C'est vrai, dit la jeune femme, il est aussi beau que René le disait.

Et elle se jeta dans les bras de sa belle-mère.

Le lendemain, le cortège de Catherine quittait le Puy-du-Fou. Délaissant les serviteurs et les chariots qui prenaient la route de Mallièvre, par les coteaux, Catherine descendit seule vers les moulins. Tous ses moulins : Encreviers où dormait la dépouille de Maubuisson et son souvenir, Plassard, Chambon où le cher Colin avait trouvé la mort, Poupet avec ses rocs tragiques, puis Mallièvre avec son auberge maudite. Elle fixait dans son souvenir chaque tournant, chaque haie d'aubépines ou d'églantiers en fleurs, les iris jaunes de la rivière, la plainte de l'eau claire filant sur les rochers, les blocs de granit couverts de mousse, les odeurs vertes et fraîches... « C'est mon pays, murmurait-elle pour elle seule. C'est toi mon pays ! Je te quitte et je t'aime. »

Elle passa le pont de Mallièvre et ne se retourna plus jusqu'à la Loire.

La maison de Vendôme comprenait une pièce assez vaste en rez-de-chaussée, dont l'immense cheminée promettait de belles flambées d'hiver. Dans une tourelle octogonale, un escalier à vis conduisait à une grande chambre et un cabinet, puis desservait les combles. Catherine décida d'installer ses livres et sa table au rez-de-chaussée. Elle n'avait emporté qu'une part de sa bibliothèque, sachant que celle de l'abbesse était fort riche en ouvrages religieux. Elle avait donc pris ses romans le plus chers : *Les Quatre fils Aymond, Fier-à-bras, Huon de Bordeaux, Ogier le Danois, Geoffroy-grande-dent, Le Sixième Fils de Mélusine...* Toutes les œuvres de Marguerite bien entendu ! Rabelais, qu'elle n'aimait pourtant guère, et ses divers auteurs latins, dont Sénèque, Virgile. Ses Italiens : Pétraque, Boccace, l'Arioste. Et puis Platon dont elle s'était nourrie dès sa jeunesse.

Elle avait prévu sa chambre au premier, le cabinet étant réservé à ses femmes. Wilfried coucherait au grenier, à moins qu'il ne s'étende sur le sol devant la porte, comme il faisait souvent pour garder son maître en campagne, ou même au château de Nantes.

Madame la grande prieure attendait sa sœur derrière la porte de la clôture et l'accueillit dans le carré du grand cloître dont on achevait le dernier côté. L'abbesse attendait Catherine le soir à souper. Tout semblait facile : il faisait beau et chaud. Les religieuses en robe blanche, avec leur guimpe si douce au visage et leur voile noir, défilaient ou méditaient en silence, attendant l'office du soir comme de grands oiseaux posés sur cette terre de passage, avant leur envol vers le ciel. La robe et les bijoux de Catherine semblaient si déplacés qu'elle en eut conscience et se retira bien vite.

Une surprise l'attendait au logis. On achevait de décharger les chariots. Marion dirigeait les portefaix, la maison prenait tournure, la tapisserie de Marguerite trônait en face de la cheminée, réchauffant les murs de pierre blanche. Catherine monta dans sa chambre, et face au lit... Elle eut un cri et un sursaut : un fort beau tableau qu'elle ne connaissait pas la regardait : le portrait de René, avec son teint pâle, son collier de barbe sombre, toque et justaucorps de velours noir. Les yeux gris allongés et tombants la regardant tendrement.

— C'est Madame votre belle-fille qui l'a fait faire par Corneille de Lyon, un grand peintre qui monte à la Cour, dit Marion. Elle m'a demandé de vous en faire la surprise. Elle l'a commandé pour vous quand ils sont remontés à Paris, et elle l'avait tenu secret.

Catherine eut les larmes aux yeux. Oui, c'était bien René, avec son visage long et fin, la noblesse de son maintien et cet air un peu absent qu'il avait lorsqu'il pensait, depuis qu'il était tout petit. Un portrait superbe ! Ce Corneille avait non seulement compris son modèle, mais la facture en était exquise. « De Lyon », avait dit Marion ? Décidément la Cour n'avait plus besoin de l'Italie !

Le premier soir, Hyéronyme, délaissant la clôture, vint souper avec sa sœur chez l'abbesse. Ce fut elle qui engagea la conversation, avec une autorité mêlée du respect dû à sa supérieure, qui semblait amuser cette dernière :

— Vous êtes la bienvenue, ma sœur ! Madame vous l'a déjà assuré maintes fois, mais vous allez vivre parmi nous pour sanctifier votre âme qui en a, je le sais, grand besoin. Nous vous conseillons donc de participer aux offices, du moins aux offices de jour, n'est-ce pas, ma mère ? L'église du Grand-Moutier est en permanence ouverte à la prière, derrière la grille de clôture. Mais celle-ci vous sera ouverte par les sœurs portières, si vous voulez vous entretenir avec nous, profiter des lectures et des processions. Nous avons de saintes âmes qui vous exhorteront à la prière, à l'élévation de l'esprit. Madame vous invitera, je pense, ajouta-t-elle, les jours de grandes fêtes, à partager notre unique repas dans le grand réfectoire. Vous pourrez, l'hiver, venir au chauffoir, seul lieu de nos abbayes où l'on fasse du feu et où nos filles peuvent au chaud broder, enluminer, étudier ou écrire. Tout sera mis à votre disposition pour que vous puissiez profiter de nos exercices spirituels. C'est un grand privilège que Madame vous concède, ajouta-t-elle en se tournant vers Louyse de Bourbon, qui souriait de tout son visage intelligent et un peu moqueur.

— Vous êtes libre, ma chère, dit enfin l'abbesse, d'organiser votre vie comme vous l'entendrez et comme le Seigneur vous l'inspirera. J'ajoute que ma maison privée et ma bibliothèque vous sont ouvertes. Et, vous le savez bien, votre conversation m'est toujours infiniment précieuse.

Le dîner était bon et le couvert fort élégant, aux armes des Bourbons. Hyéronyme les quitta très vite : la charge de grande prieure était énorme. Elle dirigeait l'abbaye et ses quatre cents habitants, plus ses ouvriers, son administration formidable, ses propriétés extérieures, ses finances. Elle dirigeait seule les officières du couvent, ce qui n'était pas toujours aisé, car la dépositaire, la boursière, la cellérière, les tourières, les chantres et sous-chantres avaient une fort grande idée de leur charge et de leur importance. Hyéronyme laissait à Louyse les honneurs des offices les jours de fête, la crosse et l'anneau, mais elle était la vraie maîtresse de cette ville aux cinq abbayes, dont une d'hommes. Elle les menait comme les chefs de guerre que Catherine avait jadis connus. Aussi souriait-elle, se souvenant de la prise d'habit : « Je serai prieure ! C'est ici qu'une femme trouve le pouvoir. » Mlle de Laval avait tenu parole.

L'été fut doux. Au début, Catherine fréquenta peu les offices. Elle chevauchait chaque jour dans les superbes forêts qui reliaient Fontevrault à Chinon et à Saumur pour étudier la flore, en attendant le transfert de ses plantes dans le fort beau jardin qu'on lui réservait devant le monastère Saint-Lazare. L'ancienne léproserie était devenue infirmerie des couvents, depuis que le terrible fléau avait presque disparu. Catherine travaillait le soir fort tard, ayant décidé d'entreprendre un Traité des plantes médicinales, de leur culture, leurs vertus et leur emploi, ce qui passionnait Louyse de Bourbon, elle aussi férue de science et de nature.

Catherine était encore jeune, elle avait quarante-six ans, et son miroir reflétait éternellement le même visage, sauf au pourtour des yeux. Sa peau semblait encore une fine soie, mais ses cheveux se mêlaient maintenant de fils d'argent sur les tempes. Bientôt la fameuse mèche blanche se mêlerait à l'ensemble. Marion, en revanche, était une vieille femme. Elle avait passé soixante ans et s'était comme éteinte vers la cinquantaine. En quelques mois, elle s'était flétrie comme une rose les soirs d'orage. De cette beauté fragile et blonde, il ne restait qu'un fin visage terni, éclairé de grands yeux battus. Bientôt, ce serait le tour de Catherine. Et cette cruauté de la nature la choquait profondément.

Pourtant une sorte de paix descendait sur son cœur. Françoise avait écrit ! Elle avait appris la mort de Louis par son frère, lui annonçant son propre mariage, ce que Catherine n'avait osé faire. Certes, elle ne s'excusait pas de son silence, mais elle avait enfin pour sa mère des mots tendres, et elle avait joint à sa lettre un superbe collier d'or, « pour remplacer, disait-elle, celui dont sa mère s'était dépouillée ». René et Catherine envoyaient lettres et cadeaux. Ils étaient heureux et Catherine parlait de mettre en route la première galerie qui remplacerait, face au sud, une grande partie des anciens bâtiments de Guy II. Il y aurait, disait-elle, « une autre loggia, beaucoup plus grande et plus noble, avec une colonnade ».

En quelle langue Catherine écrirait-elle son fameux Traité qui devenait l'affaire de sa vie ? Elle hésitait : tous les mots importants étaient latins, ou traduits vulgairement. Louyse de Bourbon était partisane du français, comme forme d'écriture :

— C'est un crime de lèse-majesté, disait-elle plaisamment, que d'abandonner le langage de son pays, vivant et florissant.

— Certes, mais notre langage est trop bas pour recevoir de nobles inventions. Ce qui est beau ou savant s'est toujours exprimé en latin…

— Vous retardez, ma chère ! Il y a trop longtemps que vous

avez quitté la Cour. Nos érudits, comme Pasquier ou Mégret, et toute l'école de la Sorbonne défendent notre langue, disant qu'elle est enrichie par ses origines latines ; qu'il n'est point d'art ni de science dont elle ne puisse traiter amplement et élégamment. Si vous voulez que votre Traité reste, il faut aller de l'avant et donner le modèle d'un ouvrage savant en langue vulgaire, pour que le plus grand nombre puisse en profiter. Le monde change, là est l'avenir.

Louyse acheva de convaincre Catherine en lui offrant la grammaire de Mégret, ouvrage étonnant, paru depuis quatre ans, qui donnait à la syntaxe et à l'orthographe françaises des lettres de noblesse issues de la philosophie. Il débarrassait fermement notre langue de cet italianisme envahissant que Catherine connaissait bien, relevant les idiotismes et les racines des mots. Tout cela acheva de la convaincre. Elle se mit au français.

Louyse adorait la poésie. Elle s'était entichée du jeune Du Bellay, neveu de ce pauvre cardinal que le destin avait jadis chargé de percer le cœur de Catherine. Elle l'avait rencontré, autrefois, ce jeune Angevin, chez les Surgères, et elle avait apprécié ses vers, si tendres pour le pays qui était le sien. Il était parti pour Rome avec son oncle, envoyait à Louyse des « Regrets » fort touchants, et prêchait l'inspiration naturelle. Ceux qui, très nombreux, venaient visiter l'abbesse depuis la Cour ou la Sorbonne étaient des humanistes, comme Etienne de Jodelle, qui avait osé représenter devant le roi des « Mystères profanes ». Les Mystères sacrés, dont les Passions, ayant été interdits par le Parlement en 1548, il ne restait plus que les farces. Il vint lire chez Louyse sa *Cléopâtre,* une tragédie qu'il définissait ainsi : « L'imitation par l'action d'un événement illustre, avec un dénouement malheureux et un style élevé, en vers. »

Louyse avait prêté à Catherine le premier livre d'architecture de Serlio, la traduction de Vitruve et *Le Songe de Polyphème* de Jean Martin. Ces livres lui tirèrent les larmes des yeux. Louyse savait son goût pour l'antique, mais elle ignorait ce que Jean-Baptiste avait été pour elle. « C'est lui, pensait Catherine, qui aurait écrit ces livres, et dans les mêmes termes, s'il avait vécu... »

S'il avait vécu... Son imagination s'épouvantait, se bloquait ! Jean-Baptiste était une étape dans la vie, capitale, essentielle même, mais un moment, un bref moment auquel elle ne pouvait penser sans que son cœur se fende.

Louyse, qui préférait à tout la poésie, tentait de transmettre à son amie sa passion pour les vers d'un jeune homme dont on parlait déjà : Ronsard. Mais Catherine n'aimait pas vraiment la poésie : sans doute son âme était-elle trop sèche ?

Elle se sentait surtout issue d'un monde dépassé. Car décidément, tout changeait, et vite. A Fontevrault, près de cette grande princesse, Catherine était heureuse de rester informée et se sentait moins loin de la Cour qu'elle ne l'aurait été, perdue au Puy-du-Fou, parmi les querelles religieuses qui déchiraient familles et amis. Ici, on se passionnait pour Ramus et ses violentes critiques d'Aristote, pour sa querelle avec les Universités, pour *Le Conte d'Eutrapel* de Noël du Fail, et ses *Propos rustiques*. Une nouvelle génération recouvrait l'ancienne, celle du roi François, celle de Catherine elle-même. Un autre esprit, un autre monde se dessinait, qui était celui de René. Comme toujours, comme avaient fait Catherine et François, et Jean-Baptiste, cette nouvelle génération parlait de « l'ancienne barbarie », se flattait d'être « née d'un meilleur âge » et de « tout remettre dans sa perfection ». Elle en souriait souvent avec Louyse, durant leurs longues soirées d'amitié.

Catherine s'était liée avec les châtelains des environs et était invitée pour l'hiver aux chasses de Montsoreau. Sa présence attirait les visites des châteaux voisins. Son âme s'envolait donc moins souvent vers Dieu que vers les vallées exquises de la Loire et de la Vienne qu'elle dominait à cheval, comme elle l'avait toujours fait, les yeux à douze ou quinze pieds du sol, très au-dessus des humbles qui travaillaient penchés sur la glèbe, et des pèlerins pieds nus dans la poussière ! La Dame du Puy-du-Fou avait pris le chemin de la paix intérieure, mais pas encore celui de la sainteté.

Hyéronyme, à l'approche de l'hiver, lui envoya un confesseur qui la pria fermement d'assister chaque jour au moins à un office et de fréquenter la communauté : son âme était encore trop loin du Seigneur, et il lui fallait au moins connaître la règle de vie des filles de saint Benoît.

Les offices, sous les immenses coupoles blanches, les chants de ces religieuses avec leur grande chape noire, les psaumes, les motets, certaines voix très pures, tout lui parut beau et pourtant fort loin d'elle. Surveillées nuit et jour, ces filles ascétiques, soumises à la férule de la terrible Mlle de Laval, parfois couchées la face contre la dalle tout au long d'un office pour punir quelque absence ou un sommeil intempestif à matines, tout cela l'épouvantait. Le froid s'installait, avec des vents coulis, déjà glacés, dans tous les cloîtres, les escaliers, les couloirs, les immenses dortoirs et réfectoires ou dans la salle capitulaire non close. Ce froid précoce de novembre apporta bientôt une note rébarbative. Catherine vit apparaître les doublures de peau d'agneau brut sous les chapes noires, ce qui donnait aux processionnaires des allures de tours ambulantes. Elle-même décida pour l'hiver de se commander à Saumur une longue mante de velours noir, qu'elle fit fourrer de ses renards blancs. Louis en effet lui avait fait faire une chape à capuchon trop mondaine. La fourrure à longs poils, en pelisse, serait plus discrète et la protégerait mieux. Par une dernière coquetterie dont elle ne guérirait jamais, elle en fit sortir un haut col blanc le long du visage.

Durant les offices, une voix intriguait Catherine : elle dominait par moments les chœurs : haute, pure comme un cristal, modulée avec une passion frémissante. Un ange ! Aux offices de nuit, surtout, dans le silence, la voix s'élevait parfois seule, comme un cri, un appel d'oiseau, avec des paroles inintelligibles. Les coupoles enveloppaient cette voix de mille échos, l'enrichissant d'une façon bouleversante. Derrière la grille, Catherine tentait en vain de deviner d'où venait ce miracle dans la longue file des tours noires. Elle en parla à Hiéronyme :

— Une voix d'ange ? Non, ma chère, une voix de sainte. Sœur Marie de Hautmont est réellement une sainte. Son âme s'est élevée si haut près du Seigneur que le corps a suivi : le poids, le visage, les membres émaciés... Elle s'est condamnée elle-même « au pain de douleur et à l'eau triste ». Elle n'a pourtant guère plus de vingt ans et, dès le noviciat, elle s'est lancée dans des mortifications et une ascèse constantes, soutenues par la prière et la méditation.

Elle baissa la voix et chuchota pour que Marion n'entende pas :

— Nous l'avons surprise plusieurs fois devant la croix en lévitation, son corps ne touchait plus terre. Si loin de tout que lorsque notre Mère a voulu de force la faire revenir à nous, elle est tombée dans une sorte d'absence qui a duré plusieurs heures.

Catherine écoutait, perplexe, cette description qui lui rappelait plutôt les scènes fameuses de Mme d'Estrées, lorsqu'elle se croyait supplantée près du roi : crises, évanouissements, raideurs qui faisaient sourire la Cour. Mais ici, ce n'était évidemment pas du même ordre. Qu'avait donc trouvé sœur Marie de Hautmont dans ces lieux austères et sublimes où elle, Catherine, se contraignait par vertu à ses simples devoirs chrétiens ?

— Ne pourrais-je la voir ? demanda-t-elle. Peut-être éveillerait-elle mon âme...

Hyéronyme, visiblement, hésitait. Elle inspectait sa sœur des pieds à la tête, avec ses fourrures, sa robe brodée, sa coiffure soignée dont Marion échafaudait chaque jour les torsades, piquant encore un bijou dans le haut de la mèche blanche, pour en faire un raffinement de plus :

— J'aimerais parler avec elle, savoir comment on élève son âme, comment on s'approche de Dieu...

— Eh bien, soit ! Mais en ma présence, décida finalement la grande prieure. Demain, après vêpres, dans le cloître Saint-Benoît où nous serons plus tranquilles.

Sœur Marie de Hautmont les attendait le lendemain, assise aux derniers rayons, sur la pierre blanche du cloître roman. Elle semblait en effet un fantôme, flottant dans sa longue robe blanche, et son très jeune et beau visage, dévoré par d'immenses yeux bleus, avait la pâleur de la bure. Elle contemplait le clocher du Grand-Moutier qui dominait le cloître avec un sourire d'extase qui découvrait, dans une longue bouche, des dents superbes. Elle était à peine réelle. Hyéronyme sembla l'éveiller et présenta sa sœur, puis fit un long discours sur la vie profane et le repentir dont il fallait que Dieu fasse l'insigne grâce à leur visiteuse.

Catherine ne l'écoutait pas, habituée à cette aigreur qui n'était peut-être qu'une jalousie soigneusement ignorée. Elle observait la jeune fille, si calme, si douce, si absente, pourtant habitée par une invisible présence. On eût dit qu'elle voyait et entendait au-dessus d'elle-même.

— L'amour de Dieu, Madame, dit-elle enfin, quand Hyéronyme la laissa parler, l'amour de Dieu c'est sa présence incessante près de nous, en nous. Cet amour change nos cœurs en nous libérant des entraves du monde.

— Mais ce monde, ma sœur, je l'ai quitté...

— Non, sans doute, Madame, car seul le corps mortifié peut libérer notre âme. Il faut aussi quitter ce corps. L'âme, suspendue bien au-dessus de lui, cesse alors de discourir. Elle n'est plus qu'écoute et ravissement. Sans cette soif d'absolu, ce désir fou de rencontrer Dieu, on ne peut accéder au Royaume Eternel. La moindre entrave du monde referme la porte de la vie spirituelle. Cela m'arrive ! Ma mère, vous le savez, ajouta-t-elle en se tournant vers Hyéronyme, et vous savez aussi quelle douleur, quel enfer cet exil m'inflige.

Catherine écoutait attentivement cet étrange discours. « Quitter son corps... » C'était bel et bon en paroles. Mais, si fragile, si transparent qu'il soit, le corps de sœur Marie ne l'avait pas quittée. Catherine rompit un long silence :

— Mais, ma sœur, vous n'êtes pas un ange. Que vous le vouliez ou non, vous avez un corps !

— Certes ! Mais il converse alors avec les anges, pas avec les hommes. Il a des images, des visions qui viennent des yeux de l'âme et non de ceux du corps. Des idées, des pensées qui ne viennent pas de son entendement, mais de Dieu lui-même...

Les yeux immenses, bleus et pâles, de sœur Marie semblaient s'ouvrir encore plus grands s'il était possible. Elle respirait avec peine et joignait ses longues mains fines. Elle avait du mal à trouver les mots pour dire ces choses :

— Quand toutes les puissances de l'âme sont appelées, la rencontre intérieure de Dieu dans la vie mystique est si intense que le corps participe. Il s'évade dans un ravissement inexprimable. La nuit s'illumine d'une aveuglante clarté. L'âme alors n'a plus qu'un désir : mourir pour n'être pas séparée de Dieu.

— Je ne saurai jamais, hélas, aimer Dieu ainsi, soupira Catherine, bouleversée. Et le faut-il vraiment ?

— Il suffit ! coupa la voix grave de Hyéronyme. Merci, sœur Marie, que Dieu vous tienne en son regard et en son amour !

Sœur Marie de Hautmont sembla revenir sur terre et voir enfin Catherine. Son visage s'illumina d'un long sourire :

— Que Dieu fasse fondre la sécheresse de votre âme, ma sœur, et qu'il l'inonde de sa tendresse. Je prierai pour vous.

Elle baissa les yeux, glissa ses longues mains dans ses manches. Elle allait s'éloigner, docile, quand Catherine posa la main sur son bras et la retint :

— Je vous en prie, ma sœur… Votre âme s'est élevée à de telles hauteurs qu'elle s'envolera avant la mienne qui rampe encore contre terre. Voulez-vous alors m'accueillir près de Dieu et plaider pour moi dans l'éternité ?

Sœur Marie de Hautmont contemplait Catherine, longuement, en silence, avec une grande douceur. Elle la voyait enfin vraiment :

— Si Dieu le permet, ma sœur, oui ! Et je reconnaîtrais maintenant votre âme entre mille.

Et elle s'en fut dans l'ombre du cloître, à moins, pensa Catherine, qu'elle ne se soit évanouie dans les airs comme une apparition.

Passée la clôture, Catherine se sentit si mal à l'aise qu'elle appela Wilfried, fit seller les chevaux et s'enfonça pour un galop furieux pendant plus d'une heure en forêt. L'emprise qu'elle avait subie s'éloignait. La vie lui sautait de nouveau au visage :

« Non, pensait-elle, cette sainteté-là n'est pas pour tous. » Les paroles de Philibert lui revenaient par bribes : « La sainteté, disait-il, la sainteté est féconde, sinon elle n'est pas. Le saint est bon père de famille, serviteur zélé, efficace au milieu des hommes et des occupations domestiques. » Philibert aussi vivait pour Dieu, mais à travers Dieu, il luttait dans le siècle pour son prochain. Catherine se souvenait de ses longues plaidoiries, lors du relevé des comptes. Philibert plaidait pour les pauvres, les endettés, décrivait leurs souffrances. Et cet homme touchait le cœur de Catherine plus profondément que cette sorte d'ange, qui avait délaissé la pauvre terre confiée aux hommes par son Dieu. Elle s'était envolée vers le royaume éternel sans se soucier d'autrui.

Qui avait raison ? Catherine avait souvent posé cette question à Louis. D'ordinaire, il souriait et avait un geste fataliste : « Tous ont raison », répondait-il quand il n'avait pas envie de parler. Mais un jour, évoquant le martyre de Philibert, il avait soupiré : « Ce sont eux, bien sûr, qui ont raison ! Et vous le savez. Mais la religion est une affaire sociale et vous appartenez, ma chère, à l'un des camps. Quoi qu'il arrive, il n'y a que les traîtres qui trahissent, et vous n'en êtes pas. » Catherine savait bien que son cœur à lui allait aux Réformés et que, s'il avait vécu… Elle refusa d'y penser. Sa sœur de Champagne, sa cousine de Rieux, presque tous les Laval avaient pris parti contre le roi. Quelle que soit son intime conviction, elle était Dame du Puy-du-Fou, et les Puy-du-Fou étaient fidèles au roi. Dieu était unique, elle le priait chaque jour, lui seul jugerait. Elle ne voulait rien savoir.

Un long galop lui fit du bien. Elle rentra le corps moulu, son cheval blanc d'écume. Ce corps si sain et si exigeant soupa de bon appétit et elle décida de ne plus assister aux offices de nuit, mais de consacrer ses efforts à ce Traité qui prenait forme et, dès le printemps, à son jardin.

Le deuxième hiver fut doux et Catherine se sentait presque heureuse dans ce cocon, à l'ombre de la plus puissante abbaye de France. Les luttes religieuses s'arrêtaient aux murs du couvent. Ne filtrait de la vie de Cour que ce que rapportaient les visiteurs, ainsi que les lettres charmantes de son fils et de son épouse. René s'attachait de plus en plus au duc de Guise et s'éloignait de son parrain, lequel avec ses erreurs de vieil homme aurait dû depuis longtemps perdre la confiance du roi. A Piqueny, on invitait Catherine : le logis de Bonaventure était presque achevé et, disait-on, fort beau. Mais Catherine déclina l'offre. Elle ne verrait jamais, seule, ce que Louis avait rêvé pour eux deux. Elle en ferait don à son beau-fils qui croupissait injustement dans son antique donjon.

Bérengère disait vieillir. Ses jambes la faisaient trop souffrir, elle renonçait à venir voir son amie comme elle l'avait promis. Françoise avait maintenant trois enfants, dont deux filles et la dernière s'appelait Catherine ! Elle annonçait, avec sa passion coutumière, qu'elle accompagnerait son mari au printemps dans un long voyage aux Indes, ces Indes magiques dont son beau-père avait été gouverneur et dont elle rêvait depuis toujours.

Le troisième hiver s'annonçait plus dur. Mais la France était en paix depuis le traité de Vaucelles, signé avec Philippe II. Certes, depuis l'automne, des bruits de guerre circulaient et René se réjouissait de conquérir un jour ce titre de Maréchal de France dont il rêvait depuis l'enfance. Mais Catherine ne croyait pas aux guerres en hiver.

Dès novembre, apparurent sous les chapes noires les peaux d'agneau blanc, et les seaux d'eau gelée. Catherine, avec surprise, se découvrait frileuse. Elle qui avait supporté si vaillamment la nuit glacée de la forêt de Vezins, se blottissait maintenant, dès la tombée du jour, dans le manteau de sa cheminée et ne se réchauffait plus le soir.

Pourtant, la vie du cloître, à sa porte, continuait immuable. Les matines sonnaient comme elle s'endormait, peu après minuit, puis les messes multiples, avec de longs sermons dans ces murs glacés, et les processions en pleine bise.

Sœur Marie de Hautmont, depuis Noël, ne chantait plus. Elle s'éteignait dans le Seigneur à l'infirmerie Saint-Lazare, visitée, disait-on, par d'intenses visions. Elle ne s'alimentait plus et n'était qu'une ombre.

Janvier fut si froid que Catherine renonça aux chasses. Les forêts étaient blanches de givre sous un pâle soleil qui transformait les frondaisons éventées en véritables feux d'artifice. C'était un éblouissement, mais les chevaux eux-mêmes tremblaient et partaient dans de furieux galops, leurs naseaux soufflant, comme ceux des dragons, des nuages de fumée. Catherine écrivait des heures entières au coin du feu, feuilletant d'innombrables notes, car elle avait changé le plan de son Traité qu'elle avait débuté par les plantes en ordre alphabétique. Puis elle s'était aperçue qu'il serait bien plus utile aux lecteurs (puisqu'il était écrit en langue vulgaire) si elle regroupait les simples par leurs vertus. C'était infiniment plus complexe et elle s'y perdait un peu.

Marion la déchargeait de la fabrication des extraits et de leur distribution, tant à l'intérieur qu'à l'extérieur du couvent, ainsi que de la distribution de pain et piécettes. Aidée de Rachel, elle cuisait à longueur de jour des potées exquises pour sa maîtresse. Catherine eut l'impression de vivre pendant quelques semaines une vie de recluse. C'est alors qu'elle reçut la visite de sa belle-fille, fourrée de la tête aux pieds, revenant de Paris au Puy-du-Fou. Malgré le traité de paix, malgré les insistances du Connétable, la guerre était de nouveau déclarée. Le duc de Guise avait eu gain de cause et René était parti à ses côtés ouvrir les hostilités en Italie. Une fois de plus (était-ce la quatrième ou la cinquième fois ?), un Puy-du-Fou s'en allait conquérir pour le roi le Milanais, et pour lui-même un duché au Royaume de Naples ! Mais René n'avait pas osé l'écrire à sa mère ! L'armée était partie en décembre avec douze mille piétons, quatre cents hommes d'armes, huit cents chevau-légers et ils avaient déjà passé les Alpes. Oui, il s'agissait bien de prendre Milan, puis de foncer tout droit sur Rome d'où l'on partirait pour Naples. L'ombre de Guy II planait encore, et René abritait l'éternelle folie des Puy-du-Fou, rêvant de titre et d'or outre-monts.

Catherine contemplait sa belle-fille, enceinte de cinq mois, joyeuse, éclatant de cette incroyable fraîcheur que l'enfant, qui vit déjà en son sein, semble communiquer à sa mère. Mme de La Rochefoucauld n'avait pas peur : René était invincible puisqu'elle l'aimait ! D'ailleurs, le duc en avait fait son fils, son conseiller, son autre lui-même. Elle avait tenu, et René l'en avait priée, à venir annoncer à sa belle-mère ces glorieuses nouvelles et lui transmettre la joie de son fils. Car c'était son premier voyage en Italie et Catherine savait bien qu'il n'avait jamais rien rêvé d'autre que d'y aller venger son père. Il serait de retour, il l'avait promis, pour la naissance de son fils !

Le passage de la jeune femme, comme un éclair dans la nuit, laissa Catherine bouleversée. Un terrible pressentiment l'étreignait, tandis que les chevaux piaffaient devant l'abbaye et que Mme de La Rochefoucauld disparaissait dans sa litière : Catherine sut en un éclair qu'elle ne reverrait jamais son fils et ne connaîtrait pas les héritiers de son nom ! Cette pensée fulgurante venait l'atteindre en plein cœur. René, René du Puy-du-Fou (du moins dit tel), son fils, reviendrait sans doute, mais Dieu ne lui permettrait plus jamais de le serrer dans ses bras, perpétuant son nom (ce nom !)... pour l'éternité.

Une immense angoisse fondait sur elle. Dieu seul connaissait le secret de sa vie et elle n'en percerait le mystère qu'en paraissant devant lui, coupable ou pas, absoute ou pas. Elle eut envie d'appeler au secours l'âme de Philibert qui disait si bien : « Dieu seul donne la foi, la grâce et l'éternité. Nos œuvres n'y sont pour rien. » L'œuvre de sa vie, sa grande œuvre, c'était René. Ses mérites ? C'était d'avoir fait fructifier les talents de l'Evangile dont Dieu l'avait comblée : créer, soigner, gérer, savoir... Mais comment Dieu jugerait-il ?

Elle rentra gelée, le cœur serré, regardant s'éloigner vers Loudun l'équipage de sa belle-fille.

— Qu'avons-nous donc, Marion, dit-elle en s'écroulant en larmes près du feu, quels simples avons-nous qui soient efficaces contre la peur et le chagrin ? Rien ! Et notre science sera vaine tant que nous n'aurons pas extrait de la nature la tisane de l'oubli et du bonheur.

— Non, Madame, nous n'avons rien, sauf l'espoir. Cette plante-là croît dans les cœurs et ne meurt que si on l'abandonne.

Mais Catherine pleurait seule au coin du feu : « Demain, balbutia-t-elle, demain, Marion, je retrouverai du courage. Ce soir, laisse-moi pleurer. Cette nuit, j'irai à l'office de matines prier Dieu pour mon fils. »

La nuit était sans lune et terrible quand Marion réveilla Catherine. Matines sonnaient à la grosse cloche du Grand-Moutier, répétée en écho par les quatre autres prieurés. Il était deux heures du matin. Catherine s'habilla en hâte, fourrée de la tête aux pieds, et sortit accompagnée de Marion à qui elle refusa, à la porterie, qu'elle l'accompagnât plus loin. La portière dormait dans sa petite chambre, contiguë à la tour, et Catherine attendit longtemps, transie. Enfin, elle entendit : « Ave Maria », et répondit : « Dominus vobiscum ! »

L'air était si coupant qu'il gelait les poumons. La bise s'engouffrait par toutes les ouvertures. Quand la portière tira les verrous, elle envoya au visage de Catherine une véritable tornade. Catherine courut donc vers l'église, seul abri où pourtant, cette nuit-là, le vin de messe gela !

Les nonnes entraient en procession derrière le jubé, conduites par Hyéronyme qu'on reconnaissait à sa petite taille. On les devinait en une longue file dans la pénombre derrière leurs cierges. Elles semblaient des fantômes et leurs voix chevrotaient. Catherine était seule dans l'immense nef. Elle s'assit sur les longs bancs de pierre qui couraient contre les murs et tenta de prier comme Marie de Hautmont le lui avait suggéré. Non pour elle, pour les siens ou pour cette terre, mais pour trouver Dieu. Elle fixait le crucifix au-dessus de la grille dorée et se répétait : « Seigneur, vous souffrez, vous saignez, tout cela pour moi ! Vous êtes là vivant, agonisant sous mes yeux. Je souffre avec vous de vos souffrances. Mes mains, mes pieds, mon cœur sont percés... » Mais ses mains et ses pieds ne sentaient que la terrible morsure du froid. Elle n'avait d'ailleurs plus que des membres paralysés et le souffle court. Alors elle renonça : « Non, Seigneur, je ne vois rien, je ne souffre que de moi-même. Je ne sais que prier comme un livre, ainsi que le plus pauvre et le plus ignorant de vos serviteurs. »

Les psaumes se succédaient, coupés de longues pauses silencieuses. L'office semblait n'avoir pas de fin. La mère circator passait lentement avec une lanterne entre les rangs et se penchait tour à tour sur chacune des religieuses pour vérifier qu'elle ne s'était pas endormie. Au bout d'une heure, l'une d'elles se leva et vint se prosterner devant la prieure puis, sur un geste, se coucha la face contre terre sur le sol glacé. Elle avait dû s'assoupir et accomplissait son châtiment. Elle semblait jeune, plus mince que les autres. Le cœur de Catherine se serra pour elle, mais Hyéronyme ne bougeait pas et sa voix grave dominait le Magnificat.

Catherine se força à rester jusqu'au dernier psaume et rentra en claquant des dents. Ses genoux s'entrechoquaient avec violence. Son corps était secoué de tremblements et il lui semblait qu'elle allait s'évanouir.

— Grand Dieu ! s'écria Marion qui guettait en activant les bûches. Dans quel état vous êtes, Madame ! Vous n'auriez jamais dû sortir par cette nuit d'enfer. Buvez ce vin chaud, gardez votre mante et approchez-vous doucement de l'âtre, mais pas trop vite, vous pourriez avoir un saisissement. J'ai déjà mis la bassinoire dans votre lit, je vais la réchauffer de nouveaux braisons.

Catherine claquait des dents et tremblait si fort qu'elle dut s'appuyer au chambranle de pierre de la cheminée. Elle mit fort longtemps à se réchauffer et crut ne pouvoir s'endormir. Sans doute le vin chaud l'avait-il assommée, car tout devenait flou. Une sorte de voile blanchâtre semblait flotter devant elle dans la pénombre de sa veilleuse : un nuage vague qui s'approchait, se reculait, diminuait, grossissait, puis se précipitait vers elle, menaçant. Mais ce qu'elle avait d'abord pris pour un nuage informe, c'était sœur Marie de Hautmont, plus transparente et plus pâle que jamais. Elle la regardait maintenant de tout près et lui tendait la main. Ses belles dents, dans une bouche immense, devenaient macabres. Ses yeux étaient tout blancs. La main très longue qu'elle pointait sur Catherine lui perçait le côté droit et elle en sentait, comme une brûlure, le point d'impact.

Elle s'éveilla en criant. Il faisait grand jour, mais le visage qui se penchait sur elle était celui de Marion :

— Comme vous toussez, Madame ! Mais vous êtes toute rouge et vous brûlez, ajouta-t-elle en lui prenant la main. Vous êtes malade. Vous avez attrapé froid dans cette maudite église.

— Oui, j'ai très mal là, à droite, dans le dos, et je crois que j'ai beaucoup de fièvre. Marion, sœur Marie de Hautmont est morte, n'est-ce pas ?

— Je ne crois pas, Madame, nous l'aurions su.

— C'était elle pourtant, délirait Catherine. Je l'ai vue, elle est morte et c'est elle qui vient me chercher.

Sa voix s'essoufflait, elle grelottait. Son côté lui faisait très mal et elle avait peine à respirer. Une toux sèche lui déchirait la gorge. Marion courut chercher le médecin de l'abbaye, un vieux prêtre que les travaux de Catherine avaient fort intéressé, le père Ambroise. Au premier regard, il diagnostiqua une pneumonie :

— C'est vieux comme Esculape, ma chère dame. C'est votre poumon droit ! Une pneumonie dure neuf jours et la fièvre ne vous quittera pas avant que Dieu, le neuvième jour, ne vous guérisse comme il vous a touchée, sans crier gare ! Essayez de ne respirer que peu, ne gonflez pas vos poumons, buvez beaucoup et priez surtout ! Au fait, belle dame, où en est votre Traité ? Dans le chapitre des soins respiratoires, vous devez avoir quelques idées sur votre traitement ? Que direz-vous de l'astérule odorante, qui est tonique et dépurative, et qui soutient le malade dans sa lutte contre les humeurs malignes ? Je conseille aussi les racines d'armoise en tisane ou le marrube blanc.

A chaque nom, Marion haussait les épaules derrière lui. Le marrube blanc, passe encore, mais les autres simples risquaient d'affaiblir la malade et de lui tordre les boyaux. Contre la toux, Marion lui donnerait de l'agripaume et du pavot qui la feraient dormir et la calmeraient. Contre les maux de tête, car Catherine s'en plaignait fort, de l'aurone de Charlemagne, et surtout de l'aigremoine de sainte Hildegarde dont les infusions sont souveraines pour la gorge. Le père Ambroise resta quelque temps, discutant avec Marion, respectueuse mais ferme.

Catherine restait absente de cette joute. Elle dormait à moitié d'un mauvais sommeil entrecoupé de cauchemars. Elle qui n'était jamais malade avait une fièvre terrible et le point douloureux la faisait beaucoup souffrir. Dès qu'elle respirait vraiment, elle avait l'impression que son poumon collait à ses os et s'y écrasait. La douleur devenait alors terrible. Elle étouffait, haletant de petites respirations, comme un chien.

Hyéronyme et Louyse de Bourbon vinrent à son chevet. Hyéronyme semblait très inquiète. Elle exhortait sa sœur au repentir, en la pressant de questions indiscrètes : voulait-elle se confesser, tandis qu'elle avait encore toutes ses facultés ? Désirait-elle l'Extrême-Onction ? N'attendait-elle pas trop pour la demander ?

Catherine épuisée se défendait faiblement de cette sollicitude. En fait, rien ne lui importait plus que dormir. Toute angoisse avait disparu. Elle plongeait dans une sorte de néant où sa respiration devenait de plus en plus difficile, et le point de plus en plus aigu dans sa poitrine. Marion dut chasser poliment la grande prieure avec mille promesses. Celle-ci se retourna une dernière fois avant de sortir : « Sœur Marie de Hautmont, qui n'est plus qu'une ombre, vous fait dire qu'elle prie pour vous et offre à Dieu ses souffrances pour obtenir votre salut », dit-elle avec gravité.

— Non ! Elle est morte, elle m'attend, je le sais, murmura Catherine, et elle replongea dans son néant.

Marion ne la quitta ni jour ni nuit pendant une semaine, la faisant boire, lui rafraîchissant le front avec des compresses. Elle ne la quittait plus, dormant contre le lit, les genoux repliés sous le menton, comme à la forge de son enfance, comme à la mort d'Anne et d'Eusèbe.

Les jours passaient. Toute la semaine, les gens entretinrent des feux d'enfer dans les cheminées. Catherine s'affaiblissait. Elle était lasse, si lasse ! Elle rouvrait les yeux pour boire, regardait longuement en face d'elle, sur le mur qu'elle avait fait tendre de soie rouge, le portrait de René avec ses yeux tendres. René, le seul homme qui lui était resté. René qui était à Milan, à plusieurs semaines de là !

« Je vais mourir, pensait-elle par éclairs. C'est à toi de vivre, mon fils ! » Et sans savoir pourquoi, elle sentait couler ses larmes. On ne pleure pas de mourir, n'est-ce pas, quand on laisse derrière soi un René du Puy-du-Fou, superbe héritier d'une longue lignée de chevaliers ? René… Il y avait huit jours qu'elle était ainsi entre la vie et la mort, huit jours que le père Ambroise avait dit : « Il faut attendre le neuvième jour. » Demain sans doute, demain, elle allait mourir.

A travers ses larmes, elle aperçut Marion qui bruissait doucement, attentive, active, et si totalement maîtrisée. Marion, témoin silencieux de toute sa vie, détenteur de tous ses secrets :

— Marion ! appela-t-elle d'une voix faible, Marion, maintenant je sais que je vais mourir. Je le sens, j'en suis sûre. Il faudra laisser Hyéronyme faire venir les sacrements demain matin. Mais auparavant, Marion, il faut que tu me dises… Il faut que je sache. Je vais paraître devant Dieu et je dois préparer ce que je vais lui répondre. Alors, tu dois me dire…

Elle avait du mal à parler, oppressée, le souffle court. Elle avait saisi le poignet de sa chambrière et l'attirait vers elle :

— Marion, je t'en conjure, dis-moi la vérité : les yeux de ma belle-mère… de quelle couleur étaient-ils ?

Marion pour la première fois de sa vie résistait, tournant la tête vers la fenêtre où se profilait la tour superbe du Grand-Moutier. Elle se ratatinait, se voûtait, soudain très vieille :

— Je ne sais plus, Madame, c'est si loin ! J'avais dix ans…

— Mais qu'as-tu dit, Marion, qu'as-tu dit à la naissance de mon fils ?

— Je ne sais plus ce que j'ai dit…

— Tu as dit : « Des yeux gris un peu tombants qui étaient son charme… »

Marion ne la regardait pas et tentait de retirer sa main :

— Si je l'ai dit, c'est que c'était vrai, sans doute, souffla-t-elle en se dégageant.

La voix sonnait faux, comme celle des accusés devant le tribunal de justice seigneuriale que Catherine présidait jadis, au Puy-du-Fou. Marion, pour la première fois, lui échappait. Elle se vieillissait exprès, se voûtait, laissait tomber les mains et la mâchoire, exactement comme les accusés fautifs qui tentaient de vous apitoyer :

— Marion, souviens-toi, je t'en conjure ! Dieu me demandera des comptes…

A ces mots, Marion se redressa, bien vivante et les yeux clairs :

— Non, Madame ! Dieu donne sa grâce et son pardon, et nos pauvres vies, même celles des Grands, ne sont rien auprès de Lui. Il n'y a pas d'indulgences, de troc, de trafic avec Dieu.

— Comment, toi aussi, Marion, tu en es ?

— Comme Monsieur le baron qui ne vous en parlait guère !

Comme Philibert qui était un saint ! Oui, Madame. Dans mon cœur, j'en suis.

— Et je n'en savais rien...

— Je suis d'abord votre servante et n'ai droit qu'à mes secrets. Ma vie vous appartient. J'ai entendu Monsieur le baron un soir vous dire que seuls les traîtres trahissent. J'ai donc décidé, ce soir-là, que je mourrais sans parler, et entre les mains des prêtres. Si je vous l'avoue aujourd'hui, Madame, c'est pour que vous ne craignez ni Dieu ni ceux qui prétendent parler en son nom.

La vieille femme était si ferme, soulevée par une foi secrète, que Catherine comprit : elle ne saurait rien ! Elle paraîtrait devant son Créateur, avec sa vie dans les mains, lourde de son mystère. Elle la jetterait à ses pieds en disant : « Moi, Catherine de Montmorency-Laval, Dame du Puy-du-Fou, baronne de Piqueny, me voici, Seigneur, ne sachant si je suis une criminelle, ni si j'ai trahi le nom que je porte et brisé sa chaîne ; ne sachant si j'ai menti, fraudé, triché. Vous seul savez ! » Elle n'avait plus la force d'insister, de se battre, toute lutte était désormais au-dessus de ses forces, elle s'en allait.

— Marion, souffla-t-elle vaincue, il est temps, tu peux prévenir ma sœur pour demain matin. Dès l'aube, je veux me confesser et recevoir les Saintes Huiles. Va !

Le jour n'était pas encore levé que toute une procession se dirigea vers la maison de Vendôme. L'aumônier, accompagné de deux moines et précédé de la croix d'argent du Grand-Moutier, suivait l'abbesse en mante noire de chœur, frappant le sol de sa crosse d'or. Madame la grande prieure et une vingtaine de religieuses fermaient la marche en psalmodiant le De Profondis.

L'aumônier monta seul, le premier, avec ses acolytes pour confesser en privé Mme du Puy-du-Fou, baronne de Piqueny. Celle-ci ne parlait plus guère et si bas que le père dut se pencher, tendre l'oreille :

— J'ai beaucoup péché, mon père, par pensée, par action, par omission. J'ai déjà confessé mes fautes et j'ai été absoute. Mais je tiens à confesser de nouveau un adultère qui a duré secrètement cinq années. A confesser aussi ma révolte contre Dieu qui me châtiait justement. A confesser la froideur et la sécheresse irrémédiables de mon âme, et le trop grand amour que j'ai porté à la beauté sur cette terre, laquelle n'est que vanité.

Elle s'essoufflait. Un pas léger se fit entendre dans l'escalier. Hyéronyme apparut, présence immense dans sa petitesse, sous le portrait de René :

— Ma sœur, avez-vous bien tout confessé ? Votre fils René en particulier...

A ces mots, Catherine, qui déjà n'était plus là, revint à elle. Ses yeux d'or s'ouvrirent, lançant des éclairs.

— Tu avais donc lu, en fouillant mes secrets, misérable petite fille que je recevais par tendresse ? Et toi, ma sœur, auras-tu tout confessé quand ton heure viendra ?

Hyéronyme restait de glace, debout, impavide :

— C'est de ton âme à toi qu'il s'agit aujourd'hui, pas de la mienne. Je te le répète devant l'éternité qui s'ouvre : as-tu vraiment tout dit, tout confessé ?

— Assez ! dit fermement la voix de Marion, dissimulée dans l'ombre derrière le rideau du lit. Assez ! Madame a tout dit et vous l'épuisez.

Elle s'interposa fermement entre la prieure et la mourante et d'une voix forte, impérieuse, décida : « Il est temps de l'absoudre, mon père, et vite ! Vous voyez bien qu'elle s'en va. »

Hyéronyme se retourna comme une tour, appelant vers l'escalier :

— Venez, mes sœurs ! Mme du Puy-du-Fou va recevoir les derniers sacrements selon notre rite prévu pour les grands seigneurs. Nous allons soutenir son agonie par nos chants et nos prières.

Louyse de Bourbon montait déjà dans la chambre, suivie de la lente procession qui se déployait autour du grand crucifix, devant le lit. La sacristine préparait le linge blanc et les Saintes Huiles dans leurs précieux vases ouvragés, sur la petite table où Catherine avait abandonné depuis huit jours son livre de chevet.

L'aumônier avait revêtu ses habits sacerdotaux : sa chape brodée étincelait de dorures. Il commença à psalmodier tandis que répondait le chœur des religieuses :

— Vous repentez-vous, Madame, dit-il solennellement, de toutes les fautes que vous m'avez confessées ?

Catherine ne pouvait déjà plus répondre. Elle fit de la tête un signe d'acquiescement très léger.

— Reniez-vous toutes les erreurs et les impiétés de votre vie ? Reniez-vous aussi vos attachements coupables ? Dieu vous le demande avant de paraître devant le Tribunal Suprême.

Quoi ? Renier Jean-Baptiste et peut-être René ? Renier l'amour, renier son cœur, son esprit, renier toute sa vie... Catherine tressaillit. Non, ce n'était pas possible. Avouer, demander son pardon, certes, et elle l'avait fait de bon cœur. Mais se renier, jamais ! Le peu qui lui restait de conscience se cabrait comme un cheval. Elle ne bougeait plus, les yeux fermés, sans un signe, mais son esprit pour la dernière fois la soutenait et criait « Non ! ». Elle assumait sa vie, toute sa vie ! Elle déposerait ses amours, ses passions, ses folies, ses mensonges, comme tout être vivant, aux pieds de son Créateur. Elle offrirait son repentir et serait jugée, mais elle ne fuirait ni ne trahirait.

Le prêtre se pencha vers elle et reprit plus fort, en martelant ses mots, croyant qu'elle n'avait pas entendu :

— Madame, reniez-vous devant la croix tous vos attachements coupables ? Reniez-vous toutes les fautes qu'ils vous ont inspirées ?

Toujours pas le moindre mouvement ! Catherine respirait encore faiblement. La douleur la brûlait maintenant comme du feu.

C'est alors que Marion se rapprocha, se glissant sans bruit entre le prêtre et sa maîtresse. Elle lui prit doucement la main gauche.

Le prêtre répéta une troisième fois, dans l'oreille de la mourante :

— Reniez-vous, Madame ?

— Elle a dit oui, fit la voix ferme de Marion. J'ai senti la pression de sa main. Elle ne peut plus parler, vous le voyez bien, mais elle a dit oui, je le jure ! Vous pouvez l'oindre, mon père.

Catherine souleva alors les paupières et, juste un instant, Marion put croiser les yeux d'or pour la dernière fois. Ils la regardaient intensément, avec une incroyable douceur.

Le sacrement se déroula en grande pompe au son du De Profondis et du Dies Irae, chanté en deux voix alternées par le chœur des religieuses. Les mains et les pieds de Catherine furent oints avec le Saint Chrême. Marion s'affairait, soulevant puis remettant les couvertures de loup. Mais Catherine était déjà morte quand l'aumônier prononça la dernière bénédiction.

Louyse de Bourbon se pencha sur son amie et lui ferma les yeux :

— Sœur Marie de Hautmont est morte cette nuit, glissa-t-elle à voix basse, elle vous accueillera près de Dieu.

Et elle s'en fut…

C'est alors que s'ébranla le glas du Grand-Moutier, puis celui de Saint-Benoît, puis celui de Saint-Lazare, puis celui de la Madeleine, puis celui de Saint-Jean-l'Habit, les glas des princes-visiteurs, les glas des prieures, l'honneur suprême du monastère. Ils sonnaient pour Mme du Puy-du-Fou, peut-être aussi pour sœur Marie de Hautmont, liant mystérieusement l'une à l'autre deux âmes si lointaines qui peut-être s'étaient croisées.

Toute la procession suivit son abbesse et descendit l'escalier en silence, laissant deux religieuses pour faire la toilette de la défunte et la veiller avec Marion. Seule Hyéronyme était restée, dissimulée dans un coin sombre contre l'escalier. Elle semblait plus troublée que chagrinée, les yeux secs, le visage convulsé. Certes, sa sœur était morte absoute, et dans les bras de la Sainte Eglise. Elle avait renié ses fautes, du moins Marion le prétendait-elle. Mais Hyéronyme observait en silence cette étrange chambrière qu'elle avait toujours vue depuis son enfance, veillant sa maîtresse avec un mélange de noblesse et de dévouement, de fierté et de servilité qui l'avait de tout temps impressionnée. Qui saurait jamais si Catherine avait réellement fait un signe d'acquiescement ?

Or la règle de saint Benoît planait au-dessus de la grande prieure, formelle et terrible : « Qu'elle ne perde aucun membre du troupeau dont elle a la garde. Elle sera dans l'obligation de sauver toutes les âmes et se disposera d'en rendre compte à Dieu. »

Hyeronyme contemplait Marion qui, avec les deux sœurs, avait dépouillé Catherine et la revêtait d'une admirable robe rouge brodée en haut relief, que Hyéronyme ne lui connaissait pas. Catherine, morte, semblait plus belle qu'elle ne l'avait jamais été. Son visage si pur avait revêtu une autorité, une force qui, pour la première fois, bouleversa Hyéronyme. Cette sœur qui l'avait toute sa vie écrasée sans le savoir, de sa beauté, de ses succès, de sa fortune et de son intelligence, elle était donc morte ! Son ombre immense ne planerait plus au-dessus d'elle, benjamine laide et mal aimée. Anne de Champagne, elle aussi, avait été bien mariée et bien dotée. Mais Anne n'était ni belle ni brillante, et son alliance, malgré le nom, ne l'avait pas menée à la Cour à la place centrale des Puy-du-Fou. Et puis surtout leur frère, le superbe aîné, l'éblouissant René n'avait aimé que Catherine et n'avait pas même regardé ses sœurs. Ce souvenir brûlait le cœur de la grande prieure. Oh ! Dieu, pourquoi tant d'injustice ? Et ces lettres d'amour, ces mots fous qu'elle avait lus un jour en cachette, ces mots que personne ne lui avait jamais dits, et ne lui dirait jamais !

Elle s'approcha : la toilette était terminée, Catherine reposait dans ses atours, ses blanches mains jointes sur le crucifix : c'était une reine, une reine morte. Et elle, la grande prieure, la dominait, vivante, mais seule, incroyablement seule !

Un grand bruit montait du rez-de-chaussée : des chevaux au grand trot, puis la porte qui grince, puis la voix de Wilfried et de la petite Rachel :

— C'est Madame la baronne ! Ah ! Madame, quel grand malheur !

Déjà, un pas vif grimpait prestement l'escalier : Catherine de La Rochefoucauld dans tout l'éclat de sa blondeur, de sa rondeur et de sa jeunesse entrait dans la pièce, comme un rayon de soleil :

— J'arrive trop tard, ma tante ! Que ne m'avez-vous prévenue plus tôt ?

Elle s'approcha lentement, saisie par le spectacle admirable de cette robe rouge à la guimpe blanche, arachnéenne, sur le fond de tapisserie de verdure où Marie-Madeleine recevait son pardon.

— Comme elle était belle, n'est-ce pas, ma tante ?

— Il s'agit maintenant de son âme, mon enfant. Que Dieu ait son âme ! dit simplement la grande prieure. A genoux, ma fille, il faut beaucoup prier pour elle.

Catherine de la Rochefoucauld, Dame du Puy-du-Fou, baronne de Combronde, avait revêtu une immense robe noire qui tombait de son cheval presque jusqu'à terre. Son corsage étincelait du collier des Dames du Puy-du-Fou. Brillaient sous le soleil d'hiver qui roulait sur l'horizon, brillaient les fleurs de diamants et de tous les gemmes du monde, brillaient les pétales formés par la profusion des pierreries, flamme des spinelles, printemps des émeraudes à taille carrée, peut-être venues des mines de Cléopâtre, opales frisées aux reflets capricieux, brillait la triple chaîne d'or, berceau de l'enfant que portait cette glorieuse et superbe créature.

Car Catherine de La Rochefoucauld avait voulu pour sa belle-mère des funérailles dignes de celles du chevalier, son époux. Elle avait lu la donation réciproque : « Ils s'engagent à faire les obsèques en Notre Mère la Sainte Eglise pour le premier décédé, selon son état et qualité. » François du Puy-du-Fou avait eu des funérailles de prince. Catherine de Montmorency-Laval recevrait les mêmes de la main de sa belle-fille. Derrière le char tendu de velours noir qui portait la dépouille de Catherine, entouré de quatre porte-étendards, Wilfried conduisait à pied un cheval noir, harnaché de tissu persan qui portait sur un flanc les armes du Puy-du-Fou, de gueules à trois macles d'argent, et sur l'autre celles des Laval aux sept merlettes. Le cheval n'était pas monté. Il figurait René, vers qui on avait dépêché un coursier, lequel n'arriverait à Rome que dans plusieurs semaines.

Le cortège, au pas, mettrait trois jours pour aller au Puy-du-Fou où l'on ouvrait une dalle dans le chœur de l'église des Epesses. Il faisait encore très froid. Les laboureurs se signaient au passage du noble cortège et, dans les villages, on faisait sonner le glas. Tout le Haut-Poitou, tous les gens de la seigneurie emplissaient la cour du château pour un dernier adieu, quand le char passa la herse.

Il était cinq heures de relevée quand la cérémonie fut terminée. Tous les invités repassaient la herse, au pas respectueux des chevaux. Le soleil baissait. Il affleurait maintenant l'horizon dans un ciel pur et glacé. Catherine et ses deux écuyers reconduisirent jusqu'au bout du chemin le Connétable lui-même, Anne de Montmorency, qui était venu de Blois avec une brillante escorte pour honorer cette cousine, dernier souvenir d'une jeunesse qui se perdait dans un oubli menaçant.

Catherine, à cheval, toujours parée du collier, contemplait cette troupe empanachée de noir, lançant sous les derniers rayons des flammes d'argent. Ils s'éloignaient. Bientôt, elle serait seule devant sa tâche, dans cette petite seigneurie au creux du Bas-Poitou, elle, Catherine de La Rochefoucauld !

Elle tourna bride, éclaboussante de blondeur, consciente de sa force et de sa beauté épanouie. Elle tourna donc bride et son cheval se cabra. Devant elle, son château, cette misérable forteresse de jadis avec son palais inachevé, était comme couronné de feu ! Pas le feu terrible des bûchers ou des incendies. Non ! Le feu du ciel, celui qui environne le soleil dans les étés brûlants. Un feu de gloire qui transfigure, celui qui nimbe le Christ ou la Vierge dans les tableaux des églises. Le Puy-du-Fou, ses murailles, sa chapelle, ses tours, ses remparts et ses douves, tout était en or et semblait rayonner. Une apparition !

Ses écuyers eurent un cri et, comme elle, s'arrêtèrent. Le phénomène dura très peu, pas même le temps d'un Ave Maria. Le soleil plongea sur l'horizon et tout s'éteignit. Catherine resta longtemps immobile, son cheval tremblait et elle flattait doucement l'encolure. Qu'avait donc dit un jour sa belle-mère ? Un phénomène solaire, à la mort de Guy II, un « haut lieu » où tout échappe à la raison, à la logique ; un lieu magique qui ne cessera au cours des âges d'être un phare dans l'Histoire... Elle frémit de toute sa beauté et rentra au galop. Elle jeta la bride à ses hommes et sans souper, sans se retourner, sans mot dire, avec un sourire paisible, elle monta vivement dans sa chambre au-dessus de la loggia, la chambre qui fut celle de sa belle-mère. Elle poussa la lourde porte sculptée, entra dans la pénombre :

— Madame, dit une voix qui semblait sortir de la nuit, derrière la porte ouvragée, Madame, je suis vieille, mais je peux encore vous servir. Me garderiez-vous près de vous ?

Catherine contempla l'ombre fine et blanche qui s'agenouillait devant elle. Elle leva sa fière tête blonde, sourit, et d'une voix ferme :

— Mais, comme il se doit, Marion ! Je suis maintenant la Dame du Puy-du-Fou.

NOTE DE L'AUTEUR

Ce livre est un roman, mais les Puy-du-Fou ont existé. Leurs traces emplissent les archives de l'Ouest et figurent dans les Actes de François Ier.

La famille s'est éteinte au XVIIe siècle (1670). Gabriel, le dernier du nom, a laissé une « Descente et filiation de la famille du Puy-du-Fou » qui, s'ajoutant aux documents d'archives, nous laisse une trame assez précise de leur existence :

— La famille remonte en effet aux comtes de Poitiers et d'Aquitaine dont la branche cadette eut la vicomté de Thouars. Le Puy-du-Fou fut détaché du comté de Mortagne.

— Les ruines du premier château qui date du XIe siècle ont été récemment mises à jour par l'équipe de chercheurs puyfolais.

— Ce château fut brûlé par les Anglais et reconstruit au XVe siècle par Guy II, connétable de René d'Anjou, roi de Jérusalem, qui le fit duc de Diximille dans son royaume de Naples.

— Le fils de Guy II, Jacques et son petit-fils, François, premier du nom, firent les guerres d'Italie avec Charles VIII et Louis XII.

— Le fils de François Ier du Puy-du-Fou, François II, épousa Catherine de Montmorency-Laval, fille aînée du comte de Laval et Vitré. Il fut premier écuyer tranchant du roi François Ier, conseiller et chambellan, chevalier de l'Ordre de Saint-Michel et gouverneur des ville et château de Nantes. Il remplaça pendant quelques années le sénéchal du Poitou. Il mourut à Saumur en

1549. On possède aux archives de Nantes la donation mutuelle de tous leurs biens qu'ils se firent avec son épouse Catherine de Laval. On a la signature de leurs deux écritures.

Ils eurent trois enfants : Françoise, Eusèbe et René, et construisirent le premier logis Renaissance du Haut-Poitou, dans un style dont la pureté évoque l'école de Fontainebleau. On sait que le premier logis était terminé en 1547 pour le mariage de Françoise.

— Après la mort de son époux, Catherine du Puy-du-Fou épousa Louis d'Ailly, baron de Piqueny, vidame d'Amiens qui, curieusement, prit le nom de Puy-du-Fou. Le château de Piqueny existe toujours, mais les archives d'Amiens ayant brûlé, comme celles de Laval, on sait seulement que les Piqueny furent protestants, tandis que les Puy-du-Fou restèrent catholiques.

Le frère de Catherine, René de Laval, mourut jeune et sans descendance, laissant à son cadet, Claude, le comté de Laval et Vitré. C'est bien le nom de Claude qui fait suite à celui de François du Puy-du-Fou dans la liste des gouverneurs de Nantes.

Le phénomène solaire concernant « le lieu du feu » celtique, puis romain, figure dans de très anciennes traditions, relatées par diverses archives.

— René du Puy-du-Fou épousa Catherine de La Rochefoucauld, veuve du comte de Chabannes La Palice, et c'est elle qui fit construire la galerie en retour du logis Renaissance, avec sa grande loggia. René fut Maréchal de France. On possède de lui deux portraits, par Corneille de Lyon et par François Clouet. « Il eut préséance sur les ducs et pairs et sur les évêques à la Cour et tous lieux du Royaume. » Charles IX l'appelait « le petit roi du Poitou ».

Les façades du château étaient encore intactes, ainsi que la petite loggia, en 1904. Les croquis et les relevés de mon père Maurice Laurentin témoignent de leur perfection architecturale.

Telles sont les sources historiques de cette histoire qui n'a guère pris de liberté qu'avec les cœurs. Elles laissent l'énigme entière : comment et pourquoi cette famille et sa petite seigneurie sont-elles montées si haut dans l'Histoire ? C'était au romancier de tenter de le comprendre et de l'expliquer. Que les mânes de mes héros me pardonnent si je les ai trahis. Je les ai bien aimés.

TABLE

Cet ouvrage a été composé
par l'Imprimerie BUSSIÈRE
et imprimé sur presse CAMERON
dans les ateliers de la S.E.P.C.
à Saint-Amand-Montrond (Cher)
en avril 1990

Nº d'édition : 78. Nº d'impression : 472-264.
Dépôt légal : mai 1990.

Imprimé en France